『大乗荘厳経論』第Ⅱ章の和訳と注解

――大乗への帰依――

龍谷大学
仏教文化
研究叢書
40

編集　能仁正顕　翻訳・執筆　荒牧典俊
岩本明美
上野隆平
大西　薫
加納和雄
北山祐誓
間中　充
内藤昭文
能仁正顕
乗山　悟
早島　理
早島　慧
藤田祥道

法藏館

『大乗荘厳経論』第II章の和訳と注解

——大乗への帰依——

龍谷大学仏教文化研究叢書 40

はしがき

このたび『大乗荘厳経論』(Mahāyānasūtrālaṃkāra, 以下 MSA と略す) 第II章「大乗への帰依」を「仏教文化研究叢書 40」として上梓する運びとなった。まずは出版に当たりご助力くださった世界仏教文化研究センター事務部、および法蔵館のご担当者、また自照社出版でこれまでお世話くださった皆さまに感謝の言葉を申し述べたい。というのも、第I章、第XVII章に続き、出版を予定していた自照社出版が廃業するという不測の事態が起こったからである。「活字離れ」という時代の流れと言ってしまえばそれまでだが、日頃活字文化に親しむ者としてはまさに青天の霹靂であった。時期として出版延期もやむなしという状況であったが、こころよく法蔵館が後を引き継いでくださったことにより、年度を繰り越しての出版となったが、ここに刊行できた次第である。

さて 2013 年秋から本章のテキスト解読は始まった。当時、仏教文化研究所の常設研究「仏教写本の文献学的研究」(現在の世界仏教文化研究センター・大蔵経研究プロジェクト、研究代表：若原雄昭) の一プロジェクトとして位置づけ、研究会を重ねてきた。

このように本テキストの翻訳研究が継続して龍谷大学を拠点に進めることができたのは、『大乗荘厳経論』のもつ宗教的かつ哲学的性格の醍醐味は然る事ながら、ひとえに龍谷大学でのご講義や研究会を通し、故長尾雅人先生 (1907～2005 年、京都大学名誉教授) の飽くなき探求心と深い思索にメンバー各人が直接あるいは間接的に触れ、啓発を受けたことが契機となっている。そのことに少し触れておこう。

MSA の研究は、1907 年に S. レヴィによって梵文校訂テキストが出版されたことを端緒として、100 年以上の歴史をもつ。本テキストの二種の写本 (龍大所蔵 A 本・B 本=表紙に使用) は、大谷光瑞 (1876～1948 年) が 1916 年ネパールに行った際に収集したと思われる梵文写本で、光瑞没後、龍大大宮図書館に移管された「大谷コレクション」中に含まれるものである。この写本を確認するために、長尾先生は大宮図書館に通われたと聞く。そうした『大乗荘厳経論』と筆者が出遇ったのは、1981 年、大学院修士課程 2 年のときであった。当時、長尾先生は龍大で非常勤講師として大学院科目の「仏教学特殊研究」をご担当になり、講じておられたのが『大乗荘厳経論』であった。梵文テキストをローマ字転写した当時の受講ノートは、「一乗」を論じた第XI章「法の探求」第 53 偈から始まっている。

博士後期課程の院生であった 83 年度の学年末レポートが今も手元に残っている。講義でテキストを読みすすめ、冬休みに入る前に範囲を指定して、和訳の提示を求めるレポート試験であった。83 年度には第XIV章「教授教誡」を読んでいただいたが、返却されたレポートとともに、長尾先生ご自身の和訳と、テキストの写本情報をはじめ、チベット訳、漢訳、安慧釈や、現代語訳ではレヴィ仏訳、宇井和訳、サーマン英訳など、参照可能なものはすべて参照し、なぜテキストをそう読んだのか、考察のプロセスを注記した B4 一枚のコピー紙が添えられていた。一枚の紙切れにすぎないが、学問の何たるのかを雄弁に語るもので、今見ても冷や汗が出る思いである。同時に、改めて「忍」の一字をもってご指導くださった長尾雅人先生の学恩が偲ばれることである。

ここで本章について、筆者なりの位置づけをしておきたい。第 I 章「大乗の確立」は、どのように大乗が仏陀の言葉として成立するのかを論理をもって明らかにしたが、それでもなお大乗を怖れ疑念を抱く者、声聞たちがいた。彼らをどのように教化しうるのかが問題として残された。

三宝への帰依は、仏道の初門に位置し仏道を歩む者には欠くことの出来ない宗教儀礼である。第 II 章「大乗への帰依」は、声聞であれ菩薩であれ、仏教に身を置く誰しもが通過すべき三宝帰依という具体的な場面を主題に取り上げ、三宝帰依のもつ意味を明らかにし、その勝れた意味を体現した主体者、すなわち菩薩のあり方を示すことによって、第 I 章で表明された「大乗」に「帰依する」（大乗を帰依処とする）ことに偉大な意義があることを明らかにするのである。

本章に通底する論理が先の第XI章第 53 偈以下の「一乗」を論じた一節に説かれていると考える。そこでは「一乗/同一乗 (eka-yāna)」の語に含まれる「乗」、すなわち「往くこと (yāna)」の語義を分析して「往くべき目標」、「往く主体」、「往くはたらき」という三種の意味によって、一乗が明らかにされる。「法界」の真理という目標、「無我」という主体、「解脱」するはたらき、それらは法として三乗の区別はなく一乗である。一方で、「三乗の区別がないのではない」といって、種姓や意欲（意楽）などの機の側面において、三乗の区別を認めた上で一乗を説く。仏陀の説法は対機説法とされる。中観派や法華経の、いわゆる中国仏教でいう「一乗家」と区別して、無著・世親の系譜が「三乗家」と称せられる所以は、機が異なれば自ずと法も異なるため、機に応じ意図をもって一乗を説いたことによる。無著・世親にとって一乗とは、声聞の不定性の機を大乗へと誘引し出離させることを意味するものであった。それが彼らにとっての「大乗」であったと考えられる。

本章の主題、仏法僧の「帰依処 (śaraṇa)」とそこに「至る/趣く (gamana)」行為の関係も、まさに上記のような一乗の考えのもとに理解することができるであろう。

「根性」という日本語がある。仏教に由来する言葉で、生まれながらにもつ能力、性質という意味である。仏教では、声聞、独覚、菩薩と呼ばれる修行者の類型がある。声聞ならば、教えを聞いて自利の行を実践し自己の涅槃を目指す。菩薩ならば、自他を平等に観て自利即利他の行を実践し、一切衆生の涅槃を目指す。彼らに生来的に備わった、目的を実現する能力を「種姓」といい、それが「根性」に相当する。かの「カースト」を今も残すインドである。時代や社会の影響下にあって、各人に変わることのない力が生まれながらに備わるという考えに僧団の構成員が拘ったとしても無理もないことであろう。しかし、変わらないものは存在するのであろうか。またそのような能力を備えた菩薩型の人は生まれながらに決定しているのであろうか。仏教では、あらゆるものがある条件のもとで生滅変化するという縁起を説く。そうした仏教の根本真理に照らすならば、「否」と言わざるをえない。

種姓にかかわって、第 6 偈では菩薩としての仏子は王子としての最高の善き生まれに譬えられる。それは、ジャータカやアヴァダーナに示されるように、過去世に善根功徳を積み重ね、今生で釈迦族の王家に生まれ成道した釈迦牟尼仏に則ったものであり、釈迦菩薩が歩んだ定法にもとづく。一方、第 8 偈では菩薩は大臣にも譬えられる。王に仕え王の信頼を得た大臣が後宮に入っていくように、菩薩は波羅蜜に悟入していく。王の信頼を得た大臣のように、誰であれ大乗に帰依信順する行為において菩薩となり、自利即利他の菩薩行を漸次に完成していく道を示しているといえるのではなかろうか。その場合、その根拠が般若波羅蜜に求められ、仏法僧の三宝を前に自身も仏陀のようになりたいという願いをもつことが肝要とされる。詳細は本篇の和訳および附論をご一読いただきたい。

さて第 II 章の梵文テキストには一部欠けるところがあり、本章の思想史的位置づけと相俟って、解読は極めて困難な作業となった。毎週 1 回開催された定例の研究会では、梵文の欠損部分については荒牧典俊が還元梵文を作成し、還梵を含む梵文テキストをもとに翻訳された荒牧和訳がたたき台として定例の研究会に提示された。研究会は、荒牧典俊、早島理を中心に、能仁正顕、内藤昭文、大西薫、乗山悟（当時、龍谷大学講師）、藤田祥道（当時、同仏教文化研究所客員研究員）、上野隆平（当時、龍谷大学大学院生)、早島慧（同大学院生)、間中充（同大学院生）が常時参加し、岩本明美、加納和雄（当時、高野山大学）ほかが随時参加した。参加メンバーによって種々議論がなされ、荒牧原訳が練り直され研究会としての飜訳を作成していった。特に、加納和雄が提供する MSA のヴァイローチャナラクシタ釈や『パリチャヤ』など、新出の梵文注釈文献は、失われた MSA 梵文テキストの欠損部を復元するにあたって貴重な資料となった。なおその回収梵文を含む加納が紹介する新出梵文写本資料は附論に収録することができた。また今回は早島理が序説を執筆したことにともない、荒牧は前回第 XVII 章の「序説」続編として「解題」を執筆した。そしてその根拠となる本章の別訳を附論として収録した。大乗仏教の背景には未だに不透明なところが多く、研究会訳と読み比べて大乗を探求する一助としていただければ幸いである。

本書の出版に際し、早島理、内藤昭文、能仁正顕による編集会議をもち、和訳や注解の項目設定・内容の確定等の作業を行った。したがって、本和訳の責任はすべてこの三者にある。また大学院生の北山祐誓には、世親・安慧・無性それぞれのチベット訳校訂テキストの作成に尽力いただき、乗山悟には今回も組版ソフトのテフ（TEX）をもちいて煩雑な版下作成作業を行っていただいた。記して感謝の意を表したい。

このたびの編集作業では、北海道と九州大分から、2019 年 4 月から 11 月にかけて、世界仏教文化研究センターの研究棟である京都の白亜館に集まって、延べ 18 日余り早島理、内藤昭文と一緒に仕事ができたことは、再現することの出来ない貴重な体験であり、今思うに至福の時間を過ごさせていただいたと感慨深いものがある。そして最終段階では、インターネット上での作業であった。新型コロナウィルスが世界的に拡散して猛威をふるい、大学では卒業式が中止になるなど、混沌として先行きの見えない不安な社会情勢の最中にある。研究会を代表して一切衆生の利益と安楽を標榜する大乗の教えが広まらんことを心から願うことである。

2020（令和 2）年 3 月

能仁 正顕 しるす

目次

序説

早島理

一　はじめに

我々の『大乗荘厳経論』(Mahāyānasūtrālaṃkāra）研究会、通称「長尾塾MSA研究会」はこれまで『『大乗荘厳経論』第I章の和訳と注解 —-大乗の確立—』(龍谷大学叢書XX，自照社出版2009)，『『大乗荘厳経論』第XVII章の和訳と注解—供養・師事・無量とくに悲無量—』(龍谷大学仏教文化研究叢書30，自照社出版2013）を刊行してきた。今回『大乗荘厳経論』第II章「帰依品」解読研究の成果として，『『大乗荘厳経論』第II章の和訳と注解 –大乗への帰依–』を出版することになった。それは恩師長尾雅人先生の『『大乗荘厳経論』研究ノート』全4冊の出版を承けて，研究会も既刊の『大乗荘厳経論』第I章「成立大乗品 Mahāyānasiddhyadhikāra」(第I章の構成区分については研究会[2009]序説参照）に続き，第II章「帰依品 Śaraṇagamanādhikāra」から順に解読研究を続行し，その成果を刊行しようとしたからである。なお研究会は若手メンバーを中心に第III章「種姓品」の解読研究を終えて出版にむけた編集作業に着手しており，並行して第IV章「発心品」の解読研究に取り組んでいることを書き添えておきたい。

また『大乗荘厳経論』(以下『荘厳経論』）世親釈を理解するにあたり複注釈である無性釈・安慧釈の解読研究が必要不可欠であることは言を俟たない。今回第II章「帰依品」の出版にあたり，同品の無性釈・安慧釈のチベット語訳テキストと和訳研究を提示する。

第II章「帰依品」は全体で12偈からなる小品であるが，その世親釈の梵本は第3偈に対する世親釈の中途から第11偈世親釈の大部分までを欠損していて，その解読はかなり難解である。幸いなことに後代の注釈書 Sūtrālaṃkāraparicaya により第9–11偈が回収されている（『荘厳経論』の梵文写本などについての基礎的な情報は研究会

[2013] の加納論文参照)。したがって本章偈頌の梵本は第 4–8 偈頌が未回収の状態である。さらにヴァイローチャナラクシタ(11 世紀頃か)による『大乗荘厳経論注』の第 2 章注釈箇所から,失われた世親釈梵文の一部が回収されている(本書所収の加納 [2020A] 参照)。本研究会はこれら回収された梵文以外の,未回収の偈頌・世親釈について荒牧典俊による還元梵文を基に解読研究を行った。イタリック体のサンスクリットは還元梵文であることを示す。

二　瑜伽行唯識思想における二つの系譜

すでに荒牧 [2013]「序説」が指摘しているように,瑜伽行唯識派(以下瑜伽行派)の思想に「瑜伽師地論」系統と「弥勒論書」系統との二系統の視点を導入することは,瑜伽行派の思想展開を理解し,その流れの中でこの『荘厳経論』第 II 章「帰依品」の位置づけを考察するうえで極めて有意義である。荒牧 [2013] を基に,筆者なりにこの二系統を鳥瞰図的に敷衍すれば以下のごとくである。前者は「阿含経典(特に雑阿含)— 瑜伽師地論(本地分:声聞地・菩薩地など)」の系譜であり,後者は「大乗経典(般若経・大集経・解深密経など)— 弥勒論書(中辺分別論・大乗荘厳経論・法法性分別論など)」の系譜である。両者の系譜は相互に影響し合いながら展開して,やがて無著の『摂大乗論』へ収斂し瑜伽行唯識思想として完成され,さらに世親の『唯識三十頌』へと継承される。この弥勒— 無著—世親の系譜で完成された大乗仏教の哲学が初期瑜伽行唯識思想である。

前者「阿含経典 — 瑜伽師地論(本地分)」の流れは,阿含経典以来の仏陀の教法を継承したいわば伝統的な系譜である。『瑜伽師地論』(以下『瑜伽論』)はその名称が示すように,仏教教団の中で瞑想実践を重視してきた人たち(瑜伽師)の瞑想体験や修行体系とそれを支える瞑想哲学,そして典拠となる阿含経典の集大成である。それらは「声聞地」・「菩薩地」などのテキスト名が示すように,瞑想グループごとに継承されそれぞれに集大成されたものである。

言わずもがなのことであるが,瞑想グループの出家修行者はいずれかの教団(サンガ,部派)で出家しその教団に所属する。例えば無著は化地部で,世親は説一切有部で出家したと言われるごとくである。当然のことながら個々の教団は自前の経蔵(阿含経典)・律蔵(四分律,五分律,根本説一切有部律など)を伝承して保持しそれに則って教団を運営する。経蔵・律蔵を備えていることはその部派が仏陀の教法を保持していること,その部派の教説が「仏説」であることの証しである。教団により保持する経蔵・律蔵の内容に多少の差異はあるにせよ一定の範囲内であればその差異は相互に容認していたと思われる。また瞑想グループは一つの教団内のこともあれば，複数の教団を横断的にまたがって構成されることもありえたであろう。このように，教団と瞑想グループとは枠組みそのものが別であり，瞑想グループがその所属する教団の経蔵・律蔵を尊重する限りはこの枠組みの違いは問題にならなかったと思われる。具体的にはある教団内に声聞地のグループに属する修行者や菩薩地のグループに属する修行者が共存することもありえたであろう。したがって，『瑜伽論』の段階では，声聞地・菩薩地といっても，後の弥勒論書などとは異なり，声聞と菩薩，小乗と大乗という比較や対立概念あるいは優劣関係が強調されることはなかったと考えられる。このような状況は，無著の『顕揚聖教論』(以下『顕揚論』)を通して伺うことができる。

無著が『瑜伽論』を受けて『顕揚論』を著述したことは周知のごとくである。『顕揚論』は『瑜伽論』の「今当錯綜地中要」(大正 31，480b)，「瑜伽師地論之枢要」(同480 脚注) と言われるように，単なる『瑜伽論』の要約ではなく，『瑜伽論』の重要な内容を「錯綜」し「枢要」したものである。その際『顕揚論』は第 1 章「摂事品」でその論体構造 (*śāstra-śarīra) を説明する「一切事」などの九事を開陳するにあたり，阿含経典を典拠としている。この「九事各説」での典拠は阿含経典のみであり『瑜伽論』からの引用は皆無である (毛利俊英「『顕揚聖教論』「摂事品」について」印仏研 40-2，1992 参照)。したがって『顕揚聖教論』の「聖教」とは阿含経典であり仏陀の直説に他ならない。このように，「阿含経典—瑜伽師地論」の系譜を継承し，そして『顕揚論』自らも阿含経典に依拠して「仏説」を担保しながら，無著はその内容をより大乗的なものへと新たな解釈を施し質的変換を試みていることは重要である。阿含経典の継承を根拠に，『顕揚論』は自ら提唱する大乗の教説 (瑜伽行唯識思想) が仏説であることをも「顕揚」しているのである。

さらに『顕揚論』で重要なことは，同じく仏道修行者である声聞に比して大乗菩薩の優位性を説きながら，声聞の存在意義をも容認していると受け止めることができることである。「成無性品第七」や「成現観品第八」などでは，声聞も菩薩も，見道・修道という共通の修行階梯を歩みながら声聞は声聞固有の，菩薩は菩薩固有の修行内容を実践し，それぞれの修習に対応した転依を得て，そしてそれぞれの修行に相応しい証悟を体得する (声聞は自利のため涅槃に入り，菩薩は自利利他を行じ流転にも寂滅にも住さない。早島理「菩薩と聖弟子声聞」印仏研 53-1，2004 参照)。このように証悟の内容が異なることをも含め大乗の優位性を説きながらも，それぞれに悟りを体得して声聞も菩薩もそれぞれに見合った仏道を歩むことになるので，声聞といい菩薩といっても対立関係にあるのではなく，その違いに何ら問題はないという立場である。

この「阿含経典 — 瑜伽師地論（本地分)」の流れに対し，「大乗経典 — 弥勒論書」の系譜は少なからず様相が異なる。この「大乗経典 — 弥勒論書」系譜の修行者が前者「阿含経典 — 瑜伽師地論」同様，瞑想実践を重視してきた人々であり，またいずれかの教団で出家しその教団に所属していたであろうことは言うまでもない。この場合も教団という枠組みと教団内・外の思想グループである瑜伽行派という枠組みとは，枠組みそのものが異なるので両立は可能である。ただ前者「阿含経典 — 瑜伽師地論」における瞑想グループの場合と異なるのは，「大乗経典 — 弥勒論書」系譜の瑜伽行派の修行者が大乗経典を所依として新たな大乗哲学を確立し，さらにその大乗哲学が仏説であることを主張したことである。この瑜伽行派の大乗哲学が主張し展開したのは，ある意味急進的で挑戦的とも思われる空観思想やアーラヤ識・三性説，体系的な唯識観行と大乗菩薩の修行階梯などである。その意味でこの流れは革新的な思想の系譜と称することができよう。この新たな思想運動の担い手は，従来の部派的な思想に満足せず，自ら「大乗の菩薩」と名乗り，部派の人々との差別化を強調するようになる。その結果，従来の部派の修行者は，仏弟子としての声聞から大乗と比して小乗（= 劣乗）の声聞へと格下げされて位置付けられることになる。このことは，同じく大乗菩薩の実践行とその哲学を説く『瑜伽論』本地分「菩薩地」や，さらに『瑜伽論』を受けた『顕揚論』には見られなかったことである。

当然のことながら大乗を名乗るグループは教団内外の部派の修行者（仏弟子としての声聞）との間に軋轢を生み出し，論争を引き起こさざるを得なくなる。その論争の中核は，この瑜伽行派の大乗哲学が「仏説」であるかどうかである。瑜伽行派が説く個々の教義の妥当性以前に，大乗仏教そのものが仏説であるかが問題視される。上述のように，仏説であることの根拠は，それぞれの教団が継承・保持してきた自前の経蔵・律蔵の有無である。教団の教義の根拠となる経蔵が仏陀の直説として尊重されてきた阿含経典を継承したものであり，教団維持の根幹をなす律蔵が仏陀直説の律の教えに合致しているから，「仏説」なのである。仏陀直説とされる阿含経典を典拠とせず，自らの律蔵を保持していない大乗仏教が「仏説に非ず」と非難詰問されるのは当然のことであっただろう。いわゆる「大乗仏教非仏説論」である。瑜伽行派に関する大乗仏教非仏説論についての詳細は藤田祥道の一連の論考などを参照されたい。

このような状況のもとで，弥勒論書，具体的に『荘厳経論』は『菩薩地』の論体構造（章構成および章名の対応）を継承しながらその内容を換骨奪胎して大乗哲学へと転換する。大乗哲学を展開するに先立ち，何よりも自説の大乗哲学が「仏説」であることを確立・立証し宣言する必要に直面する。そのために『荘厳経論』は『菩薩地』には存在しなかった第I章「成立大乗品」を創出して，大乗哲学は仏説であること，さらには大乗哲学こそが仏陀の直説であることを揚言し，声聞乗に比して菩薩乗＝大乗の優位性を主張する。さらにその大乗への帰依が重要であること，同じく仏法僧の三宝への帰依であっても大乗の法規（vidhi）に基づく仕方での三宝への帰依が卓越していることを，第II章「帰依品」で主張するのである。かくして，『菩薩地』と対応しない，これら二つの章（第I章「成立大乗品」・第II章「帰依品」）が付加され，『荘厳経論』の論体構造が完成するのである。

上述したように，弥勒論書の『荘厳経論』がその論体構造の多くを『菩薩地』から受け継ぎながらその内容をより大乗哲学へと転換したことは，具体的な展開やこれまでの研究史を含めて上記荒牧 [2013]「序説」に詳しい。ここでは弥勒論書の『荘厳経論』から無著の『摂大乗論』，世親の『唯識三十頌』への流れを概括する。

さて『荘厳経論』は第XI章第 36 偈に次のように言う。

> **lakṣyaṃ ca lakṣaṇaṃ caiva lakṣaṇā ca prabhedataḥ /**
> **anugrahārthaṃ sattvānāṃ saṃbuddhaiḥ saṃprakāśitāḥ //XI-36//**
> 凡夫衆生を救おうとして，もろもろの覚者は［ことばを離れた仏教の真理を］区別して，特徴づけられるもの（lakṣya）と，特徴（lakṣaṇa）と，特徴づけるもの（lakṣaṇā）とを説き明かされた。

すなわち，諸仏覚者は衆生を摂取済度しようとして，仏教の教説を区別して，特徴づけられるもの（lakṣya）と特徴（lakṣaṇa）と特徴づけるもの（lakṣaṇā）とを説き明かされた，というのである。換言すれば，衆生済度のための仏陀の教法は，lakṣya と lakṣaṇa と lakṣaṇā の三項目にすべて集約されているのであり，この三項目を過不足なく説き明かすことにより衆生済度の教説は成就するという。この三項目は語根 lakṣ- の派生語であるが，世親釈によれば lakṣya は心（認識作用として顕現）・色（認識対象として顕現）・心所・心不相応行・無為の五位（五法）であり，lakṣaṇa は三性説，lakṣaṇā は瑜伽行派の伝統的な修行階梯である菩薩の五瑜伽地（pañca-yoga-bhūmi, 菩薩の五道に相当；早島理「唯識の実践」，講座大乗仏教 8『唯識思想』 1982 参照）であるという。『荘厳経論』は続く第 37 偈で五位（五法）を，第 38–41 偈で三性説を，第 42–43 偈で五瑜伽地を詳説する。

この「lakṣya 五位」の中で，心不相応行は「心・色・心所の三分位から生じた仮の存在」であり，無為は「心に起こる無為としての表象」（長尾研究ノート（2）p.89）であるから，この五位（五法）は心のはたらきに集約され，心のはたらきとは瑜伽行派にとってアーラヤ識に他ならない。このことは第二項目である lakṣaṇa 三性説がアーラヤ識と同一視される虚妄分別に関連して説かれていることからも窺われる。かくして lakṣya と lakṣaṇa と lakṣaṇā とを説くとは，アーラヤ識論（迷いの存在証明）・三性説（縁起の理論，迷いの世界から悟りの世界への転換の論理）・菩薩道（五瑜伽地，迷いから悟りへの修行階梯）を説くことなのである。瑜伽行派にとってこの三者こそが仏説であり，仏陀の教説はすべてこの三者に摂約され，この三者を過不足なく説き明かすことにより凡夫衆生を余すなく摂取救済する教説は成就すると宣言していることになる。したがって先の第 36 偈は，次のように理解される。

> 凡夫衆生を救おうとして，諸仏覚者は仏法すべてを区別して，アーラヤ識論・三性説・菩薩道を説き明かされた。

これは非常に大胆な宣言である。周知のように，釈迦牟尼仏陀は 35 歳で悟りに達した（成道）後，80 歳で入滅するまで，教化と伝道の旅を続けたと伝えられている。対機説法といわれるように，説法はその対象者の能力に応じて説かれたため，八万四千の法門と称されるほど多種多様な教えが存在する。それらは阿含経典に，四聖諦，八正道，十二支縁起，三十七菩提分法などとして伝えられている。『荘厳経論』はそれら多種多様な教法を「アーラヤ識論と三性説と菩薩道」の三項目に要約し，衆生を救済するための仏陀の教法はこの三項目にすべて含まれると宣言したのである。この宣言は，極めて急進的にして刺激的である。先に「大乗経典—弥勒論書」の系譜を「革新的な思想の流れ」と名付けた所以である。

この『荘厳経論』第XI章第 36 偈の宣言はそのまま瑜伽行唯識思想の骨格となり，無著の『摂大乗論』へ，さらには世親の『唯識三十頌』へと継承されたことはよく知られている。すなわち無著の『摂大乗論』は第 1 章「所知依分」でアーラヤ識論を，第 2 章「所知相分」で三性説を，第 3 章「入所知相分」乃至最終第 10 章「彼果智分」で菩薩道とその修行の因・果そして仏果を説く。同様に世親の『唯識三十頌』は，第 1–16 偈「識転変」でアーラヤ識論を，第 17–25 偈「一切唯記識」で三性説を，第 26–30 偈「入無相方便相」で菩薩道を説く。以下に表を提示する。

	アーラヤ識論	三性説	菩薩道
弥勒『荘厳経論』XI-36	lakṣya：五位	lakṣaṇa：三性説	lakṣaṇā：五瑜伽地
無著『摂大乗論』	第 1 章「所知依分」	第 2 章「所知相分」	第 3 章「入所知相分」乃至 第 10 章「彼果智分」
世親『唯識三十頌』	第 1 –16 偈：識転変	第 17–25 偈：一切唯記識	第 26–30 偈：入無相方便相

先に初期瑜伽行唯識思想とは弥勒—無著—世親の系譜で完成された大乗仏教の哲学であると述べたが，その瑜伽行唯識思想の骨格はこれら「アーラヤ識論・三性説・菩薩道」に集約されて継承されたということができよう。このように，瑜伽行唯識思想は弥勒『荘厳経論』から無著『摂大乗論』へと継承されるのであるが，同じく無著の著述になる『顕揚論』との関係について付言しておきたい。同様に大乗仏教の立場に立脚しながら，『瑜伽論』を尊重しつつそこへ新たに大乗仏教哲学の解釈を持ち込だ『顕揚論』の著述が先になされ，『荘厳経論』を重視した『摂大乗論』はその後に著作されたと理解するのが妥当であろう。同時にそれは著作の時間的な経緯のみならず，無著が「阿含経典—瑜伽論—顕揚論」という伝統的な系譜を継承しながら，さらに「大乗経典—弥勒論書（荘厳経論）—摂大乗論」という革新的な系譜へと思想転換を遂行したと受け止めることができる。

弥勒の『荘厳経論』と無著の『顕揚論』・『摂大乗論』について，今しばらく検討を重ねたい。先に『顕揚論』は同じく仏道修行者である声聞に比して大乗菩薩の優位性を説きながら（「摂浄義品第二」中「大乗性」（大正 31,520c），また早島理「『顕揚聖教論』「摂勝決択品第十一」第 35 偈について」長崎大学教育学部社会科学論叢 53,1997 参照），声聞は声聞固有の悟りを証得して阿羅漢位に達するのでそれはそれでよしとしてその存在意義を容認し，両者共存的なあり方を展開していると述べた。それでは声聞に比して大乗菩薩道の優位性を教説する意図は何か。『顕揚論』はこの点について直接論じることはないが（「摂勝決択品第十一」で「如来宣説一乗」を 6 種の観点から述べるが（大正 31,581b），以下の一乗三乗の議論とは関連しない），『荘厳経論』は一乗三乗の問題として論及している。それは種姓 gotra の問題であり，さらには五姓格別の問題である。上述のように菩薩乗であれ声聞乗であれ独覚乗であれ，それぞれの種姓に確定している修行者はそれぞれの修行道を歩みそれぞれに相応しい証悟を体得するのであるから，同じ仏弟子として何の問題もない。大乗の教法を説示する対象者は，彼ら種姓が確定している者ではなく，不定種姓の者（aniyatagotra 種姓が暫定的で確定しておらず，状況次第で他の種姓に変わり得る者）である。不定種姓の声聞・独覚を大乗に誘引し，不定種姓の菩薩を大乗に保持・確定するために大乗の優位性が説かれるのである。このことについて『荘厳経論』が第XI章第53–59偈「一乗性 ekayānatā」で一乗三乗の問題として詳細に議論していること，さらに『摂大乗論』がそのうち第53・54偈を偈頌の順序を変えて（第54・53偈の順で）第10章第32節に引用していることはよく知られている。この「一乗性」は様々な問題点を含みまた難解でもある。詳しくは長尾雅人「一乗・三乗の論議をめぐって」(『中観と唯識』所収）を参照されたい。ここでは『摂大乗論』10-32に引用される『荘厳経論』第XI章第54偈を引用する。

> **ākarṣaṇārtham ekeṣām anyasaṃdhāraṇāya ca /**
> **deśitāniyatānāṃ hi saṃbuddhair ekayānatā // XI-54 //**
> ある人々（声聞不定種姓）を［大乗へ］誘引するために，また他の人（菩薩不定種姓）を［大乗へ］保持・確定するために，実に諸仏は不定種姓の者たちに一乗であることを説かれた。

同じく仏弟子でありながら声聞乗に比して菩薩乗が極めて優れており，菩薩乗が大乗＝優乗であること，結果として声聞乗が小乗＝劣乗であることを説くのは，不定種姓の声聞を大乗へと誘引し不定種姓の菩薩を大乗へ保持・確定するためであるという。この基本姿勢は『荘厳経論』全体にいわば通奏低音のように貫かれている。当然のことながら本書が扱う第II章「帰依品」においても同様である（なお瑜伽行派における種姓の問題については，岡田英作「瑜伽行派における種姓説の展開」(学位請求論文 2018）を参照)。『摂大乗論』がこの「一乗性」を引用していることからも明らかなように，『摂大乗論』が大乗哲学を完成するにあたり『荘厳経論』に大きく依拠していることは重要である。この両論書の関係を考察することは稿を改めざるをえない。今は長尾雅人 [1987] から引用する。

> 『荘厳経論』の引用は...（筆者註：『摂大乗論』の）第二章以下全論にわたって約二十箇所において見られ，そこに引用され，あるいは関連があると思われる偈頌は約五十の多きに達する。このことは，本論（筆者註：『摂大乗論』）において如何に『荘厳経論』が重視されているかを物語るもので... ある。瑜伽行の実践に関しては，宗教的・哲学的な深い思索が『荘厳経論』において高度に達成されており，従って無著は，経に依るよりも大部分をこの『荘厳経論』に依拠したのではないか....。(p.486)

三　『大乗荘厳経論』における第Ⅱ章「帰依品」の構造と意義について

周知のように，『荘厳経論』は先行する『菩薩地』の章構成を受け継ぎ，その内容を新たな大乗哲学へと換骨奪胎している。そのなかで，『菩薩地』には存在しない二つの章，第Ⅰ章「成立大乗品」・第Ⅱ章「帰依品」を『荘厳経論』は新たに創出する。その創出の意図は上述した如くである。この二つの章は，瑜伽行派が説く大乗哲学こそが仏語であることを立証し，その大乗への帰依こそが三宝への帰依の中で無比の優越性・卓越性を有していることを宣言して大乗への帰依を勧奨しているのである。その意味でこれらの二章は『荘厳経論』の根本的な方針を揚言しているといえよう。ここでは第Ⅱ章「帰依品」の構造とその意義について考察する。

先ず第Ⅱ章「帰依品」の科文を示す（本書「細目次」参照）。

1	総論「大乗を帰依処とすること」の要目	第 1 偈
2	各論	〈第 2–10 偈〉
2.1	「大乗を帰依処とすること」の勧奨	第 2 偈
2.2	「大乗を帰依処とすること」の意義	〈第 3–10 偈〉
2.2.1	[A] 遍く行き渡ることの意味	第 3 偈
2.2.2	[B] 受け入れることの意味	第 4 偈
2.2.2.1	[B’] 受け入れることの殊勝なること	
2.2.2.1.1	最高の善き生まれ	＜第 5–7 偈＞
2.2.2.1.1a	高貴な生まれの殊勝なること	第 5 偈
2.2.2.1.1b	勝れた身体の殊勝なること	第 6 偈
2.2.2.1.1c	仏陀の系譜を断絶させないこと	第 7 偈
2.2.2.1.2	菩薩は大臣の如し	第 8 偈
2.2.3	[C] 証得することの意味	第 9 偈
2.2.4	[D] 他に勝ることの意味	第 10 偈
3	総括	〈第 11–12 偈〉
3.1	「大乗を帰依処とすること」の六義による説示	第 11 偈
3.2	「大乗という帰依処」にもとづく卓越した正行	第 12 偈

このように，第Ⅱ章「帰依品」は 1. 総論（第 1 偈），2. 各論（第 2–10 偈），3. 総括

（第 11・12 偈）からなる。「1. 総論」では大乗への帰依の卓越性を四項目に纏めて提示し，「2. 各論」はその四項目を具体的に論じ，「3. 総括」は「六義」及び「正行」の視点から帰依を総括する。まず総論の第 1 偈を見てみよう。

śaraṇagamanaviśeṣasaṃgrahe ślokaḥ /

ratnāni yo hi śaraṇampragato 'grayāne jñeyaḥ sa eva paramaḥ śaraṇaṃgatānāṃ / [1]sarvatraga-[2]abhyupagama-[3]adhigama-[4]abhibhūtibhedaiś caturvidhamayārthaviśeṣaṇena // 1 //

sa eva paramaḥ śaraṇaṃgatānām iti / kena kāraṇena / caturvidhasvabhāvārthaviśeṣaṇena / caturvidho 'rthaḥ [1]sarvatraga-[2]abhyupagama-[3]adhigama-[4]abhibhūtibhedato veditavyaḥ / [A]sarvatragārthaḥ / [B]abhyupagamārthaḥ / [C]adhigamārthaḥ / [D]abhibhavārthaś ca / te punar uttaratra nirdekṣyante /

［大乗を］帰依処とすることが殊勝であることについて要略して，一偈がある。

最勝乗において［仏・法・僧の三］宝を帰依処とした者，彼こそが実に［三宝を］帰依処とした者たちの中で最高なる者である，と［以下の理由によって］知るべきである。

[1] 遍く行き渡ること，[2] 受け入れること，[3] 証得すること，[4] 他に勝ることという区別にもとづいてである。［すなわち，］四種類から成る卓越した意味によってである。（第 1 偈）

「**彼こそが実に［三宝を］帰依処とした者たちの中で最高なる者である**」というのは，いかなる理由によってであるのか。［それは］**四種類**を自性とする**卓越した意味によって**である。［その］四種類の意味は，[1] **遍く行き渡ること，**[2] **受け入れること，**[3] **証得すること，**[4] **他に勝ることという区別**の点から知るべきである。［すなわち，］[A] 遍く行き渡ることの意味，[B] 受け入れることの意味，[C] 証得することの意味，[D] 他に勝ることの意味である。

それら［の四種類の意味］はまた後に［第 3 偈以下で］詳細に説明されるであろう。

同じく仏・法・僧の三宝に帰依するのであるが，最勝乗すなわち大乗において三宝に帰依する者が声聞乗で三宝に帰依するよりも格段に優れており，以下の四種の卓越した点で最高の帰依者であるという。四種とは [1] 遍く行き渡ること sarvatraga，[2] 受け入れること abhyupagama，[3] 証得すること adhigama，[4] 他に勝ること abhibhūti

である。世親はこの四種を [A] 遍く行き渡ることの意味 sarvatragārtha，[B] 受け入れることの意味 abhyupagamārtha，[C] 証得することの意味 adhigamārtha，[D] 他に勝ることの意味 abhibhavārtha と注釈している。この注釈は，【1】[1]–[4] を [A]–[D] として単に説明しただけなのか，あるいは【2-1】[1]–[4] の四種の区別（偈頌 Skt. は複数形）それぞれに [A]–[D] の卓越した意味（偈頌 Skt. は単数形）がある，もしくは【2-2】導入部に [A]–[D] を掲げる世親釈では [A]–[D] の卓越した意味それぞれに [1]–[4] の四種の区別が付随する（【2】はいずれも計 16 項目）という含みなのか，俄かには判別し難い。研究会および編集会議では（1）後者【2】の解釈は第 3-10 偈すべてに必ずしも妥当しないこと（世親釈で，第 4 偈 [B]「受け入れることの意味」は 3 項目，第 9 偈 [C]「証得することの意味」は 8 項目である），（2）無性釈も安慧釈も後者【2】に触れていないことを根拠に，前者【1】の理解に従った。

ところで，帰依の一般的な理解は「仏・法・僧に信をささげ，身をゆだね，より頼むこと。これを三帰依という」，「三帰依：仏・法・僧の三宝に帰投依憑して救護を請う意。... これをもって初めて仏教徒の一員となったことを表わし，その儀式とせられる」(『仏教学辞典』法蔵館)，「神仏や高僧を深く信仰し，その教えに従い，力にすがること」(『現代国語例解辞典』第二版，小学館）の如くである。しかし，ここ「帰依品」に説かれる「最勝乗すなわち大乗において三宝を帰依処とした者こそが実に三宝を帰依処とした者の中で最高なる者である」との主張は，上述した帰依の一般的な説明に収まりきらない。以下には「帰依品」第 3–10 偈に説かれる帰依の卓越性の主な内容を世親釈に基づいて概観してみよう。

第 3 偈は「[A] 遍く行き渡ることの意味 sarvatragārtha」を 4 種の視点から説く。
A[1] 一切の衆生を輪廻転生の苦悩から済度するので「遍く行き渡る」という。
A[2] 三乗すべてに熟練しているので「遍く行き渡る」という。
A[3] 人法二無我の智すべてに熟練しているので「遍く行き渡る」という。
A[4] 輪廻と寂静を一味としているので涅槃に「遍く行き渡る」という。
今は A[1]「衆生に遍く行き渡るという意味である。一切衆生を生死輪廻の苦から済度するために行じているから」，A[4]「涅槃に遍く行き渡るという意味である。輪廻と寂静を一味とするから」の二点に注目したい。大乗への帰依がいわゆる帰依のレベルに留まらず，大乗へ帰依するとは「一切衆生を生死輪廻の苦から済度しよう」と菩提心を発こし，「輪廻と寂静を一味とする」境地まで達しようと菩提心を発こして帰依するからであると言う。大乗への帰依とは帰依そのものが発菩提心を内包しているのである。A[2] で安慧が「菩薩は三乗に善巧であろうとして菩提心を発こす」と釈しているごとくである。

続く第 4 偈は [B]「受け入れることの意味 abhyupagamārtha」を 3 種の視点から論じる。発菩提心した菩薩は<1>「仏陀を帰依処として，まさしくその仏陀と同じあり方を希求する卓越した誓願 *praṇidhānaviśeṣaṇa*」を発こし，<2>「卓越した正行 *pratipattiviśeṣaṇa*」では倦み疲れることなく難行を実践し，<3>「卓越した得果 *prāptiviśeṣaṇa*」では「現前に正覚を成就して一切の諸仏との平等性に至る」のである。このように「仏陀を帰依処とする」帰依が発菩提心を契機にそのまま<1>「その仏陀と同じあり方を希求する」誓願でもあると説かれていることは重要である。ただし，安慧が<1>「卓越した誓願」について「仏陀を帰依処とする，まさにその仏陀の自性を体得すべきである，と [B] 受け入れて発菩提心するのである。以上は卓越した誓願を示した」と注釈するように，発菩提心と誓願はその内容が重なる。ここでは [A]「遍く行き渡ることの意味」は発菩提心に，[B]「受け入れることの意味」は誓願に重点があると理解した。この [B]「受け入れることの意味」はさらに第 5–8 偈で「高貴な生まれ」などとして詳説される。この第 5–8 偈については後に触れる。

次に第 9 偈「[C] 証悟することの意味 adhigamārtha」では，大乗への帰依が帰依に止まることなく，大乗菩薩道の各階梯で「証悟」を体得すること，すなわち [C1] 大乗の教法を信解 adhimukti した時に福徳資糧を得る，乃至 [C8] 仏地において無住処涅槃を体得するというまで，証悟の功徳を 8 種に分析して論じている。先には（第 3・4 偈）大乗への帰依はそのまま発菩提心であり誓願であると説かれ，ここ第 9 偈では菩薩道各階梯での修習とその証悟をも含んでいると言うのである。第 9 偈に説かれる菩薩の修行内容・得果とそれに対応する階梯を，世親・無性・安慧の注釈により概略すれば以下のごとくである（本書注解（35）図 K 参照）。

[C1] 信解し福徳資糧を体得 —（信解行地に相当）
[C4] 現観 — 初地歓喜地
[C5] 無生法忍 — 第八地
[C6] 現前等正覚 — 第八地～第十地，仏地
[C7] 習気の断滅 — 第八地～第十地，仏地
[C8] 無住処涅槃 — 仏地

このように大乗に帰依した菩薩は，信解・発心等から始まり，乃至衆生済度を専らとする第十地の菩薩に至るまであらゆる菩薩行を行じ，それぞれの階位での証悟を体得して究極には仏地に至るというのである。

さて，五道（資糧道・加行道・見道［初地］・修道［第二地～第十地］・究竟道［仏

地]）に代表される瑜伽行派の大乗菩薩道であるが，修行者である菩薩は無上等正覚や無住処涅槃を体得すべく資糧道から順次仏地へ向かい実践修行に専念する。自ら無上等正覚の体得を目指すと言う意味で，資糧道から菩薩の初地入見道までは主として自利的実践であり向上的方向にはたらく菩薩行である。その向上的にはたらく菩薩行が，菩薩の第二地～第十地では自利的実践でありながらそのまま衆生済度のための利他的実践としてもはたらく。自利行がそのまま利他行となり，向上的修行がそのまま向下的修行となる。特に菩薩の第八地～第十地では，仏と同様に自利利他行の分別なく利他そのものであり二利行円満にはたらくとされる（早島理 [2013] 参照）。このことは『摂大乗論』で展開される「加行無分別智（加行道，向上的にはたらく）— 根本無分別智（初地見道）— 後得無分別智（後得清浄世間智，第二地～第十地，向上即向下的にはたらく）」という無分別智の構造からも理解することができよう。この大乗の菩薩道を歩む菩薩は，それゆえ，修行者菩薩としてはたらく側面と衆生済度者である仏・菩薩としてはたらく側面との二つのはたらき（修行者菩薩と済度者菩薩のはたらき：加行道・初地入見道までは修行者のはたらきが主，第二地～第七地は修行者にして済度者のはたらき，第八地～第十地は済度者のはたらきが主）を有し，前者から後者へと順次に転換し続けることになる（早島理「大乗仏教の人間観」，『仏教思想の奔流』自照社出版 2007　参照）。以上の大乗菩薩道を踏まえると，ここ「帰依品」の「[C] 証悟することの意味」では大乗への帰依がそのまま菩薩の修行階梯の各段階で体得する証悟を内実としていること，そのうえ大乗へ帰依する菩薩は修行者菩薩から済度者菩薩（第八地～第十地）へ転身し転換する意味をも含んでいることが理解されるのである。

さらに第 10 偈では「[D] 他に勝ることの意味 abhibhavārtha」で 4 種の観点から声聞よりも菩薩が勝っていることを論じるが，今は省略する。

繰り返すが，省略した内容も含め，「[A] 遍く行き渡ることの意味」乃至「[D] 他に勝ることの意味」で説かれているのはすべて「帰依」の内実である。すなわち仏説である大乗の教法への帰依はそのまま A[1]「一切衆生を生死輪廻の苦から済度する」無上等正覚へと菩提心を発こし，B<1>「仏陀を帰依処として，まさしくその仏陀と同じあり方を希求する」誓願を発し，[C8]「無住処涅槃を得て仏地の」証悟に至ることをも含んでいるという。このように「帰依」がそのまま発菩提心でもあり，誓願でもあり，証悟でもある。安慧が第 1 偈導入にあたり，「帰依と発菩提心と誓願は同じ意味である」と注釈する所以である。一般的には，仏・法・僧の三宝に「帰依」して「信解 adhimukti」の浄信を起こして「発心」し，さらに「一切の衆生を済度する仏になりますように」などの「誓願」を発し，菩薩の修行階梯のそれぞれの段階で「証悟」するなど，順序を踏んで仏道を修行するのが常套である。しかし『荘厳経論』が説く大乗の哲学＝瑜伽行唯識思想では,「帰依」がそのまま「発心」であり「誓願」でもあり「証悟」でもあるという極めて高度で難解な内容を有し，その意味で為し難い菩薩行をも含んでいるのである。換言すれば，大乗の菩薩は決意をもって（第 2 偈）大乗に帰依したその時に，信解・発心して誓願し，さらに菩薩道の各階梯でそれぞれに証悟し，究極には仏地に至ることが約束され決定していると言うのである。このような帰依を『荘厳経論』は解き明かしているのである（発菩提心と誓願との関係については研究会 [2013] p.114，注解(5)参照)。

このように,「発心」・「誓願」・「証悟」をも内実としている大乗哲学に「帰依」して帰依そのままに修行に専念することは，一般の帰依とは異なるため，極めて為し難くあるいは帰依することそのものに躊躇する修行者もいたであろうことは想像に難くない。それゆえ「帰依品」は第 1 偈で 4 種類からなる卓越した意味を提示した後に，直ちにその 4 種類 [A]–[D] の詳説（第 3–10 偈）を語るのではなく，帰依することに堪え難い者や躊躇する者たち，それは菩薩確定種姓であれ不定種姓の声聞・菩薩であれ，彼らを大乗に帰依するようにと勧誘・勧奨（śaraṇagamana-protsāhana）するために殊更に第 2 偈を設けて,「大乗へ帰依することの決意 śaraṇagamana-vyavasāya」を促していることに留意する必要がある。なお世親によればここ第 2 偈では a 句は誓願 praṇidhāna を，b 句は正行 pratipatti を，c 句は得果 phalaprāpti の，願・行・果を説くとされる。またこの「決意 vyavasāya」について無性は「発願［の決意]」，安慧は「発菩提心［の決意]」・「発願［の決意]」と注釈している。上述したように「帰依品」に説かれる帰依はそのまま発心・誓願を内実としており，第 2 偈においても注釈者は同様に「大乗へ帰依することの決意」がそのまま「発菩提心の決意」であり「発願の決意」であると説くのである。決意に裏付けられた帰依こそが真実の帰依であることを物語っているのである。

さて，これまで検討してきたように，四種の卓越性についてそれぞれ [A]「遍く行き渡ることの意味」は第 3 偈，[B]「受け入れることの意味」は第 4 偈，[C]「証得することの意味」は第 9 偈，[D]「他に勝ることの意味」は 第 10 偈をもって説かれている。ところが [B]「受け入れることの意味」だけが，その同じ「受け入れること」の [B']「殊勝なること *abhyupagamaviśeṣa*」として続く第 5–8 偈で詳説される。

科文を再掲する。

第 5 偈で安慧が注釈するように「声聞と独覚の菩提に発心した者たちもまた仏子である」が「無上菩提に発心した」菩薩のみが「最高の仏子」と言われる。その「最高の仏子」の「殊勝なること」が第 5–8 偈の 4 偈で転輪聖王の比喩をもって説かれる。言うまでもなくこの最高の仏子とは菩薩種姓に確定し大乗に帰依した菩薩のことである。これら 4 偈のうち第 5–7 偈では「仏」と「最高の仏子である菩薩」との関係が,「転輪聖王」と「王位継承者である王子」との関係を比喩として詳説される。第 5 偈は「善き生まれ」,第 6 偈は「勝れた身体」,第 7 偈は「仏陀の系譜を断絶させないこと」がテーマである。他方,第 8 偈は「菩薩は大臣の如し」をテーマとし,「転輪聖王—大臣」の関係を比喩として「仏—菩薩」の関係が説明される。このうち第 5 偈で転輪聖王の王子が備えている功徳は(1) 種子の完全円満,(2)生母の完全円満,(3)母胎の完全円満,(4)乳母の完全円満であるように,菩薩という最高の仏子にとって(1)発心が種子である,(2)智慧波羅蜜が菩薩の生母である,(3)福・智の二資糧を備えていることが母胎である,(4)悲が乳母であると説かれ,最高の仏子の(1)発心,(2)智慧波羅蜜,(3)福・智の二資糧,(4)悲のそれぞれが完全円満であることを述べている。残余の第 6–8 偈の詳細は本論を参照されたい。なおこの第 5 偈「善き生まれ」に比喩として説かれる四種の功徳のうち,「生母の完全円満」・「乳母の完全円満」は仏伝の生母マーヤー,養母マハー・プラジャーパティを背景に語られていると思われる。以上のように,[B]「受け入れることの意味」についてのみ「殊勝なること」として第 5–8 偈をもって詳述するのであるが,他の [A]・[C]・[D] についてこのように詳述することはない。その意図は遺憾ながら不明である。

余談ながら,『荘厳経論』第Ⅱ章「帰依品」と続く第Ⅲ章「種姓品」との関連について付言する。第Ⅲ章「種姓品」の冒頭で安慧は「種子なくして果実が生じることは見られない。それゆえ,種姓は先に［説かれた］帰依や後に［説かれる］発菩提心などとして現れる諸々の教法の因であることを示すために,帰依［の章］に続いて種姓の章が説かれると［いうように二つの章が］関連する」（P44b, D41a）と注釈する。安慧によれば「種姓」（種子）が因で「帰依」や「発心」は果（果実）に相当するので，果・因の順で「帰依品」の後に「種姓品」が説かれるという。『荘厳経論』がその論体構造を継承した『菩薩地』では「種姓品第一」「発心品第二」「自他利品第三」…と続き，帰依に当たる章は見当たらない。因果の順は逆であっても，因の「種姓」に先立ち果の「帰依」を創出しその「帰依」の重要性を強調する必然性が『荘厳経論』にあったことは既に述べたところである。

四　おわりに

『荘厳経論』が「最勝の乗（大乗）にて仏・法・僧の三宝を帰依処とした者，彼こそが実に三宝を帰依処とした者の中で最高なる者である」（第1偈）と宣言して，『菩薩地』に対応しない第Ⅱ章「帰依品」を新たに創出した所以は以上のごとくである。この「帰依品」に続いて『荘厳経論』は第Ⅲ章「種姓品」乃至最終章「行住品」へと展開するが，それら各章の根底にあるのは，瑜伽行派の大乗哲学こそが仏説である（「成立大乗品」），その大乗への帰依が仏・法・僧の三宝への帰依の中で卓越して最高でありその大乗への勧奨を進める（「帰依品」）という根本的な立場である。さらにこの帰依は，単なる帰依に止まらず発菩提心でもあり誓願でもあり証悟でもあるという深い内実を伴っていて，大乗へ帰依することがそのまま発菩提心となり誓願を発こすことになり，各々の修行階梯での証悟を体得しつつ修行者菩薩から済度者菩薩へ転換することになるのである。大乗への帰依とはこのような帰依に他ならず，このことを解き明かしているのがここ『荘厳経論』第Ⅱ章「帰依品」なのである。

本篇

- 『大乗荘厳経論』第II章・梵文校訂
  テキストおよび和訳

- 『大乗荘厳経論』第II章・世親釈チベット訳
  テキスト

- 『大乗荘厳経論』第II章・漢訳テキスト

- 『大乗荘厳経論』第II章・安慧釈チベット訳
  テキストおよび和訳

- 『大乗荘厳経論』第II章・無性釈チベット訳
  テキストおよび和訳

凡例

1. 梵文校訂テキストについて
    - 梵文原典は，レヴィ刊本を底本とした。適宜，改行・段落変えをし，[1], [2], [3], [A], [B], [C] などの番号を付け，読みやすいように手を加えた。
    - テキスト校訂については，現在我々が入手しうるすべての写本をはじめとして，新出の梵文註釈文献に至るまでを参照しつつ，レヴィ刊本の改訂を行った。ただし校合した写本の註記は，Ns, Nc, A, B, Pari, Vair に留めた。なお，ダンダ（/）に関しては，必要最低限の改訂にとどめた。
    - レヴィ刊本では，第 3 偈の世親釈から第 11 偈世親釈の途中までの梵文を欠くために、その部分については荒牧典俊が還梵テキストを用意した。還梵部分はイタリック体で表記し，Pari や Vair から回収できた偈頌および世親釈の梵文についてはローマン体で示した。また偈頌部分は強調体とした。
    - 梵語表記は，底本および写本を基本とし，必ずしも正書法に準拠していない。なお sattva などについては子音重複の標準化を行った。
    - テキスト改訂・異読表記の例

      abhibhavārthaś ca (Ns, Nc, A)：abhibhavārthaḥ (Le)

        - コロン (:) の左側は改訂後の梵文を示し，(　) 内にその根拠を挙げる。すなわち Le の改訂が写本 Ns, Nc, A を根拠に行われたことを示す。なお採用しなかった写本の異読は掲載しなかった。
        - “cf.”はテキスト改訂の二次的根拠を示す。
2. 和訳について
    - 和訳は，上記の梵文校訂テキストに依り，常時，安慧と無性の復註を参照した。
    - 偈頌の部分は強調体で表記した。また世親釈中においても偈頌相当と思われる箇所は語形に違いはあっても、読みやすくするために強調書体とした。
    - 世親釈の分節にしたがい，和訳には，1, 2.1, 2.2.1, 2.2.2.1.1a などの章節の区分を与え標題を付けた。
    - ［ ］は，文意を明瞭にするために，原則として註釈にもとづく，原文にはない補いの言葉であることを示す。
    - ( ) は，指示代名詞などの内容や同義語を示す場合に用いた。
    - 梵文校訂テキストと和訳とを容易に比較できるように，左右の頁に対照させた。
3. 注解について
    - 「長尾ノート(1)」の注記される積み残された課題や思想解釈上の問題点を洗い出しつつ，安慧や無性の復註などにもとづいて，思想史的および文献学的視点から論じた。

『大乗荘厳経論』第II章「大乗への帰依」梵文校訂テキストおよび和訳

本論細目次

Mahāyānasūtrālaṃkārabhāṣya

第II章

Śaraṇagamanādhikāra

「［大乗を］帰依処とすること」の［考察の］章
漢訳：帰依品（第三）

śaraṇagamanaviśeṣasaṃgrahe ślokaḥ[(a)] /

ratnāni yo hi śaraṇaṃ-pragato[(b)] ’grayāne[(c)]
jñeyaḥ sa eva paramaḥ śaraṇaṃ-gatānāṃ[(d)] /
[1]sarvatraga-[2]abhyupagama-[3]adhigama-[4]abhibhūtibhedaiś
caturvidhamayārthaviśeṣaṇena // 1 //

sa eva paramaḥ śaraṇaṃ-gatānām iti / kena kāraṇena / caturvidhasvabhāvārtha-viśeṣaṇena /
caturvidho ’rthaḥ [1]sarvatraga-[2]abhyupagama-[3]adhigama-[4]abhibhūtibhedato veditavyaḥ / [A]sarvatragārthaḥ / [B]abhyupagamārthaḥ / [C]adhigamārthaḥ / [D]abhibhavārthaś ca[(e)] / te punar uttaratra nirdekṣyante /

(a) -saṃgrahe ślokaḥ (Ns, Nc, A) : -saṃgrahaślokaḥ (Le)
(b) śaraṇaṃpragato (Ns, Nc, A, B) : śaraṇapragato (Le)
(c) ’grayāne (Ns, Nc, A, B) : ’tra yāne (Le)
(d) śaraṇaṃgatānāṃ (Ns, A, B) : śaraṇagatānāṃ (Le)
(e) abhibhavārthaś ca (Ns, Nc, A) : abhibhavārthaḥ (Le)

tathāpy agraśaraṇagamanānāṃ[(a)] bahuduṣkarakāryatvāt kecin notsahanta iti[(b)] śaraṇagamanaprotsāhane ślokaḥ[(c)] /

1. 総論　「大乗を帰依処とすること」の要目

［大乗を］帰依処とすること(1)が殊勝であること(2)について要略して，一偈がある。

> **最勝乗において［仏・法・僧の三］宝を帰依処とした者，彼こそが実に［三宝を］帰依処とした者たちの中で最高なる者である，と［以下の理由によって］知るべきである。[1] 遍く行き渡ること，[2] 受け入れること，[3] 証得すること，[4] 他に勝ることという区別にもとづいてである。［すなわち，］四種類から成る卓越した意味によってである。//第 1 偈//**

「**彼こそが実に［三宝を］帰依処とした者たちの中で最高なる者である**」というのは，いかなる理由によってであるのか。［それは］**四種類**を自性(3)とする**卓越した意味によって**である。［その］四種類の意味は，[1] **遍く行き渡ること**，[2] **受け入れること**，[3] **証得すること**，[4] **他に勝ることという区別**の点から知るべきである。［すなわち，］[A] 遍く行き渡ることの意味，[B] 受け入れることの意味，[C] 証得することの意味，[D] 他に勝ることの意味である(4)。

それら［の四種類の意味］はまた後に［第 3 偈以下で］詳細に説明されるであろう(5)。

2. 各論

2.1 「大乗を帰依処とすること」の勧奨

そのよう［に三宝を帰依処とした者たちの中で最高なる者］であっても，最勝［乗］を帰依処とした者たちは多大な難行を為さねばならないから，ある者は［その難行に］耐え得ない。したがって，［彼らに対して，最勝乗を］帰依処とすることを勧めること(6)について，一偈がある(7)。

yasmād ādau duṣkara eṣa vyavasāyo

duḥsādho ’sau naikasahasrair api kalpaiḥ /

siddho yasmāt sattahitādhānamahārthas

tasmād agre yāna ihāgraśaraṇārthaḥ // 2 //

etena tasya śaraṇagamanavyavasāyasya praṇidhānapratipattiviśeṣābhyāṃ yaśohetutvaṃ darśayati / phalaprāptiviśeṣeṇa mahārthatvaṃ /

(a) agraśaraṇagamanānāṃ (Ns, B) : atra śaraṇapragatānāṃ (Le), agraśaraṇapragatānāṃ (Nagao); cf. mchog la skyabs su ḥgro ba (Tib), 勝帰依 (Chin)

(b) notsahanta iti (Ns, Nc, A, B) : notsahante / iti (Le)

(c) śaraṇagamanaprotsāhane ślokaḥ (Ns, Nc, A) : ślokaḥ (Le)

pūrvādhikṛte [A]sarvatragārthe ślokaḥ /

sarvān sattvāṃs tārayituṃ yaḥ

pratipanno yāne jñāne sarvagate kauśalayuktaḥ[a] **/**

yo nirvāṇe saṃsṛtiśāntyekaraso[b]

’sau jñeyo dhīmān eṣa hi sarvatraga evaṃ // 3 //

(a) kauśalayuktaḥ (Ns, Nc, A, B) : kauśalyayuktaḥ (Le)

(b) saṃsṛtiśāntyekaraso (Ns, B) : saṃsaraṇe ’py ekaraso (Le); cf. ’khor zhi ro gcig pa (Tib)

etena caturvidhaṃ sarvatragārthaṃ *darśayati / sattvasarvatragārthaṃ sarvān sattvāṃs tārayituṃ pratipannatvena / yānasarvatragārthaṃ triṣu yāneṣu kauśalayuktatvāt /*

まず第一にこの［最勝乗を帰依処とすることの］決意は為し難いものであるから，何千という多数の劫をかけても成就し難い(8)。［その決意が］成就するときは，［一切］衆生に利益を与えるという偉大な意義がある(9)。したがって(10)，この最勝乗においては最勝なる帰依処(11)の意味がある。//第 2 偈//

この［偈］は(12)，<1> 卓越した誓願と <2>［卓越した］正行の両者にもとづいて，その［最勝乗を］帰依処とすることの決意には名声の原因があること(13)を示している。<3> 卓越した得果（結果の得られること）にもとづいて，［その決意には］偉大な意義がある［ことを示している］のである。

2.2 「大乗を帰依処とすること」の意義

2.2.1 [A] 遍く行き渡ることの意味

前に述べた [A] 遍く行き渡ることの意味について，一偈がある。

[1] 一切衆生を済度しようとして行じる者，[2] 乗にも [3] 智にもすべてにわたって熟達している者，[4] 涅槃において［生死］輪廻と寂静を一味とする者，彼が智者である。［そして,］その彼が実にこのように遍く行き渡る者であると知るべきである。//第 3 偈//

この［偈］は，四種類の [A] 遍く行き渡ることの意味を示している(14)。すなわち，

[1] 衆生に遍く行き渡ることの意味である。**一切衆生を**［**生死輪廻の苦から**］**済度しようとして行じ**ているからである。

[2] 乗に遍く行き渡ることの意味である。［声聞乗・独覚乗・菩薩乗の］**三乗に熟達しているから**である。

jñānasarvatragārthaṃ pudgaladharmanairātmyakauśalayuktatvāt / nirvāṇasarvatragārthaṃ caikarasasaṃsṛtiśāntitvāt / na hi tatra taddoṣaguṇanirvikalpena saṃsāranirvāṇayor bhedo 'sti //

[B]*abhyupagamārthe ślokaḥ /*

yaḥ pramodabahulena paramabodhiṃ prārthayaty
aparikhedena ca duḥsādhaṃ **saṃcarate*** /
yaś ca visaṃbudhya sarvabuddhasamatāyām ety
asau jñeyo dhīmān paramābhyupagamaḥ **// 4 //**

atra trividhena viśeṣaṇenābhyupagamaviśeṣam darśayati /
<1>*praṇidhānaviśeṣaṇena tathā hi yasminn eva buddhe śaraṇaṃ-pragatas tasyaiva bhāvaṃ prārthayati tasya guṇaviśeṣajñānenaiva pramodabahulatvāt /*
<2>*pratipattiviśeṣaṇena tathā hi aparikhedena* vyatyayabahulaṃ* *carate /*
<3>*prāptiviśeṣaṇena ca tathā hy abhisaṃbudhya sarvaiḥ buddhaiḥ samatāyām eti /*

---

*Collected by Vair, and see 加納 [2020A].

[3] 智に遍く行き渡ることの意味である。個我と存在との無我なること（人法二無我）に**熟達しているから**である。

[4] 涅槃に遍く行き渡ることの意味である。［**生死**］**輪廻と寂静を一味とする**からである。その両者に関して［生死輪廻の］過失と［寂静の］功徳を分別構想しないから，彼（智者）には［生死］輪廻と涅槃に関する区別がないのである。

2.2.2 [B] 受け入れることの意味

［第 1 偈で示された］[B] 受け入れることの意味について，一偈がある[15]。

> **[1] 多大な喜びをもって最高の菩提を求める者，[2] 倦み疲れることなく難行を行じる者，[3] 正覚して一切諸仏と平等となる者，そのような智者が最高の受け入れる者であると知るべきである。//第 4 偈//**

この［偈］では[16]，三種の卓越していることによって，[B'] 受け入れることの殊勝なることを示している。

<1> 卓越した誓願によって，すなわち仏陀を帰依処とした場合に，まさしくその［仏陀と］同じあり方[17]を希求するのである。その［仏陀の］功徳の殊勝なることを知ることによって**多大な喜び**があるからである[18]。

<2> 卓越した正行によって，すなわち倦み疲れることなく多大な苦難を行じるのである。

<3> 卓越した得果によって，すなわち現前に正覚して一切諸仏との平等性に至るのである。

punaś ca tam [B']*evābhyupagamaviśeṣaṃ buddhātmajasya* [B'1]*paramasujātatvenānyaḥ śloko darśayati /*

yasya buddhātmajasya paramasujātasya
cittaprajñāsaṃbhārayogakaruṇeyaṃ /
asamabījamātṛgarbhasthānadhātry asau
jñeyo dhīmān paramābhyupagamaḥ // 5 //

punas tatsujātatvam abhijātaviśeṣeṇa darśayaty asamabījamātṛgarbhasthānadhātrītvena / cittotpādo hi bījam / prajñāpāramitā bodhisattvasya mātā / puṇyajñānasaṃbhārayogo garbhasthānam āśrayabhūtatvāt / karuṇā ca dhātrī tayā jananatvāt /

punaś ca tam evābhyupagamaviśeṣaṃ tasyaiva sujātasya kāyaviśeṣaviśiṣṭatvenānyaḥ śloko darśayati /

sarvair vicitritalakṣaṇair tasya kāyo 'laṃkṛtaḥ
sarvasattvaparipācanabalaprāptaś ca /

2.2.2.1 [B'] 受け入れることの殊勝なること

2.2.2.1.1 最高の善き生まれ

2.2.2.1.1a 高貴な生まれの殊勝なること

さらに仏子にとって [B'1] 最高の[19]善き生まれである点で，その［第 4 偈と］同じ [B'] 受け入れることの殊勝なること[20]を，別の一偈によって示す[21]。

> **仏子にして [B'1] 最高の善き生まれの者には，[a1]［発］心，[a2] 智慧，[a3] 資糧を備えていること，[a4] 悲がある。これは［譬えれば，順次］比類のない (a1) 種子，(a2) 生母，(a3) 拠り処としての胎（母胎），(a4) 乳母である。そのような智者が最高の受け入れる者であると知るべきである。//第 5 偈//**[22]

さらに，その［最高の］**善き生まれ**を，[B'1-a] 高貴な生まれの殊勝なること[23]によって示すのである。すなわち，比類のない (a1) **種子**，(a2) **生母**，(a3) **拠り処としての胎（母胎）**，(a4) **乳母**によってである。

［仏子にとって］[a1] 発**心**こそ (a1) 種子である。

[a2] **智慧**波羅蜜こそ菩薩の (a2) **生母**である。

[a3] 福・智の［二］**資糧を備えていること**こそ (a3) 拠り処としての胎（母胎）である。［二資糧が］所依となるからである。

[a4] **悲**こそ (a4) 乳母である。それ（悲）によって養育されるからである。

2.2.2.1.1b 勝れた身体の殊勝なること

さらに，その同じ [B'1]［最高の］善き生まれについて [B'1-b] 勝れた身体によって特徴づけて[24]，その［第 4 偈と］同じ [B'] 受け入れることの殊勝なることを，別の一偈によって示す。

> **その身体は，[b1] 種々の諸相すべてによって荘厳され，[b2] 一切衆生を成熟させる能力を獲得していて，[b3] 仏陀の偉大で限りない安楽という寂静を得て，**

buddhamahānantasukhaśāntilabdhaś ca
sarvasattvatrāṇāya mahopāyaprajñaptijñaś ca // 6 //

kāyaviśeṣaṃ caturvidhair viśeṣair darśayati / abhirūpaviśeṣeṇa lakṣaṇair alaṃkṛtatvāt / vicitritam iti vacanaṃ cakravartyādi**lakṣaṇebhyo viśeṣyatvāt / balaviśeṣeṇa sarvasattvaparipācanabalaprāptatvāt / sukhaviśeṣeṇa buddhamahānantasukhaśānti-labdhatvāt / jñānaviśeṣeṇa ca sarvasattvaparitrāṇāya mahopāyaprajñaptijñatvāt /*

---

*Collected by Vair, and see 加納 [2020A].

rājaputro hy abhijāta iti jñāyata ebhir caturvidhābhiḥ saṃpadbhiḥ / yad uta abhirūpasaṃpadā balasaṃpadā sukhasaṃpadā svaśilpajñānasaṃpadā ca /

punaś ca tasyaiva sujātasya buddhavaṃśānupacchedatvena anyaḥ śloko darśayati /

sarvabuddhamahāraśmibhir dattābhiṣekaḥ
sa hi sarvadharmaiśvaryasaṃprayuktaḥ /
buddhaparṣanmaṇḍaleṣu ca deśanāvidhijñaḥ śikṣāpadaprajñaptyā
ca nigrahaṇānugrahaṇaṃ kartum utsahate // 7 //

caturbhiḥ kāraṇaiḥ sujāto jinātmajaḥ svagotraṃ nopacchedayati prāptābhiṣeka-tvenānabhihataiśvaryatvenādhikaraṇamīmāṃsākuśalatvena nigrahaṇānugrahaṇa-karaṇatvena ca /

[b4] 一切衆生を守護する偉大な方便を知らしめる智がある。//第 6 偈//

勝れた身体は四種類の殊勝なることにもとづいて示されている[25]。

(b1) 妙なる容姿の殊勝なることとは [b1] **諸相によって荘厳されている**から［である］。「**種々の**」という［偈の］言葉は転輪聖王等の相よりも勝れているからである[26]。

(b2) 能力の殊勝なることとは [b2] **一切衆生を成熟させる能力を獲得している**からである。

(b3) 安楽の殊勝なることとは [b3] **仏陀の偉大で限りない安楽という寂静を得てい**るからである。

(b4) 智の殊勝なることとは [b4] **一切衆生を守護する偉大な方便を知らしめる智がある**からである。

以下の四種の完全円満なることによって，王子は「高貴な生まれ」であると理解する。すなわち，［仏子にとっては］(b1') 妙なる容姿の完全円満なることによって，(b2') 能力の完全円満なることによって，(b3') 安楽の完全円満なることによって，(b4') 自己の技能である智の完全円満なることによってである[27]。

2.2.2.1.1c 仏陀の系譜を断絶させないこと

さらに，その同じ [B'1]［最高の］**善き生まれ**は [B'1-c] 仏陀の系譜を断絶させないという点から，［[B'] 受け入れることの殊勝なることを］別の一偈によって示す[28]。

彼（菩薩）は，[c1] 一切諸仏の偉大な光明によって灌頂を授かり，[c2] すべての教法に対する自在性を備え，[c3] 仏の［説法の］諸集会において説［法］の方軌[29]を知り，[c4] 戒律の条文を［誦して］知らしめることにもとづいて処罰と賞揚をなし得るのである。//第 7 偈//

［以下の］四つの理由によって，王子として善き生まれの者は，自らの種姓[30]を断絶させないのである。すなわち，(c1) 灌頂を得ることによって，(c2) 障碍のない［智の］自在性によって，(c3) 争論［となる案件］の判定に巧みであることによって，(c4) 懲罰を科したり褒賞を与えたりすることによってである。

tatsādharmyena boddhisattvo 'pi raśmibhir prāptābhiṣeko 'nabhihatajñānatvāt sarvadharmeṣv aiśvaryasaṃprayukto buddhaparṣanmaṇḍaleṣu deśanāvidhijñaḥ śikṣāpadaprajñaptyā ca doṣaguṇayuktānāṃ nigrahaṇānugrahaṇaṃ karoty eva /

punaś ca tam evābhyupagamaviśeṣaṃ [B'2]*mahāmātrasadṛśatvenānyaḥ śloko darśayati /*

mahāmātrasadṛśaś ca pāramitāsu praveśanatvena /
sadā ca mahābodhipakṣyāstaraṇeṣv adhyakṣakāratvena /
***sadā .... guhya*trividhagatisaṃdhāraṇatayā /**
satatasamitaṃ *ca bahusattvānām artha*prakaraṇa*tvena* // 8 //*

atra caturbhiḥ kāraṇair mahāmātratvaṃ vyavasthāpayati / antarācāratvenāntaḥpuragamanatvāt / sarvakośādhyakṣatvena / guhyakathanadṛdhamanatvena / saṃvibhāgaiśvaryatvena ca /

tatsādharmyena bodhisattvo 'pi pāramitāsu praviśati / sadā cādhyakṣaṃ karoti teṣu teṣu sūtreṣu mahābodhipakṣyāstraṇeṣv asaṃpramoṣadharmitvāt / sadā ca trividhān kāyasya vāṅmanasos* *ca guhyān dhārayati / satatasamitaṃ ca bahusattvānām arthān karoty anantasattvānām arthakāratvāt /*

---

*Collected by Vair, and see 加納 [2020A].

[C]*adhigamārthe ślokaḥ /*

彼（王子）と類似したあり方によって，菩薩もまた，[c1] **諸の光明によって灌頂を得る**(31)。[c2] 障碍のない智があるからすべての**教法に対する自在性を備え**ている。[c3] **仏の［説法の］諸集会において説［法］の方軌を知**る。[c4] **戒律の条文を［誦して］知らしめることにもとづいて**必ず過失ある者たちを**処罰**し功徳ある者たちを**賞揚**するのである(32)。

2.2.2.1.2 菩薩は大臣の如し

さらに，その［第 4 偈と］同じ [B'] 受け入れることの殊勝なることを，［菩薩は］[B'2] 大臣の如くであるとして，別の一偈によって示す(33)。

> **［次の四種の点から，菩薩は］[B'2] 大臣の如くである。[1] 諸の波羅蜜に悟入する点から，[2]［諸経典に］散説された大菩提分［法］に常に眼を配る点から，[3]［身・口・意の］三種の不思議(34)のあり方を常に保持する点から，[4] 数多の衆生の利益を常に途絶えることなく行う点からである。//第 8 偈//**

この［偈］では，［以下の］四つの理由によって大臣であることが確定される。(1) 後宮にまで進み入るから，［後宮の］内部で活動することによってである。(2)すべての［宝物］蔵に眼を配ることによってである。(3)［王の］内密の話に関して信頼があることによってである。(4)［恩賞などの］分与に関して自由自在であることによってである。

彼（大臣）と類似したあり方によって，菩薩もまた [1] **諸の波羅蜜に悟入**し，[2] あれこれの諸経典に**散説された諸の大菩提分**法を失念しないという性質があるから，［その大菩提分法に］**常に眼を配**り，[3] **身・口・意の三種の不思議［のあり方］を常に保持**し，[4] 無数の衆生を利益するために，**常に途絶えることなく数多の衆生の利益を行う**のである。

2.2.3 [C] 証得することの意味

[C] 証得することの意味(35)について，一偈がある。

mahāpuṇyaskandhaṃ tribhuvanagurutvaṃ bhavasukhaṃ
mahāduḥkhaskandhapraśamam api buddhyuttamasukham /
mahādharmaskandhaṃ pravaradhruvakāyaṃ śubhacayaṃ
nivṛttiṃ vāsāyā bhavaśamavimokṣaṃ ca labhate // 9 //*

tatrehadharme [C1]*'dhimokṣāvasthāyām eva* mahāpuṇyaskandhaṃ labhate/ [C2]*cittotpādāvasthāyāṃ ca* tribhuvanagurutvaṃ / [C3]*saṃcintyopapattiparigrahāvasthāyāṃ ca* bhavasukhaṃ / [C4]abhisamayā***vasthāyāṃ ca sarvasattvānām* ātmatvā***bhyupagamena* mahāduḥkhaskandhapraśamaṃ / *anena hi praśamayatīti* praśamaḥ / [C5]*anutpattikadharmakṣāntipratilambhāvasthāyāṃ ca* buddhyuttamasukhaṃ / [C6]*abhisaṃbodhyavasthāyāṃ ca* mahādharmaskandhādikaṃ** / *tatra hi buddhānāṃ dharmakāyaḥ* mahādharmaskandhaḥ *sūtrādyanantadharmākaratvāt / sarvadharmavaratvāc ca* pravaraḥ / *akṣayatvāś ca* dhruvaḥ / *balavaiśāradyādīnāṃ ca śubhadharmānāṃ upacayatvāc* chubhacayaḥ / [C7]*tasmiṃś ca tādṛśakāye* nivṛttiṃ vāsāyāḥ / [C8]*saṃsāranirvāṇayoś cāpratiṣṭhitatvād* bhavaśamavimokṣaṃ labhate / *eṣo 'ṣṭavidho 'dhigamārthaḥ* //

---

*Collected by Pari, and see 加納・葉・李 [2020C].

**Colleccted by Vair, and see 加納 [2020A].

[C1] 福徳の大きな集合を［得て］, [C2] 三界における敬重を［得て］, [C3] 有（生死輪廻の存在）の安楽を［得て］, さらにまた [C4] 苦の大きな集合の鎮静を［得て］, [C5] 最高の叡智の安楽を［得て］, [C6] 多大なる法の根幹, ［すなわち］遙かにすぐれて恒常なる身体であり, ［十力・四無畏等の］浄善の蓄積を［得て］, [C7]［すべての］習気の止滅を［得て］, [C8] 有（生死輪廻の存在）と寂滅（涅槃）とからの解放を得るのである。//第 9 偈//

その中で, [C1] この［大乗の］教法に対して信解したまさにその段階において, **福徳の大きな集合を**得るのである。

[C2] 発心した段階において, ［欲界・色界・無色界の］三**界における敬重を**［得るの］である[36]。

[C3] 意図的に生を取った段階において[37], **有（生死輪廻の存在）の安楽を**［得るの］である[38]。

[C4] 現観した段階において[39], 一切衆生を自己［と平等である］と受け入れることによって, **苦の大きな集合の鎮静を**［得るの］である[40]。というのは, これによって［苦の大きな集合を］鎮めるから**鎮静**というのである。

[C5] 無生法忍を得た段階において, ［つまり, 第八地において］**最高の叡智の安楽を**［得るの］である[41]。

[C6] 現前に正覚した段階において[42], **多大なる法の根幹**などを［得るの］である。この中で, 「**多大なる法の根幹**」とは, 諸仏の教法の身体[43]［であり, それ］は, ［十二部経などの］経典等の限りない教法にとっての鉱脈であるからである。［それは］すべての教法の中で最高であるから「**遙かにすぐれて**」というのであり, 尽きることがないから「**恒常な**」というのである。十力や四無畏等の善なる諸の特質（法）が積まれているから, 「**浄善の蓄積**」というのである。

[C7] そのような［根幹であり蓄積である］この身体において[44], **［すべての］習気（潜在余力）の止滅を**［得るの］である。

そして, [C8]［生死］輪廻にも涅槃にも住着しない[45]のであるから, **有（生死輪廻の存在）と寂滅（涅槃）とからの解放を得るのである。**

以上の八種が [C] 証得することの意味である。

[D]*abhibhavārthe ślokaḥ* /

śubhaudāryād dhīmān abhibhavati sa śrāvakagaṇaṃ
mahārthatvānantyāt satatasamitaṃ cākṣayatayā /
śubhaṃ laukyālaukyan tad api paripākaprakaraṇaṃ
vibhutvenāvāptan tad upadhiśame cākṣayam api // 10 //*

bodhisattvaś caturbhiḥ kāraṇaiḥ śrāvakān abhibhavati / kuśalamūlasyaudāryena mahārthatvenānantyenākṣayatvena ca / yac ca caturvidhaṃ śubhaṃ deśitaṃ tat punar laukyālaukyaṃ paripākaprakaraṇaṃ vibhutvenāvāptaṃ** *ca / laukyam alaukyaṃ paripākaprakaraṇaṃ vibhutvena cāvāptaṃ / te catvāro* guṇāḥ** *śubham ārabhya deśitāḥ / yac ca vibhutvaṃ tad upadhiśame 'py akṣayam iti veditavyaṃ nirupadhiśeṣanirvāṇe 'py akṣayatvāt* //

---

*Collected by Pari, and see 加納・葉・李 [2020C].

**Collected by Vair, and see 加納 [2020A].

śaraṇagamanadeśanāyāṃ ślokaḥ /

tadbhāvaprārthanāto 'bhyupagamanam idaṃ tan mataṃ ca kṛpātas
sarvākārajñatāto hitasukhakaraṇaṃ duṣkareṣv apy akhedaḥ /
niryāṇe sarvayānaiḥ pratiśaraṇaguṇenānvitatvaṃ ca nityaṃ
saṃketād dharmatātas śaraṇagamanatā dhīmatām uttamāsau // 11 //*

2.2.4 [D] 他に勝ることの意味

[D] 他に勝ることの意味について，一偈がある(46)。

> **浄善は，[1] 広大であるから，[2] 意義が偉大であるから，[3] 無辺際であるから，[4] 常に途絶えることなく無尽であるから，智者（菩薩）は声聞衆に勝るのである。その浄善はまた，[1'] 世間的なものと，[2'] 非世間的なものとであり，[3'] 成熟せしめるものと，[4'] 自在性を得ているものとである。［五蘊という］依り所が滅しても，これ（自在性）は尽きることがないのである。//第 10 偈//**

菩薩は［以下の］四つの理由によって声聞たちに勝る(47)。善根は，[1] **広大であること**と，[2] **意義が偉大であること**と，[3] **無辺際であること**と，[4] **無尽であること**によってである。

［ab 句で］四種に説かれたその**浄善**はまた，［後半の cd 句の］[1'] **世間的なもの**と，[2'] **非世間的なもの**と，[3'] **成熟せしめるもの**と，[4'] **自在性を得ているもの**とである。この [1'] 世間的なものと [2'] 出世間的なものと [3'] 成熟せしめるものと [4'] 自在性のあるものという四つの功徳は，**浄善**に関連して説かれたのである(48)。

［その中で］「**これは**」すなわち [4'] 自在性は「［**五蘊という**］**依り所が滅しても，尽きることがない**」と知るべきである。依り所を余すことなく滅した涅槃（無余依涅槃）においても［その自在性は］尽きることがないからである。

3. 総括

3.1 「大乗を帰依処とすること」の六義による説示

［大乗を］帰依処とすること［の六義による構成］を説明して(49)，一偈がある。

> **これ（帰依処とすること）は，[1] それ自体（仏たること）を希求するから「受け入れること」である。そして，それは [2] 悲愍（悲）からであると考える。そのことから [3] 一切種智者性がある。[4] 難行においても倦み疲れることなく，［一切衆生に］利益と安楽をもたらす(50)。**[5] **あらゆる乗により出離する場**

anena śaraṇagamanasya svabhāvahetuphalakarmayogavṛttyarthā deśitāḥ / *buddhatva*prārthanāto 'bhyupagamanaṃ śaraṇagamanasya *svabhāvaḥ* / tan mataṃ ca kṛpāta *iti hetuḥ* / sarvākārajñatāta *iti phalaṃ* / *sattvānāṃ* hitasukhakaraṇaṃ duṣkara*caryāsv* apy akhedaḥ *karma* / niryāṇe sarvayānaiḥ pratiśaraṇaguṇenānvitatvaṃ *yogaḥ* / sāṃketikaṃ[(a)] dharmatāprātilambhikaṃ ceti prabhedalakṣaṇā pravṛttir audārikasūkṣmaprabhedena /

---

*Collected by Pari, and see 加納・葉・李 [2020C].

(a) sāṃketikaṃ (Vair)：asāṃketikaṃ (Le, Ns, Nc, A, B)；cf. 'jig rten pa (Tib)

śaraṇapratipattiviśeṣaṇe ślokaḥ /

śaraṇagatim imāṃ gato mahārthāṃ
guṇagaṇavṛddhim upaiti so 'prameyāṃ /
sphurati jagad idaṃ kṛpāśayena prathayati
cāpratimaṃ mahārya[(a)]dharmaṃ // 12 //

atra śaraṇagamanasya[(b)] mahārthatāṃ svaparārthapratipattibhyāṃ darśayati /

合に，［そのための］帰依処となる功徳を常に具している。[6] 言語協約によると法性によるとである。以上が，智者（菩薩）にとって最高の「帰依処とすること」である。//第 11 偈//

この［偈］によって[51]，「［大乗を］帰依処とすること」の(1)本性と(2)原因と(3)結果と(4)はたらきと(5)具備と(6)あり方（生起）の［六］義が説かれる。

[1]「仏たること」を**希求するから**［大乗の教法を］「**受け入れること**」というのが「［大乗を］帰依処とすること」の(1)本性である[52]。

[2] **それは悲愍（悲）からであると考える**というのが(2)原因である[53]。

[3] **そのことから一切種智者性がある**というのが(3)結果である[54]。

[4] **難行において倦み疲れることなく，**諸衆生に対して**利益と安楽をもたらす**というのが(4)はたらきである[55]。

[5] **あらゆる乗により出離する場合に，［そのための］帰依処となる功徳を常に具している**というのが(5)具備である[56]。

[6-1] **言語協約**にもとづくものと [6-2] **法性**によって獲得されたものという区別を相とするのが(6)あり方（生起）である[57]。［すなわち，順次］[6-1'] 粗大なると [6-2'] 細密なるとの区別によってである。

3.2 「大乗という帰依処」にもとづく卓越した正行

［大乗という最勝なる］帰依処にもとづく卓越した正行について，一偈がある[58]。

このような偉大な意義のある帰依処のあり方（領域）に至った[59]彼は，[1] 功徳の集まりを無量に増大せしめるに至るのである。[2] この生きとし生けるものを悲愍の意楽をもって包容して，そして偉大な聖者たちの無比なる教法を拡張せしめるのである。//第 12 偈//

この［偈］では，［大乗を］帰依処とすることに偉大な意義のあることを，(1)自利と(2)利他の両正行によって示しているのである[60]。

svārthapratipattiḥ punar bahuprakārā 'prameyaguṇavṛddhyā / aprameyatvaṃ tarkasaṃkhyākālāprameyatayā veditavyaṃ / na hi sā guṇavṛddhis tarkeṇa prameyā na saṃkhyayā na kālenātyantikatvāt / parārthapratipattir āśayataś ca karuṇāsphuraṇena prayogataś ca mahāyānadharmaprathanena / mahāyānaṃ hi mahāryāṇāṃ[(c)] dharmaḥ /

(a) mahārya- (Ns, Nc, A, B) : mahārtha- (Le); cf. 'phags chen (Tib), 大聖 (Chin)

(b) śaraṇagamanasya (Ns, Nc, A, B) : śaraṇagamanasthāṃ (Le)

(c) mahāryāṇāṃ (Ns, Nc, A, B) : mahāryadṛśāṃ (Le)

mahāyānasūtrālaṃkāre

śaraṇagamanādhikāro dvitīyaḥ

さらに，⑴自利の正行には多くの種類がある。というのは功徳が無量に増大するからである。［その］無量とは憶測知・計数・時間によって計量することができないからであると理解すべきである。なぜならば，その功徳の増大は，憶測知によっても計数によっても時間によっても，計量されるものではない。無限であるからである。

また，⑵利他の正行は，(2-1) 意楽（意欲）によって，すなわち悲をもって［一切衆生を］包容するからである。そして，(2-2) 実践によって，すなわち大乗の教法を拡張せしめるからである。実に，大乗とは「偉大な聖者たちの教法」なのである[61]。

『大乗荘厳経論』における「［大乗を］帰依処とすること」という第二章［を終わる］。

和訳注解

(1)　「帰依処とすること」とは śaraṇa-gamana に対する和訳語である。この言葉はサンスクリット本末尾の記述 —『大乗荘厳経論』における「[大乗を] 帰依処とすること」という第二章 [を終わる] (śaraṇagamanādhikāro dvitīyaḥ)—から知られるように，この第II章の章名でもある。第II章には，この śaraṇa-gamana と同様，śaraṇa を含む複合語の表現が幾つかある。以下に，その用例を図式化して示す。

図A：第II章における śaraṇa の用例	
śaraṇa-gamana	第1偈世親釈導入・第2偈世親釈導入・第2偈世親釈・第11偈世親釈導入・第12偈世親釈
śaraṇaṃ-gata	第1偈・第1偈世親釈
śaraṇaṃ-pragata	第1偈・第4偈世親釈
agra-śaraṇa-artha	第2偈
śaraṇa-gamanatā	第11偈
pratiśaraṇa-guṇa	第11偈・第11偈世親釈
śaraṇa-pratipatti-viśeṣaṇa	第12偈世親釈導入
śaraṇa-gatim ... gataḥ	第12偈

問題は，前半の五つに示した śaraṇa- √gam に関わる用例である。漢訳は，この章を「帰依品」とし，śaraṇa- √gam の派生語はすべて「帰依」と訳す，それは，「三帰依文」で知られる表現でもある。一方で，後半の三つに示した √gam を伴わない śaraṇa の用例でも「帰依」と漢訳される。gamana の有無にかかわらず，両者を同じ意味と理解することは妥当なのであろうか。この点については，注解(8)を参照されたい。

この śaraṇa という語は基本的には「避難場所」を意味し，危険で困難な時の「依り処（依処)」を意味する。それは，安慧釈の冒頭の説示からも明白である。したがって，この śaraṇa に √gam が付された複合語は，語義的には基本的に，「依り処に至ること」，あるいは「依り処を理解すること」という意味になる。それは，安慧釈が繰り返し述べるように，三宝などを「帰依処とすること」なのである。すなわち，大乗の菩薩は，大乗を説く方軌にもとづいて，仏陀などの三宝を「帰依処とする」のである。具体的にいえば，この第II章の冒頭では，第I章において仏語であると成立した「大乗の教法」を「帰依処とすること」の意味に理解した。

それでも，他に問題が残る。まず，第12偈のśaraṇa-gatim...gataḥという表現である。このgatiとgataとを併用する，同語反復的な表現をどう理解するかである。この-gatiが付加された特異な表現の理解については，下記注解(59)や内藤[2020]の【問題点F】を参照されたい。

(2)　viśeṣaとviśeṣaṇaについて，第1偈にviśeṣaṇaが用いられ，その世親釈の導入でviśeṣaが用いられている。基本的に両者の意味に違いがあるとは考えられない。あえて言えば，韻律の関係かもしれない。ここでは，便宜的に前者に「卓越」を，後者には「殊勝」を訳語として与え，第2偈と第4偈のviśeṣaには「卓越」の訳語を与えた。

(3)　世親釈は，偈のmaya（から成る）をsvabhāva（自性）と言い換えて注釈している。svabhāvaには1) 自己同一性と，2) 構成要素をあらわす用法がある。今の場合は後者である。このような注釈は『倶舎論』に散見されるが，『大乗荘厳経論』においてはここだけである。svabhāvaの用法については木村[2002]を参照されたい。

その意図と解釈について，研究会・編集会議では統一見解には至らなかった。問題点は次の注解(4)，及び内藤[2020]の【問題点A】を参照されたい。

(4)　注解(3)で指摘した問題点は，偈のcd句を世親釈にしたがってどう理解するのかという問題である。世親釈は最初に，

> 「彼こそが実に［三宝を］帰依処とした者たちの中で最高なる者である」というのは，いかなる理由によってであるのか。

といい，その理由・根拠を示しているのが cd 句である。すなわち，

[1] 遍く行き渡ること，[2] 受け入れること，[3] 証得すること，[4] 他に勝ることという区別にもとづいてである。［すなわち，］四種類から成る卓越した意味によってである。//第 1 偈//

この内，[1][2][3][4] の区別が「四種類から成る卓越した意味」と言い換えられ，世親はそれを「四種類を自性とする卓越した意味」と説明した。それがそのまま世親釈に出ている [A] 遍く行き渡ることの意味，[B] 受け入れることの意味，[C] 証得することの意味，[D] 他に勝ることの意味，であるという理解である。つまり，[1][2][3][4] の区別が順次 [A][B][C][D] の卓越した意味に対応するのである。

さらに言えば，偈中の「区別 (bheda)」と世親釈中の「自性 (svabhāva)」の関係は第 11 偈世親釈の六義中の「(1)本性（自性）」と「(6)あり方 (pravṛtti)」との関係に連なっている可能性がある。その場合，帰依処の本性、すなわち自己同一性としての svabhāva は「大乗の教法を受け入れること」であり、区別の相をともなったあり方として，その他の三種があるという理解である。この考えにしたがえば，次のような別の理解も可能である。「四種類から成る卓越した意味」と訳した「意味」は世親釈の [A][B][C][D] の四つの「意味」を示し，「四種類から成る」の「四種類」は [1][2][3][4] の四つのことである。つまり，[A] に [1][2][3][4] の四種類があり，順次 [B][C][D] にも [1][2][3][4] の四種類があるということになる。

この点については，無性釈や安慧釈は何も言及していない。編集会議で種々の議論を重ねたが，統一見解には至らなかった。本編和訳は前者の理解にもとづいている。この cd 句の二つの複合語については，内藤 [2020] の【問題点 A】を参照されたい。

(5)　注解(4)に記したように，編集会議では第 1 偈の理解について異論が出たが，ここでは世親釈の「それら (te)」を [A] 乃至 [D] の四種類と理解した。それは，世親釈が以下の各偈導入において，第 3 偈が [A]sarvatragārtha を，第 4 偈が [B]abhyupagamārtha を，第 9 偈が [C]adhigamārtha を，第 10 偈が [D]abhibhavārtha

を順次，あくまで「一偈」でもって説明すると明言するからである。それを図式化しておく。なお，第 2 偈については注解(6)を参照されたい。

さて，第 5-8 偈は，世親釈が「[B']abhyupagama-viśeṣa」というように，「殊勝であること (viśeṣa)」の言葉を付加して説明する。第 4 偈の「[B]abhyupagama の意味」に続く第 5-8 偈の四偈でもって示される内容の理解を，[B] と区別して [B'] として示すために，この表では別立てしておく。この点は第 5 偈の注解(20)と図 G を参照されたい。

以上の第 3-10 偈で，第 1 偈で示された四種類の意味の説明が終わり，続く第 11 偈は『大乗荘厳経論』の重要な他の章でも使用される六義による説明である。この六義による説示は，総括するために該当テーマの構成を示すものであると考えられる。詳しくは第 11 偈の注解(51)を参照されたい。そして，最後の第 12 偈は第II章の「まとめ」の偈である。

図B：「[大乗を]帰依処とすること」の四種類の意味：第1偈

四種類の意味	対応偈	世親釈の説明（取意）
[A]遍く行き渡ることの意味 (sarvatragārtha)	第 3 偈	一切衆生・乗・智・涅槃に 遍く行き渡ること
[B]受け入れることの意味 (abhyupagamārtha)	第 4 偈	仏たることを獲得すべきとして、 三種の卓越性を受け入れること
[B']受け入れることの殊勝性 (abhyupagama-viśeṣa)		[第 5-8 偈は四種類の観点から説示される]
善き生まれ	第 5 偈	高貴な生まれ（最高の善き生まれ＝仏子）
善き生まれ	第 6 偈	殊勝な身体的特徴 [→その完全円満が王子と譬喩される]
善き生まれ	第 7 偈	仏の系譜を断絶しないこと [→王子（後継者）と譬喩される]
	第 8 偈	大臣の如し
[C]証得することの意味 (adhigamārtha)	第 9 偈	菩薩道を向上的に修習して、 自他の苦の鎮静・叡智のはたらく安楽・ 教法の鉱脈と浄善の蓄積としての身体・ 無住処涅槃などを証得すること
[D]他に勝ることの意味 (abhibhavārtha)	第 10 偈	世間的ものと出世間的なもの （声聞乗など）すべてを凌駕すること

(6)　この第2偈に対する世親釈の冒頭にある tathāpi について，第1偈の内容を受けて「そのよう［に三宝を帰依処とした者たちの中で最高なる者］であっても」と補い和訳した。つまり，「最勝なる［乗］を帰依処とした者は多大な難行を為さねばならない」のである。その困難を乗り越えて大乗菩薩道を成就するために，最勝乗（大乗）を帰依処とすることが必要不可欠なのである。その意義を説いて，最勝乗（大乗）を帰依処とすることを勧奨するのである。

また，agraśaraṇaṃ-gataḥとは何を意味するのであろうか。単なる śaraṇa ではなく agra の付加されたものとは何なのであろう。和訳においては，第1偈の「最勝乗 (agrayāne)」を受けていると考えて，「大乗」を意味すると理解した。また，-gamana ではなく-gata というように，√gam の過去分詞で表現されている。すなわち，すでに「大乗を帰依処とした者」を意味する。

当然ながら，大乗を帰依処としていない者たちには大乗の教説に対する畏怖がある。具体的にいえば，第I章第14-15偈で示されたように，「大乗非仏説」を展開するのも畏怖からである。詳しくは，研究会 [2009]66-73 頁を参照されたい。一方，すでに「大乗を帰依処とした者」であっても，大乗菩薩道の修習過程において幾多の怖畏や困難に遭遇するのである。それは，無性釈と安慧釈に詳しく言及されているが，『大乗荘厳経論』自体では第XVII章第46-47偈や第51偈などで示されている内容もその怖畏や困難さの具体例であろう。長尾ノート(3) 162-165頁，研究会 [2013]88-91 頁，内藤 [2017]189-195 頁などを参照されたい。

(7)　世親釈は偈の内容について直接的には言及しない。しかし，安慧釈などを参照すると，世親釈の内容は偈の内容と次のように対応する。その説明の前に，世親釈の内容を図式化しておく。なお，長尾ノート(1) 49 頁注(49)に記されているように，これは「願・行・得果」という向上的な菩薩道の体系化の一つである。この<1><2><3>の三つの卓越性は第 4 偈の世親釈において言及される。

図C：大乗を帰依処とすることの奨励：第2偈	
三種の卓越性	第2偈の内容（取意）
<1>卓越した誓願	為し難い誓願を発す決意を為すから
<2>卓越した正行	多数の劫をかけても成就し難い正行を成就するから
<3>卓越した得果	衆生に利益を与えるという大きな意義を得るから

つまり，「大乗を帰依処とすること」によって，為し難い決意を為すから「<1>卓越した誓願」があることになる。また，何千という多数の劫をかけても成就し難い正行を成就するから「<2>卓越した正行」があることになる。さらに，自利ではなく利他（衆生利益）を為すから「<3>卓越した得果」があることになる。

まず，ab 句で「この決意は為し難いものであるから，何千という多数の劫をかけても成就し難い」というが，「この決意」とはどのような決意なのか。また，なぜそれは「為し難いもの」なのか。そして，何が「何千という多数の劫をかけても成就し難い」のかなどの問題である。さらに，続く c 句は何が「成就するときは」というのであろうか。本和訳において，世親釈によって基本的に「大乗を帰依処とする決意」と理解し，補い和訳した。なお，「決意」については，無性釈は「発願」とし，安慧釈は「発菩提心」や「発願」とする。また「成就し難いもの」を「正行」とする。

また，本和訳は，b 句に tasmād があると想定して，ab 句と cd 句がそれぞれ yasmād ... tasmād ... の構文であると理解した。それは安慧釈の理解による。ただし c 句に関して，安慧釈 (gang phyir sems can phan phyir don chen grub) のチベット訳は世親釈 (gang phyir grub na sems can phan byed don chen te) と構文理解が異なるが，意味に違いはない。

(8)　安慧釈は，「決意 (vyavasāya)」とは「菩提に心を発す決意」であり，「願を発す決意」とする。無性釈は「[発] 願の決意」という。これは，第 1 偈に対する安慧釈が「帰依処とすること」と「発菩提心」と「発願」とを同一の意味とするという点を踏まえれば，「大乗を帰依処とすることの決意」ということである。

さて，「決意は為し難いものである」という点について，無性釈は何も言及しないが，安慧釈は「凡夫である時に，無上菩提の仏たること（仏果）のはたらきによって，迷いの世間を超えて，つまり出世間して，無住処涅槃と一切種智者性とを確立したいと誓願しても，その誓願を保持することは困難である」（取意）から，「決意が困難である」というのである。

大局的にいえば，この「決意」とは「発願の決意」であり，「聞」と「思」とに相応し，続く「何千という多数の劫をかけても成就し難い」が「修」に相応するのではなかろうか。だからこそ，後者について安慧釈は，信解行地から仏地に至るまでの菩薩道における正行であるという。「成就し難い」と説かれるのは，大乗菩薩道を究竟まで修習し続け，仏果を得ることの困難さを意味している。具体的には，1) 大乗の教法を聴聞し聞信して，2) 大乗の教法の方軌にしたがって思惟し発願して，3) その誓願を成就するために菩薩行をやり遂げることの困難さである。

この伝統的な仏道階梯の「聞→思→修」を通じて究竟に至り，仏果を得るまでの仏道を「成就し難い」というのである。だからこそ，第 4 偈の世親釈がいうように，仏陀を帰依処とし，まさしくその仏陀と同じあり方を希求して「<1>卓越した誓願」を発し，その願を成就するために菩薩の「<2>卓越した正行」を修習し続け，「<3>卓越した得果」に至ることが「成就し難い」となるのである。

観点を変えれば，それが成就するということは，菩薩自身が希求した仏たることを得る（仏陀と成る）ということである。それは，菩薩自身が「帰依処に至ったこと」を意味する。すなわち，この第 II 章の章名である śaraṇa-gamaṇa は菩薩自身が śaraṇa を理解し，śaraṇa に至ることである。これが上記注解(1)で示した和訳の理解である。

なお，ここでの śaraṇa は仏陀 (buddha) を意図するといえる。それは，第 IX 章「菩提の章」第 7-11 偈において，無上なる「帰依処性 (śaraṇatva)」が「仏たること

(buddhatva)」を主語として説示される点からも理解される。長尾⑴ 192-198 頁，内藤 [2009A]36-43 頁と 153-160 頁の註解を参照されたい。また，第Ⅱ章と第Ⅸ章第 7-11 偈の対応については，内藤 [2009A]9-14 頁で言及し，内藤 [2020] でも論じている。また以下の注解⑾で要点を記したので参照されたい。

さらにいえば，仏陀を帰依処とするとは，仏陀が説いた大乗の教法を帰依処とすることである。その教法の意義や功徳は第Ⅰ章第 1-6 偈で解明されたものであるということになろう。その解明された教法にもとづいて，大乗の方軌 (vidhi) にしたがって大乗菩薩道を修習し続けることが，すなわち智慧を向上的に成就しつつ，智慧にもとづく大慈大悲を向下的に行じることが，「大乗を荘厳すること」を意味する。それが本書を『大乗荘厳経論』という理由である。詳しくは，研究会 [2007]38-49 頁とその注解を参照されたい。

⑼　注解⑻で示した理解を踏まえて，c 句を「[その決意が] 成就するときは」と補って和訳した。つまり，仏陀（大乗の教法）を帰依処とする「決意」の成就である。それは，「仏たること」とはいかなるものかを理解する「決意」であり，その仏たることという「仏果」に至る「決意」である。その決意が成就するとき，「[一切] 衆生に利益を与えるという偉大な意義がある」というのである。すなわち，自利即利他であることが「偉大な意義」なのである。これが大乗を意味していることは言うまでもない。

その意味では，「偉大な意義」と訳した mahārtha はそのまま「偉大な利益」「偉大な目的」を含意し，それが「利他」をも意図しているのである。この理解は，第Ⅲ章第 3 偈の世親釈において，「利他がない (aparārtha) から，[諸善根は] mahārtha を持つものではない」ということからも窺える。長尾ノート⑴ 69-70 頁を参照されたい。

⑽　d 句の tasmād は，上記注解⑺で記したように，c 句の yasmāt だけを受けると理解した。cd 句は，菩薩行を成就するという「決意の成就」が原因で「一切衆生

に利益を与えるという偉大な意義がある」というのが「結果」である。この点は世親釈によれば，「<1>卓越した誓願」と「<2>卓越した正行」に対する「決意の成就」が原因で，「偉大な意味」が「結果」であり，それを「<3>卓越した得果」があるというのである。それが「この最勝乗においては最勝なる帰依処の意味がある」ということである。

なお，「<1>卓越した誓願」と「<2>卓越した正行」が「<3>卓越した得果」の原因であるという因果関係は第 4 偈の世親釈で明示される。しかし，この第 2 偈では，<1>と<2>の「決意」が原因として示されている点に留意が必要である。なお，世親釈の yaśohetu については下記注解(13)を参照されたい。

(11)　この「最勝なる帰依処 (agraśaraṇa)」とは注解(8)で記したように，第IX章第 7-11 偈において菩提の内実を示す「無上なる帰依処性 (śaraṇatvānuttarya)」に対応する。

ここでは要点だけを記しておく。世親釈によれば，この第 2 偈は第 4 偈で示される「三種の卓越性」で注釈されるように，第 4 偈と深い関係にある。その第 4 偈では，下記注釈(16)図 E に示すように，菩薩が「ある仏陀に帰依する場合に，まさしくその［仏陀と］同じあり方を希求する」という。またこの第 4 偈の説示は，第 11 偈の六義による「本性」の「仏たることを希求するから［大乗の教法を］「受け入れること」というのが「［大乗を］帰依処とすること」の(1)本性である」と示される。端的にいえば，第 2 偈の「最勝なる帰依処」とは，第 4 偈世親釈の「その［仏陀と］同じあり方」であり，第 11 偈世親釈の「仏たること」なのである。なおこの「仏たること」については，下記(52)を参照されたい。

また第IX章では，「仏たること (buddhatva)」という術語を使って「一切種智者性 (sarvākārajñatā)」（第 1-3 偈）と「無二相（advayalakṣaṇa, 空)」（第 4-6 偈）と同義として「無上なる帰依処性」（第 7-11 偈）が示される。すなわち，一切衆生を平等に観る「智慧」と一切衆生に対して平等にはたらく「慈悲」が「無二」であり、それこそが仏たること，すなわち仏の本性なのである。

端的にいえば，「仏たること」が無上帰依処といわれる理由は，一切衆生を仏果へ至らしめる如来の智慧と一体の慈悲のはたらきであるからである。後に第４偈の世親釈で説かれるように，無上帰依処にもとづく誓願と正行が「卓越した」といわれるのは，それによって仏果を得るからである。そして，その仏たることとは一切衆生を救済し仏果へと教導する「依り処」となる。つまり「<3>卓越した得果」をもたらす誓願と正行であるから「<1>卓越した誓願」と「<2>卓越した正行」といわれるのである。

この点について，第２偈の無性釈は何も言及しないが，安慧釈は，大乗の方軌にもとづいて，<1>菩提に発心することから始まり，<2>菩薩としての正行によって，<3>利他を行じる仏陀になることであるという。注意すべきは，それが世間的及び出世間的な帰依処よりも勝れている点である。大乗を帰依処とする者自らの出世間という自利的な結果を得るだけではなく，利他を行じる者となること，つまり仏陀となることをもって<3>卓越した得果という点である。

また，安慧釈のいう「大乗の方軌にもとづいて」とは，第I章第１偈を念頭にしていると考えるべきである。研究会 [2009]38-41 頁とその注解を参照されたい。そこでは，「大乗の意義を知悉する者」が「悲愍を体」として，「苦悩する一切衆生に対する悲愍」から，「極上乗の方軌 (vidhi) が説かれている教法」を解明し，「無垢なる言葉と句とをもって」著述されたのが『大乗荘厳経論』であるというのである。なお，この「方軌 (vidhi, rnam pa)」という術語はこの第II 章の第７偈にも示される。下記注解(29)を参照されたい。

その目当ては，極上乗（大乗）を帰依処とし，その方軌によって，向上的方向性でもって，資糧道→加行道→見道→修道→究竟道（伝統的な体系では「聞→思→修」）というように菩薩道（仏道）を修習しようとする衆生である。その結果として，その衆生自らが帰依処とした，無上なる帰依処である仏たること，すなわち無上菩提を得るのであり，自身が仏陀となることである。同時に，自身が一切衆生にとってその「無上なる帰依処」となり，一切衆生を利益し続ける存在になることでもある。このような智慧と慈悲の成就こそが「<3>卓越した得果」である。

(12)　以下の第 2 偈に関する世親釈は，上記注解(7)図 C で示した「<1>卓越した誓願」と「<2>卓越した正行」と「<3>卓越した得果」でもって示すが，その具体的な内容は第 4 偈の世親釈で説示される。ただし，サンスクリット文は欠落していてチベット訳しかない。第 4 偈は，注解(5)図 B で示したように，四種類の「[大乗を]帰依処とすること」の内，[B] 受け入れることの意味を説く偈である。その第 4 偈の内容は世親釈と共に図式化して，後の注解(16)図 E として示したので参照されたい。

ではこのような第 4 偈の<1><2><3>の内容が第 2 偈とどのように関わるのであろうか。詳しい説明は第 4 偈の注解(16)などで言及するが，第 2 偈の世親釈導入を踏まえれば，為し難い決意（発心・誓願）や成就し難い正行を究竟まで為し遂げることは中々困難であるが，大乗を帰依処とすることで困難に耐え得て証果を得ることになるというのである。その意味で，<1><2><3>が「卓越した」といわれるのである。したがって，大乗を帰依処とすることを奨励するのである。

では，なぜ耐え得て証果を得ることができるのか。注解(8)で言及したが，それは第IX章第 7-11 偈で示されるように，大乗を帰依処とすることは無上菩提の内実である仏たることを帰依処にすることに他ならないからである。その仏たることとは帰依者を含め一切衆生を無功用に成熟する智慧と慈悲であるからである。

この第 4 偈の三種の卓越性は，すでに注解(8)(10)で言及したように，大乗の教法に対して「聞・思・修」を繰り返すことによって，出世間しようとする者，あるいは出世間し向上的に菩薩道を修習する者を念頭にしている。そして，<3>に対する世親釈の内容は，仏陀と平等・同等の究竟の菩薩を想起させる。また，これは第 XVII 章第 65 偈の五相の第五「一つとなるから (aikyatas)」と対応するものであると思われる。詳しくは，研究会 [2013]109 頁，内藤 [2017]34-36 頁，234-239 頁を参照されたい。

(13)　この「名声 (yaśas)」という言葉を含む一文に関して，長尾ノート(1) 49 頁注(6)は次のように記している。

「名声の因」が十分明らかでない。・・・中略・・・Chin.（編者注：漢訳）は願を起こすと無量劫に亘る修行とを利他行とし，最後の大きな利益を自利行とするが，Vṛtti.（注: 安慧釈）では上記の如く（注：49 頁の注⑶⑷⑸に紹介される安慧釈），自利行と利他行とは混淆して述べられている。またVṛtti. は，種々の難行や十地・六波羅蜜の修行は「菩薩行として名声があり」そのことが無上菩提の因として示された，と釈している。この最後の文章によっては,「名声の因」というのが果たして名声への因なのか, 名声が因となるのか, 明らかでない。（注：下線は研究会が付した）

問題は最後の下線部分である。つまり，世親釈に説かれる「名声の原因(yaśohetutvaṃ)」という複合語の理解について，何が名声であり，何が原因なのかという問題である。なお，この問題点については，内藤 [2020] の【問題点 B】を参照されたい。

さて,「名声 (yaśas)」という術語は『大乗荘厳経論』では二箇所に見られる。一つは第 XII 章第 24 偈に prathitayaśas とあり,「広く名声を博した者」，つまり菩薩を意味する。長尾ノート⑵ 211 頁注⑵では安慧釈を踏まえ,「広く六波羅蜜に通暁し練達している菩薩の言葉は説法を聞く者たちに受け入れられ易いから，広く名声が親しまれている」と注解している。この第 XII 章第 24 偈の用例は，菩薩の願行が原因となって名声という結果を得るという理解である。もう一つは，第 XIX 章第 74 偈に mahāyaśas とあり,「偉大な名声ある者」という菩薩の異名として使用される。長尾ノート⑷ 75 頁注⑴によれば，安慧釈はその理由を「十方がその徳の香で被われているから」とする。これも名声が結果であるという理解である。

この二つの用例は，名声が原因ではなく結果であることを示している。編集会議では，基本的にこの理解を取った。この点に関しては後の注解㊱を参照されたい。

⒁　第 3 偈は第 1 偈で示された四種類のうちの第一「[A] 遍く行き渡ることの意味」の説示である。その説示内容を，世親釈と安慧釈（取意）と共に図式化して示す。

安慧釈は，声聞乗と菩薩乗を対比しつつ，[A-2][A-3][A-4] は発菩提心する目的の相違の点から説明している。

さて，この四種の内，[A-4] はいわゆる「無住処涅槃」であり，菩薩道の究極の目標である。当然ながら，菩薩道を歩み始めた菩薩が最初から「無住処涅槃」による大慈悲を行じることはできない。したがって，菩薩が大乗（仏陀）を帰依処とすることは，まず第一に [A-1] 遍くすべての衆生に行き渡る「仏たること」を帰依処とすることから始めるのである。このように，[A-1]→[A-2]→[A-3]→[A-4] の説示順序は菩薩道における向上的な修習の次第である。さらにその修習の次第は，菩薩が智慧を向上的に成就していくことを意味すると同時に，その菩薩が向下的に大慈悲を行じていることをも意味している。

図D：[A]遍く行き渡ることの意味（sarvatragārtha）：第3偈	
第3偈の四種の意味	安慧釈（取意）
[A-1] **衆生に遍く行き渡ること** 【世親釈】あらゆる衆生を［生死輪廻の苦から］済度しようとして行じているから	声聞：自らを般涅槃せしめるために修行する。 菩薩：一切衆生を生死輪廻の苦から救済し，涅槃せしめるために修行する。
[A-2] **乗に遍く行き渡ること** 【世親釈】声聞乗・独覚乗・菩薩乗の三つの乗に熟達しているから	声聞：声聞乗を証得するために，発菩提心する。 菩薩：声聞乗と独覚乗と大乗との三乗に善巧であるために，発菩提心する。
[A-3] **智に遍く行き渡ること** 【世親釈】人法二無我に熟達しているから	声聞：無我のみを証得するために，発菩提心する。 菩薩：人法二無我に善巧なるために，発菩提心する。
[A-4] **涅槃に遍く行き渡ること** 【世親釈】輪廻と寂静を一味とするから，つまり，輪廻の過失と寂静の功徳を分別構想しないので，菩薩には輪廻と涅槃に関する区別がないから	声聞：寂静の一部である涅槃を得るために，発菩提心する。 菩薩：智慧によって涅槃を放棄せず，慈悲によって生死輪廻を放棄しないことを実践するために，発菩提心する。

⒂　第 1 偈で示された [A] 乃至 [D] の四種類に関して，[A] が第 3 偈，[B] が第 4 偈，[C] が第 9 偈，[D] が第 10 偈それぞれの世親釈導入で「一偈がある」と明言

されている点に留意すべきである。

なお，第 4 偈に続く第 5 偈乃至第 8 偈の世親釈導入は，上記注解⑸図 B で示したように，「[B] 受け入れることの意味」ではなく，「[B’] 受け入れることの殊勝なること」を説明するという。したがって，「本論細目次」で示したように，科段としては第 5 偈乃至第 8 偈は第 4 偈に対して下位の階層に位置する。

⒃　第 4 偈の内容を図式化すると，次のようになる。

図E：[B]受け入れることの意味（三種の卓越性）：第4偈	
<1>卓越した誓願 【世親釈】	**[1]多大な喜びをもって最高の菩提を求める者** ある仏陀に帰依する場合，まさしくその［仏陀と］同じあり方を希求するのである。その［仏陀の］功徳の殊勝なることを知ることによって多大な喜びがあるから。
<2>卓越した正行 【世親釈】	**[2]倦み疲れることなく難行を行じる者** 倦み疲れることなく難行（六波羅蜜行）を行じるから。
<3>卓越した得果 【世親釈】	**[3]正覚して一切諸仏と平等となる者** 現前に正覚を成就して一切諸仏との平等性に至るから。

第 4 偈では，「<1>卓越した誓願」と「<2>卓越した正行」と「<3>卓越した得果」の点から，大乗を帰依処とする菩薩（智者）が「最高の受け入れる者である」というのである。つまり，「卓越した」誓願・正行・得果があるから「最高の」といわれる。

さて，[1] の「多大な喜びをもって」という表現を踏まえれば，[1] は歓喜地（初地見道）に対応するであろう。したがって [2] は修道を，[3] は究竟道を含意していると考えられる。すなわち，出世間以後の段階である。なお，安慧釈は [2] に関して「倦み疲れることなく難行を行じる」のは信解行地から第十地までと注釈している。その安慧釈によれば，誓願・正行・得果が「卓越している」点を次にように説明している。<1>誓願が卓越しているのは，菩薩自らが帰依処とするその同じ仏陀の自性を得ようと受け入れて菩提に発心するからである。<2>正行が卓越しているのは，その仏陀に成ろうとして難行を行じて倦み疲れることなく難行を受け入れるからである。<3>得果が卓越しているのは，仏地において仏陀と成り，そして一切諸仏と平等となるからである。

この<1><2><3>の三つを，世親釈は「三種の卓越していること」という。それらが第 5 偈以下の「[B’] 受け入れることの殊勝なること」に該当すると考えられる。

⒄　チベット訳の ’di ltar sangs rgyas gang kho na la skyabs su ’gro ba de kho na’i dngos po don du gnyer ba ste をどう読むか問題がある。本和訳では，下線の gang と de は関係代名詞の yad と tad であると理解して訳出した。一方，長尾ノート⑴ 52 頁では，de kho na を tattva と想定して「真実」と和訳している。

⒅　安慧釈によれば，諸仏の十力や四無畏の功徳を「知ること」すなわち「聞くこと」によって，それらの「功徳を備えたこの正覚を自ら得ようと思惟するから」，「多大な喜び」である「喜楽と浄信」が生じるというのである。端的にいえば，大乗の教法を「聞・思」することで「その仏陀と同じあり方を希求する」ことになるのである。

なお，誓願には，聴聞だけではなく思惟が必要であることは，第 XVII 章第 36-40 偈「樹木の譬え」において説示されている。研究会 [2013]81-85 頁，内藤 [2017]173-180 頁を参照されたい。

⒆　第 5 偈に関する世親釈導入文，yang khas len pa’i khyad par de nyid sangs rgyas kyi sras kyi mchog nyid du legs par skyes pas tshigs su bcad pa gzhan gyis ston te | というチベット訳の mchog nyid は，以下の二通りの理解が可能である。一つは sangs rgyas kyi sras (*buddhātmaja) と結びつけて理解するものである。もう一つは legs par skyes pa (*sujāta) と結びつけて理解するものである。長尾ノート⑴ 57 頁は前者の理解であり，「最高なる佛子として善き生を受けることであるから」と和訳している。

一方，還元サンスクリット*paramasujātatvena（最高の善き生まれ）は後者の理解である。この場合，仏子の中で「最高ではない善き生まれ」が想定され，それが声聞や独覚である。この後者の理解は安慧釈の内容と一致する。その安慧釈は次のような対比を示す。

図F：「仏子」についての区別：第5偈の安慧釈	
声聞・独覚の菩提に発心した者	［仏陀の説法］言葉（口業）から生まれた子供
無上なる菩提心を発した者＝菩薩 → 仏子の中で最高の生まれ	［仏陀の］心（意業）から生まれた子供

どちらの理解であっても，「最高の (*parama, mchog nyid)」が意味する内容は，以下の注解(22)図 G で示される第 5 偈の四つの条件が整っていることを意味する。

(20)　上記注解(16)で言及したように，第 4 偈の「[B] 受け入れることの意味」の説示に続く，この第 5 偈以下第 8 偈は，その世親釈導入で「[B’] 受け入れることの殊勝なること」が示されるという点から，第 5-8 偈の説示の焦点は「殊勝なること」にある。それが第 5-7 偈では「仏子」という「[B’1] 最高の善き生まれ」で示され，第 8 偈では「[B’2] 大臣の如し」で示される。

その前者の説示は，その「[B’1] 最高の善き生まれ」のものが「[B’1-a] 高貴な生まれ」（第 5 偈）と，「[B’1-b] 殊勝なる身体によって特徴づけられていること」（第 6 偈）と，「[B’1-c] 仏陀の家系を断絶させないこと」（第 7 偈）として示される。この四つの点は，すでに注解(5)図 B で示した。

さて，第 5 偈では菩薩が「仏子」として説示される。無性釈や安慧釈によれば，声聞なども仏子であるが，菩薩が「最高の仏子」であるから「[B’1] 最高の善き生まれ」というのである。また，第 6 偈では菩薩を「王子」とし，転輪聖王の息子に譬えられて説明される。そして，第 7 偈では，王子が王位継承者として王家の系譜を絶やさないように，菩薩が仏家の系譜を断絶しないという視点で説示されている。一方，第 8 偈は第 5-7 偈と同じように「[B’] 受け入れることの殊勝なること」であるが，菩薩が「[B’2] 大臣の如し」という譬喩で示される。両者の譬喩の相違には留意する必要がある。この点については，内藤 [2020] の【問題点 D】を参照されたい。

(21)　第 5-8 偈の四偈は，世親釈のそれぞれの導入で「別の偈」といわれている。この四偈は「[B’1] 最高の善き生まれ」を主題としながら，それぞれトピックが異なる。特に，第 5-7 偈の三偈については何を意図しているのか留意する必要がある。この点については，内藤 [2020] の【問題点 C】を参照されたい。

また長尾ノート(1) 53-54 頁注(3)で触れられているが，無性釈も安慧釈も第 7 偈の内容を意識して注釈している。つまり「仏陀の系譜（家系）を断絶させないこと」が「最高の善き生まれ」であり，そのために第 5 偈と第 6 偈の説示があるという視点である。端的にいえば，第 7 偈が結果であり，第 5 偈と第 6 偈がその原因である。

それを踏まえると，第 4 偈の「[B] 受け入れること」の「三種の卓越していること」でいえば，第 7 偈は「<3>卓越した得果」に相応すると思われる。なぜならば，「現前に正覚を成就して一切諸仏との平等性に至る」ことが「仏陀の系譜（家系）を断絶させないこと」に他ならないからである。したがって，第 5 偈は「<1>卓越した誓願」を発す環境・条件であり，第 6 偈は「<2>卓越した正行」を修習し続けるための菩薩自身のあり方・状態であると考えられる。

ともあれ，三偈の内容には以下のような相違点がある。まず第 5 偈は，菩薩その人についての言及はなく，菩薩を生み出す環境・条件であり，菩薩にとっては外的要因である。一方第 6 偈は，そのような環境の中で誕生し育てられた菩薩その人に言及している。その意味から，両者は順次に，第 7 偈の「仏陀の系譜（家系）を断絶させない者」である菩薩に関して，外的要因と内的要因を説示しているのである。

(22)　第 5 偈で示される「種子」と「生母」と「胎という拠り処（母胎）」と「乳母」の四つ譬喩は，第Ⅳ章「発心の章」第 8-14 偈の「勝義的な発心」でも説かれる。

そこでは，勝義的な発心には六つの勝れた意味があり，その第一に「生まれが勝れていることは，<1>種子と<2>生母と<3>［母］胎と<4>乳母が勝れていることである」（第 11 偈）という。世親釈は，その四つが意味するところを示している。この第II章第 5 偈と第IV章第 11 偈を対照し，第II章第 5 偈に対する無性釈と安慧釈の説明を要約して以下に図示する。

図G：[B’1]最高の善き生まれ＝最高の仏子として生まれる四条件（四環境）
—第II章第5偈と第IV章第11偈の比較—

四つの譬喩	第II章第5偈	第IV章第11偈（取意）	無性釈・安慧釈の説明（取意）
種子	発菩提心	諸法への信解	転輪聖王の種子
生母	智慧波羅蜜	勝れた波羅蜜（智慧波羅蜜）	正統な婦人（皇后）
母胎	福・智の資糧の具備	禅定から成る安楽	害されていない胎内で、十分な日時を経て出産すること
乳母	悲	悲	有能で巧みな乳母に養育されること

この図 G で分かるように，両者ともに生母は智慧波羅蜜であり，乳母が悲である。これは，菩薩道ではどの階梯・段階であっても，智慧と慈悲の両者が必要不可欠であることを意味している。

なお，「種子・母・［母］胎・乳母」の譬喩で共通する第II章第 5 偈と第IV章第 11 偈については，勝又 [1961] と高崎 [1999] で言及される。

(23)　世親は，偈の「最高の善き生まれ」を「高貴な生まれ (*abhijāta)」と注釈している。無性釈と安慧釈によれば，その譬喩は図 G で示した転輪聖王を取り巻く四つ条件・環境であり，そのような条件・環境の中で生まれた者が転輪聖王の正式な継承者としての「王子」である。これら四つは，上記注解(21)で触れたように，仏子としての菩薩が生まれる外的要因である。

この譬喩に関する無性釈と安慧釈にもとづいて，その内容を考えてみたい。無性釈は明確に，大乗の教法に依存した「発心」は仏陀の家系を途切れさせない「種子」であるという。大乗の教法にもとづいて「発心」した菩薩は六波羅蜜を行じるが，「智慧波羅蜜」だけが「生母」となる。逆説的にいえば，智慧波羅蜜がなければ世間的な段階に留まり出世間できないということであろう。つまり，信解行地（加行道）を超えて初地（見道）へ悟入できない。智慧波羅蜜こそが出世間する菩薩を生み出すのであり，その意味で「生母」なのである。その場合でも，「福・智の資糧の具備」が「母胎」として不可欠である。それは無上菩提に発心して，大乗の教法を聴聞して積んだ福・智の二資糧によって聞思を繰り返し成熟することを意味するのであろう。

無性釈も安慧釈も，無上菩提に発心した子どもたちは，仏陀の心から生じた子どもであるから，「菩薩の種姓に生まれた」と表現している。菩薩の種姓は「発心」の内実が問題視されているのである。なお，「乳母」に譬えられる悲が「大悲」へと展開する過程は，第 XVII 章で詳しく説示されている。長尾ノート(3) 103-189 頁，研究会 [2013] と内藤 [2017] を参照されたい。

また何度も言及しているように，この第 5 偈の「高貴な生まれ」の四つの譬喩は，菩薩自身のことではなく，その菩薩を生み出し育む外的要因である。したがって，「智慧波羅蜜」も「悲」も，菩薩自身の智慧や悲を意図していない。この点は留意が必要である。

(24) 第 6 偈は菩薩自身の身体的特徴が勝れている点を説示する。この説示について，長尾ノート(1) 55 頁注(2)は安慧釈を踏まえつつ，次のように指摘する。

> 仏子として生まれた菩薩は三十二相八十種好を具す。諸相は具体的にはこのことを指すようであるが，菩薩がこれを具し得るのか疑わしい。

つまり，菩薩の勝れた身体が「三十二相八十種好」を備えているというが，それは本来，仏の身体的特徴である。

さて，世親釈導入の「勝れた身体によって特徴づけて kāya-viśeṣa-viśiṣṭatvena」という表現について編集会議では種々の議論がなされた。その結果，「仏子として生まれた菩薩の上に，仏陀の三十二相八十種好の身体的特徴が直接的にあるのではなく，何らかの形で現れるということが意図されているのではないか」という見解に，暫定的ではあるが落ち着いた。このような理解の根拠の一つは，『大乗荘厳経論』第 XVII 章第 41 偈や第 48 偈で使用される anuśaṃsa（利徳）の理解である。この術語は guṇa（功徳）とは区別されるべきものであり，近い将来に勝れた結果をもたらす兆候であり，そのもたらされるべき勝れた結果の「功徳 (guṇa)」が何らかの形で現在にも現れていることを意味すると考えられる。詳しくは，研究会 [2013]147-148 頁注⒁や内藤 [2017]180-181 頁で言及したが，『大乗荘厳経論』第 XIV 章第 19-22 偈や第 XX-XXI 章第 31 偈，あるいは『摂大乗論』第Ⅴ章第 4 節（長尾 [1987]175-180 頁参照）に説かれる。この「利徳」と同様に，何らかの仏陀の勝れた身体的特徴が現れているという意味に理解した。

また，『華厳経』「入法界品」には，「釈尊が威徳主太子であった時に，三十二相を具していた」（取意）と説かれている。梶山 [1994]252 頁などを参照されたい。

⒇ 世親釈を踏まえて，第 6 偈の内容を図式化しておきたい。

図H：[B'1]最高の善き生まれ＝[b]勝れた身体的特徴：第6偈		
四つの殊勝性	菩薩の勝れた身体的特徴	「高貴な生まれ」（世親釈）
[1]妙なる容姿	種々の諸相すべてによって荘厳せられた容姿	容姿の完全円満
[2]能力	一切衆生を成熟させる能力	能力の完全円満
[3]安楽	仏陀の偉大で限りない安楽という寂静	安楽の完全円満
[4]智慧	一切衆生を守護する偉大な方便を知らしめる智	自己の技能である智慧の完全円満

安慧釈は，「善き生まれ」とはこれらの「四種の功徳を備えるものとして生まれる」ことという。しかし，無性釈も安慧釈も，どのようにしたらそれらの功徳を備えて生まれることが出来るのかには全く触れていない。

下記注解㉖で「[1] 妙なる容姿」についての無性釈と安慧釈を紹介する。残りの三つに関して無性釈は何も言及しないので，以下，安慧釈によってまとめておく。

「[2] 能力」について，ある菩薩が「未信の衆生を信ぜしめて，諸の已信者を菩薩の十地へと育成するのであり，諸の衆生を成熟せしめる身・口・意の三つの能力を備えているのである」という。そして，「[3] 安楽」について，「煩悩障と所知障のすべてを断滅した相のある安楽を知り，大乗の無量の三昧と十力と四無畏などの安楽を享受するようになる」という。また，「[4] 智慧」についても，「一切衆生を生死輪廻の牢獄から解放して涅槃に住せしめる方便なるものを知っている」という。特に [2] は，世間の一切衆生を出世間へと成熟・教導する能力であり，それが出来る菩薩とは出世間の菩薩，初地（見道）以上の菩薩ということになろう。

そして，安慧釈が [4] 智慧について説く「方便」について，

> 方便とは智と悲である。その内，智を備えているので［生死］輪廻に住しても［生死］輪廻の罪過に染まらないのである。悲を備えているので，声聞のように専ら涅槃に沈没することはないのである。

というように，「無住処涅槃」が意図されていることは明白である。この智慧と関連する「無住処涅槃」については，『大乗荘厳経論』第 XVII 章第 32 偈に示される。詳しくは，長尾ノート⑶ 148-149 頁，研究会 [2013]76-79 頁とその注解，及び内藤 [2017]159-164 頁及び 32-34 頁を参照されたい。

以上の安慧釈の説明から考えれば，この四つの説示内容は，[1]→[2]→[3]→[4] というように向上的な方向性である。また，[1] は菩薩の自利的要素であり，[2] は利他的要素である。つまり，世間的あり方から出世間的なあり方への転換・展開である。さらに，[3] は自利的要素であり，[4] は利他的要素である。この前者は「[1] 自利→[2] 利他」の転換であり，さらに後者も「[3] 自利→[4] 利他」の転換である。この自利と利他による向上的な方向性については，内藤 [2013A]273-275 頁，内藤 [2013B]2-27 頁，内藤 [2017]38-40 頁，内藤 [2020] などを参照されたい。

(26) 世親釈は，この偈の「種々の」について，「転輪聖王等の相よりも勝れているからである」と説明している。転輪聖王とは世間において最も優れた存在であり，

それより勝れているとは出世間のものであることを意味する。一方，安慧釈は，世親釈の「勝れている」を「尊い ('phags pa, *ārya)」と言い換えている。それは暗に，世間において具体的に尊敬されるものを超えていることが意図されていると思われる。事実，無性釈も，「転輪聖王等」の「等」に関して，インドラ神やブラフマー神という世間的な尊いものを含意しているという。

また，第6偈の世親釈導入に対する安慧釈は，「身体の殊勝性は世間的なインドラ神や声聞などの身体よりも勝れた身体を得ている」という。つまり，「諸相による荘厳された容姿」とは出世間した者の容姿ということである。一方，偈に対する安慧釈においては，その世間的な者の代表として，常に転輪聖王が意図されている。それは，この諸相によって荘厳された容姿が世間に留まれば転輪聖王と成るが，出家すれば「仏陀」と成ると予言された「仏伝」における釈迦牟尼仏をモデルとしているからであろう。

(27)　上記注解(25)図Hの右欄に示した四種の完全円満は，世親釈がいうように，「王子」を譬喩とする菩薩自身のことである。この「完全円満 (*saṃpad)」という表現は，生まれた時に仏陀と成ることが確定している菩薩（仏子）を意図していると考えられる。なぜならば，まず第6偈の世親釈導入では「［最高の］善き生まれ」といわれる点で，第5偈の「高貴な生まれ」と一連のものであることが分かる。したがって，第6偈は，第5偈の外的環境の完備した「高貴な家に生まれること」を意味している。すなわち，生まれつき王位継承者の「王子」として誕生することである。それは，生まれた時に仏陀と成ることが確定している菩薩（仏子）に相応していると理解されるからである。

このように四種の完全円満なる身体をもって生まれることが，王位継承者としての「王子」である菩薩，つまり生まれた時に仏陀と成ることが確定している菩薩（仏子）を意図している。しかし，上記の注解(25)で指摘したように，どのようにしてその身体的殊勝性を得たのか，あるいは完全円満になるのか，世親釈並びに無性釈も安慧釈も何も言及していない。

なお，この「四種の完全円満」の解釈については，内藤 [2020] を併せて参照されたい。

(28) 第７偈で示される内容を以下の世親釈にもとづいて図式化する。

図Ⅰ：[B'1]最高の善き生まれ＝[c]仏陀の系譜を断絶させないこと：第7偈	
菩薩が仏の系譜を断絶させない理由	王子が王の系譜を断絶させない理由
一切諸仏の偉大な光明によって灌頂を授かること	灌頂を得ること
すべての教法に対する自在性を備えていること	自在で障碍のないこと
仏の説法の諸集会において説法の方軌を知っていること	争論となる案件の判定に巧みであること
戒律の条文を知らしめることにもとづいて処罰と賞揚をなし得ること	懲罰を科したり褒賞を与えたりすること

(29) チベット訳には，ston pa'i rnam par shes pa (D) と ston pa'i rnam pa shes pa(P, N) の異読がある。前者から*deśanā-vijñaḥが，後者から*deśanā-vidhi-jñaḥが想定されるが，ここでは後者を採用した。それは，上記注解(11)で言及したように，第Ⅰ章第１偈「極上乗の方軌が説かれている (uttama-yāna-deśita-vidhi, theg mchog bstan pa'i rnam pa) 教法」の vidhi が rnam pa とチベット訳されているからである。詳しくは研究会 [2009]41 頁を参照されたい。

(30) 第７偈の世親釈導入では「仏陀の系譜 (sangs rgyas kyi gdung)」といい，この世親釈では「［王子として高貴な生まれの者］自らの種姓 (rang gi rigs)」という。還元サンスクリットでは，前者 gdung に vaṃśa を，後者 rigs に gotra を想定した。rigs に vaṃśa を想定することは可能であるが，『大乗荘厳経論』世親釈のチベット訳では，rigs は gotra に対応する。

さて，注解(27)で言及したように，上記の四種の完全円満は生まれた時に仏陀と成ることが確定している菩薩を意味している。そのような菩薩（王子）は自らの種姓 (*gotra) を断絶させないのである。それがそのまま仏陀（王）の系譜 (*vaṃśa)

を断絶させないことになるのである。すなわち，仏陀の系譜を断絶させない必要条件が菩薩種姓を断絶させないということになろう。

この第７偈の世親釈導入で gdung(*vaṃśa) を直後の世親釈で rigs(*gotra) と言い換えているのは，この第Ⅱ章「帰依品」に続く『大乗荘厳経論』第Ⅲ章のテーマが「種姓 (gotra)」である点を踏まえれば，ここに重要な関連が暗示されているようにも思われる。

(31)　安慧釈は，「[c1] 諸の光明によって灌頂を得る」のは第十法雲地であり，十方の如来すべて，すなわち十方の光明によって，法王（仏陀）の継承者としての灌頂を得ることだという。また，[c2] 以下の三つについても，安慧釈は第十法雲地の「灌頂を得た諸菩薩」という。つまり，すべて灌頂を受けた菩薩なのである。このように第十地において灌頂を受けることは，『大乗荘厳経論』第Ⅴ章第 4-5 偈の世親釈に説かれている。長尾ノート(1) 117-119 頁を参照されたい。また，『十地経』の「第十地」の説示にも同主旨の説示がある。『十地経』（荒牧 [1974]314-317 頁；DBh(R) pp.84-86, DBh(K) pp.182-184）を参照されたい。さらに，『華厳経』「入法界品」にも関連する説示がある。梶山 [1994]406 頁を参照されたい。

(32)　この*śikṣā-pada(bslab pa'i gzhi) については，第 XI 章第 4 偈と第 XVI 章第 19-20 偈の世親釈に出てくる。第XI章第 4 偈では śikṣā-pada は戒律の条文を意味する。一方，第 XVI 章第 19-20 偈では戒・定・慧の三学道を意味し，戒だけではなく広く菩薩の実践的な学ぶべき条文を意味するものとして説かれている。

この「戒律の条文を［誦して］知らしめることにもとづいて必ず過失ある者たちを処罰し功徳ある者たちを賞揚するのである」という「戒律の条文」は，菩薩自身が向上的に修習する上での自利的なものではなく，他者を教導するための利他的なものである。

換言すれば，戒律の条文が自利的意味合いから利他的意味合いへと展開している。この点を踏まえて，安慧釈は，「戒律の条文」を，「高度の戒律の学道 (lhag pa'i tshul khrims kyi bslab pa, *adhiśīla-śikṣā) の条文」として注釈している。そのような展開は,「仏の説法の諸集会において説法の方軌を知」った菩薩だけが出来るのである。すなわち，この菩薩こそが過失ある者を叱責し処罰するとともに，功徳ある者を誉め讃え励ますことになるのである。

このように理解するならば，この上記注解(28)図 I の四つも，自利から利他へと転換する向上的な方向性の順序であると思われる。

(33)　以下の第 8 偈中の内容は,「[B'] 受け入れることの殊勝なること」の理由を示している。 それは,「[B'2] 大臣の如し」という譬喩によって説示される。それを以下に図式化する。

図J：「[B']受け入れることの殊勝なること」の理由：第8偈 菩薩は「[B'2]大臣の如し」という譬喩	
菩薩のあり方（第8偈）	大臣のあり方（第8偈世親釈）
[1]諸の波羅蜜に悟入する点から	後宮にまで進み入るから、後宮の内部で活動することによって
[2]諸経典に散説された大菩提分法に常に眼を配る点から	すべての宝物蔵に眼を配ることによって
[3]身・口・意の三種の不思議のあり方を常に保持する点から	王の内密の話に関して信頼があることによって
[4]数多の衆生の利益を常に途絶えることなく行う点から	恩賞などの分与に関して自由自在であることによって

この菩薩のあり方に関する四つについて，無性釈も安慧釈も菩薩道に関する言及はない。加納 [2020A] によれば，[3] に関して，注釈 Paricaya は「無功用であること」としているので，第八地以上の菩薩を意図していると思われる。

さて,「[B] 受け入れることの意味を説く」という第 4 偈は，上記注解(5)図 B で示したように,「<1>卓越した誓願」と「<2>卓越した正行」と「<3>卓越した得果」によって，大乗の教法を「[B'] 受け入れることの殊勝なること」を説示している。

続く第 5-7 偈は菩薩が「王子」を譬喩として説示されるが，第 8 偈は菩薩のはたらきが「大臣」を譬喩として説示されている。上記注解⒇を参照されたい。

⒁　この第 8 偈で示される「菩薩の三密 (guhya)」は，「秘密」の意味ではなく，「不思議 (acintya)」の意味である。安慧釈も「不思議」の意味で注釈している。

さて，長尾ノート⑴ 58 頁注⑺に言及されているように，身密 (kāya-guhya) と口密 (vāg-guhya) と意密 (mano-guhya) の三種の密を略して「三密」という。

一般的に，「三密」は「如来（仏陀）の三密」であり，それは凡人には計り知れない甚深なるものが仏陀の身・口・意の三業に秘められていることである。

生井 [2000] によれば，この意味の用例は，『華厳経』「十地品」などにある。また，「如来（仏陀）の三密」ではなく，この第 8 偈で示される「菩薩の三密」の用例は，『宝積経』「密迹金剛力士会」（大正第 11 巻・53 頁 b，同じく異訳の『如来不可思議秘密大乗経』）の中に出てくる。

ただし，『大乗荘厳経論』の後代の注釈であるヴァイローチャナラクシタ釈では，第 8 偈の guhya を「密意（abhisandhi, 甚密の意図）」で注釈している。加納 [2020B] を参照されたい。

⒂　この第 9 偈は第 1 偈で示された四種類の第三「[C] 証得することの意味」の説示である。この偈に対する世親釈は，以下の図中のように八種に区別して注釈している。その「証得すること」と和訳した adhigama は言語的にも向上的な方向性を含意し，[C1] から [C8] への順序は菩薩道の向上的な方向性をもって示される。

その [C5] について世親釈は「無生法忍を得た段階において」といい，[C5] が不退転地である第八地を意味することは明確であるが，他は明確ではない。しかし，無性釈と安慧釈には若干の言及があり，それはほぼ同じ理解を示す。また後世の注釈であるが，加納 [2020A][2020C] によれば，ヴァイローチャナラクシタ釈は無性釈と安慧釈と同じ理解である。一方，注釈 Paricaya はそれらと異なる理解を示している。これら [C1] 乃至 [C8] を一覧表にして示す。

図K：[C]証得することの意味：八種の階位についての理解：第9偈					
八種	世親釈（取意）	無性釈	安慧釈	Vair釈	Pari釈
[C1]	信解が生じた時				
[C2]	発心した時				
[C3]	故意受生した時				歓喜地（初地）
[C4]	現観した時	初地	初地・歓喜地	初地	現前地（第六地）
[C5]	無生法忍を得た時	第八地	第八地	第八地	不動地（第八地）
[C6]	現前に正覚した時		第八地 第九地 第十地		（第八不動地） 善慧地（第九地） 第十地（法雲地）
[C7]	習気の断滅		a) [C6]と同じ地 b) 仏地において		（究竟道（仏地））
[C8]	無住処涅槃		b) 仏地において		（究竟道（仏地））

世親釈は，[C6] に関して，第 9 偈 cd 句の「多大なる法の根幹」と「遥かにすぐれたて恒常な身体」と「浄善の蓄積」の三項目を順次説明する。注釈 Paricaya は難解であるが，詳しくは加納 [2020C] を参照されたい。

その安慧釈 [C6] の項目には，安慧釈(1)「これ（[C5] 第八地）以降，第十地を越えて仏地に至るまで de nas sa bcu 'das nas sangs rgyas gyi sar」，および(1)の de nas sa bcu 'das nas を省略した(2)「仏地に至るまで sangs rgyas gyi sar」という注釈にもとづき，「第八地・第九地・第十地」が対応する。また [C7] には [C6] (2)と同じ「仏地に至るまで sangs rgyas kyi sar」という表現と，(3)「仏地の時に sangs rgyas kyi sa'i dus na」という表現の二通りの注釈が施されている。それを上記図 K では順次 a) と b) で示した。さらに [C8] では(3)「仏地の時に sangs rgyas kyi sa'i dus na」の注釈のみがあり，b) で表示した。

(36) この「三界において敬重される者となること」に関して，安慧釈は，

> このように信解して，自利利他のために無上菩提に発心した段階で，欲界・色界・無色界の衆生すべてから尊敬されるべきものとなる。

という。これは，世間的な段階を意味していると考えられる。換言すれば，無上菩提に発心したこと，すなわち「大乗を帰依処としたことの決意」が原因となって，尊敬されるべきものとなる。その「尊敬」は，第 2 偈の世親釈にいう「名声(yaśas)」に相応する意味であると考えられる。上記注解⒀参照。

㊲　漢訳にいう「故意受生」のことであり，そのサンスクリット語は，saṃcintya-upapatti(Tib, bsams bzhin du skye ba) であるか saṃcintyabhavopapatti(bsams bzhin du srid par skye ba) である。『大乗荘厳経論』では，第 V 章第 9 偈世親釈，第IV章第 2 偈及びその世親釈，第 XI 章第 30 偈世親釈、第 XVIII 章第 20 偈世親釈，同第 44 偈世親釈，第 XX 章第 12 偈及びその世親釈に説かれる。ただし，この第II章第 9 偈では，第 XI 章第 30 偈と同様に，-parigraha が付加されている。この「取る［こと］」と訳した-parigraha の有無は重要なのではないかと考えるが，現時点ではそれを明確に示すことはできない。ともあれ，第II章の和訳では「意図的に生を取る段階において」とした。

さて，「故意受生」は無住処涅槃にもとづくものであり，苦悩の衆生を成熟・救済するために，迷いの境界に積極的に「生まれること」を意味する。次頁図 L は第 XX-XXI 章第 8 偈で，四種の「生 (upapatti)」として説示されるものであり，信解行地の菩薩以上について示される。その菩薩の「故意受生」は，<1>業，<2> 願，<3> 三昧，<4>自在性のいずれによる。端的にいえば，<4>自在性の力によるとは不退転地以上の菩薩の無功用・無分別なあり方なのである。詳しくは，長尾ノート⑷ 92-93 頁，及び内藤 [2017]36-38 頁と 156-159 頁，内藤 [2020] を参照されたい。

以上のように，「故意受生」は世間的な段階の菩薩から出世間後の菩薩にとっての実践行の内実である。

「<1>業の力によって」について，長尾ノート⑷ 93 頁注⑵ によれば，「信解行地の菩薩は凡夫と同じで，まだ心力・願力を得ていないから，過去の福徳を積み重ねた業力によって，思い通りの生を受ける」のであるが，それは「煩悩を伴った悪業による輪廻転生と異なる」と記される。

また，長尾ノート(4) 93 頁の注解(5)によれば，安慧釈は，<4>自在性の力による「受生」について，「『十地経』の第八地所説（Rahder, p.70, §O; 編者注: 荒牧[1974]261-262, DBh(K) p. 144）の十種の自在性に関する文を引用している」という。その十種の自在性とは，「1) 寿・2) 心・3) 資具・4) 業・5) 受生・6) 勝解・7) 願・8) 神通・9) 法・10) 智である」という。つまり，不退転地（第八地）以後の菩薩の無功用なるはたらきによる「受生」のことである。

さらに，長尾ノート(4) 93 頁注(4)に記されているように，この四種の「受生」は輪廻の欲界への「受生」であり，それは衆生成熟・衆生救済という利他を行じるために「受生」するのである。

図L：菩薩の四種の生（upapatti）：第XX-XXI章第8偈
直前の第7偈で示された「衆生済度」を行うための菩薩の「生」 【安慧釈】声聞は一向に涅槃に入ることを願って生死輪廻の世界を去るが、菩薩は生死輪廻の世界に受生する。その「生」によってこそ、<1>初めて済度ができるから 【無性釈】ただ一生だけではすべて衆生の済度は不可能だから
<1>［積福徳の］業の力によって　←　信解行地の菩薩（世親釈） ［それまでに福徳を積み重ねた］業の力によって願求する（abhipreta）ままに生死輪廻の存在に受生する
<2>願の力によって　←　菩薩の階位（地）に入った菩薩（安慧釈：初地と第二地） 菩薩地に悟入した者はあらゆる衆生を成熟させるために、三悪趣を含めすべての輪廻の存在へと受生する
<3>三昧の力によって　←　菩薩の階位に入った菩薩（安慧釈：第三地乃至第七地） 禅定の結果を退転させて欲界の生死輪廻の存在へと受生する
<4>自在性の力によって　←　菩薩の階位に入った菩薩（安慧釈：第八地乃至第十地） 化作（nirmāṇa）を現して兜率天などに受生する

(38)　安慧釈によれば，この段階の受生は業と煩悩による受生ではない。つまり，上記注解(37)の図 L の<1>信解行地の菩薩は「故意受生」することで，人・天という世

間的な中でも最高の楽を得るというのである。

(39)　安慧釈は，これを「初地」であるといい，「歓喜地」という語義解釈を示す。つまり，初地を証得して，法界の「遍く行き渡ることの特徴を証得するから」「[C4] 苦の［大きな］集合の鎮静を［得て］」というのである。そして，「このように証得するから，自己と他者の平等性の心を得て，さらに喜楽の極みをも獲得する」というのである。

(40)　安慧釈は，その「鎮静する苦の集合」を「五つの怖畏 (*pañca-bhaya, 'jigs pa lnga)」と示すが，それは『十地経』（荒牧 [1974]38-40 頁, DBh(R) pp. 12-13, DBh(K) pp. 17-18）の「初地・歓喜地」の説示によると考えられる。

また，この「五つの怖畏」については，長尾ノート(3) 61 頁注(2)や 70 頁注(2)などを踏まえれば，第 XVI 章第 45 偈の世親釈の pañca-bhaya-samatikrāntatva と関連すると思われるが，そこでは具体的にその五つが明示されない。また，『倶舎論』にもこの言葉は見られ (AKBh, p.234.14)，玄奘訳「超五怖」（大正第 29 巻・83 頁 b），真諦訳「已度五怖畏」（大正第 29 巻・239 頁 b）として示されるが，具体的に五つが示されることはない。

五つの怖畏の各名称は，『華厳経（六十巻）』（大正第 9 巻・545 頁 a, 547 頁 c, 入法界品同 729 頁 b），及び『華厳経（八十巻）』（「入法界品」大正第 10 巻・181 頁 b など）と『華厳経（四十巻）』（大正第 10 巻・733 頁 b-c など）などにみられる。また『雑阿含』（大正第 2 巻・185 頁 b 以下）にも出ているので，以下にそれらを整理し図式化して示す。

図M：苦の集合＝五つの怖畏(*pañca-bhaya, 'jigs pa lnga)：第9偈		
安慧釈	『雑阿含経』	『華厳経』
(1)生活できないことへの怖畏	不活恐怖	不活畏
(2)名誉を失うことへの怖畏	悪名恐怖	悪名畏
(3)大衆の前に出ることへの怖畏	衆中恐怖	大衆［威徳］畏
(4)悪趣に堕ちることへの怖畏	悪趣恐怖	［墮］悪道畏
(5)死ぬことへの怖畏	死恐怖	死畏

(41) 安慧釈によれば，「第八地において無生法忍を得た時に，無功用なる，無分別の智の偉大な顕現を得るから，無上なる法の安楽を得るのである。これが第五の功徳である」という。続いて，「そこ（第八地）において，無分別の智に無功用に住することの譬喩はまた，大海における大船の説示の如くである」という。無性釈では譬えとして「大船」という言葉だけが出てくる。ともあれ，この譬喩が意味することは難解である。

この譬喩については，『十地経』（荒牧 [1974]246-247 頁, DBh(R) p. 67.10-19, DBh(K) p. 138.1-7, pp. 152.17-153.3）の第八地の説示を参照されたい。ここでは，「大海を行くための船 (mahāsamudragāmī potaḥ)」をもって説示されている。

また，『華厳経』「入法界品弥勒章」（梶山 [1994]355 頁）を参照。ここでは，「大きな教えの船 (mahādharma-nau)」という術語をもって説示されている。

(42) 上記注解(36)で記したように，安慧釈は，「[C6] 現前に正覚した段階において」を「これ以降，第十地を越えて仏地に至るまで」とする。一方，無性釈などは明確に示されず，注釈 Paricaya は第九地，第十地とする。加納 [2020C] を参照されたい。

(43) この [C6] の「諸仏の教法の身体 (*buddhānāṃ dharmakāyaḥ, sangs rgyas rnams kyi chos kyi sku ni)」という内の dharma-kāya（教法の身体）という術語は，少なくとも仏の三身論の「法身」の意味ではない。

ここでは，種々の教説を生み出す鉱脈という意味で，多大な教法の集合であるという。つまり，kāya（身体）は skandha（根幹・集合）であり，蓄積 (caya) であるというのである。この点に関しては，安慧釈及び長尾 [1971] を参照されたい。

(44)　「そのようなこの身体において (*tasmimś ca tādṛśakāye, de lta bu'i sku de la)」とは，和訳で補ったように，「教法の根幹であり，［仏の特質の蓄積である］この身体」ということである。まさに，このような身体において，すべての［煩悩］習気（潜在余力）の止滅を得るのである。

それは，安慧釈がいうように，「人無我を証得しているから煩悩の習気を断滅し，法無我を証得しているから所知の習気を断滅」することである。

(45)　「生死輪廻にも涅槃にも住着しないこと (*apratiṣṭhita-saṃsāra-nirvāṇatva, 'khor ba dang mya ngan las 'das pa dag la mi gnas pa)」は，「不住生死・不住涅槃」という「無住処涅槃」のことであり，『大乗荘厳経論』では第 XVII 章第 32 偈で以下のように説示する。

> ［菩薩は，］生死（輪廻）にも涅槃にも安住しないことについて，一偈がある。
>
> > 生死に属するものすべては苦を本性とし，かつ無我であると知って，
> > 悲ある者であり最勝の叡智ある者（菩薩）は，［生死に対する］厭離に
> > 陥らないし，諸過失によっても煩わされない。// 第 32 偈 //
>
> 生死（輪廻）のすべてを如実なるままに完全に知りながら，菩薩は［生死輪廻に対して］厭離に陥らない。悲ある者であるからである。［また，菩薩は，生死の］諸の過失によって煩わされることはない。最勝の叡智があるからである。以上のようであるから，順次，［菩薩は］涅槃にも安住しないし，生死（輪廻）にも安住しないのである。

この内容を図式化して示すと次のようになる。研究会 [2013]76-77 頁及び 134-

136 頁注解(31), また, 内藤 [2017]159-164 頁を参照されたい。

図N：「生死にも涅槃にも安住しないこと」：第XVII章第32偈		
不住涅槃・不住生死	根拠	あり方
不住［着］涅槃（apratiṣṭhita-nirvāṇa）	悲ある者であるから（kāruṇikatvāt）	生死輪廻のすべてを如実に完全に知りながら，菩薩は生死輪廻に対して厭離に陥らない。
不住［着］生死（apratiṣṭhita-saṃsāra）	最勝の叡智があるから（agrabuddhitvāt）	菩薩は生死輪廻の諸の過失によって煩わされることはない。

また，この第 XVII 章第 32 偈の智慧と慈悲の関係については，上記内藤 [2017] で言及し，第 32 偈と関連する第 33 偈に関して 164-167 頁で論じている。

『大乗荘厳経論』では「不住生死」と「不住涅槃」が一組で示されるのは，本章とその第 XVII 章この二箇所だけであり，特に「不住生死」はこの二箇所にしかない。一方,「不住涅槃」は第 III 章第 3 偈，第 IX 章第 14 偈・第 45 偈・第 70 偈，第 XVII 章第 32 偈，第 XVIII 章第 69 偈と第 70 偈，第 XIX 章第 62 偈の世親釈にあり，偈としては第 XIX 章第 62 偈だけである。この第 62 偈は「大乗を包摂すること (mahāyāna-saṃgraha)」を説く二偈の一つであり，この語を書名とする『摂大乗論』第 VIII 章第 22 節（長尾 [1987]290-293 頁）や第 IX 章第 1 節（長尾同 298-303 頁）などでは，上記図 N と同じ内容を説示している。

(46) 第 10 偈は第 1 偈で示された四種類の第四「[D] 他に勝ることの意味」の説示である。その ab 句は，菩薩の浄善が四つの理由で，声聞乗よりも勝っていることを説示する。その [D1] 乃至 [D4] は，順次 cd 句の [D1'] 乃至 [D4'] に対応している。世親釈だけでは，その対応関係の意図や意味するところは難解である。

安慧釈によれば，その cd 句の [D1'] 乃至 [D4'] は菩薩道の向上的な階梯に順次対応させて説明している。詳しくは，下記注解(48)図 O を参照。

(47) 「[D] 他に勝ること」の「他」とは，偈中でも「声聞衆」と明言されているが，声聞のことである。しかしながら，『大乗荘厳経論』では，例えば，第 XVII 章第 42 偈（長尾ノート⑴ 159-160 頁・研究会 [2013]84-87 頁・内藤 [2017]182-184 頁）などのように，基本的には世間的なものや声聞・独覚よりも勝れていることが示される。しかし，ここでは「声聞」が特に意図されている点に留意しておきたい。

同様に，第 I 章では，ほぼすべて「声聞」を相手に説示がなされる。確かに，第 I 章第 15 偈の世親釈でただ一度「独覚」が声聞と併記されるが，「［仏陀と］別なるもの」といった文脈上，触れる必要があったからであり，そこから踏み込んだ言及があるわけではない。声聞を相手にするのは，大乗（空性）を怖畏する「大乗非仏説」を扇動する声聞がいたからであろう。換言すれば，第II章，特にこの第 10 偈の説示は，大乗を誹謗する声聞を誘引・成熟するために，「大乗を帰依処とすること」が「他より勝れていること」を説示しようとしているからと考えられる。

また，第II章第 1 偈 ab 句で，三宝を帰依処とする仏教徒の中で，大乗の方軌に従って三宝を帰依処とする菩薩が最高であることが説かれる。声聞も三宝に帰依する者であるが，彼らよりも勝れていることの根拠が第 10 偈 ab 句の [D1] 乃至 [D4] に他ならない。

⒅ 世親訳が「四つの功徳」を「菩薩の浄善」と関連させて説示していることに関して，安慧釈は，「初発心」の時から「仏地」に至るまでの向上的方向性の四階梯として説明している。それは，長尾ノート⑴ 61 頁注⑵にも示されているが，安慧釈の内容（取意）をも合わせて図式化する（次頁図 O）。

なお，[D3’] 成熟せしめる浄善について，無性釈も安慧釈も，菩薩自らの善根が向上的に成熟することであると釈している。すなわち，菩薩は初地以後において，自利即利他の菩薩行を実践することによって自らの善根を成熟しつつ，自らが不退転地に悟入する。さらに，自他平等に無功用に菩薩行を実践する不退転地以後も，第八地→ 第九地→第十地というように向上的に修習するが，それは無功用なのであり，自ずと修習されることを意味する。

図O：声聞に勝る四種の浄善とその理由・階位：第10偈		
[D1]広大であるから	[D1']世間的な浄善	「初発心」乃至「信解行地」
【安慧釈（取意）】この「浄善」はあくまで「世間的な善」であっても，声聞の如く涅槃に入ることを目的とするのではない。つまり，一切衆生を利益するために生死輪廻に住する因でもあるから，その「世間的な善」の規模が声聞のそれよりも広大である。この意味で「勝れている」という。		
[D2]意義の偉大さから	[D2']出世間的な浄善	「初地」乃至「第七地」
【安慧釈（取意）】この「浄善」は「出世間的な善」であり，無上菩提を成就するためのものである。つまり，「出世間的」という点で，その意義が偉大である。その意味で「勝れている」という。		
[D3]無辺際であるから	[D3']成熟せしめる浄善	「第八地」乃至［第十地］
【安慧釈（取意）】この「浄善」は，無分別智により無功用に自他平等に住するものであるので，自他平等にその善根を成熟せしめるが，特に菩薩自らの善根を成熟せしめることによって十力・四無畏などの無比なる諸徳を増広し，しかも常に途絶えることなく仏のはたらきをなし正法を説示することになる。この意味で「勝れている」という。		
[D4]無尽であるから	[D4']自在性を得ている浄善	「仏地」
【安慧釈（取意）】この「浄善」は十力・四無畏等の十八不共法などの完全円満な功徳を得て，五蘊の依り所が滅したとしても，究竟とはならない。つまり，無余依涅槃に入ったとしても，それらの功徳が尽きることがない。この意味で「勝れている」という。		

⒆ 世親釈によれば、この第11偈の内容が「⑴本性」以下の六つの観点（以下，六義）から説示される。この六義による特定の主題に関する説明は，『大乗荘厳経論』の重要な注釈法として指摘しえよう。それは以下の六箇所に見られる。すなわち，この「帰依処」に関する第II章第11偈，「神通力」に関する第VII章第1-9偈，「清浄法界」に関する第IX章第56偈，「六波羅蜜」に関する第XVI章第17-28偈，「誓願」に関する第XVIII章第74-76偈，「仏の特質」に関する第XXI章第60-61偈である。これらの主題は，いずれも大乗の特徴をあらわすものである。

但しこの六義の用語は必ずしも同じではないので、以下に整理して示す。

図P：『大乗荘厳経論』における六義による注釈						
章と偈・主題	第一義	第二義	第三義	第四義	第五義	第六義
II.11 帰依処 サンスクリット表現 チベット訳表現	(1)本性 *svabhāva ngo bo nyid	(2)原因 *hetu rgyu	(3)結果 *phala 'bras bu	(4)はたらき *karman las	(5)具備 *yoga ldan pa	(6)あり方 pravṛtti dbye ba
VII.1-4, 8, 9 神通力 サンスクリット表現 チベット訳表現	(1)本性 svabhāva rang bzhin	(2)原因 hetu rgyu	(3)結果 phala 'bras bu	(4)はたらき karman las	(5)具備 yoga ldan pa	(6)あり方 vṛtti 'jug pa
IX.56-59 清浄法界 サンスクリット表現 チベット訳表現	(1)本性 svabhāva ngo bo nyid	(2)原因 hetu rgyu	(3)結果 phala 'bras bu	(4)はたらき karman phrin las	(5)具備 yoga ldan pa	(6)あり方 vṛtti 'jug pa
XVI.17-18 六波羅蜜 サンスクリット表現 チベット訳表現	(1)本性 svabhāva ngo bo nyid	(2)原因 hetu rgyu	(3)結果 phala 'bras bu	(4)はたらき karman las	(5)具備 yoga ldan pa	(6)あり方 vṛtti 'jug pa
XVIII.74-76 誓願 サンスクリット表現 チベット訳表現	(1)本性 svabhāva ngo bo nyid	(2)基因 nidāna gzhi	(5)階位 bhūmi sa	(3)果（漢訳） (phala) -- --	(6)分類/区別 prabheda rab tu dbye ba	(4)はたらき karman las
XXI.60-61 仏の特質 サンスクリット表現 チベット訳表現	(1)本性 svabhāva ngo bo nyid	(2)原因 hetu rgyu	(3)結果 phala 'bras bu	(4)はたらき karman las	(5)具備 yoga ldan pa	(6)あり方 vṛtti 'jug pa

なお長尾 [1987]381-384 頁で指摘されるように最後の第 XXI 章の二偈は『摂大乗論』第 X 章第 27 節に引用される。

この図 P から分かるように，第 XVIII 章では，サンスクリット・チベット訳共に第三義の「(3)結果（phala）」の語を欠き，六義の用語と説示順序も大きく異なるが，長尾ノート(3) 274-276 頁，特に注(2)では漢訳から phala を補い六義とする。また「(6)あり方」に関しては，サンスクリットの表記が一定せず，漢訳も「品類」（II, XVI），「差別」（VII, XVIII, XXI），「位」（IX）とある。

今，第II章第 11 偈の第一義乃至第五義について，サンスクリット文は欠落しており，チベット訳からの想定である。第六義はサンスクリット文があり，pravṛtti となっている。また，そのチベット訳は dbye ba（区別）となっていて，他の箇所の安慧釈に対応する'jug pa ではない。この点について，「あり方」と訳すにしろ「生起」と訳すにしろ，第六義が「区別（prabheda）」の語をともなって説かれているという点に留意すべきである。すなわち，受け入れることを本性とする帰依処が言語活動と法性という二種のあり方にもとづき区別の相をもって起こっている。すなわち三乗として起こっているのであり，そのうち大乗を最高・最勝とするのが，この学派の立場といえるであろう。内藤 [2020] の【問題点 E】で言及しているので併せて参照されたい。

なお，長尾ノート⑴ 241 頁注⑴によれば，この六義による解釈は ASBh§198（論決択第一「義決択」）にもあることが指摘されている。また『宝性論』には六義を含んだ如来蔵の十義が説かれる。

(50) 長尾訳のように，チベット訳は「［人々に］利益と安楽とをもたらす難［行］において倦み疲れることなく」（長尾ノート⑴ 62 頁）と和訳することも可能であろう。しかし，我々は校訂テキストに示したように，注釈 Paricaya から回収された hitasukhakaraṇaṃ duṣkareṣv apy akhedaḥにもとづいて和訳した。加納 [2020C], また本編所収の安慧釈を参照されたい。

(51) 世親釈によれば，この第 11 偈は前注記(49)で示した六義による説示に当たる。それを図式化して以下に示す（次頁図 Q）。なお，図中の説明は，世親釈及び安慧釈を要約したものである。詳しくはそれぞれの和訳を参照されたい。

図Q：六義による「大乗を帰依処とすること」の説示(取意)：第11偈		
六義	偈の内容	説明（世親釈・安慧釈の内容を含む）
⑴本性 svabhāva	[1]受け入れること	仏たることを得ようと希求することにもとづいて大乗の教法を受け入れる
⑵原因 hetu	[2]悲愍	大乗の教法を受け入れるのは，一切衆生の苦を寂滅したいという悲愍から
⑶結果 phala	[3]一切種智者性	上記の⑴と⑵にもとづいて，菩薩の十地を成就して，四智から成る一切種智者性を得る
⑷はたらき karman	[4]難行を無倦に行じ，一切衆生の利益と安楽をもたらすこと	一切衆生に対して，今生で不善から遠離させ浄善を確立し，他生で人・天の善趣や涅槃に向かわせ，無倦に自らの身体や生命などを捨施する
⑸具備 yoga	[5]一切衆生が出離するための帰依処となる功徳を常に具すること	声聞乗・独覚乗・菩薩乗のあらゆる乗により，一切衆生を三界から救済・出離させるための帰依処と保護者となる功徳を常に具備している
⑹あり方（生起）pravṛtti	[6-1]言語協約による	善知識の伝授（教授）から得られたもの → 粗大なるもの
	[6-2]法性による	初地（見道）以後，善知識に依存することなく，法性を直証して得られたもの → 細密なるもの

(52)　安慧釈によれば，声聞たちが三宝を帰依処とすることは，「自ら生死輪廻の苦から解脱しますように」と希求して，自身を救護するために三宝を帰依処とする。一方，諸菩薩が三宝を帰依処とするのは，仏陀を帰依処として，まさにその仏陀の自性そのものを成就するために，［三宝を］帰依処とする。仏陀が一切衆生にとって帰依処となるのと同様に自身も一切衆生の苦を寂滅せしめるために，「仏陀そのものとなりますように」と仏陀を帰依処とすることを「受け入れる」からである。

換言すれば，自身が仏陀となり，一切衆生の帰依処となることは一切衆生の苦を寂滅するためであるという。すなわち，菩薩道における目的は，自身が仏陀となり帰依処となるという「自利」ではなく，衆生の苦を寂滅するという「利他」のためなのである。無性釈は，この点を簡潔に示している。

上記注解⑾で言及したように，この第11偈世親釈の「仏たること」とは，第2偈の「最勝なる帰依処」であり，第4偈世親釈の「その［仏陀と］同じあり方」であると考えられる。端的に言えば，自他の区別なく，一切衆生に遍くはたらき涅槃に至らしめる智慧と慈悲のはたらきこそが「仏たること (buddhatva)」である。換言すれば，その「仏たること」を求め，それを得ることで仏陀と成るのである。それは注解⑾で紹介した第IX章の無上菩提の内実の説示における「仏たること」であり，それを証得することが「仏果」であると考えられる。その意味では後に buddhadhātu の語で表現される仏性，いわゆる「因仏性」の意味ではない。なお，この術語は『大乗荘厳経論』にはない。この本性としての仏たること (buddhatva) を buddhadhātu とする解釈が『宝性論』に見られる点には留意する必要がある。

端的に言えば，菩薩自らを教導・成熟する仏陀を帰依し，すなわち智慧と慈悲である「仏たること」を帰依処とし，菩薩自らがその「帰依処性」＝「その［仏陀と］同じあり方＝「仏たること」を得て仏陀となり，自らも一切衆生の帰依処となることが大乗菩薩道の目的なのである。

(53) 安慧釈は次のようにいう。

> 「仏陀となりますように」と，［仏陀を帰依処とすることを］受け入れることもまた，苦悩する諸衆生に対する悲愍を原因として受け入れるのである。悲愍は［仏陀を］帰依処とすることの「原因」であると知るべきである。

この安慧釈を理解する場合，次の点が重要である。すなわち，仏陀を帰依処とすることを「受け入れる」菩薩自身がまさに仏陀の悲愍の対象者の一人であるという点である。換言すれば，「苦悩する諸の衆生に対する悲」とは，まさに大乗を帰依処としようとしている菩薩自身がその「諸の衆生」の一人なのであり，その大乗を帰依処とする菩薩自身に対する仏・如来の悲愍なのである。そのような仏・如来の悲愍を受け入れることは，自身が仏陀となり一切衆生の帰依処となる「原因」なのである。なお，無性釈は⑵原因について何も説明していない。

また，この視点は，第 XVII 章第 36-40 偈の「樹木に譬えられる悲」や第 53-58 偈の「悲による布施への教授」の説示に密接に関係している。詳しくは研究会 [2013]81-85 頁と 97-101 頁，内藤 [2017]172-180 頁及び 205-216 頁を参照されたい。

(54)　上記注解(51)図 Q の「(3)結果」の説明で，一切種智者性を「四智から成る」としたのは安慧釈による。四智とは，(1)大円鏡智 (ādarśa-jñāna)，(2)平等性智 (samatā-jñāna)，(3)妙観察智 (pratyavekṣaṇa-jñāna)，(4)成所作智 (kṛtyānuṣṭhāna-jñāna) の四つである。『大乗荘厳経論』では，唯一，第 IX 章「菩提品」第 67-76 偈において説示される。長尾ノート(1) 252-259 頁，また内藤 [2009A]112-125 頁及びその註解 256-270 頁を参照されたい。なお，無性釈は「(3)結果」について何も説明していない。

(55)　上記注解(51)図 Q の「(4)はたらき」の説明は安慧釈によった。衆生に「利益をもたらす」と「安楽をもらたす」ということについて，「今生」に財物をもって衆生を援助し善根を積ませるのが「利益をもたらす」はたらきであり，「他生」に衆生が人・天の善趣を享受し，涅槃に向かうというのが「安楽をもたらす」はたらきだという。安慧は，この二種のはたらきの間に因果関係を認めている。一方，無性釈は逆転して，「利益をもたらす」とは後世（他生）における天などの安楽を享受することであり，「安楽をもたらす」とはまさに現世（今生）において安楽を享受することであるという。無性は二種の安楽を認めている。

(56)　六義中の「(5)具備」について，長尾ノート(1) 63 頁注(4)は以下のように記している。

> この具備の一文は甚だ難解であって，具備する徳の内容が明らかでない。T1.（注：『大乗荘厳経論』のチベット訳）: rton pa を T2.（注：安慧釈の引用のチベット訳）: so sor 'brang としているので，その対応 Skt.（注：サンスクリット語）を pratiśaraṇa とし，衆生を守護する利他行の依り所，基

礎，等の意味で考えたが，訳語はより広い意味で「帰依処」とした。

まず，加納 [2020A] によれば，ヴァイローチャナラクシタ釈に pratiśaraṇa とあるので，この想定で間違いない。この言葉は，第 IV 章第 18 偈の世親釈，第 VIII 章第 11 偈の世親釈，第 XI 章第 78 偈，第 XVIII 章第 31-33 偈の世親釈にあり，pratiśaraṇī-bhāva の形で第 XI 章第 78 偈の世親釈に出てくる。第 XVIII 章第 31-33 偈はいわゆる義 (artha)・法 (dharma)・智 (jñāna)・了義［経］(nītārtha[-sūtra]) の「四依」を説示するところであるが，その「依 (pratiśaraṇa)」である。第IV章第 18 偈の説示も「四依」に関連する。また，第 VIII 章第 11 偈では「他者の成熟において依り処になること」を意味し，第 XI 章第 78 偈では「利他の偉大性とは常に生きとし生けるものの帰依処となること」であるという。したがって，上記長尾ノート注解の指摘する通り，この pratiśaraṇa は，基本的には一切衆生を成熟する利他的意味での「依り処」であり「帰依処」であると理解すべきである。すなわち，菩薩が他者である衆生の「帰依処」となることである。

したがって，「[5] あらゆる乗により出離する場合に，［そのための］帰依処となる功徳を常に具すこと」について，安慧釈は以下のように述べている。

> 三乗の方便によって諸衆生を三界から救済するために，各々苦悩し困窮する諸衆生に対して，常に絶えず帰依処（避難所）と保護者になる功徳を具備しているのである。

一方，無性釈は菩薩自らが「一切衆生が帰依処とする功徳」を具することであると簡素に述べるだけである。確かに，上記長尾ノートの注解が「具備する徳の内容が明らかでない」というように，両釈も具体的な功徳の内容を示してはいない。

さて，「具備する功徳」とは，第 4 偈の世親釈で菩薩は「その［仏陀の］功徳の殊勝なることを知ることによって多大な喜びがある」と説示された「仏陀の勝れた功徳」であり，それがこの「帰依処となる功徳」であると思われる。

したがって，この「帰依処となる功徳」は，第 IX 章「菩提品」の内，特に第 7-11 偈の「帰依処性 (śaraṇatva)」と直接的に関連していると考えられる。上記に引用した安慧釈のいう「帰依処（避難所）と保護者になる功徳」が，この第 7-11 偈に具体的に説示されているからである。そのような功徳は仏陀の智慧と慈悲のはたらきに他ならないが，それらは他者を救済する功徳である。具体的には，第 IX 章においては第 38-48 偈の「自在性 (vibhutva)」と第 49-55 偈の「衆生成熟 (sattva-paripāka)」として説かれている無上菩提の内実と考えられる。詳しくは，長尾ノート(1) 225-240 頁，内藤 [2009A]74-98 頁と該当註解 211-236 頁を参照されたい。

(57)　世親釈によれば，六義中の第六義，帰依処とすることの「あり方（pravṛtti, 生起)」の説示である。しかし，安慧釈は「菩提に発心することを区別する」として注釈を始める。つまり，「帰依処とすること」が「発菩提心」に対応する。それは，注解(1)で示したように，安慧釈が「大乗を帰依処とすること」と「発菩提心」と「発願」と同一の意味であるというからであろう。また，世親釈自身が「区別を相とすること (prebhedalakṣaṇa) が(6)あり方」であるという。この「区別」は下記図 R の [6-1] と [6-2] である。安慧釈も同様である。無性釈の説明を合わせて図式化しておく。

なお，この二つに関しては，順次 [6-1] は [6-1'] 粗大であり，[6-2] は [6-2'] 細密であるという。安慧釈はそれらを順次 [6-1"] 浅薄であり，[6-2"] 甚深であると言い換えている。

図R：二つの「(6)あり方（生起）」について：第11偈		
偈と世親釈	無性釈（取意）	安慧釈（取意）
[6-1]言語協約による獲得 [6-1']粗大→[6-1"]浅薄	善知識と出遇って大乗を帰依処とすること	師匠や阿闍梨から伝授されて菩提心を発すこと
[6-2]法性による獲得 [6-2']細密→[6-2"]甚深	証得した時に大乗を帰依処とすること	初地を得て法界が一切に遍満する相を思惟して，善知識に依存することなく，十大誓願などを発起すること

なお，注釈 Paricaya から回収された本偈のサンスクリット文と，世親釈および安

慧釈のチベット訳には文言の相異が見られる点に注意が必要である。安慧釈ではチベット訳にしたがった和訳であることを追記しておく。

(58) 安慧釈によれば，声聞たちが三宝を帰依処として増上戒学と増上定学と増上慧学を成就したとしても，その声聞の正行よりも十地や六波羅蜜などの菩薩の正行がはるかに勝れていることを説示するものが，この第12偈であるという。

声聞乗も戒・定・慧の三学を実践することは当然であるが，安慧釈はそれを増上の三学として説明している。ただし，安慧釈にいう声聞乗の行じる増上戒学などが，菩薩の行じる「増上の三学」と同一のものを意味するかは未審である。

(59) 偈の「このような偉大な意義のある帰依処のあり方（領域）に至った」彼 (saḥ) というように和訳した śaraṇagatim imāṃ gato mahārthāṃをどのように理解するかには，少なくとも二つ問題がある。一つには imāṃ（このような）という言葉の理解と，二つには śaraṇagatiṃ gato（帰依処のあり方（領域）に至った）という言葉の理解である。

第一に imāṃの理解である。これについて，安慧釈は，

> 「このような」とは「大乗」と結びつく。この大乗について，すなわち大乗の方軌にもとづいて三宝を帰依処とした場合に，

というように，「このような」とは，「大乗の方軌にもとづいて」三宝を帰依処とすることを意味する。

第二に，śaraṇa-gati の複合語は，同格限定複合語 (karmadhāraya) にも格限定複合語 (tatpuruṣa) にも理解できる。前者の理解では「帰依処というあり方（領域）」もしくは「理解されるべき帰依処」の意味である。後者の理解では「帰依処にもとづくあり方（領域）」もしくは「帰依処に対する理解」の意味である。前者の場合の gati は帰依の対象である「帰依処」，つまり「仏たること」を意味するのに対して，後者の場合の gati は帰依する側である「菩薩のあり方」を意味する。ここでは，śaraṇa-gati を後者の格限定複合語で理解した上で，「帰依処のあり方（領

域)」と訳出した。

このような「偉大な意義のある帰依処のあり方（領域）に至った」菩薩は，向上的に菩薩道を修習し，加行道から見道（初地）に悟入し，修道において不退転地に入り，さらに究竟の菩薩となり，仏陀となるのである。だからこそ，続く bcd 句で，そのようなあり方（領域）に至った菩薩は

> [1] 功徳の集まりを無量に増大せしめるに至るのである。[2] この生きとし生けるものを悲愍の意楽をもって包容して，そして偉大な聖者たちの無比なる教法を拡張せしめるのである。

というように，[1] 自己成熟（自利）と [2] 他者成熟（利他）を成就するのである。このような自利と利他を成就する根拠が菩薩にとっての「帰依処のあり方（領域, gati)」である。

なお，gati を伴う類似の複合語である artha-gati（第 I 章第 1 偈）に言及した千葉 [2018] では，研究会 [2009] の artha-gati の和訳は格限定複合語の理解であると指摘して，同格限定複合語で理解すべきであると論じている。

(60)　以下，第 12 偈の世親釈の内容を整理して示す。

図S：帰依処にもとづく自利と利他の正行：第12偈		
(1)自利の正行	多くの種類がある	自らの功徳が無量に増大するから
(2)利他の正行	(2-1)意楽による	悲をもって一切衆生を包容するから
	(2-2)実践による	大乗の教法を拡張せしめるから

(1)自利の正行について，菩薩自らの「功徳が無量に増大するから」という。その「無量」については「計量することができない」といい，「無限であるから」という。つまり，無限に増大するというのである。この自利については，第 XVII 章第 50-52 偈が関連する。長尾ノート(3) 167-171 頁，研究会 [2013]92-97 頁，及び内藤 [2017]198-205 頁を参照されたい。

一方，⑵利他の正行は意楽（āśaya, 意欲）によると実践（prayoga, 加行）によるとの二つである。その内，(2-1) 意楽による正行とは慈悲による一切衆生の成熟・救済のことである。他方，(2-2) 実践による正行について，安慧釈は

> このように意楽して，菩薩種姓の人々に対して，無比なる偉大な聖者の教法を，十方すべてに広く開示して説き明かすのである。

といい，無性釈は

> 教化すべき存在である菩薩種姓をもつ者に語りかけることによって，［大乗の教法が］広まる，すなわち拡大するという意味である。

という。両者ともに，利他の「他」を菩薩に限定し，その菩薩に大乗の教法を広める，拡大することであるという。それは，実際に大乗の菩薩を養育し教導することを意味している。この点を具体的に説示している一例は，第 XVII 章第 53-58 偈である。ここでは「悲による布施への教誡（師弟の譬喩による説示）」が展開される。上記の安慧釈が「このように意楽して」という意楽（意欲）は大悲のことであり，悲による法施であり具体的な教導を意味している。そこで説示される内容は返報をもとめない布施の成就であり，そのような教法を説示すべき対象は「菩薩種姓の人々」に限定されよう。つまり，種姓の確定していない者に対して，そのような布施を説いても，怖畏を抱き，そのような教えを誹謗して退転していくしかないのである。長尾ノート⑶ 171-177 頁，研究会 [2013]96-101 頁，及び内藤 [2017]205-216 頁を参照されたい。

(61) ここは，偈の d 句の最後 mahāryadharma の複合語をどう読むかを注釈している箇所である。直前の世親釈で「大乗の教法を拡張せしめるからである」といったが，その「大乗の教法」の「大乗 (mahāyāna)」こそが偈の「偉大な聖者たち (mahārya)」のことであり，「大乗の教法」とはその偉大な聖者たちの教法であるというのである。無性釈も安慧釈もこの「偉大な聖者」について，声聞・独覚も「聖者」であるが，彼らよりも仏陀と菩薩は勝れているから「偉大な聖者」であるという。舟橋 [1983] を参照されたい。

『大乗荘厳経論』第II章・世親釈チベット訳テキスト

· mDo sde'i rgyan gyi bshad pa: C phi 129b6–132b2; D No.4026, phi 134a6–137a2; G No.3518, phi 177b5–181b2; N No.3518, phi 135a7–138b1; P No.5527. phi 141b2–144b6.
· チベット訳者： Śākyasiṃha と Dpal brtsegs.
· 凡例：デルゲ版（D）を底本とし、チョーネ版（C）, 金写版（G）, ナルタン版（N）, 北京版（P）との校合を行い, 最良と思われる読みを採用した。ただし, 分節記号 /（シェー）の添削, 'ang と yang の異読, pa と ba の異読等は逐一掲載しない。

སྐྱབས་སུ་འགྲོ་བའི་ཁྱད་པར་བསྟུ་[(1)] བར་རྫོགས་སུ་བཅད་པ་

[1]ཀུན་ཏུ་འགྲོ་དང་ [2]ཁས་ལེན་ [3]རྟོགས་དང་ [4]ཟིལ་གནོན་པར། །
དབྱེ་བའི་ (P141b3) རང་བཞིན་དོན་རྣམ་[(2)] བཞི་ཡི་ཁྱད་པར་ (D134a7) གྱིས། །
ཐེག་པ་མཆོག་ཕྱིར་དཀོན་མཆོག་སྐྱབས་རབ་སོང་བ་གང་། །
དེ་ཉིད་སྐྱབས་སུ་སོང་བ་རྣམས་ཀྱི་ [(3)] མཆོག་ཆེས་བྱ། ། II.1

དེ་ཉིད་སྐྱབས་སུ་འགྲོ་བ་རྣམས་ཀྱི་མཆོག་ཙེས་བྱ་[(4)] བ་ཅིའི་ཕྱིར་[(5)] ཞེ་ན། རང་བཞིན་གྱི་དོན་གྱི་ཁྱད་པར་རྣམ་པ་ (P141b4) བཞིའི་ཕྱིར་རོ། ། དོན་རྣམ་པ་བཞི་ནི། [1]ཀུན་ཏུ་འགྲོ་བ་དང་ (D134b1) [2]ཁས་ལེན་པ་དང་། [3]རྟོགས་པ་དང་། [4]ཟིལ་གྱིས་གནོན་པར་བྱེད་པའི་སྒོ་ནས་རིག་པར་བྱ་སྟེ། [A]ཀུན་ཏུ་འགྲོ་བའི་དོན་དང་། [B]ཁས་ལེན་པའི་དོན་དང་། [C]རྟོགས་[(6)] པའི་ (P141b5) དོན་དང་། [D]ཟིལ་གྱིས་གནོན་པའི་དོན་ཏེ། དེ་དག་ནི་འོག་ནས་སྟོན་ཏོ། །

དེ་ལྟ་མོད་ཀྱི་མཆོག་ལ་སྐྱབས་སུ་འགྲོ་བ་བྱ་དཀའ་བ་ (D134b2) མང་བའི་ཕྱིར། ཁ་ཅིག་[(7)] ཨོཾ་རྡེ་ མི་སྤྲོ་བས་སྐྱབས་སུ་འགྲོ་བར་སྤྲོ་བར་བྱ་བའི་ཕྱིར་རྫོགས་སུ་བཅད་ (P141b6) པ།

གང་ཕྱིར་དང་པོར་ངེས་པར་བྱ་བ་འདི་དཀའ་[(8)] སྟེ། །
དེ་ནི་བསྐལ་པ་སྟོང་ཕྲག་དུ་མར་བསྒྲུབ་[(9)] པར་དཀའ་[(10)] ། །
གང་ཕྱིར་གྲུབ་ན་སེམས་ཅན་ཕན་བྱེད་དོན་ཆེན་ཏེ། །
དེ་ཕྱིར་ཐེག་ཆེན་འདི་ལ་སྐྱབས་དོན་མཆོག་ (D134b3) ཡིན་ནོ། ། II.2

---

(1) བསྟུ་ C, D, G, P : སྟུ་ N
(2) རྣམ་ C, D, G, P : རྣམས་ N
(3) ཀྱི་ D, G, N, P : ཀྱིས་ C
(4) དེ་ཉིད་སྐྱབས་སུ་འགྲོ་བ་རྣམས་ཀྱི་མཆོག་ཆེས་བྱ་ C, D, G : དེ་ཉིད་སྐྱབས་སུ་འགོ་བ་རྣམས་ཀྱི་མཆོག་ཙེས་བྱ་ N, om. P
(5) ཅིའི་ཕྱིར་ G, N, P : ཅིའི་ཕྱིར་བྱ་ C, D
(6) རྟོགས་ C, D : རྟོག་ G, N, P
(7) ཅིག་ C, D : དོག་ G, N, P
(8) དཀའ་ C, D, P : བཀའ་ G, N
(9) བསྒྲུབ་ C, D : སྒྲུབ་ G, N, P
(10) དཀའ་ C, D, P : བཀའ་ G, N

འདིས་ (P141b7) ནི་སྐྱབས་སུ་འགྲོ་བར་ངེས་པ་དེ་སློན་ལམ་དང་སྒྲུབ་པའི་ཁྱད་པར་དག་གིས་གྲགས་པའི་རྒྱུ་ཉིད་དུ་སྟོན་པར་[11] བྱེད་དེ། འབྲས་བུ་ཐོབ་པའི་ཁྱད་པར་གྱི་[12] དོན་ཆེན་པོ་ཉིད་དོ། །

སྡར་གླེངས་པ་ [A]ཀུན་ཏུ་འགྲོ་བའི་དོན་གྱི་ཚིགས་སུ་བཅད་ (P141b8) པ།

གང་ཞིག་སེམས་ཅན་ཐམས་ཅད་བསྒྲལ་བར་ (D134b4) ཞུགས་པ་དང་། །
ཐེག་པ་ཡེ་ཤེས་ཀུན་ཏུ་འགྲོལ་མཁས་པར་ལྡན། །
གང་ཞིག་མྱ་ངན་འདས་ལ་འཁོར་ཞི་རོ་གཅིག་པ། །
དེ་འདྲའི་བློ་ལྡན་དེ་འདིར་ཀུན་འགྲོར་ཤེས་པར་བྱ། ། II.3

(P142a1) འདིས་ནི་ཀུན་དུ་འགྲོ་བའི་དོན་རྣམ་པ་བཞི་སྟོན་ཏེ། སེམས་ཅན་ཀུན་དུ་འགྲོ་བའི་དོན་ནི། སེམས་ཅན་ཐམས་ཅད་ (D134b5) བསྒྲལ་བའི་ཕྱིར་ཞུགས་པས་སོ། ། ཐེག་པ་ཀུན་དུ་འགྲོ་བའི་དོན་ནི་ཐེག་པ་གསུམ་ལ་ (P 42a2) མཁས་པ་དང་ལྡན་པའི་ཕྱིར་རོ། ། ཡེ་ཤེས་ཀུན་དུ་འགྲོ་བའི་དོན་ནི་གང་ཟག་དང་ཆོས་ལ་བདག་མེད་པར་མཁས་པ་དང་ལྡན་པའི་ཕྱིར་རོ། ། མྱ་ངན་ལས་འདས་པ་ཀུན་དུ་འགྲོ་བའི་དོན་ནི་འཁོར་བ་དང་ཞི་བ་རོ་ (P142a3) གཅིག་ (D134b6) པའི་ཕྱིར་ཏེ། དེ་དག་གིས་ཉེས་པ་དང་ཡོན་ཏན་ལ་རྣམ་པར་མི་རྟོག་པའི་ཕྱིར། དེ་ལ་འཁོར་བ་དང་མྱ་ངན་ལས་འདས་པ་ལ་བྱེ་བྲག་མེད་དོ། །

[B]ཁས་ལེན་པའི་དོན་དུ་ཚིགས་སུ་བཅད་པ།

གང་ཞིག་དགའ་བ་ (P142a4) མང་པོས་བྱང་ཆུབ་མཆོག་དོན་གཉེར། །
གང་ཞིག་སྐྱོ་བ་མེད་པར་དཀའ་བ་ཡང་ (D134b7) དག་སྤྱོད། །
གང་ཞིག་རྣམ་སངས་རྒྱས་ནས་སངས་རྒྱས་ཀུན་མཉམ་འགྱུར། །

[11] སྟོན་པར་ C, D, G, P : རྟོན་པར་ N
[12] གྱི་ C, D : གྱིས་ G, N, P

བློ་ལྡན་དེ་ནི་ཁས་ལེན་མཆོག་ཏུ་ཤེས་པར་བྱ། ། II.4

(P142a5) འདིར་ནི་ཁྱད་པར་རྣམ་པ་གསུམ་གྱིས་[13] ཁས་ལེན་པ་ཉིད་ཀྱི་ཁྱད་པར་སྟོན་ཏེ། <1> སྨོན་ལམ་གྱི་ཁྱད་པར་ནི་འདི་ལྟར་སངས་རྒྱས་གང་ཁོ་ན་ལ་[14] སྐྱབས་སུ་འགྲོ་བ་དེ་ཁོ་ནའི་དངོས་པོ་ (D135a1) དོན་དུ་གཉེར་བ་སྟེ། དེའི་ཡོན་ཏན་གྱི་ཁྱད་ (P142a6) པར་ཤེས་པ་ཉིད་ཀྱིས་[15] རབ་ཏུ་དགའ་བ་མང་བའི་ཕྱིར་རོ། ། <2> སྒྲུབ་པའི་ཁྱད་པར་ནི། འདི་ལྟར་སྐྱོ་བ་མེད་པར་དཀའ་བ་[16] སྤྱོད་པའོ། ། <3> ཐོབ་པའི་ཁྱད་པར་ནི་འདི་ལྟར་མངོན་པར་རྫོགས་པར་སངས་རྒྱས་ནས་སངས་རྒྱས་ (P142a7) ཐམས་ཅད་ (D135a2) དང་མཉམ་པ་ཉིད་དུ་འགྱུར་བའོ། །

ཡང་ [B']ཁས་ལེན་པའི་ཁྱད་པར་དེ་ཉིད་སངས་རྒྱས་ཀྱི་སྲས་ཀྱི་ [B'1] མཆོག་ཉིད་དུ་ལེགས་པར་སྐྱེས་པས་[17] ཚིགས་སུ་བཅད་པ་གཞན་གྱིས་སྟོན་ཏེ།

སངས་རྒྱས་སྲས་ཀྱི་མཆོག་ (P142a8) ཏུ་ལེགས་པར་གང་སྐྱེས་པ། །
སེམས་དང་ཤེས་རབ་དང་ནི་ཚོགས་ལྡན་སྙིང་རྗེ་འདི། །
ས་བོན་ (D135a3) མ་དང་མངལ་ནས་མ་མ་མཚུངས་པ་མེད། །
བློ་ལྡན་དེ་ནི་ཁས་ལེན་མཆོག་ཏུ་ཤེས་པར་བྱ། ། II.5

ལེགས་པར་སྐྱེས་པ་དེ་ཡང་ (P142b1) བཙུན་པར་སྐྱེས་པའི་ཁྱད་པར་གྱིས་སྟོན་པར་བྱེད་དེ། ས་བོན་དང་། མ་དང་། མངལ་གྱི་གནས་དང་། མ་མ་མཚུངས་པ་མེད་པས་སོ། ། སེམས་བསྐྱེད་པ་ནི་ས་ (D135a4) བོན་ནོ། ། ཤེས་རབ་ཀྱི་ཕ་རོལ་ཏུ་ཕྱིན་པ་ནི་བྱང་ཆུབ་ (P142b2) སེམས་དཔའི་མའོ། ། བསོད་ནམས་དང་ཡེ་ཤེས་ཀྱི་ཚོགས་དང་ལྡན་པ་ནི་མངལ་གྱི་[18] གནས་ཏེ་རྟེན་དུ་གྱུར་པའི་ཕྱིར་རོ། ། སྙིང་རྗེ་ནི་མ་མ་སྟེ་དེས་བསྐྱེད་པའི་ཕྱིར་རོ། །

---

(13) གྱིས་ C, D : om. G, N, P
(14) ལ་ em. : ལས་ C, D, G, N, P
(15) ཀྱིས་ C, D, G, P : ཀྱི་ N
(16) དཀའ་བ་ C, D, G, P : བཀའ་བ་ N
(17) པས་ C, D : པར་ G, N, P
(18) གྱི་ C, D G : གྱིས་ N P

ལེགས་པར་སྐྱེས་[19] པ་དེ་ཉིད་[20] ལུས་ཀྱི་ཁྱད་ (P142b3) ཀྱིས་[21] ཁྱད་པར་དུ་བྱེད་ཅིང་། ཡང་ [B']ཁས་ (D135a5) ལེན་པ་དེ་ཉིད་ཀྱི་ཁྱད་པར་ཚིགས་སུ་བཅད་པ་གཞན་གྱིས་སྟོན་ཏེ།

སྣ་ཚོགས་མཚན་རྣམས་ཀུན་གྱིས་དེའི་ལུས་བརྒྱན། །
སེམས་ཅན་ཐམས་ཅད་སྨིན་པར་བྱེད་སྟོབས་ཐོབ། །
(P142b4) སངས་རྒྱས་བདེ་ཆེན་མཐའ་ཡས་ཞི་བ་རྙེད་[22] ། །
སེམས་ཅན་ཀུན་བསྐྱབ་ཐབས་ཆེན་བཞམ་པ་ཤེས། ། II.6

ལུས་ཀྱི་ཁྱད་ (D135a6) པར་ནི་ཁྱད་པར་རྣམ་པ་བཞིས་སྟོན་ཏེ། གཟུགས་བཟང་པའི་ཁྱད་པར་ནི། མཚན་རྣམས་ (P142b5) ཀྱིས་བརྒྱན་པའི་ཕྱིར་རོ། ། སྣ་ཚོགས་ཞེས་སྨོས་པ་ནི། འཁོར་[23] ལོས་སྒྱུར་བ་ལ་སོགས་པའི་མཚན་ལས་ཁྱད་པར་དུ་བྱ་བའི་ཕྱིར་རོ། ། སྟོབས་ཀྱི་ཁྱད་པར་ནི། སེམས་ཅན་ཐམས་ཅད་ཡོངས་སུ་སྨིན་པར་བྱ་ (P142b6)(D135a7) བའི་སྟོབས་ཐོབ་པའི་ཕྱིར་རོ། ། བདེ་བའི་ཁྱད་པར་ནི་སངས་རྒྱས་ཀྱི་བདེ་བ་ཆེན་པོ་མཐའ་ཡས་པ་ཞི་བ་རྙེད་པའི་ཕྱིར་རོ། ། ཡེ་ཤེས་ཀྱི་ཁྱད་པར་ནི་སེམས་ཅན་ཐམས་ཅད་ཡོངས་སུ་བསྐྱབ་པར་བྱ་བའི་ཐབས་ (P142b7) ཆེན་པོ་བཞམ་པ་ཤེས་པའི་ཕྱིར་རོ། །

ཕུན་སུམ་ཚོགས་པ་རྣམ་པ་འདི་བཞིས་རྒྱལ་པོའི་སྲས་བཙུན་ (D135b) པར་སྐྱེས་སོ་ཞེས་བྱ་བར་ཤེས་ཏེ། འདི་ལྟ་སྟེ། གཟུགས་ཕུན་སུམ་ཚོགས་པ་དང་། སྟོབས་ཕུན་སུམ་ (P142b8) ཚོགས་པ་དང་། བདེ་བ་ཕུན་སུམ་ཚོགས་པ་དང་། རང་གི་བཟོ་ཤེས་པ་ཕུན་སུམ་ཚོགས་པའོ། །

ཡང་ལེགས་པར་སྐྱེས་པ་དེ་ཉིད་སངས་རྒྱས་ཀྱི་གདུང་[24] མི་གཅོད་པའི་སྒོ་ནས་ཚིགས་ (D135b2) སུ་བཅད་པ་གཞན་གྱིས་སྟོན་ (P143a1) ཏེ་[25] །

---

[19] སྐྱེས་ C, D, G, P : བསྐྱེས་ N
[20] ཉིད་ C, D, G, P : ཉིད་དུ་ N
[21] ཀྱིས་ C, D : པར་གྱི་ G, N, P
[22] རྙེད་ C, D, N : སྙེད་ G, P
[23] འཁོར་ C, D, G, N : ཁོར་ P
[24] གདུང་ G, N, P : གདུང་རྒྱུན་ C, D
[25] གཞན་གྱིས་སྟོན་ཏེ་ C, D, N, P : གཞན་གྱི་བསྟོན་ཏེ་ G

སངས་རྒྱས་ཀུན་གྱིས་འོད་ཟེར་ཆེན་པོས་དབང་བསྐུར་བྱིན། །
དེ་ནི་ཆོས་ལ་དབང་བ་ཀུན་དང་ཡང་དག་ལྡན། །
སངས་རྒྱས་འཁོར་གྱི་དཀྱིལ་འཁོར་སྟོན་པའི་རྣམ་པ་[26] ཞེས། །
བསླབ་པ་བཅའ་བས་ (P143a2) ཚར་བཅད་ཕན་འདོགས་བྱེད་ལ་བརྩོན། ། II.7

རྒྱ་བཞིས་རྒྱལ་ (D135b3) པོའི་སྲས་སུ་བཙུན་པར་སྐྱེས་པ་རང་གི་རིགས་མི་གཅོད་དེ། དབང་བསྐུར་[27] པ་ཐོབ་པ་དང་། དབང་ཐོགས་པ་མེད་པ་དང་། རྩོད་[28] པ་བརྟག་པ་ལ་མཁས་པ་དང་། (P143a3) ཚར་གཅོད་[29] པ་དང་། ཕན་འདོགས་པར་བྱེད་པས་སོ། ། དེ་དང་ཆོས་མཐུན་པར་བྱང་ཆུབ་སེམས་དཔའ་ཡང་འོད་ཟེར་དག་གིས་དབང་ (D135b4) བསྐུར་བ་ཐོབ་[30] པ་དང་། ཡེ་ཤེས་[31] ཐོགས་པ་མེད་པའི་ཕྱིར་ཆོས་ཐམས་ཅད་ (P143a4) ལ་དབང་བ་[32] དང་ལྡན་པ་དང་། སངས་རྒྱས་ཀྱི་འཁོར་གྱི་དཀྱིལ་འཁོར་དུ་སྟོན་པའི་རྣམ་པ་[33] ཞེས་པ་དང་། བསླབ་པའི་གཞི་བཅའ་བས་ཉེས་པ་དང་ལྡན་པ་དང་ཡོན་ཏན་དང་ལྡན་པ་རྣམས་ཚར་བཅད་པ་དང་ཕན་འདོགས་ (P143a5) པར་བྱེད་པ་ཉིད་དོ། །

(D135b5) ཡང་ [B']ཁས་ལེན་པའི་ཁྱད་པར་དེ་ཉིད་ [B'2]བློན་པོ་ཆེན་པོ་ལྟ་བུར་ཚིགས་སུ་བཅད་པ་གཞན་གྱིས་སྟོན་ཏེ།

བློན་པོ་ཆེན་པོ་ལྟ་བུར་ཕ་རོལ་ཕྱིན་ལ་འཇུག་པའི་ཕྱིར། །

(26) རྣམ་པ་ G, N, P : རྣམ་པར་ C, D
(27) བསྐུར་ C, D, N : སྐུར་ G, P
(28) རྩོད་ C, D, G, P : བརྩོད་ N
(29) གཅོད་ C, D : བཅད་ G, N, P
(30) ཐོབ་ C, D, G, P : འཐོབ་ N
(31) ཡེ་ཤེས་ N, G : ཡེ་ཤེ་ C, D, P
(32) དབང་བ་ G, N, P : དབང་ C, D
(33) པ་ C, D, G, P : པར་ N

བྱང་ཆུབ་ཆེན་པོའི་ཕྱོགས་མཐུན་ (P143a6) བདལ་ལ་རྟག་[34] ཏུ་སྤྱན་བྱེད་ཕྱིར། །
གསང་བའི་གནས་ནི་རྣམ་གསུམ་རྟག་ཏུ་ཡང་དག་འཛིན་པའི་ཕྱིར། །
(D135b6) སེམས་ཅན་མང་དོན་རྟག་ཏུ་རྒྱུན་མི་འཆད་པར་རབ་བྱེད་ཕྱིར། ། II.8

འདི་ལ་རྒྱུ་བཞིས་[35] བློན་པོ་ཆེན་པོར་བཞག་སྟེ། (P143a7) བཙུན་[36] མོའི་ནང་དུ་འགྲོ་བའི་ཕྱིར་ནང་ན་སྤྱོད་པ་ཉིད་དང་། མཛོད་ཐམས་ཅད་ཀྱི་སྤྱན་[37] ཉིད་དང་། གསང་གཏམ་ལ་ཡིད་བརྟན་པ་ཉིད་དང་། བགོ་བཤའ་ལ་དབང་པོ་[38] ཉིད་ཀྱིས་ (D135b7) སོ། ། དེ་དང་ཆོས་མཐུན་པར་བྱང་ (P143a8) ཆུབ་སེམས་དཔའ་ཡང་ཕ་རོལ་ཏུ་ཕྱིན་པ་རྣམས་ལ་འཇུག་པ་དང་། མདོ་སྡེ་དེ་དང་དེ་དག་ལས་བྱང་ཆུབ་ཆེན་པོའི་ཕྱོགས་དང་མཐུན་པ་བདལ་བ་རྣམས་ལ་མི་བརྗེད་པའི་ཆོས་ཅན་ཡིན་པའི་ཕྱིར་རྟག་ཏུ་སྤྱན་ (P143b1) བྱེད་པ་དང་། རྟག་ཏུ་སྐུ་དང་གསུང་དང་ཐུགས་ཀྱི་ (D136a1) གསང་བ་རྣམ་པ་གསུམ་འཛིན་པ་དང་། སེམས་ཅན་མཐའ་ཡས་པའི་དོན་བྱེད་པའི་ཕྱིར། རྟག་ཏུ་རྒྱུན་མི་འཆད་པར་སེམས་ཅན་མང་པོའི་དོན་བྱེད་པའོ། །

(P143b2) [C]རྟོགས་པའི་དོན་དུ་ཚོགས་སུ་བཅད་པ།

བསོད་ནམས་ཕུང་ཆེན་སྲིད་གསུམ་བླ་མ་སྲིད་པའི་བདེ་བ་དང་། །
(D136a2) སྡུག་བསྔལ་ཕུང་པོ་ཆེན་པོ་རབ་ཞི་བློ་མཆོག་བདེ་བ་དང་། །
ཆོས་མང་ཕུང་པོ་མཆོག་རབ་རྟག་པའི་སྐུ་སྟེ་དགེ་ (P143b3) བའི་ཚོགས། །
བག་ཆགས་བཟློག་ཅིང་སྲིད་དང་ཞི་ལས་རྣམ་པར་གྲོལ་བ་འཐོབ། ། II.9

[C1]དེ་ལ་ཆོས་འདི་ལ་མོས་པའི་དུས་ཉིད་ན་བསོད་ནམས་ཀྱི་ཕུང་པོ་ཆེན་པོ་འཐོབ་པོ། ། [C2]སེམས་བསྐྱེད་པའི་ (D136a3) དུས་ན་སྲིད་པ་གསུམ་ (P143b4) གྱི་བླ་མ་ཉིད་དོ། ། [C3]བསམས་བཞིན་དུ་སྐྱེ་བ་ཡོངས་སུ་འཛིན་པའི་དུས་ན་སྲིད་པའི་བདེ་བའོ། ། [C4]མངོན་པར་རྟོགས་པའི་དུས་ན་སེམས་ཅན་ཐམས་

(34) རྟག་ C, D, G, P : བརྟག་ N
(35) བཞིས་ C, D : བཞི་ G, N, P
(36) བཙུན་ C, D, G, P : གཙུན་ N
(37) སྤྱན་ C, D : སྤྱན་ pa G, N, P
(38) དབང་པོ་ C, D : དབང་བ་ G, N, P

ཅད་བདག་ཉིད་[39] དུ་ཁས་བླངས་པས་སྡུག་བསྔལ་གྱི་ཕུང་པོ་ཆེན་ (P143b5) པོ་རབ་ཏུ་ཞི་བ་སྟེ། འདིས་རབ་ཏུ་ཞི་བར་བྱེད་པས་ན་རབ་ཏུ་ཞི་བའོ། ། (D136a4) [C5]མི་སྐྱེ་བའི་ཆོས་ལ་བཟོད་པ་ཐོབ་པའི་[40] དུས་ན་བློ་མཆོག་གི་བདེ་བའོ། ། [C6]མངོན་པར་རྫོགས་པར་བྱང་ཆུབ་པའི་དུས་ན་ཆོས་མང་པོའི་ཕུང་པོ་ལ་སོགས་ (P143b6) པ་སྟེ། དེ་ལ་སངས་རྒྱས་རྣམས་ཀྱི་ཆོས་ཀྱི་སྐུ་ནི་མདོ་སྡེ་[41] ལ་སོགས་པའི་ཆོས་མཐའ་ཡས་པའི་འབྱུང་གནས་ཡིན་པའི་ཕྱིར་ཆོས་མང་ཕུང་པོའོ། ། ཆོས་ཐམས་ (D136a5) ཅད་ཀྱི་མཆོག་ཡིན་པའི་ཕྱིར་མཆོག་རབ་[42] པོ། ། (P143b7) ཟད་མི་ཤེས་པའི་ཕྱིར་རྟག་པའོ། ། སྟོབས་དང་མི་འཇིགས་པ་ལ་སོགས་པ་དགེ་བའི་ཆོས་རྣམས་བསགས་པའི་ཕྱིར་དགེ་བའི་ཚོགས་སོ། ། [C7]དེ་ལྟ་བུའི་སྐུ་དེ་ལ་[43] ། བག་ཆགས་བཟློག་པ་དང་། [C8]འཁོར་བ་དང་མྱ་ (P143b8) ངན་ལས་འདས་པ་དག་ལ་མི་གནས་པའི་ (D136a6) ཕྱིར་སྲིད་པ་དང་[44] ཞི་བ་དག་ལས་རྣམ་པར་གྲོལ་བ་འཐོབ་སྟེ། རྣམ་པ་དེ་བརྒྱད་ནི་རྟོགས་པའི་དོན་ཏོ། །

[D]ཟིལ་གྱིས་གནོན་པའི་དོན་དུ་ཚིགས་སུ་བཅད་པ།

བློ་ལྡན་ཉན་ (P144a1) ཐོས་ཚོགས་བཅས་དགེ་བ་རྒྱ་ཆེན་དོན་ཆེ་དང་། །
མཐའ་ཡས་རྟག་རྒྱུན་མི་འཆད་ཟད་མི་ཤེས་པས་ཟིལ་གྱིས་གནོན། །
དགེ་བ་དེ་ (D136a7) ཡང་འཇིག་རྟེན་འཇིག་རྟེན་མ་ཡིན་ཡོངས་སྨིན་བྱེད། །
དབང་ (P144a2) འབྱོར་རྫེད་པ་དེ་ནི་ཕུང་པོ་ཞི་བས་ཟད་མི་ཤེས། ། II.10

བྱང་ཆུབ་སེམས་དཔའ་རྒྱ་བཞིས་ཉན་ཐོས་རྣམས་ཟིལ་གྱིས་གནོན་ཏེ། དགེ་བའི་རྩ་བ་རྒྱ་ཆེ་བ་ཉིད་དང་། དོན་ཆེ་བ་ཉིད་དང་། ཚད་མེད་པ་ཉིད་དང་། ཟད་མི་ཤེས་ (P144a3) པ་ཉིད་ཀྱིས་སོ། ། (D136b1) དགེ་བ་རྣམ་པ་བཞི་བཤད་པ་གང་ཡིན་པ་དེ་ཡང་འཇིག་རྟེན་དང་འཇིག་རྟེན་མ་ཡིན་པ་དང་། ཡོངས་སུ་སྨིན་པར་བྱེད་

[39] ཉིད་ C, D, N : ཉིད་ཉིད་ G, P
[40] བཟོད་པ་ཐོབ་པའི་ C, D : བཟོད་པའི་ G, N, P
[41] མདོ་སྡེ་ C, D : མདོའི་སྡེ་ G, N, P
[42] མཆོག་རབ་ C, G, N : མཆོགས་རབ་ D, P
[43] ལ་ C, D : དང་ G, N, P
[44] དང་ C, D : ཡང་ G, N, P

པ་དང་། དབང་འབྱོར་བ་རྙེད་པ་སྟེ། འཇིག་རྟེན་པ་དང་[45]། འཇིག་རྟེན་ལས་འདས་པ་དང་། ཡོངས་ (P144a4) སུ་སྨིན་པར་བྱེད་པ་དང་། དབང་འབྱོར་བའོ། ། ཡོན་ཏན་དེ་བཞི་ནི་དགེ་བའི་ (D136b2) དབང་དུ་བྱས་ཏེ་བསྟན་པ་ཡིན་ནོ། ། དབང་འབྱོར་བ་གང་ཡིན་པ་དེ་ནི་ཕུང་པོ་ཞི་བས་ཟད་[46] མི་ཤེས་པར་རིག་པར་བྱ་སྟེ། ཕུང་པོའི་[47] ལྷག་མ་ (P144a5) མེད་པའི་མྱ་ངན་ལས་འདས་པར་ཡང་མི་ཟད་པའི་ཕྱིར་རོ། །

སྐྱབས་སུ་འགྲོ་བ་བརྗོད་པར་ཚིགས་སུ་བཅད་པ།

འདི་ནི་དེའི་[48] དངོས་འདོད་པས་ཁས་ལེན་དེ་ཡང་སྙིང་ (D136b3) བརྩེ་ལས་རིག་བྱ། །
དེ་ལས་རྣམ་པ་ཀུན་མཁྱེན་ (P144a6) ཕན་དང་བདེ་བྱེད་དཀའ་[49] ལ་སྐྱོ་བ་མེད། །
ངེས་པར་འབྱུང་ལ་ཐེག་པ་ཀུན་གྱིས་རྟོན་པའི་ཡོན་ཏན་རྟག་ཏུ་ལྡན། །
བརྡ་དང་ཆོས་ཉིད་ཐོབ་པ་བློ་ལྡན་རྣམས་ཀྱི་སྐྱབས་འགྲོ་འདི་མཆོག་ཡིན། ། II.11

འདིས་ནི་སྐྱབས་སུ་འགྲོ་ (P144a7) བའི་ངོ་བོ་ཉིད་[50] དང་། རྒྱུ་དང་། (D136b4) འབྲས་བུ་དང་། ལས་དང་ལྡན་པ་དང་། དབྱེ་བའི་དོན་རྣམས་བསྟན་ཏེ། སངས་རྒྱས་ཉིད་འདོད་པས་ཁས་ལེན་པ་ནི་སྐྱབས་སུ་འགྲོ་བའི་ (1) ངོ་བོ་ཉིད་ཡིན་ནོ། ། དེ་ཡང་སྙིང་རྗེ་ལས་རིག་[51] པར་ (P144a8) བྱའོ་ཞེས་བྱ་བ་ནི་ (2) རྒྱུའོ། ། དེ་ལས་རྣམ་པ་ཐམས་ཅད་མཁྱེན་པ་ཉིད་ཅེས་བྱ་བ་ནི་ (3) འབྲས་བུའོ། ། སེམས་ (D136b5) ཅན་རྣམས་ལ་ཕན་པ་དང་བདེ་བ་བྱེད་ཅིང་དཀའ་བ་སྤྱད་པ་དག་ལ་མི་སྐྱོ་བ་ནི་ (4) ལས་སོ། ། ངེས་པར་འབྱུང་བར་བྱ་བ་ལ་ (P144b1) ཐེག་པ་ཐམས་ཅད་ཀྱིས་རྟོན་པའི་ཡོན་ཏན་དང་ལྡན་པ་ནི་ (5) ལྡན་པའོ། ། བརྡར་བཏགས་[52] པ་དང་ཆོས་ཉིད་ཀྱིས་ཐོབ་པ་རགས་པ་[53] དང་ཕྲ་བའི་ཁྱད་པར་གྱིས་རབ་ཏུ་དབྱེ་བའི་མཚན་ཉིད་ནི་ (6) དབྱེ་ (D136b6) བའོ།

(45) འཇིག་རྟེན་པ་དང་ C, D : om. G, N, P
(46) ཟད་ C, D, G, N : ཟས་ P
(47) ཕུང་པོའི་ C, D : ཕུང་པོ་ G, N, P
(48) དེའི་ C, D : དེ་ G, N, P
(49) དཀའ་ C, D, G, P : བཀའ་ N
(50) ངོ་བོ་ཉིད་ C, D : ངོ་བོ་ G, N, P
(51) རིག་ C, D : རིགས་ G, N, P
(52) བརྡར་བཏགས་ C, D : བདར་བཏགས་ G, བདར་གཏགས་ N, P
(53) རགས་པ་ C, G, N : རིགས་པ་ D, P

སྐྱབས་སུ་འགྲོ་ (P144b2) བའི་ཁྱད་པར་གྱི་ཚིགས་སུ་བཅད་པ།

སྐྱབས་སུ་འགྲོ་བ་འདིར་སོང་དོན་ཆེན་ཏེ། །
དེ་ནི་དཔག་མེད་ཡོན་ཏན་ཚོགས་འཕེལ་འགྱུར། །
འགྲོ་བ་འདི་ལ་སྙིང་རྗེའི་བསམ་པས་ཁྱབ། །
མཚུངས་མེད་འཕགས་ཆེན་ཆོས་ (P144b3) ཀྱང་རྒྱལ་བར་[54] བྱེད། ། II.12

འདིར་སྐྱབས་སུ་འགྲོ་བའི་[55] (D136b7) དོན་ཆེ་བ་ཉིད་ནི་རང་དང་གཞན་གྱི་དོན་སྒྲུབ་པ་དག་གིས་སྟོན་ཏེ། རང་གི་དོན་སྒྲུབ་པ་ནི་ཡོན་ཏན་རྣམ་པ་མང་པོ་དཔག་ཏུ་མེད་པ་འཕེལ་བས་སོ། ། དཔག་ཏུ་མེད་པ་ (P144b4) ཉིད་ནི་རྟོག་གེ་དང་གྲངས་དང་དུས་ཀྱིས་དཔག་ཏུ་མེད་པ་ཉིད་ལས་རིག་པར་བྱ་སྟེ། ཡོན་ཏན་འཕེལ་བ་དེ་ནི་རྟོག་གེས་ཀྱང་དཔག་ཏུ་ (D137a1) མེད་ལ་གྲངས་ཀྱིས་ཀྱང་མ་ཡིན་ནོ། ། གཏན་དུ་བ་ཡིན་པའི་ཕྱིར་དུས་ཀྱིས་ཀྱང་མ་ (P144b5) ཡིན་ནོ། ། གཞན་གྱི་དོན་སྒྲུབ་པ་ཡང་[56] བསམ་པའི་སྒོ་ནས་ནི་སྙིང་རྗེས་[57] ཁྱབ་པས་སོ། ། སྦྱོར་བའི་སྒོ་ནས་ཐེག་པ་ཆེན་པོའི་ཆོས་རྒྱས་པར་བྱེད་པའི་ཕྱིར་ཏེ། ཐེག་པ་ཆེན་པོ་ནི་ (D137a2) འཕགས་པ་ཆེན་པོ་རྣམས་ཀྱི་ཆོས་ཡིན་ནོ། ། (P144b6)

སྐྱབས་སུ་འགྲོ་བའི་སྐབས་རྫོགས་སོ། ། ། །

[54] བར་ C, D, N, G : བ་དེ་ P
[55] བའི་ C, D : བ་ G, N, P
[56] ཡང་ C, D, G, N : om. ཡང་ P
[57] རྗེས་ C, D : རྗེ་ G, N, P

『大乗荘厳経論』第II章・漢訳テキスト

【漢訳本】

· 大正新脩大蔵経 31, No.1604, 593a-594a25; 高麗大蔵経 16, No586, 848a-849c; 宋版磧砂版大蔵経 16, No.605, 363a-364b.

· 本漢訳は梵本第 II 章に相当する，波羅頻［迦羅］訳『大乗荘厳経論』巻第一「帰依品」第三である。

·『大正新脩大蔵経』所収本を底本とし，高麗版と磧砂版を参照してその異同を示したが，異体字については表記を省略した。

· 偈頌は強調書体によって示し，その冒頭には通し番号を付けた。

大乘莊嚴經論歸依品第三
釋曰。如此已成立大乘。次、依大乘攝勝歸依。
偈曰。

1 若人歸三寶　大乘歸第一
一切遍勇猛　得果不及故

釋曰。一切歸依三寶中、應知大乘歸依最爲第一。何以故、由四種大義自性勝故。何者四義。一者一切遍義、二者勇猛義、三者得果義、四者不及義。此義後當說。由此四義多有留難、諸歸依者、或能、不能、能者爲勝。已說歸依勝。

次、勸勝歸依。
偈曰。

2 難起亦難成　應須[1]大志意
爲成自他利　當作勝歸依

釋曰。難起者、所謂勝願由弘誓故。難成者、所謂勝行由經無量劫故。由如此難應須發大志意。何以故、爲欲成就他利與自利故。他利者所謂願行、由願行是名聞因故。自利者所謂大義、由大義是自體果故。

前說四義。今當先說一切遍義。
偈曰。

3 衆生遍乘遍　智遍寂滅遍
是名智慧者　四種一切遍

釋曰。大乘歸依者有四種一切遍。一者衆生一切遍、欲度一切衆生故。二者乘一切遍、善解三乘故。三者智一切遍、通達二無我故。四者寂滅一切遍、生死涅槃體是一味過惡功德不分別故。已說一切遍義。

次、說勇猛義。

---

[1] 須＝湏〈高麗〉

偈曰。

4 悕[2]望佛菩提　不退難行行
諸佛平等覺　勇猛勝有三

釋曰。大乘歸依有三種勝勇猛。一願勝勇猛、歸依佛時求大菩提多生歡喜知勝功德故。二者行勝勇猛、起修行時不退不屈難行行故。三者果勝勇猛、至成佛時與一切諸佛平等覺故。

復次、由此勇猛彼諸佛子恒得善生。
偈曰。

5 發心與智度　聚滿亦大悲[3]
種子及生母　胎藏乳母勝

釋曰。菩薩善生有四義。一者種子勝、以菩提心爲種子故。二者生母勝、以般若波羅蜜爲生母故。三者胎藏勝、以福智二聚住持爲胎藏故。四者乳母勝、以大悲長養爲乳母故。

復次、善生者由勇猛故恒得勝身。
偈曰。

6 妙相成生力　大樂大方便
如此四成就　是名爲勝身

釋曰。菩薩身勝有四種。一者色勝、得妙相嚴身勝轉輪王等相故。二者力勝、得成熟衆生自在力故。三者樂勝、得寂滅上品佛地無邊樂故。四者智勝、得救[4]一切衆生大巧方便故。此四成就、是名佛子善生。所謂色成就、力成就、樂成就、智成就。

復次、由此勇猛得與王子相似。
偈曰。

---

(2) 悕＝希〈磧砂〉
(3) 悲〈明〉〈宮〉＝慈〈大正〉〈磧砂〉〈高麗〉
(4) ＋拔〈磧砂〉〈宮〉

7 光[5]授法自在　巧説善治攝
由此四因故　佛種則不斷

釋曰。由四因縁王種不斷。一者入位受職、二者增上無違、三者善能決判、四者分明賞罰。善生佛子亦爾。一者蒙光授、謂一切諸佛與大光明令受職故。二者法自在、謂於一切法中智慧自在他無違故。三者能巧説、謂對佛衆中[6]善説法故。四者善治罰、謂於學戒者過惡能治、功德能攝故。

復次、由此勇猛得與大臣相似。
偈曰。

8 入度見覺分　持密利衆生
由此四因故　得似於大臣

釋曰。有四種因是大臣功德。一者入王禁宮。二者見王妙寶。三者祕王密語。四者自在賞賜。勇猛菩薩亦爾。一者常得善入諸波羅蜜。二者常見處處經中大菩提分寶、由不忘法故。三者常持如來身口意密。四者常能利益無邊衆生。已説勇猛義。

次、説得果義。
偈曰。

9 福德及尊重　有樂亦苦滅
證樂證法陰　習盡有滅捨

釋曰。大乘歸依者得此八果。一者信解時、得大福德聚。二者發心時、得三有尊重。三者故意受生時、得三有中樂。四者解自他平等時、得大苦聚滅亦得滅一切衆生苦力。五者入無生忍時、覺證最上樂。六者得菩提時、證大法陰。法陰者所謂法身。如此法身名爲大、名爲勝、名爲常、名爲善聚。是無邊修多羅等法藏故名大、一切法中最上故名勝、永無有盡故名常、爲力無畏等善法積聚故名善聚。七者得熏習聚盡永滅無餘。八者得有滅捨。有捨者不住生死、滅捨者不住涅槃。已説得果義。

次、説不及義。

(5) 光＝先〈宮〉
(6) 中＝生〈磧砂〉

偈曰。

10 **大體及大義　無邊及無盡**
由善世出世　成熟神通故

釋曰。大乘歸依者、所有善根由四因故、一切聲聞辟支佛所不能及。一者大體、二者大義、三者無邊、四者無盡。問。此云何。答。大體者、謂世間善根、已得超過二乘故。大義者、謂出世善根、二乘出世但自利故。無邊者、謂成熟善根、能成熟無邊衆生故。無盡者、謂神通善根、至無餘涅槃亦無盡故。已説歸依勝義。

次、説歸依差別。
偈曰。

11 **希望及大悲　種智亦不退**
三出及二得　差別有六種

釋曰。歸依差別有六種。一自性、二因、三果、四業、五相應、六品類。悕望爲自性、至心求佛體故。大悲爲因、爲一切衆生故。種智爲果、得無上菩提故。不退爲業、行利他難行行不退不屈故。三出爲相應、具足三乘出離行故。二得爲品類、世俗得法性得麁細差別故。已説功徳差別。

次、説行差別。
偈曰。

12 **歸依有大義　功德聚增長**
意悲遍世間　廣流大聖法

釋曰。大義謂自他利行。自利行者謂功德增長。復有多種。若思度、若數數、若時節、皆無有量、由不可思度故、不可數知故、畢竟恒行時無分齊故。他利行者、作意及悲遍一切衆生故、廣勤方便流大聖法故。大聖法者、大乘法故。
歸依品究竟。

『大乗荘厳経論』第II章・安慧釈テキスト
『大乗荘厳経論』第II章・安慧釈和訳

【チベット訳本】

· mDo sde rgyan gyi 'grel bshad: C mi 31b3–41a3; D No.4034, mi 31a2–40b3; G No.3530, mi 42a4–56a2; N No.3522, mi 32b3–42b1; P No.5531.mi 33a4–44a1.

· 訳者は, Municandra と Lce bkra shis である。

· 凡例については, 世親釈のチベット訳本に準じる。

· ただしチベット訳および和訳において世親釈の引用部分については下線を引き，さらに和訳において偈頌部分は強調書体によってそれを示した。

སྐྱབས་སུ་འགྲོ་བའི་ཁྱད་པར་བསྡུས་པ་ཚིགས་སུ་བཅད་པ་ ཞེས་བྱ་བ་ལ། སྐྱབས་སུ་འགྲོ་ཞེས་ (P33a5) བྱ་བ་དང་། བྱང་ཆུབ་ཏུ་སེམས་བསྐྱེད་ཅེས་བྱ་བ་[1] དང་། སྨོན་ལམ་བཏབ་ཅེས་ (D31a3) བྱ་བ་དག་ནི་དོན་གཅིག་སྟེ།

དེ་ལ་ ཉན་ཐོས་དང་རང་སངས་རྒྱས་རྣམས་ནི་བདག་ཡོངས་སུ་མྱ་ངན་ལས་འདའ་བར་བྱ་བའི་ཕྱིར་མཆོག་གསུམ་ལ་སྐྱབས་སུ་འགྲོ་ལ་ (P33a6) བརྒྱ་བྱིན་དང་ཚངས་པ་ལ་སོགས་པ་ནི་འཇིག་རྟེན་གྱི་ལོངས་སྤྱོད་འདོད་པའི་ཕྱིར་སྐྱབས་སུ་འགྲོ་[2] ལ། མི་རྣམས་ལ་ཡང་འཇིག་རྟེན་གྱི་ (D31a4) གོ་འཕང་དག་འདོད་པའི་ཕྱིར་རྒྱལ་པོ་ལ་སྐྱབས་སུ་འགྲོ་བ་དང་། རི་དགས་ལ་སོགས་པ་ཇོན་པས་ (P33a7) དེད་པ་ན་སྒྲོག་ལས་ཐར་བར་བྱ་བའི་ཕྱིར་རི་དང་ཕུག་ལ་སོགས་པར་སྐྱབས་སུ་འགྲོ་བ་ཡོད་མོད་ཀྱི། བྱང་ཆུབ་སེམས་དཔའ་རྣམས་ནི་དཀོན་མཆོག་གསུམ་ལ་སྐྱབས་སུ་འགྲོ་བ་ནི་བདག་དང་གཞན་ (D31a5) གྱི་དོན་གྱི་ཕྱིར་སྐྱབས་སུ་འགྲོ་བས་ (P33a8) གཞན་ལས་ཁྱད་ཞུགས་ཤིང་འཕགས་པ་དང་། སྐྱབས་སུ་འགྲོ་བ་རྒྱ་ཆེར་རྣམ་འབྱོར་སྤྱོད་པའི་ས་ལས་འབྱུང་བ་ལས།

འདིར་དོན་གཅེས་པ་ཉི་ཚེ་བསྡུས་ཏེ་བསྟན་པས་ན་[3] བསྡུས་པ་ ཞེས་བྱ་བ་སྟེ། དེ་ལས་བརྩམས་ནས་ཚིགས་སུ་ (P33b1) བཅད་པ་བསྟན་ཏོ་[4] ། །

ཐེག་པ་ (D31a6) སྒྲུབ་[5] པའི་སྐབས་ཀྱི་འོག་ཏུ་སྐྱབས་སུ་འགྲོ་བའི་ཁྱད་པར་གྱི་སྐབས་བཤད་པར་འབྲེལ་བ་ཅི་ཡོད་ཅེ་ན། གོང་དུ་

དོན་ཤེས་པ་དག་དོན་སྟོན་པའི་སྒོ་ནས་ཆོས་ལ་བརྒྱན་པར་ [6] བྱེད་དོ། ། I.1a

ཞེས་སྨྲས་པ་དང་། (P33b2) བརྒལ་བ་ གལ་ཏེ་ཆོས་དེ་རང་བཞིན་གྱིས་[7] ཡོན་ཏན་དང་ལྡན་ན། དེ་ལ་རྒྱན་ཅི་དགོས་ ཞེས་པ་དང་། (D31a7) བརྒལ་བ་དེའི་ལན་དུ།

གཟུགས་རྣམས་རྒྱན་དང་རང་བཞིན་ལེགས་ལྡན་མེ་ལོང་ནང་སོང་ན། ། I.3a

(1) ཅེས་བྱ་བ་ C, D : བྱ་བ་ G, N, P
(2) འགྲོ་C, D : འགྲོ་བ་ G, N, P
(3) ན་ C, D : ནས་ G, N, P
(4) བསྟན་ཏོ་ C, D : སྟོན་ཏོ་ G, N, P
(5) སྒྲུབ་ C, D : བསྒྲུབ་ G, N, P
(6) བརྒྱན་པར་ C, D, G, P : རྒྱན་པར་ N
(7) གྱིས་ C, D : གྱི་ G, N, P

【第 1 偈の導入】

［導入の］「［大乗を］帰依処とすることが殊勝であることについて要略して，一偈がある」ということについて。「帰依処とすること」と「菩提に発心すること」と「願を発すこと」とは同一の意味である。

これに関して，(1)声聞と独覚たちは自ら般涅槃するために，三つの最勝なるもの（三宝）を帰依処とする。そして，(2)インドラ神（帝釈天）やブラフマー神（梵天）などは世間的な享楽を欲するために，［三宝を］帰依処とする。さらに，(3)人間の場合は，世間的な地位を欲するために，王を帰依処とする。そして，(4)鹿などは狩りによって追われる時に，［自らの］生命を救うために，山や洞窟などを帰依処とする。一方，(5)諸菩薩が三宝を帰依処とするのは，自利と利他のために［大乗を］帰依処とする。したがって，他（(1)乃至(4)）より勝れていて尊いものであり，そして［大乗を］帰依処とすることは広大であると，『瑜伽師地論』に説かれているからである。

ここ（第 1 偈）では，主要な意味を示して要約を説くのであるから，「要略して」という。これに関して［第 1］偈を説く。

【第 I 章との関係】

「大乗成立の章」に続いて「［大乗を］帰依処とすることが殊勝であることの章」を説くことに，いかなる関係があるのか。先に

［大乗の］意義を知悉する者が，［その大乗の］意義の解明を行う。// I.1a //

［云々］と説示された。そして，［これに］反論して，［第 I 章第 3 偈世親釈の導入で］「もしその教法が本性そのものからして［功］徳を備えているならば，その場合，どうしてそれ（大乗の教法）が荘厳されるべきなのか」という。さらに，この反論に対して，

装身具とともに，生まれつきの［美しい功］徳ある顔貌が，鏡に映し出される時に // I.3a //

ཞེས་བྱ་བ་ལ་སོགས་པའི་ཚིགས་སུ་བཅད་པ་ (P33b3) གཅིག་གིས་དོན་དེ་ཉིད་ཀྱི་རྒྱན་དུ་གཙུག་ལག་འདི་ཕྱུར་པར་བསྟན་ནས་ཀྱང་། དེའི་ཞར་ལ་སྨན་ལ་སོགས་པའི་དཔེ་[8] གསུམ་གྱིས་ཆོས་འདི་ལ་ཡོན་ཏན་ (D31b1) རྣམ་པ་གསུམ་ཡོད་པར་ཡང་བསྟན་ཏོ། །

དེ་ལྟར་བསྟན་པ་དང་དེའི་རྗེས་ (P33b4) ལ་ ཐེག་པ་ཆེན་པོ་འདི་ཡང་སངས་རྒྱས་ཀྱི་ཚིག་ཀྱང་མ་ཡིན་ན་དེ་ལ་ཡོན་ཏན་ལྟ་ག་ལ་ཞིག་ཡོད་ ཅེས་དེ་ལྟར་ལོག་པར་ཞུགས་པ་ལ་འདི་ཉིད་ཐེག་པ་ཆེན་པོ་ཡིན་གྱི། གཞན་མ་ཡིན་ནོ་ཞེས་ཐེག་པ་ཆེན་པོ་སངས་རྒྱས་ཀྱི་ཚིག་ (D31b2) དུ་ (P33b5) བསྒྲུབས་སོ། །

དེ་ལྟར་ཐེག་པ་ཆེན་པོ་བསྒྲུབས་པ་དང་། ཐེ་ཚོམ་དུ་གྱུར་པ་དང་། མི་ཤེས་པའི་གང་ཟག་རྣམས་དགའ་བ་དང་མ་གུ་བའི་ཁྱད་པར་ཐོབ་ནས་ཐེག་པ་ཆེན་པོ་འདི་ཉིད་འཚང་[9] རྒྱ་བར་འགྱུར་བའི་ལམ་ཡིན་གྱི་གཞན་ (P33b6) ནི་མ་ཡིན་ནོ་ཞེས་དེ་དག་སངས་རྒྱས་པར་འགྱུར་བའི་ཐབས་ཚོལ་བར་བྱེད་དེ་ (D31b3) རིམ་པ་གང་གིས་འཚང་རྒྱ་བར་འགྱུར་བའི་རིམ་པ་སྟོན་ཏེ།

དེ་ཡང་ཐེག་པ་ཆེན་པོ་བསྟན་པའི་ཚུལ་གྱིས་[10] སངས་རྒྱས་ལ་སོགས་པ་དཀོན་མཆོག་གསུམ་ལ་ (P33b7) སྐྱབས་སུ་སོང་བའི་རིམ་པས། བླ་ན་མེད་པའི་བྱང་ཆུབ་བཙལ་དགོས་པས་ན། ད་སྐྱབས་སུ་འགྲོ་བའི་དབང་དུ་བྱས་ནས་ཆོས་ལ་ཇི་ལྟར་འཇུག་ (D31b4) པ་བསྟན་ཏེ། ཐེག་པ་ཆེན་པོའི་ཚུལ་གྱིས་སྐྱབས་སུ་སོང་བ་ནི་བདག་དང་ (P33b8) གཞན་བདེ་བ་ཕུན་སུམ་ཚོགས་པ་ཐོབ་པའི་རྒྱུ་ཡིན་ནོ། །

> [1]ཀུན་ཏུ་སོང་དང་ [2]ཁས་བླངས་ [3]རྟོགས་དང་ [4]ཟིལ་གྱིས་གནོན། ། དབྱེ་བའི་རང་བཞིན་
> རྣམ་བཞིའི་དོན་གྱི་ཁྱད་པར་སྟོན། །
> ཐེག་ཆེན་མཆོག་ཕྱིར་དཀོན་མཆོག་རྣམས་ (D31b5) ལ་ (P34a1) སྐྱབས་སོང་བས། ། དེ་ཉིད་སྐྱབས་སུ་
> སོང་བའི་མཆོག་ཏུ་རིག་པར་བྱ། ། II. 1

ཞེས་བྱ་བ་ལ། སེམས་བསྐྱེད་པའི་རང་བཞིན་རྣམ་པ་བཞིར་དབྱེ་བའི་དོན་གྱི་ཁྱད་པར་གྱིས་ན་ཐེག་པ་ཆེན་པོའི་ཚུལ་གྱིས་སངས་ (P34a2) རྒྱས་ལ་སོགས་པ་[11] དཀོན་མཆོག་གསུམ་ལ། བྱང་ཆུབ་སེམས་དཔའ་རྣམས་སྐྱབས་སུ་ (D31b6) སོང་བ་དེ་འཇིག་རྟེན་པ་དང་འཇིག་རྟེན་ལས་འདས་པའི་སྐྱབས་སུ་སོང་བ་ལས་ཁྱད་པར་རྣམ་པ་བཞིས་ཁྱད་ཞུགས་པས་ན། སྐྱབས་སུ་སོང་བ་ (P34a3) གཞན་པས་མཆོག་ཏུ་རིག་པར་བྱའོ། །

(8) དཔེ་ C, D : དེས་ G, N, P
(9) འཚང་ C, D : འཚང་རྒྱ་ G, N, P
(10) གྱིས་ C, D : གྱི་ G, N, P
(11) ལ་སོགས་པ་ C, D, G, P : ལ་སོགས་ N

云々という一偈（第 I 章第 3 偈 a 句）によって，この論書（『大乗荘厳経論』）はその同じ意味の荘厳であると説かれた。また，そのことと関連して薬などの三つの譬喩（第 I 章第 4-6 偈）によって，この法（教法）に三種の功徳があることも説かれた。

このように説示したその後［第 I 章第 7 偈世親釈の導入］で，「この大乗は仏語でもないのに，どうしてそれ（大乗の教法）にそのような功徳があろうか」というような誤りに染まった者に対して，「実に大乗がこれ（仏語）であり，他［の乗］は［仏語では］ない」といって，「大乗は仏語である」ことが成立する。

以上のように大乗［が仏説であること］は成立した。そして，疑惑ある者と無知なる人々が［仏説である大乗により］勝れた喜びと勇猛さを得るから，この大乗こそが仏たることに至る道であるが，他［の乗］は［そうでは］ないのである。したがって，彼らは［自らが］仏陀と成る［勝れた］方便を求めるべきである。［さらに］ある次第によって仏陀たることに至る［その］次第を説く。

さらにまた，大乗を説く方軌にもとづいて仏陀などの三宝を帰依処とする次第によって，無上菩提を希求する。したがって，今ここで［大乗を］帰依処とすることについて，どのように［大乗の］教法に悟入するかを説示するのである。大乗の方軌にもとづいて［大乗を］帰依処とすることは自己と他者の安楽を成就することを得る原因である。

【第 1 偈】

最勝の乗において［仏・法・僧の三］宝を帰依処とした者，彼こそが実に［三宝を］帰依処とした者たちの中で最高なる者である，と［以下の理由によって］知るべきである。[1] 遍く行き渡ること，[2] 受け入れること，[3] 証得すること，[4] 他に勝ることという区別にもとづいてである。［すなわち，］四種類から成る卓越した意味によってである。// II.1 //

という［第 1 偈］について。

四種類に区別された発心を自性とする卓越した意味による場合，大乗の方軌にもとづいて仏陀などの三宝を諸菩薩が帰依処とすることは，世間的なと出世間的な「帰依処とすること」に比べて，四種類の卓越［した意味］の点で勝れている。したがって，他の「帰依処とすること」に比べて最勝であると知るべきである。

ཁྱད་པར་རྣམ་པ་བཞི་ནི་ [1]ཀུན་དུ་སོང་བའི་ཁྱད་པར་དང་། [2]ཁས་བླངས་པའི་ཁྱད་པར་དང་། [3]རྟོགས་ (D31b7) པའི་ཁྱད་པར་དང་།[4]ཟིལ་གྱིས་གནོན་པའི་ཁྱད་པར་ རོ། །

དེ་ལ་སེམས་ཅན་ཐམས་ཅད་(12) བསྒྲལ་བར་བྱ་བའི་ (P34a4) ཕྱིར་ཞུགས་པས་ན་ [1]ཀུན་དུ་འགྲོ་བ་ཁྱད་ཞུགས་སོ། ། སངས་རྒྱས་ཉིད་ཐོབ་པར་བྱའོ་ཞེས་ཁས་ལེན་པས་ན་(13) [2]ཁས་ལེན་པ་ཁྱད་ཞུགས་སོ། ། བདག་མེད་པ་ཉིད་རྟོགས་པས་ན་ [3]རྟོགས་ (D32a1) པ་ཁྱད་ཞུགས་སོ། ། བྱང་ཆུབ་ཏུ་སེམས་བསྐྱེད་ཕན་ཆད་ (P34a5) བརྒྱ་བྱིན་ལ་སོགས་པ་འཇིག་རྟེན་པ་དང་། ཉན་ཐོས་ལ་སོགས་པ་(14) འཇིག་རྟེན་ལས་འདས་པ་ཐམས་ཅད་ཟིལ་གྱིས་གནོན་པས་ན་ [4]ཟིལ་གྱིས་གནོན་པ་ཁྱད་ཞུགས་ཏེ། བཞི་པོ་འདི་ནི་དོན་ཞིབ་ཏུ་ནི་འོག་ནས་ (D32a2) འཆད་དོ། །

དེ་ལྟར་སྐྱབས་སུ་འགྲོ་བ་ (P34a6)རྣམས་ཀྱི་མཆོག་འདི་དཀའ་བ་མང་པོས་བསྒྲུབ་དགོས་ན་ལ་ལ་ནི་(15)མི་སྒྲོ་བ་ཡོད་དེ་སྐྱབས་སུ་འགྲོ་བར་བྱ་བའི་ཚིགས་སུ་བཅད་པ་ ཞེས་བྱ་བ་ལ།

དེ་ལྟར་བྱང་ཆུབ་སེམས་དཔའ་རྣམས་བདག་བླ་ན་མེད་པའི་བྱང་ཆུབ་ཐོབ་པར་བྱ་བ་དང་། (P34a7) སེམས་ཅན་ཡོངས་སུ་(16) བསྒྲལ་ (D32a3) བར་བྱ་བའི་ཕྱིར་ཐེག་པ་ཆེན་པོའི་ཚུལ་གྱིས་དཀོན་མཆོག་གསུམ་ལ་སྐྱབས་སུ་སོང་སྟེ། བྱང་ཆུབ་ཏུ་སེམས་བསྐྱེད་པ་(17) ཕན་ཆད་བསྐལ་པ་གྲངས་མེད་པ་གསུམ་དུ་མགོ་དང་རྐང་ལག་ལ་སོགས་པ་བཏང་དགོས་ (P34a8) པ་(18) བསྒྲུབ་དཀའ་སྟེ། དེ་བས་ན་ལ་ལ་དག་དེ་ལ་མི་འཇུག་ཅིང་(19) སེམས་ཞུམ་པར་གྱུར་པ་ (D32a4) ཡོད་པས་སེམས་ཞུམ་པའི་དབང་དུ་མི་བཏང་ཞིང་ཕན་པ་དང་དོན་ཆེན་པོ་ཡོད་པར་བསྟན་པའི་སྒོ་ནས་དགའ་བ་དང་སྤྲོ་བ་བསྐྱེད་པའི་ཕྱིར་ཚིགས་སུ་བཅད་པ་རྩོམ་མོ། །

(P34b1) གང་ཕྱིར་ཐོག་མར་རེ་བ་བྱ་དཀའ་སྟེ། ། II. 2a

ཞེས་བྱ་བ་ལ། རེ་བ་ཞེས་བྱ་བ་ནི། བྱང་ཆུབ་ཏུ་སེམས་བསྐྱེད་པ་དང་། སྨོན་ལམ་འདེབས་ (D32a5) པ་ལ་

(12) སེམས་ཅན་ཐམས་ཅད་ C, D : སེམས་ཅན་ G, N, P
(13) པས་ན་ C, D : པ་ན་ G, N, P
(14) ལ་སོགས་པ་ C, D : ལ་སོགས་ G, N, P
(15) ལ་ལ་ནི་ C, D : ལ་ལ་ G, N, P
(16) ཡོངས་སུ་ C, D : ཡོངས་ G, N, P
(17) བསྐྱེད་པ་ C, D : བསྐྱེད་ G, N, P
(18) པ་ C, D : པས་ G, N, P
(19) ཅིང་ C, D : ཅི་ G, N, P

［その］四種類の卓越［した意味］は，[1] 遍く行き渡ることが殊勝であることと，[2] 受け入れることが殊勝であることと，[3] 証得することが殊勝であることと，[4] 他に勝ることが殊勝であることである。

この中で，一切衆生を［世間から出世間へ］渡らせるために［すべてに］浸透することによる場合，「[1] 遍く行き渡ること」が殊勝である。仏たることを獲得しようと受け入れることによる場合，「[2] 受け入れること」が殊勝である。［人法二］無我であることを証得することによる場合，「[3] 証得すること」が殊勝である。菩提心を生じるに至るまで，インドラ神などの世間的なものと声聞などの出世間的なものすべてを凌駕することによる場合，「[4] 他に勝ること」が殊勝である。この四つについては，後に［第 3 偈以下で］意味を詳細に説示する。

【第 2 偈】

［導入の］「そのよう［に三宝を帰依処とした者たちの中で最高なる者］であっても，最勝［乗］を帰依処とした者たちは多大な難行を為さねばならないから，ある者は［その難行に］耐え得ない。したがって，［彼らに対して，最勝なる乗を］帰依処とすることを勧めることについて，一偈がある」という［世親釈］について。

このように，諸菩薩は自ら無上菩提を獲得し，［一切］衆生を完全に［世間から出世間へ］渡らせるために，大乗の方軌にもとづいて三宝を帰依処とする。菩提に発心した後に，三阿僧祇劫にわたって頭や手足などを捨施することは成し遂げ難い。したがって，ある者たちは，それ（難行）を続けられず，心が怯むようになることがある。だから，心が怯まないように大きな利益と［大きな］意義があることを説示して，喜びと勇気を生じさせるために［第 2］偈を始める。

まず第一にこの決意は為し難いものであるから，// II.2a //

という［第 2 偈 a 句］について。「**決意**」というのは，菩提に発心することと誓願を発すことに関してである。このうち第一に凡夫の時に，「自ら無上菩提を証悟して，一切衆生を［生死］輪廻のあり方から［出世間へと］渡らせて，涅槃と一切知者の智を確立しよう」と［して，大乗の教法を］受け入れて，誓願を保持することも極めて難しいという意味である。

བྱའོ། ། དེ་ལ་དང་པོ་སོ་སོ་སྐྱེ་བོའི་དུས་ན་བདག་བླ་ན་མེད་པའི་བྱང་ཆུབ་ཏུ་[20] སངས་རྒྱས་ནས་སེམས་ཅན་ (P34b2) ཐམས་ཅད་འཁོར་བའི་དགོན་པ་ལས་བསྒྲལ་ཏེ། མྱ་ངན་ལས་འདས་པ་དང་ཐམས་ཅད་མཁྱེན་པའི་ཡེ་ཤེས་ལ་གཞག་པར་བྱའོ་ཞེས་ཁས་བླངས་ཤིང་སྨོན་ལམ་གདབ་པ་ཡང་ཤིན་ཏུ་དཀའོ་ཞེས་ (D32a6) བྱ་བའི་དོན་ཏོ། །

བསྐལ་པ་སྟོང་ཕྲག་ (P34b3) དུ་མར་དེ་བསྒྲུབ་དཀའ། ། II. 2b

ཞེས་བྱ་བ་ལ། དེ་ལྟར་བྱང་ཆུབ་ཏུ་སེམས་བསྐྱེད་ནས་ཀྱང་བླ་ན་མེད་པའི་བྱང་ཆུབ་ཐོབ་པར་བྱ་བ་དང་། སེམས་ཅན་ཡོངས་སུ་བསྒྲལ་བར་བྱ་བའི་ཕྱིར་བསྐལ་པ་གྲངས་མེད་པ་གསུམ་དུ་མགོ་དང་རྐང་ལག་ལ་ (P34b4) སོགས་པ་ཕྱི་ནང་གི་དངོས་པོ་ལ་[21] (D32a7) བཏང་བའི་སྒོ་ནས་མོས་པས་[22] སྤྱོད་པའི་ས་ནས་རིམ་གྱིས་[23] ས་བཅུ་མན་ཆད་དུ་བསྒྲུབ་པ་ཡང་ཤིན་ཏུ་དཀའོ་ཞེས་བྱ་བའི་དོན་ཏོ། །

གང་ཕྱིར་སེམས་ཅན་ཕན་བྱ་དོན་ཕྱིར་བསྒྲུབ། ། II. 2c

ཅེས་བྱ་བ་ལ། དེ་ལྟར་བྱང་ཆུབ་ཏུ་ (P34b5) སེམས་བསྐྱེད་ནས་བསྐལ་པ་གྲངས་མེད་པ་གསུམ་དུ་དཀའ་བ་སྤྱོད་པའི་སྒོ་ནས་ས་བཅུ་མན་ (D32b1) ཆད་བསྒྲུབས་ཏེ། ས་བཅུ་འདས་ནས་སངས་རྒྱས་ཀྱི་ས་ཐོབ་པ་དང་ཡེ་ཤེས་གཉིས་སུ་མེད་པ་མངོན་སུམ་དུ་གྱུར་ཏོ། ། ཡེ་ཤེས་དེ་ནི་ (P34b6) སེམས་ཅན་མྱ་ངན་ལས་འདས་པར་དགོད་པ་དང་། ཐམས་ཅད་མཁྱེན་པའི་ཡེ་ཤེས་ལ་གཞག་[24] པར་བྱ་བའི་ཐབས་ལ་མཁས་པ་ཡིན་ཏེ། ཐབས་དེས་འཁོར་ (D32b2) བའི་མཐའི་བར་དུ་སེམས་ཅན་སྒྲོལ་བར་བྱེད་པས་ན།

སེམས་ཅན་ཕན་ (P34b7) བྱ་དོན་ཆེན་གྲུབ། ། II. 2c

ཅེས་བྱའོ། །

དེ་ཕྱིར་ཐེག་ཆེན་འདི་ལ་སྐྱབས་དོན་མཆོག ། II. 2d

ཅེས་བྱ་བ་ལ། གོང་དུ་བཤད་པ་ལྟར་ཐེག་པ་ཆེན་པོའི་ཚུལ་གྱིས་བྱང་ཆུབ་ཏུ་སེམས་བསྐྱེད་ནས་དཀའ་བ་སྤྱད་

---

(20) བྱང་ཆུབ་ཏུ་ C, D : བྱང་ཆུབ་ G, N, P
(21) དངོས་པོ་ལ་ C, D : དངོས་པོ་ G, N, P
(22) པས་ C, D : པ་ G, N, P
(23) རིམ་གྱིས་ C, D : རིམས་ཀྱི་ G, N, P
(24) གཞག་ C, D : བཞག་ G, N, P

何千という多数の劫をかけても成就し難い。// II.2b //

という［第２偈 b 句］について。そのように菩提に発心したとしても，無上菩提を得るべきこと［のために］，及び［一切］衆生を［世間から出世間へと］渡らせるために，三阿僧祇劫にわたり頭や手足などの内的なものや外的なものを捨施して，信解行地から順次第十地に至るまでの正行も非常に難しいという意味である。

［その決意が］成就するときは，［一切］衆生に利益を与えるという［偉大な］意義がある。// II.2c //

という［第２偈 c 句］について。そのように菩提に発心して，三阿僧祇劫にわたって難行を行じることで，第十地に至るまで完遂するのである。［さらに］第十地を越えて仏地を得て，無二の智が現前するのである。この智は［一切］衆生を涅槃せしめて，［一切衆生に］一切知者の智を確立せしめる巧みな方便（善巧方便）なのである。この［勝れた］方便によって，［生死］輪廻の際まで［一切］衆生を［世間から出世間へ］渡らせるから，

［その決意が］成就するときは，［一切］衆生に利益を与えるという偉大な意義がある。// II.2c //

という。

したがって，この最勝乗においては最勝なる帰依処の意味がある。// II.2d //

という［第２偈 d 句］について。上述のように，大乗の方軌にもとづいて菩提に発心して難行を行じて，［その］後で一切衆生を摂取する［勝れた］方便をもつ正覚を得るのである。したがって，大乗の［法］門を帰依処とする場合，それは世間的および出世間的な帰依処とすることに比べても，最勝である。

ནས་མཐུག་ཏུ་སེམས་ཅན་ཐམས་ (D32b3) ཅད་ལ་ཕན་འདོགས་[25] (P34b8) པའི་ཐབས་སངས་རྒྱས་ཐོབ་པས་ན་ཐེག་པ་ཆེན་པོའི་སྒོར་སྐྱབས་སུ་སོང་བས་ན་[26] དེ་འཇིག་རྟེན་དང་འཇིག་རྟེན་ལས་འདས་པའི་སྐྱབས་སུ་[27] སོང་བ་བས་ཀྱང་མཆོག་ཡིན་ནོ། །

ཚིགས་སུ་བཅད་པ་འདིས་མདོར་ན་དོན་རྣམ་པ་གསུམ་བསྟན་ཏེ། (P35a1) <1>སྨོན་ལམ་གྱི་ཁྱད་པར་དང་། <2>བསྒྲུབ་པའི་ (D32b4) ཁྱད་པར་དང་། <3>འབྲས་བུ་ཐོབ་པའི་ཁྱད་པར་རོ། །

གང་ཕྱིར་ཐོབ་མར་རེ་བ་བྱ་དཀའ་སྟེ། ། II. 2a

ཞེས་བྱ་བས་ <1>སྨོན་ལམ་གྱི་ཁྱད་པར་བསྟན་ཏོ། །

བསྐལ་པ་སྟོང་ཕྲག་དུ་མར་ (P35a2) དེ་བསྒྲུབ་དཀའ། ། II. 2b

ཞེས་བྱ་བས་ <2>སྒྲུབ་[28] པའི་ཁྱད་པར་བསྟན་ཏོ། །

གང་ཕྱིར་སེམས་ཅན་ཕན་ཕྱིར་[29] དོན་ཆེན་གྲུབ། ། II. 2c

ཅེས་བྱ་བས་ (D32b5) <3>འབྲས་བུ་ཐོབ་པའི་ཁྱད་པར་བསྟན་ཏོ། །

གྲགས་པའི་རྒྱུར་བསྟན་ཏོ་ ཞེས་བྱ་བ་ནི་དཀའ་བ་སྤྱོད་པ་རྣམ་པ་སྣ་ (P35a3) ཚོགས་[30] དང་། ས་དང་ཕ་རོལ་ཏུ་ཕྱིན་པ་ནི་བྱང་ཆུབ་སེམས་དཔའི་སྤྱོད་པ་ཡིན་པར་གྲགས་ཏེ། དེ་ཉིད་བླ་ན་མེད་པ་བྱང་ཆུབ་ཀྱི་རྒྱུར་བསྟན་ཏོ་ ཞེས་བྱ་བའི་དོན་ཏོ། །

ཐར་གླིངས་པའི་[A]ཐམས་ (D32b6) ཅད་དུ་འགྲོ་བའི་དོན་གྱི་ཚིགས་སུ་བཅད་པ་ (P35a4) ཞེས་བྱ་བ་ལ་གོང་དུ་[31] [1]ཀུན་ཏུ་འགྲོ་བ་ལ་སོགས་པའི་ཁྱད་པར་བཞིས་ཐེག་པ་ཆེན་པོ་ལ་སྐྱབས་སུ་སོང་བ་སྟེ། འཇིག་རྟེན་དང་འཇིག་རྟེན་ལས་འདས་པའི་སྐྱབས་སུ་སོང་བས་འཕགས་སོ་ཞེས་གླིངས་པ་ལ་ [A]ཀུན་ཏུ་འགྲོ་བའི་དོན་ རྒྱས་

(25) འདོགས་ C, D : འདོག་ G, N, P
(26) བས་ན་ C, D: བ་ G, N, P
(27) སྐྱབས་སུ་ G, N, P: སྐྱབས་ C, D
(28) སྒྲུབ་C, D : བསྒྲུབ་ G, N, P
(29) ཕན་ཕྱིར་ C, D : ཕྱིར་ G, N, P
(30) སྣ་ཚོགས་ G, N, P : སྣ་ཚོགས་པ་ C, D
(31) གོང་དུ་ C, D : གོང་དུ་པ་ G, N, P

この［第 2］偈は要約すると，三種の内容を説示している。<1>卓越した誓願と<2>卓越した正行と<3>卓越した得果とである。

まず第一にこの決意は為し難いものであるから，//Ⅱ.2a//

というのは<1>卓越した誓願を説示する。

何千という多数の劫をかけても成就し難い。//Ⅱ.2b//

というのは<2>卓越した正行を説示する。

［その決意が］成就するときは，［一切］衆生に利益を与えるという偉大な意義がある。//Ⅱ.2c//

というのは<3>卓越した得果を説示する。

「名声の因があることを示すのである」というのは，種々の難行や［十］地と［六］波羅蜜は菩薩行であると世間に名声がとどろく。これこそが無上菩提の原因であると説示するという意味である。

【第 3 偈】

［導入の］「前に述べた「[A] 遍く行き渡ることの意味」について，一偈がある」という［世親釈］について。先に［第 1 偈で示された］「**[1] 遍く行き渡ること**」などの四つの卓越［した意味］にもとづいて，大乗を帰依処とするのである。世間的と出世間的な「帰依処とすること」に比べて尊いものであるいう［第 2 偈 d 句の注釈で述べた］ことに関連して「[A] 遍く行き渡ることの意味」を詳しく示すために，［第 3］偈を始めるという意味である。

(P35a5) པར་བཤད་པར་བྱ་བའི་ཕྱིར་[32] (D32b7) ཚིགས་སུ་བཅད་པ་རྩོམ་མོ་ཞེས་བྱ་བའི་དོན་ཏོ། །

སེམས་ཅན་ཐམས་ཅད་བསྒྲལ་ཕྱིར་གང་བཞུགས་དང་། །
ཐེག་པ་ཡེ་ཤེས་ཀུན་སོང་མཁས་པར་ལྡན། །
མྱ་ངན་འདས་ལ་འཁོར་ཞི[33] རོ་གཅིག་པ། །
བློ་དང་ (P35a6) ལྡན་པས་ཀུན་འགྲོར་འདི་རིག་བྱ། ། II. 3

ཞེས་བྱ་བ་ལ། ཀུན་དུ་འགྲོ་བ་རྣམ་པ་བཞི་དང་ལྡན་ (D33a1) པས་ཀུན་དུ་འགྲོ་བ་ཁྱད་ཞུགས་པར་རིག་པར་བྱ་སྟེ། ཀུན་དུ་འགྲོ་བ་བཞི་ནི། སེམས་ཅན་ཀུན་དུ་འགྲོ་བ་ དང་། ཐེག་པ་ཀུན་དུ་འགྲོ་བ་ དང་། ཡེ་ཤེས་ (P 35a7) ཀུན་དུ་འགྲོ་བ་ དང་། མྱ་ངན་ལས་འདས་པ་ཀུན་དུ་འགྲོ་བའོ་ । །

དེ་ལ་ཉན་ཐོས་རྣམས་ནི་བདག་ཡོངས་སུ་མྱ་ངན་ (D33a2) ལས་འདའ་བར་བྱ་བའི་ཕྱིར་ཞུགས་ལ། བྱང་ཆུབ་སེམས་དཔའ་རྣམས་ནི་སེམས་ཅན་ཐམས་ཅད་འཁོར་བའི་སྡུག་བསྔལ་ (P35a8) ལས་བསྒྲལ་ནས་མྱ་ངན་ལས་འདའ་[34] བར་བྱ་བའི་ཕྱིར་ཞུགས་ཏེ། འདིས་ནི་ སེམས་ཅན་ཀུན་དུ་འགྲོ་བ་དང་ལྡན་པར་བལྟའོ། །

ཉན་ཐོས་དག་ནི་ཉན་ཐོས་ཀྱི་ཐེག་པ་རྟོགས་པར་ (D33a3) བྱ་བའི་ཕྱིར་བྱང་ཆུབ་ཏུ་སེམས་བསྐྱེད་ལ། བྱང་ཆུབ་སེམས་ (P35b1) དཔའ་རྣམས་ནི་ཉན་ཐོས་དང་རང་སངས་རྒྱས་ཀྱི་ཐེག་པ་དང་། ཐེག་པ་ཆེན་པོ་ལ་མཁས་པར་བྱ་བའི་ཕྱིར་སེམས་བསྐྱེད་དེ། འདིས་ནི་ཐེག་པ་ཀུན་དུ་འགྲོ་བ་དང་ལྡན་པར་བསྟན་ཏོ། །

ཉན་ཐོས་དག་ནི་གང་ཟག་ལ་བདག་མེད་པ་ (D33a4) ཙམ་ (P35b2) རྟོགས་པར་བྱ་བའི་ཕྱིར་སེམས་བསྐྱེད་ལ། བྱང་ཆུབ་སེམས་དཔའ་རྣམས་ནི་གང་ཟག་དང་ཆོས་ལ་བདག་མེད་པ་གཉིས་ཀ་ལ་མཁས་པར་བྱ་བའི་ཕྱིར་སེམས་བསྐྱེད་དེ། འདིས་ནི་ ཡེ་ཤེས་ཀུན་དུ་འགྲོ་བ་དང་ལྡན་པར་བསྟན་ཏོ། །

(P35b3) ཉན་ཐོས་དག་ནི་ཞི་བ་ཕྱོགས་གཅིག་པའི་མྱ་ངན་ (D33a5) ལས་འདས་པ་ཐོབ་པར་བྱ་བའི་ཕྱིར་སེམས་བསྐྱེད་ལ། བྱང་ཆུབ་སེམས་དཔའ་རྣམས་ཀྱི་མྱ་ངན་ལས་འདས་པ་ནི་ཀུན་དུ་འགྲོ་བ་སྟེ། འཁོར་བར་ཡང་འགྲོའོ་[35] ། ། མྱ་ངན་ལས་འདས་ (P35b4) པར་ཡང་འགྲོའོ། ། དེ་ལ་འཁོར་བ་ནི་ཕུང་པོ་ལྔའི་རང་བཞིན་ནོ། ། ཞི་བ་ནི་ཕུང་པོ་ལྔ་སྤངས་པའི་མཚན་ཉིད་མྱ་ངན་ (D33a6) ལས་འདས་པའོ། ། རོ་གཅིག་པ་ནི་འཁོར་བའི་རང་བཞིན་གང་ཡིན་པ་དེ་ཉིད་མྱ་ངན་ལས་འདས་པའི་རང་བཞིན་ (P35b5) ཡང་དེའོ། ། མྱ་ངན་ལས་འདས་པའི་རང་

(32) བཤད་པར་བྱ་བའི་ཕྱིར་ G, N, P : བཤད་པར་བྱ་བའི་ C, D
(33) ཞི་ G, N, P: ཞིང་ C, D
(34) འདའ་ C, D : བཟླ་ G, N, P
(35) འགྲོའོ་ G, N, P : འགྲོ་ C, D

[1] 一切衆生を済度しようとして行じる者，[2] 乗にも [3] 智にもすべてにわたって巧みである者，[4] 涅槃において［生死］輪廻と寂静を一味とする者，彼が智者である。［そして，］その彼が実にこのように遍く行き渡る者であると知るべきである。// II.3 //

という［第 3 偈］について。四種の「遍く行き渡ること」を備えることにより，遍く行き渡ることが殊勝であると知るべきである。四種の「遍く行き渡ること」とは，[1] 衆生に遍く行き渡ることと [2] 乗に遍く行き渡ることと [3] 智に遍く行き渡ることと [4] 涅槃に遍く行き渡ることとである。

その中で，声聞たちは自ら般涅槃するために修行する。一方，諸菩薩は一切衆生を［生死］輪廻の苦から救済し，涅槃させるために修行する。以上は，[1] 衆生に遍く行き渡ることを備えていることを明らかにした。

声聞たちは，声聞乗を証得するために菩提に発心する。一方，諸菩薩は声聞［乗］と独覚乗と大乗［との三乗］に善巧であろうとして［菩提に］発心するのである。以上は，[2] 乗に遍く行き渡ることを備えていることを示した。

声聞たちは人無我のみを証得するために［菩提に］発心する。一方，諸菩薩は人法二無我に善巧であろうとして［菩提に］発心する。以上は，[3] 智に遍く行き渡ることを備えていることを示した。

声聞たちは寂静一辺倒の涅槃（唯一寂静だけの涅槃）を得るために［菩提に］発心する。一方，諸菩薩の涅槃は「遍く行き渡ること」なのであって，［生死］輪廻にも行き渡り涅槃にも行き渡るのである。この中で「**［生死］輪廻**」とは五蘊を自性とするものである。「**寂静**」とは五蘊を滅した相のある涅槃である。「**一味とする**」とは「［生死］輪廻の自性，それこそが涅槃の自性でもある」ということである。［さらに］「涅槃の自性，それこそが［生死］輪廻の自性でもある」というのである。智によって涅槃を放棄せず，悲によって［生死］輪廻を放棄しないのである。両者を実践することによって [4] 涅槃に遍く行き渡ることというのである。

བཞིན་གང་ཡིན་པ་འཁོར་བའི་རང་བཞིན་ཡང་དེ་ཡིན་ནོ་ཞེས། ཤེས་རབ་ཀྱིས་ནི་མྱ་ངན་ལས་འདས་པ་མི་གཏོང་(36) ། སྙིང་རྗེས་འཁོར་བར་(37) མི་ (D33a7) གཏོང་སྟེ་(38) གཉིས་ཀ་(39) འཇུག་པས་ན་ མྱ་ངན་ལས་འདས་ (P35b6) པ་ཀུན་ཏུ་འགྲོ་བ་ཞེས་བྱའོ། །

དེའི་ཡོན་ཏན་དང་ཉེས་པ་ལ་རྣམ་པར་མི་རྟོག་(40)པའི་ཕྱིར་རོ་ ཞེས་བྱ་བ་ལ། ཤེས་རབ་ཀྱིས་འཁོར་བ་སྟོང་པར་མཐོང་བས་འཁོར་བའི་ཉེས་པ་ལ་མི་རྟོག་། ། སྙིང་རྗེས་སེམས་ཅན་གྱི་དོན་བྱ་བ་ལ་དགའ་ (P35b7) བས་ན་མྱ་ངན་(D33b1) ལས་འདས་པ་ལ་ཡང་ཡོན་ཏན་དུ་མི་ལྟ་ཞེས་བྱ་བའི་དོན་ཏོ། །

[B]ཁས་བླངས་པའི་དོན་དུ་ཚིགས་སུ་བཅད་པ་ཞེས་ བྱ་ བ་ ལ་། ཀུན་ཏུ་འགྲོ་བའི་དོན་བཤད་ནས། ཁས་བླངས་པའི་དོན་ རྒྱ་ཆེར་བཤད་པའི་ཕྱིར་ཚིགས་སུ་བཅད་ (P35b8) པ་རྗོམ་མོ་ཞེས་བྱ་བའི་དོན་ཏོ། །ཁས་བླངས་པའི་དོན་དེ་ཡང་ཁྱད་ (D33b2) པར་རྣམ་པ་གསུམ་གྱིས་རིག་པར་བྱ་སྟེ། <1>སྨོན་ལམ་གྱི་ཁྱད་པར་ དང་། <2>བསྒྲུབ་པའི་ཁྱད་པར་ དང་། <3>ཐོབ་པའི་ཁྱད་པར་ རོ། །

དགའ་བ་མང་པོས་བྱང་ཆུབ་ (P36a1) མཆོག་ཚོལ་(41) ཞིང་། ། II. 4a

ཞེས་བྱ་བ་ལ། ཉན་ཐོས་དག་དཀོན་མཆོག་གསུམ་ལ་སྐྱབས་སུ་སོང་ན་བདག་མྱ་ངན་ལས་འདས་པ་ཐོབ་ (D33b3) པར་ཤོག་ཅིག་ (42) ཅེས་ཁས་ལེན་ན། བྱང་ཆུབ་སེམས་དཔའ་རྣམས་ (P36a2) དཀོན་མཆོག་གསུམ་ལ་སྐྱབས་སུ་སོང་བ་ནི་སངས་རྒྱས་གང་ལ་སྐྱབས་སུ་སོང་བའི་སངས་རྒྱས་དེ་ཉིད་ཀྱི་རང་བཞིན་ཐོབ་པར་ཤོག་ཅིག་(43) ཅེས་ཁས་ལེན་ཅིང་བྱང་ཆུབ་ཏུ་སེམས་བསྐྱེད་དེ། འདིས་ནི་ སྨོན་ལམ་གྱི་ཁྱད་པར་ (D33b4)(P36a3) བསྟན་ཏོ། །

ཅིའི་ཕྱིར་སངས་རྒྱས་ཉིད་ཐོབ་པར་བྱ་བར་སེམས་བསྐྱེད་ཅེ་ན་དགའ་བ་མང་པོའི་ཕྱིར་ཏེ། སངས་རྒྱས་བཅོམ་ལྡན་འདས་རྣམས་ཀྱི་སྟོབས་དང་། མི་འཇིགས་པ་ལ་སོགས་པའི་ཡོན་ཏན་ཐོས་ནས་དགའ་བ་དང་ (P36a4) དད་པ་སྐྱེས་ཏེ། ཡོན་ཏན་དེ་ལྟ་བུ་དང་ལྡན་པའི་སངས་རྒྱས་དེ་ (D33b5) བདག་གིས་ཐོབ་པར་བྱའོ་སྙམ་དུ་སེམས་པའི་ཕྱིར་རོ། །

---

(36) གཏོང་ C, D : སྟོང་ G, N, P
(37) འཁོར་བར་ C, D, G, P : འཁོར་བ་ N
(38) མི་གཏོང་སྟེ་ C, D : མི་སྟོང་སྟེ་དེ་ G, N, P
(39) གཉིས་ཀ་ C, D : དེ་གཉིས་ཀ་ G, N, P
(40) རྟོག་ C, D : རྟོགས་ G, N, P
(41) ཚོལ་ C, D : རྩོལ་ G, N, P
(42) ཤོག་ཅིག་ N: ཤོག་ཅིག་ // ཅིག་ G, P, ཤོག་ཤིག་ C, D
(43) ཤོག་ཅིག་ G, N, P: ཤོག་ཤིག་ C, D

「その[寂静の]功徳と[生死輪廻の]過失を分別構想しないから」という［世親釈］について。智によって「[生死］輪廻は空である」と見て［生死］輪廻の過失を分別しないのである。[また,］悲によって衆生利益することを喜ぶから，涅槃に関しても功徳を見ないという意味である。

【第 4 偈】

［導入の］「[B] 受け入れることの意味について, 一偈がある」という［世親釈］について。[第 3 偈で]「[A] 遍く行き渡ることの意味」を説示し終わって,「[B] 受け入れることの意味」を詳しく説示するために,［第 4］偈を始めるという意味である。この「[B] 受け入れることの意味」もまた,［第 2 偈の世親釈で示された］三種の卓越したことにもとづいて理解すべきである。すなわち<1>卓越した誓願と<2>卓越した正行と<3>卓越した得[果]とである。

[1] 多大な喜びをもって最高の菩提を求める者 // II.4a //

という［第 4 偈 a 句］について。声聞たちが三宝を帰依処とする場合に,「自ら涅槃を得よう」と受け入れる。一方，諸菩薩が三宝を帰依処とすることは,「[自らが］帰依処とするその同じ仏陀の自性を得よう」と受け入れて菩提に発心するのである。以上は，<1>卓越した誓願を示したのである。

どうして仏たることを得ようと［菩提に］発心するのかと言えば，多くの喜びがあるからである。諸仏世尊の［十］力と［四］無畏などの功徳を聞いて，喜びと浄信が生じるのである。「このような功徳を備えたこの正覚を自身が得よう」と思惟するからである。

གང་རྣམས་སྐྱོ་བ་མེད་པར་དཀའ་བ་སྤྱོད། ། II. 4b

ཅེས་བྱ་བ་ལ། སེམས་བསྐྱེད་ནས་ཀྱང་སངས་རྒྱས་དེ་ (P36a5) ཐོབ་པར་བྱ་བའི་ཕྱིར་མགོ་དང་རྐང་ལག་ལ་སོགས་པའི་གཏང་[44] བར་བྱ་བ་དཀའ་བ་སྤྱོད་པའི་སྒོ་ནས་སོ་སོ་པས་[45] སྤྱོད་པའི་ས་ཡན་ཆད་ (D33b6) ས་བཅུ་མན་ཆད་སྐྱོ་བ་མེད་པར་ཁས་ལེན་ཏེ། འདིས་ <2>བསྒྲུབ་པའི་ཁྱད་པར་ བསྟན་ཏོ། །

རིམ་ (P36a6) པར་ སངས་རྒྱས་ཀུན་མཚུངས་འགྲོ། ། II. 4c

ཞེས་བྱ་བ་ལ། དེ་ལྟར་ས་བཅུ་མན་ཆད་རིམ་གྱིས་བསྒྲུབས་[46] ནས། སངས་རྒྱས་ཀྱི་སར་སངས་རྒྱས་པར་གྱུར་པ་དང་། སངས་རྒྱས་ཀུན་དང་སྐུ་མཉམ་པ་དང་། (D33b7) གསུང་མཉམ་པ་དང་། (P36a7) ཐུགས་མཉམ་པ་དང་། ཚོགས་མཉམ་པ་ཐོབ་པར་འགྱུར་ཏེ། འདིས་ནི་ <3>འབྲས་བུའི་ཁྱད་ པར་བསྟན་ཏོ། །

སྐུ་གསུམ་བརྙེས་པས་ན་སྐུ་མཉམ་མོ། ། ཡེ་ཤེས་བཞི་བརྙེས་པས་ན་ཐུགས་མཉམ་མོ། ། ཚངས་པ་དང་བྱ་ག་ (P36a8) ལ་པིང་ཀའི་དབྱངས་ཀྱིས་སོ་སོར་ཡང་དག་ (D34a1) པར་རིག་པ་བཞིས་སྟོན་པས་ན་གསུང་མཉམ་མོ་[47] ། ། བསོད་ནམས་དང་ཡེ་ཤེས་ཀྱི་ཚོགས་ཡོངས་སུ་རྫོགས་པར་བརྙེས་པས་ན་ཚོགས་མཉམ་མོ། །

ཁས་བླངས་མཆོག་ཏུ་བློ་ལྡན་ (P36b1) དེ་རིག་བྱ། ། II. 4d

ཞེས་བྱ་བ་ལ། བློ་ལྡན་ནི་བྱང་ཆུབ་སེམས་དཔའ་ལ་བྱ་སྟེ། ཁྱད་པར་རྣམ་པ་ (D34a2) གསུམ་དང་ལྡན་པ་ལས་ན་བྱང་ཆུབ་སེམས་དཔའི་ཁས་བླངས་པ་ལས་ནི་ཉན་ཐོས་ཀྱི་ཁས་བླངས་པ་དག་པས་མཆོག་ཏུ་གྱུར་པར་རིག་ (P36b2) པར་བྱའོ་ཞེས་བྱ་བའི་དོན་ཏོ། །

---

(44) གཏང་ C, D : བཏང་ G, N, P

(45) པས་ C, D : པ་ G, N, P

(46) བསྒྲུབས་ C, D : སྒྲུབས་ G, N, P

(47) མོ་ C, D : པོའོ་ G, P, པའོ་ N

[2] 倦み疲れることなく難行を行ずる者 // II.4b //

という［第 4 偈 b 句］について。［菩提に］発心したとしても，この仏陀に成ろうとして頭や手足などを捨施しようと難行を行じて，信解行地乃至第十地に至るまで倦み疲れることなく受け入れるのである。以上は，<2>卓越した正行を示したのである。順次，

[3]［現前に正覚して］一切諸仏と平等となる者 // II.4c //

という［第 4 偈 c 句］について。このように，第十地に至るまで順次に正行［を修行］して，仏地において仏陀と成り，そして一切諸仏と平等な身体と，平等な言葉と，平等な心と，平等な資糧とを得るのである。以上は，<3>卓越した［得］果を示したのである。

三身を得ているから身体は平等である。四智を得ているから心は平等である。ブラフマー神（梵天）や迦陵頻伽の音声をもって四無礙弁にもとづいて説示するから言葉は平等である。福・智の［二］資糧の円満を得ているから資糧は平等である。

この智者が最高の受け入れる者であると知るべきである。// II.4d //

という［第 4 偈 d 句］について。「**智者**」とは菩薩のことである。三種の卓越したことを備えているので，菩薩の「受け入れること」というはたらき（業）は，声聞の「受け入れること」などに比べて最勝であると知るべきであるという意味である。

ཡང་ཁམས་བླངས་པའི་ཁྱད་པར་དུ་སངས་རྒྱས་སྲས་ཀྱི་མཆོག་ཏུ་སྐྱེས་པས་[48] ཚོགས་སུ་བཅད་ པ་གཞན་གྱིས་བསྟན་ཏོ་ (D34a3) ཞེས་བྱ་བ་ལ། གོང་དུ་ཡོན་ཏན་རྣམ་པ་གསུམ་གྱིས་ ཁྱད་པར་ཁམས་བླངས་ (P36b3) པ་ཁྱད་ཞུགས་པར་བསྟན་ནས། ད་ཡང་ཚོགས་སུ་བཅད་པ་གཞན་གྱིས་ཁམས་བླངས་པ་དེ་ཁྱད་ཞུགས་པར་སྟོན་ཏེ།

དེ་ཡང་ཇི་ལྟར་ཞེ་ན། ཉན་ཐོས་དང་རང་སངས་རྒྱས་ཀྱི་བྱང་ཆུབ་ཏུ་སེམས་བསྐྱེད་པ་རྣམས་ཀྱང་ (D34a4) (P36b4) སངས་རྒྱས་ཀྱི་སྲས་ ཞེས་བྱ་མོད་ཀྱི། དེ་དག་གསུང་ལས་སྐྱེས་པའི་སྲས་ཞེས་བྱའི་ཐུགས་ལས་སྐྱེས་པའི་སྲས་ཞེས་མི་བྱའོ། ། བླ་ན་མེད་པའི་བྱང་ཆུབ་ཏུ་སེམས་བསྐྱེད་པའི་སྲས་རྣམས་ནི་ཐུགས་ལས་སྐྱེས་པའི་སྲས་ཡིན་ (P36b5) པས་ སྲས་ཀྱི་མཆོག་ཏུ་སྐྱེས་པ་ ཞེས་བྱ་སྟེ། སངས་རྒྱས་ཀྱི་སྲས་ (D34a5) ཀྱི་མཆོག་ཏུ་སྐྱེས་པའི་སྒོ་ནས་ཀྱང་ ཁམས་བླངས་པའི་ཁྱད་ཞུགས་པར་སྟོན་ཏོ། །

སངས་རྒྱས་རྣམས་ཀྱི་སྲས་མཆོག་ཏུ་ནི་གང་སྐྱེས་པ། །
སེམས་དང་ཤེས་རབ་ (P36b6) དང་ནི་ཚོགས་ལྡན་སྙིང་རྗེ་དང་། །
ས་བོན་ མ་དང་ མངལ་གནས་ མ་མ་མཚུངས་པ་མེད། །
དེ་ནི་ཁམས་བླངས་མཆོག་ཏུ་བློ་ལྡན་ཤེས་པར་བྱ། ། II. 5

(D34a6) ཞེས་བྱ་བ་ལ། འདི་ལྟར་འཁོར་ལོས་སྒྱུར་པའི་རྒྱལ་པོའི་སྲས་ཀྱང་ཡོན་ཏན་རྣམ་པ་བཞི་དང་ (P36b7) ལྡན་པ་དང་། འཁོར་ལོས་སྒྱུར་པའི་རིགས་མི་གཅོད་པར་གནས་པ་ཡིན་ཏེ། བཞི་གང་ཞེ་ན། ས་བོན་ཕུན་སུམ་ཚོགས་པ་དང་། མ་ཕུན་སུམ་ཚོགས་པ་དང་། མངལ་ཕུན་སུམ་ཚོགས་པ་དང་། (D34a7) མ་མ་ཕུན་སུམ་ཚོགས་པའོ། ། (P36b8)

དེ་ལ་ས་བོན་ཕུན་སུམ་ཚོགས་པ་ནི་འཁོར་ལོས་སྒྱུར་བའི་རྒྱལ་པོ་ཉིད་ཀྱི་[49] ས་བོན་དང་ཁུ་བ་གཞག་གི་[50] གཞན་གྱིས་ནི་མ་ཡིན་ནོ། །མ་ཕུན་སུམ་ཚོགས་པ་ཡང་ས་བོན་དེ་ཡང་བཙུན་མོ་དམ་པ་ལ་གཞག་[51] གི་བྲན་མོ་ངན་པ་ལ་སོགས་པ་ (P37a1) ལ་མི་བཞག་པའོ། ། དེ་ (D34b1) ལྟར་ན་[52] ཕ་ཕུན་སུམ་ཚོགས་པ་དང་། མ་ཕུན་སུམ་ཚོགས་པར་འགྱུར་ལ། མངལ་གྱི་གནས་ཀྱང་རླུང་དང་མཁྲིས་པ་དང་བད་ཀན་ལ་སོགས་པས་ཉམས་པར་ཡང་

(48) པས་ G, N, P : པའི་ C, D
(49) ཀྱི་ G, N, P : ཀྱིས་ C, D
(50) གི་ C, D : གིས་ G, N, P
(51) གཞག་ C, D : བཞག་ G, N, P
(52) དེ་ལྟར་ན་ C, D : དེ་ལྟར་ G, N, P

【第 5 偈】

［導入の］「さらに, 仏子にとって最高の [B'1] 善き生まれ(善き生を受けること)である点で, その[第 4 偈と]同じ [B'] 受け入れることの殊勝なることを別の一偈によって示す」という［世親釈］について。先（第 4 偈）には，三種の功徳にもとづいて，「[B'] 受け入れることの殊勝なること」が勝れていることを説いた。さらにここでは別の偈をもって，この「[B']受け入れること［の殊勝なること］」が勝れていることを説くのである。

それはまたどのように［説くの］か。声聞と独覚の菩提に発心した者たちもまた「仏子」であるといわれるけれども，彼らは［仏陀の］言葉から生まれた子どもであるといって，［仏陀の］心から生まれた子どもであるとはいわれない。無上菩提に発心した子どもは，［仏陀の］心から生まれた子どもであるから，子どもの中で「最高の生まれ」であるといわれるのである。［そのように］仏子の中で最高の生まれの者という点からも，「受け入れること［の殊勝なること］」が勝れていることを［第 5 偈で］説くのである。

> **仏子にして最高の [B'1] 善き生まれの者には，[a1]［発］心，[a2] 智慧，[a3] 資糧を備えていること，[a4] 悲がある。これは［譬えれば，順次］比類のない（a1) 種子，（a2) 生母，（a3) 拠り処としての胎（母胎），（a4) 乳母である。そのような智者が最高の受け入れる者であると知るべきである。// II.5 //**

という［第 5 偈］について。このように，転輪聖王の息子もまた四種の功徳を備える者であり，転輪聖王の家系を断絶しないで存続する者である。四種とは何か。(a1) 種子の完全円満と (a2) 生母の完全円満と (a3) 母胎の完全円満と (a4) 乳母の完全円満である。

その内で (a1) 種子の完全円満とは，他ならぬ転輪聖王の種子すなわち精子を宿すのであって，他者の［種子すなわち精子を宿すの］ではない。さらに，(a2) 生母の完全円満とは，その種子をまた正統な婦人に宿すのであって，非正統な女性などに［種子を］宿すのではない。このように (a1) 父の完全円満と (a2) 生母の完全円満が揃った場合，母胎はまた風質や胆汁質や粘液質などによって害されることもないのである。そのような場合，日月などが満たされて，(a3) 母胎を完全に満たすのである。安楽に生まれて，さらに (a4) 乳母により［産湯で］洗われ，授乳などの役目を正しく行うことに手を尽くされることがある。［そのような場合，転輪聖王

མ་བྱས་པའོ། ། (P37a2) དེ་ལྟར་ན་ཞག་དང་ཟླ་བ་ལ་སོགས་པ་ཚང་ནས་ མངལ་ཡོངས་སུ་རྫོགས་ཏེ། བདེ་བར་སྐྱེས་ནས་ཀྱང་གལ་ (D34b2) ཏེ་ མ་མས་བཀྲུ་བ་དང་། ནུ་མ་བསྣུན་[53] པ་ལ་སོགས་པ་ཞལ་ཏ་ལེགས་པར་བྱེད་པའི་ལག་ཏུ་སོང་སྟེ། རིམ་གྱིས་[54] (P37a3) སྐྱེས་ནས་འཁོར་ལོས་[55] སྒྱུར་བའི་རིགས་མི་གཅོད་པར་གནས་པར་འགྱུར་རོ། །

དེ་དང་འདྲ་བར་བྱང་ཆུབ་སེམས་དཔའ་རྣམས་མཚུངས་པ་མེད་པ་རྣམ་པ་བཞི་དང་ལྡན་པར་སངས་ (D34b3) རྒྱས་ཀྱི་སྲས་སུ་སྐྱེས་པ། དེ་ཉན་ཐོས་ལ་སོགས་ (P37a4) པའི་ཁས་བླངས་པ་པས་ཁས་བླངས་པའི་[56] མཆོག་ཏུ་རིག་པར་བྱ་སྟེ། མཚུངས་པ་མེད་པ་རྣམ་པ་བཞི་ནི། ས་བོན་མཚུངས་པ་མེད་པ་དང་། མ་མཚུངས་པ་[57] མེད་པ་དང་། མངལ་གྱི་གནས་མཚུངས་པ་མེད་པ་དང་། མ་མ་ (P37a5) མཚུངས་པ་མེད་ (D34b4) པའོ། །

ཐེག་པ་ཆེན་པོ་ལ་བརྟེན་པའི་བྱང་ཆུབ་སེམས་དཔའ་རྣམས་ཀྱི་བླ་ན་མེད་པའི་བྱང་ཆུབ་ཏུ་འཚང་རྒྱ་བའི་ས་བོན་ནི་བྱང་ཆུབ་ཀྱི་སེམས་ཏེ། དེ་ཡང་བྱང་ཆུབ་སེམས་དཔའི་རིགས་ལ་གནས་པས་ (P37a6) བྱང་ཆུབ་ཏུ་སེམས་བསྐྱེད་ནས་ས་བོན་དུ་འགྱུར་ཏེ། ཉན་ཐོས་དང་རང་སངས་རྒྱས་ཀྱི་ (D34b5) རིགས་ཅན་ནམ། རིགས་མེད་པས་སེམས་བསྐྱེད་ན་ནི་ས་བོན་དུ་མི་འགྱུར་རོ། །

ས་བོན་དེ་ཡང་གལ་ཏེ་ཕ་རོལ་ཏུ་ཕྱིན་པ་དྲུག་ལ། (P37a7) ཤེས་རབ་ཀྱི་ཕ་རོལ་ཏུ་ཕྱིན་པ་ མར་འགྱུར་གྱི་ཕ་རོལ་ཏུ་ཕྱིན་པ་གཞན་མ་[58] གྱུར་ན་སངས་རྒྱས་ཀྱི་གདུང་མི་གཅོད་པར་[59] འགྱུར་རོ། །

དེ་ལ་ཡང་བསོད་ནམས་དང་ (D34b6) ཡེ་ཤེས་ཀྱི་ཚོགས་ མངལ་གྱི་གནས་ལྟ་བུ་དང་ལྡན་ན་འཚང་རྒྱ་སྟེ་ཅིའི་ཕྱིར་ (P37a8) ཞེ་ན། བསོད་ནམས་དང་ཡེ་ཤེས་ཀྱི་ཚོགས་ནི་བླ་ན་མེད་པའི་བྱང་ཆུབ་ཏུ་འཚང་རྒྱ་བའི་རྟེན་དུ་གྱུར་པ་ཡིན་པའི་ཕྱིར་རོ། ། བསོད་ནམས་དང་། ཡེ་ཤེས་ཀྱི་ཚོགས་ཀྱང་[60] དེའི་[61] མི་མཐུན་པའི་ཕྱོགས་སུ་གྱུར་པ་སེར་སྣ་ལ་སོགས་ (D34b7) པས་དྲི་མ་ཅན་ (P37b1) དུ་མ་བྱས་ན་[62] གདོད་འཚང་རྒྱ་བའི་རྟེན་དུ་འགྱུར་གྱི། མི་མཐུན་པའི་ཕྱོགས་ཀྱི་དྲི་མ་ཅན་དུ་གྱུར་པའི་རྟེན་དུ་མི་འགྱུར་རོ། །

དེ་ལྟར་སངས་རྒྱས་ཀྱི་རིགས་སུ་སྐྱེས་ནས་ཀྱང་གལ་ཏེ་སྙིང་རྗེ་ཆེན་པོས་ མ་མ་བྱས་ཏེ་མྱ་ངན་ལས་འདས་

(53) བསྣུན་ G, N, P : སྣུན་ C, D
(54) རིམ་གྱིས་ C, D : རིམས་ཀྱིས་ G, N, P
(55) ལོས་ C, D : ལོ་ G, N, P.
(56) བླངས་པའི་ C, D : བླང་བའི་ G, N, P
(57) མ་མཚུངས་པ་ C, D : མ་མཚུངས་ G, N, P
(58) མ་ G, N, P : མར་ C, D
(59) པར་ C, D : པར་མི་ G, N, P
(60) ཀྱང་ C, D, G, P : om. N
(61) དེའི་ C, D : དེ་ G, N, P
(62) མ་བྱས་ན་ C, D, N : མ་བྱས་ G, P

の息子が］次々に生まれて，転輪聖王の家系は断絶せずに存続するのである。

この［譬喩の］ように，諸菩薩は比類のない四種の功徳を備えて，仏子として生まれる。それは，声聞などの「受け入れる者」に比べ，「最高の受け入れる者」であると知るべきである。比類のない四種とは，**(a1) 比類のない種子**と，**(b2) 比類のない生母**と，**(c3) 比類のない拠り処としての胎（母胎）**と，**(d4) 比類のない乳母**とである。

大乗に依拠する諸菩薩にとって，無上菩提を現等覚する (a1) 種子が菩提心である。それはまた，菩薩の種姓に住して菩提に発心するから，種子となるのである。声聞と独覚の種姓ある者，あるいは種姓なき者が［菩提に］発心する場合には，［その発心は無上菩提を現等覚する］種子とはならない。

さらに六波羅蜜の内で智慧波羅蜜が (a2) 生母となって，他の波羅蜜が［生母と］ならなかった場合，この種子は仏陀の家系を断絶することがない。

この場合，さらに (a3) 拠り処としての母胎に譬えられる福・智の［二］資糧を備えているならば，現等覚する。なぜなのか。福・智の［二］資糧は，無上菩提を現等覚するための所依となるからである。さらに，福・智の［二］資糧は，その［布施波羅蜜などの］所対治である慳貪などによって有垢となっていない場合，本来的に現等覚するための所依となる。一方，所対治としての有垢となるものは［現等覚するための］所依とはならないのである。

このように［ある者が］仏の種姓に生まれて，さらに大悲にもとづく (a4) 乳母のはたらきがあって，［その者が］涅槃の辺際に至るまで罪過のないままに［故意に生死］輪廻して菩薩行を間断なく行じる場合に，現等覚するのである。

(P37b2) པའི་མཐར་མ་ལྷུང་བར་འཁོར་བ་ནས་བྱང་ཆུབ་སེམས་དཔའི་ (D35a1) སྤྱོད་པ་རྒྱུན་མ་བཅད་ན་འཚང་རྒྱ་བར་འགྱུར་ཏེ།

དེ་ལྟར་ཡོན་ཏན་རྣམ་པ་བཞི་དང་ལྡན་པར་སྐྱེས་པ་དང་། སངས་རྒྱས་ཀྱི་གདུང་མི་གཅོད་པར་གནས་པ་ཡིན་ནོ། ། (P37b3)

དེ་ནི་མངོན་པར་སྐྱེས་པའི་ཁྱད་པར་གྱིས། ། ཞེས་བྱ་བ་ལ། ཡོན་ཏན་རྣམ་པ་བཞི་དང་ལྡན་པར་སྐྱེས་[63] པ་ནི། (D35a2) ཉན་ཐོས་དང་རང་སངས་རྒྱས་ལས་འཕགས་པར་སྐྱེས་པ་ཡིན་པས་མངོན་པར་སྐྱེས་པའི་ཁྱད་པར་ཅན་ཡིན་ནོ། ། (P37b4)

ལེགས་པར་སྐྱེས་པ་དེ་ཉིད། ལུས་ཀྱི་ཁྱད་པར་གྱིས་ཁྱད་པར་ཅན་དུ་བྱས་པས་ཁས་ལེན་པ་དེ་ཉིད་ཀྱི་ཁྱད་པར་ཚིགས་སུ་བཅད་པ་གཞན་གྱིས་བསྟན་ཏོ་ ཞེས་བྱ་བ་ལ། ཡོན་ཏན་རྣམ་ (D35a3) པ་བཞི་དང་ལྡན་པར་སྐྱེས་པ་དེ་ཉིད་ ལེགས་ (P37b5)པར་སྐྱེས་པ་ ཞེས་བྱ་སྟེ། ལེགས་པར་སྐྱེས་པའི་བྱང་ཆུབ་སེམས་དཔའ་དེ་འཇིག་རྟེན་པ་བརྒྱ་བྱིན་ལ་སོགས་པ་དང་འཇིག་རྟེན་ལས་འདས་པ་ཉན་ཐོས་ལ་སོགས་པའི་ལུས་པས་ཀྱང་ལུས་ཁྱད་ཞུགས་པར་འཐོབ་པས་[64] ཁས་ལེན་ (P37b6) བ་དེ་ཁྱད་པར་དུ་འཕགས་པར་ (D35a4) བསྟན་པའི་ [65] ཚེ་ཚིགས་སུ་བཅད་[66] པ་སྨོས་སོ། །

སྣ་ཚོགས་མཚན་རྣམས་ཀུན་གྱིས་ལུས་བརྒྱན་ཅིང་། །
སེམས་ཅན་ཐམས་ཅད་སྨིན་བྱའི་ཕྱིར་ནི་དེ་སྟོབས་ཐོབ། །
སངས་རྒྱས་རྣམས་ཀྱི་ཞི་བ་ (P37b7) བདེ་ཆེན་མཐའ་ཡས་རྙེད། །
སེམས་ཅན་ཐམས་ཅད་བསྐྱབ་ཕྱིར་ཐབས་ཆེན་བཤམས་[67] པ་ཤེས། ། II. 6

ཞེས་བྱ་བ་ལ་ (D35a5) དཔེར་ན་འཁོར་ལོས་[68] སྒྱུར་བའི་རྒྱལ་པོའི་སྲས་སུ་སྐྱེས་ན་ཡོན་ཏན་རྣམ་པ་[69] བཞི་དང་ལྡན་པའི་ལུས་ཀྱི་ཁྱད་པར་འཐོབ་[70] སྟེ། (P37b8) བཞི་གང་ཞེ་ན། མི་ཕལ་པ་དང་མི་འདྲ་བའི་མཚན་གྱིས་བརྒྱན་

(63) སྐྱེས་ C, D : བསྐྱེད་ G, N, P
(64) འཐོབ་པས་ C, D : ཐོབ་པར་ G, N, P
(65) བསྟན་པའི་ G, N, P: བསྟན་པ་དེའི་ཚེ་ C, D
(66) བཅད་ C, D, G, P : གཅད་ N
(67) བཤམས་ C, D : བཤམ་ G, N, P
(68) ལོས་ C, D : ལོ་ G, N, P
(69) རྣམ་པ་ C, D : རྣམ་ G, N, P
(70) འཐོབ་ C, D : ཐོབ་ G, N, P

以上のように，四種の功徳を備えるものとして誕生し，そして仏陀の家系が断絶せずに存続するのである。

「これ(善き生まれ)は,高貴な生まれの殊勝なることによって」という［世親釈］について。四種の功徳を備えた生まれとは，声聞と独覚より尊い生まれであるので，「高貴な生まれの殊勝なること」を備えているのである。

【第 6 偈】

［導入の］「さらに,その［第 5 偈と］同じ [B'1] 善き生まれについて [B'1-b] 勝れた身体によって特徴づけて,その［第 4 偈と］同じ [B'] 受け入れることの殊勝なることを,別の一偈によって示す」という［世親釈］について。「四種の功徳を備えて生まれる」というまさにそのことが「善き生まれ」といわれる。「善き生まれ」のこの菩薩は，世間のインドラ神（帝釈天）などや出世間の声聞などの身体よりも勝れた身体を得ているので，その「受け入れること」が勝れたものであり尊いものであることを説く［第 6］偈を始めるのである。

その身体は，[b1] 種々の諸相すべてによって荘厳され，[b2] 一切衆生を成熟させる力を獲得していて，[b3] 仏陀の偉大で限りない安楽という寂静を得て，[b4] 一切衆生を守護する偉大な方便を知らしめる智がある。// II.6 //

という［第 6 偈］について。例えば，転輪聖王の息子として生まれる場合，四種の功徳を備えた身体の殊勝なることを得ている。［その］四［種の身体］とは何か。(b1)［他の者と］共通せず類似もしない特徴（相）によって荘厳された身体を得ている。(b2) 他の小王を打ち負かす所有物（武力）を得ている。(b3) 王権にもとづく享受の安楽を得ている。そして，(b4) 王宮の帝王学や学術すべてに精通した知恵までも得ている。

པའི་ལུས་ཐོབ་པ་དང་། རྒྱལ་ཕྲན་གཞན་ཚར་གཅོད་པའི་ལྡན་པ་ཐོབ་པ་དང་། རྒྱལ་པོའི་སྲིད་ཀྱིས་(71) ལོངས་སྤྱོད་ཀྱི་ (D35a6) བདེ་བ་ཐོབ་པ་དང་། རྒྱལ་སྲིད་ཀྱི་གཙུག་ལག་ (P38a1)(72) དང་། རིག་པའི་གནས་ཐམས་ཅད་ལ་མཁས་པའི་ཡེ་ཤེས་ཀྱང་ཐོབ་བོ། །

དེ་དང་འདྲ་བར་སངས་རྒྱས་ཀྱི་སྲས་སུ་སྐྱེས་པ་བྱང་ཆུབ་སེམས་དཔའ་རྣམས་མཚན་སུམ་ཅུ་རྩ་གཉིས་དང་། དཔེ་བྱད་ (P38a2) བཟང་པོ་བརྒྱད་ཅུས་བརྒྱན་པའི་ལུས་ཐོབ་པས་ན་ (D35a7) གཟུགས་ བཟང་པོའི་ ཁྱད་པར་དང་ལྡན་ཏེ། སྣ་ཚོགས་ སྨོས་པ་ནི་འཁོར་ལོས་སྒྱུར་པའི་རྒྱལ་པོ་ལ་ཡང་མཚན་དང་དཔེ་བྱད་ཡོད་མོད་ཀྱི་། དེ་བས་འཕགས་པར་བསྟན་པའི་ཕྱིར་སྣ་ (P38a3) ཚོགས་སྨོས་ཏེ། ཇི་ལྟར་འཕགས་ཤེ་ན་(73) ། རྣམ་པ་གསུམ་གྱིས་འཕགས་ཏེ་གནས་ན་གནས་པ་དང་། ཡོངས་སུ་གསལ་བ་དང་། (D35b1) ཡོངས་སུ་རྫོགས་པས་འཕགས་སོ། །

དཔེར་ན་འཁོར་ལོས་(74) སྒྱུར་བའི་རྒྱལ་པོའི་སྲས་དེ་དགྲའི་ (P38a4) ཚོགས་རྣམས་གཞོམ་པར་ནུས་པའི་ལུས་ཀྱི་རྩལ་དང་ལྡན་པ་བཞིན་དུ། བྱང་ཆུབ་སེམས་དཔའ་དེ་ཡང་སེམས་ཅན་མ་དད་པ་རྣམས་དད་པར་བྱ་བ་དང་། དད་པ་རྣམས་ས་བཅུ་ལ་བཀོད་དེ། ཡོངས་སུ་ (D35b2) སྨིན་པར་བྱ་བའི་ལུས་ངག་ (P38a5) ཡིད་(75) གསུམ་གྱི་མཐུ་དང་ལྡན་ཏེ། དེ་བས་ན་ སྟོབས་ ཁྱད་ ཞུགས་སོ། །

དཔེར་ན་འཁོར་ལོས་(76) སྒྱུར་བའི་སྲས་སུ་སྐྱེས་པ་དེ་ལོངས་སྤྱོད་ཀྱི་བདེ་བ་ཕུན་སུམ་ཚོགས་པ་བདེ་བ་མྱོང་བར་འགྱུར་བ་བཞིན་དུ་སངས་རྒྱས་ཀྱི་སྲས་སུ་ (P38a6) སྐྱེས་པའི་བྱང་ཆུབ་སེམས་དཔས་ཀྱང་། ཉོན་མོངས་པ་དང་ཤེས་ (D35b3) བྱའི་སྒྲིབ་པ་ཐམས་ཅད་སྤངས་པའི་མཚན་ཉིད་ཀྱི་བདེ་བ་ཡེ་ཤེས་དང་། ཐེག་པ་ཆེན་པོའི་ཏིང་ངེ་འཛིན་དཔག་ཏུ་མེད་པ་དང་། སྟོབས་དང་། མི་འཇིགས་པ་ལ་ (P38a7) སོགས་པའི་བདེ་བ་མྱོང་བར་འགྱུར་ཏེ། དེ་བས་ན་ བདེ་བའི་ཁྱད་པར་ དང་ཡང་ལྡན་ནོ། །

དེ་དཔེར་ན་འཁོར་ལོས་སྒྱུར་ (D35b4) བའི་རྒྱལ་པོའི་སྲས་རྒྱལ་སྲིད་ཀྱི་གཙུག་ལག་དང་། རིག་པའི་གནས་ལ་མཁས་པ་བཞིན་དུ། བྱང་ཆུབ་སེམས་ (P38a8) དཔའ་སངས་རྒྱས་ཀྱི་སྲས་སུ་སྐྱེས་པ་རྣམས་ཀྱང་། སེམས་ཅན་ཐམས་ཅད་འཁོར་བའི་བཙོན་ར་ནས་བསྒྲལ་ཞིང་(77) མྱ་ངན་ལས་འདས་པ་ལ་འགོད་(78) པར་བྱ་བའི་ཐབས་གང་ཡིན་ (D35b5) པ་མཁྱེན་ཏེ། དེ་བས་ན་ ཡེ་ཤེས་ཀྱི་ཁྱད་པར་ (P38b1) དང་ཡང་ལྡན་ནོ། །

ཐབས་ནི་ཤེས་རབ་དང་སྙིང་རྗེའོ། ། དེ་ལ་ཤེས་རབ་དང་ལྡན་པས་འཁོར་བ་ན་གནས་ཀྱང་འཁོར་བའི་ཉེས་

(71) ཀྱིས་ G, N, P: ཀྱི་ C, D

(72) ins. ཁང་ G, N, P

(73) ཤེ་ན་ C, D, G, P : ཞེ་ན་ N

(74) ལོས་ C, D : ལོ་ G, N, P

(75) ངག་ཡིད་ C, D : དང་ཡིད་དང་ངག་ G, N, P

(76) ལོས་ C, D : ལོ་ G, N, P

(77) ཞིང་ C, D, G, P : ཞེས་ N

(78) འགོད་ C, D : དགོད་ G, N, P

［さて,］その［譬喩の］ように，仏子として生まれた諸菩薩は，三十二相と八十随好によって荘厳された身体を得ているので，「(b1) 妙なる容姿の殊勝なること」を備えているのである。「種々の」という［偈の］言葉は，転輪聖王にもまた［三十二］相と［八十］随好があるけれども，それよりも尊いことを説示するために，「種々の」と言うのである。どのように尊いのか。三つ点で尊いのである。［すなわち］1)［適切な］依り所に住することと 2) 完全に輝いていることと 3) 完全に円満なることの点で，尊いのである。

［次に］例えば，転輪聖王のその息子は敵の諸集団を打ち破ることを可能にする身体の勇猛さを備えているように，その菩薩もまた未信の衆生を信ぜしめて，諸の已信者を［菩薩の］十地へと育成するのであり，［衆生を］成熟せしめる身・口・意の三つの力を備えているのである。それによって，「(b2) 力の殊勝なること」というのである。

［また］例えば，転輪聖王の息子として生まれたその者が，［王子として］享受する安楽と［世間的な］繁栄という安楽を経験するように，仏子として生まれた菩薩もまた，煩悩［障］と所知障すべての断滅を特徴とする安楽という智［を経験し］，大乗の無量の三昧と［十］力と［四］無畏などの安楽を経験するようになる。それによって，「(b3) 安楽の殊勝なること」をも備えているのである。

さらに，例えば転輪聖王の息子は王宮の帝王学や学術すべてに精通しているように，仏子として生まれた諸菩薩はまた一切衆生を［生死］輪廻の牢獄から解放して涅槃に住せしめるような方便に精通している。それによって，「(b4) 智の殊勝なること」をも備えているのである。

方便とは智と悲である。その内，智を備えているので［生死］輪廻に住しても［生死］輪廻の罪過に染まらないのである。悲を備えているので，声聞のように専ら涅槃に沈没することはないのである。

པས་མི་གོས། སྙིང་རྗེ་དང་ལྡན་པས་ཉན་ཐོས་བཞིན་དུ་མྱ་ངན་ལས་འདས་པ་(79) འབའ་ཞིག་ཏུ་མི་ (P38b2) ལྷུང་ངོ་། །

ཡང་ལེགས་(D35b6)པར་སྐྱེས་པ་དེ་ཉིད་སངས་རྒྱས་ཀྱི་རིགས་མི་གཙོད་པར་ཚིགས་སུ་བཅད་པ་གཞན་གྱིས་བསྟན་ཏོ་(80) ཞེས་བྱ་བ་ལ་ཡོན་ཏན་རྣམ་པ་བཞི་དང་ལྡན་པར་སྐྱེས་པ་ནི་ལེགས་པར་སྐྱེས་པ་སྟེ། དཔེར་ན་ (P38b3) འཁོར་ལོས་སྒྱུར་བའི་རྒྱལ་པོའི་སྲས་ཡོན་ཏན་རྣམ་པ་བཞི་དང་ལྡན་ན་(81) འཁོར་ལོས་སྒྱུར་བའི་རྒྱལ་ (D35b7) པོའི་རིགས་རྒྱུན་མི་གཙོད་པ་བཞིན་དུ་བྱང་ཆུབ་སེམས་དཔའ་ཡང་ཡོན་ཏན་རྣམ་པ་བཞི་དང་ལྡན་ན་སངས་རྒྱས་ཀྱི་གདུང་མི་གཙོད་ (P38b4) པར་བསྟན་(82) པའི་ཚིགས་སུ་བཅད་པ་རྗོམ་མོ། །

ཡོན་ཏན་རྣམ་པ་བཞི་ནི་ དབང་བསྒྱུར་བ་ཐོབ་པ་ དང་ དབང་ཐོགས་(83)པ་མེད་པ་ དང་། ལྷག་པར་བྱ་བ་བརྟགས་པ་ལ་མཁས་པ་ (D36a1) དང་། ཚར་བཅད་(84)པ་ དང་། ཕན་འདོགས་པར་བྱེད་པའོ། ། (P38b5)

སངས་རྒྱས་ཀུན་གྱི་འོད་ཟེར་ཆེན་པོས་(85) དབང་བསྐུར་བྱིན། ། II. 7a

ཞེས་བྱ་བ་ལ་འཁོར་ལོས་(86) སྒྱུར་བའི་(87) སྲས་སུ་ལེགས་པར་སྐྱེས་པ་དེ་རྒྱལ་ཚབ་ཏུ་དབང་བསྐུར་བ་ཐོབ་པ་བཞིན་དུ། བྱང་ཆུབ་སེམས་དཔའ་སངས་རྒྱས་ཀྱི་ (D36a2) སྲས་སུ་སྐྱེས་པ་དེ་དག་ཀྱང་ས་ (P38b6) བཅུ་པ་ཆོས་ཀྱི་སྤྲིན་ཐོབ་པའི་དུས་ན་ཕྱོགས་བཅུའི་དེ་བཞིན་གཤེགས་པ་ཐམས་ཅད་ཕྱོགས་བཅུའི་འོད་ཟེར་གྱིས་ཆོས་ཀྱི་རྒྱལ་པོའི་རྒྱལ་ཚབ་ཏུ་དབང་བསྐུར་བ་ཐོབ་པར་འགྱུར་ཏེ། འདིས་ནི་ དབང་བསྐུར་བ་ཐོབ་པར་ བསྟན་ཏོ། །

དེ་ནི་ཆོས་ལ་ (P38b7) དབང་བ་ཀུན་དང་ཤིན་ (D36a3) ཏུ་ལྡན། ། II. 7b

ཞེས་བྱ་བ་ལ། དཔེར་ན་འཁོར་ལོས་སྒྱུར་བའི་རྒྱལ་པོའི་སྲས་རྒྱལ་ཚབ་ཏུ་དབང་བསྐུར་ཕན་ཆད་འབངས་དཀོར་(88) ཁ་ཅིག་ལ་ནི་དབང་བ་(89) ཀུན་ལ་མི་དབང་ཞེས་བྱ་བ་མེད་པར་ཐམས་ཅད་ལ་དབང་བ་དེ་བཞིན་དུ། (P38b8) ས་བཅུར་བྱང་ཆུབ་སེམས་དཔའ་དབང་བསྐུར་བ་ཐོབ་ཕན་ཆད་ཇི་ (D36a4) སྙེད་དུ་ ཤེས་པར་བྱ་བ་དང་། སྤང་

(79) འདས་པ་ C, D, G, P : འདས་པ་ལ་ N
(80) ཏོ་ C, D : ཏེ་ G, N, P
(81) ལྡན་ན་ C, D, N : ལྡན་ G, P
(82) བསྟན་ G, N, P : གནས་ C, D
(83) ཐོགས་ G, N, P : ཐོབ་ C, D
(84) བཅད་ C, D : གཅད་ G, N, P
(85) པོས་ C, D : པོ་ G, N, P
(86) ལོས་ C, D : ལོ་ G, N, P
(87) སྒྱུར་བའི་ C, D G : སྒྱུར་ N, P
(88) དཀོར་ C, D : སྐོར་ G, N, P
(89) དབང་བ་ C, D : དབང་ G, N, P

【第 7 偈】

［導入の］「さらに, その同じ［第 6 偈で説された］[B'1] 善き生れは仏陀の種姓を断絶させないという点から, [B'] 受け入れることの殊勝なることを別の一偈によって示す」という［世親釈］について。四種の功徳を備えて生まれたものが「善き生れ」である。例えば，転輪聖王の息子が四種の功徳を備えている場合に転輪聖王の家系を断絶させないように，菩薩もまた四種の功徳を備えている場合に仏陀の系譜を断絶させないことを説示する［第 7］偈を始めるのである。

四種の功徳とは，「(c1) 灌頂を得ることと，(c2) 障碍のない［智の］自在性と，(c3) 争論［となる案件］の判定に巧みであることと，(c4) 懲罰を科したり褒賞を与えたりすること」である。

[c1] 一切諸仏の偉大な光明によって潅頂を授かり， // II.7a //

という［第 7 偈 a 句］について。転輪聖王の息子としての善き生れの彼が王位継承者として潅頂を得るのである。同様に，仏子として生まれた彼ら諸菩薩も，第十法雲地を得た時に，十方の如来すべて，すなわち十方の光明によって，法王の王位継承者として潅頂を得るようになる。以上によって，「(c1) 潅頂を得ること」を説示した。

彼は，[c2] すべての教法に対する自在性を十分に備え， // II.7b //

という［第 7 偈 b 句］について。例えば，転輪聖王の息子は王位継承者として潅頂を受けた後に，「ある臣下に対して自在性があるが，誰に対しても自在性があるのではない」ということではなく，一切［の臣下］に対して自在性がある。それと同様に，第十地の菩薩は潅頂を受けた後に，あらん限りの 1) 所知と 2) 所断と 3) 所証と 4) 所修の法すべてを直証する智を備えているのである。以上によって，「(c2) 障碍のない［智の］自在性」を説示した。

བར་བྱ་བ་དང་། མངོན་དུ་བྱ་བ་དང་། བསྒོམ་པར་བྱ་བའི་ཆོས་(90) ཐམས་ཅད་མངོན་དུ་གྱུར་པའི་ཡེ་ཤེས་དང་ལྡན་ཏེ། འདི་ནི་ (P39a1) དབང་ཐོགས་པ་མེད་པར་ བསྟན་ཏོ། །

སངས་རྒྱས་འཁོར་གྱི་དཀྱིལ་འཁོར་སྟོན་པའི་རྣམ་པར་ཤེས་(91) | | II. 7c

ཞེས་བྱ་བ་ལ། དཔེར་ན་འཁོར་ལོས་ (D36a5) སྒྱུར་བའི་རྒྱལ་པོའི་སྲས་དེ་འབངས་རྣམས་ལ་དོན་ཅི་དང་ཅི་ (P39a2) ལྟ་བ་ལ་མཁས་པ་དང་། རྒྱལ་པོའི་གཙུག་ལག་དང་། བཟོའི་གནས་ལ་མཁས་པ་བཞིན་དུ། དབང་བསྐུར་བ་ཐོབ་པའི་བྱང་ཆུབ་སེམས་དཔའ་རྣམས་ཀྱང་སངས་རྒྱས་ཀྱི་འཁོར་དགེ་སློང་ཕ་དང་། དགེ་སློང་མ་ལ་ (P39a3) སོགས་པའི་ནང་ (D36a6) དུ་ཆོས་དང་ཅི་བསྟན་པ་ཤེས་པ་དང་། འཁོར་དེ་དག་གདུལ་བར་བྱ་བའི་ཐབས་ཀྱང་ཤེས་པར་འགྱུར་ཏེ། འདིས་ནི་ ལྷག་པར་བྱ་བ་བརྟག་(92)པ་ལ་མཁས་པར་ བསྟན་ཏོ། །

བསླབ་པ་བཅས་པས་(93) ཕན་གདགས་པ་ (P39a4) དང་ཆར་གཅོད་(94) བྱེད། | II. 7d

ཅེས་བྱ་བ་ལ། བསླབ་པ་བཅས་པ་ནི་(95) ལྷག་ (D36a7) པའི་ཚུལ་ཁྲིམས་ཀྱི་བསླབ་པ་བསྟན་པའོ། ། དཔེར་ན་དབང་བསྐུར་བ་ཐོབ་པའི་འཁོར་ལོས་(96) སྒྱུར་བའི་རྒྱལ་པོའི་སྲས་ཉེས་པ་བྱེད་པ་རྣམས་ཆར་གཅོད་(97) ཅིང་ཆད་པས་ (P39a5) གཅོད་(98) པར་ཡང་ནུས་ལ་ལེགས་པར་བྱེད་པ་རྣམས་ཕན་གདགས་ཤིང་བྱ་དགའ་བྱིན་(99) པ་དེ་བཞིན་དུ་དབང་བསྐུར་བ་ཐོབ་པའི་བྱང་ (D36b1) ཆུབ་སེམས་དཔའ་རྣམས་ཀྱང་ཚུལ་ཁྲིམས་(100) ལ་གནས་ཤིང་ཡོན་ཏན་དང་ལྡན་པ་རྣམས་ལ་ཕན་འདོགས་ (P39a6) ཤིང་གཟེངས་བསྟོད་པར་ཡང་ནུས་ལ་བསླབ་པ་ལ་མི་གནས་ཤིང་སྐྱོན་དང་ལྡན་པ་རྣམས་ལ་ཆར་གཅོད་ཅིང་ཆད་པས་གཅོད་པར་ཡང་ནུས་ཏེ། འདིས་ནི་

(90) ཆོས་ C, D : ཆོས་ལ་ G, N, P
(91) ཤེས་ G, N, P : ཤེས་པ་ C, D
(92) བརྟག་ C, D, N : བརྟགས་ G, P
(93) བཅས་པས་ C, D : བཅས་ G, N, P
(94) གཅོད་ C, D : བཅད་ G, N, P
(95) ནི་ G, N, P : ནི་མཁས་པའི་ C, D
(96) ལོས་ C, D : ལོ་ G, N, P
(97) གཅོད་ C, D : བཅད་ G, N, P
(98) གཅོད་ C, D, P : གཅད་ G, N
(99) བྱིན་ C, D : སྦྱིན་ G, N, P
(100) ཚུལ་ཁྲིམས་ C, D : ཁྲིམས་ G, N, P

[c3] 仏の［説法の］諸集会において説［法］の方軌を知り，// II.7c //

という［第7偈c句］について。例えば，彼の転輪聖王の息子は，臣下たちが対応すべきあれこれの案件に精通し，帝王学や［武芸などの］技巧に精通している。それと同様に，潅頂を得た諸菩薩も，仏陀の眷属である比丘・比丘尼などの［教団の］内々で［説くべき］教法および何を説示するかを知り，さらに彼ら［仏陀の］眷属を教導する方便をも知るのである。以上によって，「(c3) 争論［となる案件］の判定に巧みであること」を説示した。

[c4] 戒律の条文を［誦して］知らしめることにもとづいて処罰と賞揚をなし得るのである。// II.7d //

という［第7偈d句］について。「**戒律の条文を知らしめること**」とは高度な戒学［の条文］を説示することである。例えば，潅頂を得た転輪聖王の息子は，悪を為した者たちを処罰し罰をもって断罪することが出来てかつ，善を為した者たちを賞揚し恩恵を与える。それと同様に，潅頂を得た諸菩薩も，戒に依拠して功徳を備えた者たちを賞揚し称賛することが出来てかつ，戒律の条文に依拠せず罪過ある者たちを処罰し罰をもって断罪することが出来るのである。以上によって，「(c4) 処罰し賞揚すること」を説示した。

ཚར་གཅོད་ཅིང་ཕན་འདོགས་(D36b2)པར་བྱེད་པ་ བསྟན་ཏོ། །

ཡང་ཁྱད་པར་དེ་(P39a7)བློན་པོ་ཆེན་པོ་ལྟ་བུའི་(101)ཚིགས་སུ་བཅད་པ་གཞན་གྱིས་བསྟན་ཏེ་ ཞེས་བྱ་བ་ལ། ཐེག་པ་ཆེན་པོའི་ཚུལ་དུ་ཁས་བླངས་པའི་ཁྱད་པར་དེ་བློན་པོ་ཆེན་པོའི་ཚུལ་དང་འདྲ་བས་བསྟན་ཏེ། དེ་ལ་དོན་རྣམ་པ་བཞི་བྱེད་པ་ནི་བློན་པོ་ཆེན་པོའོ། །

(P39a8) བཞི་གང་ (D36b3) ཞེ་ན། ནང་ན་སྤྱོད་པ་ དང་། མཛོད་ཐམས་ཅད་ཀྱི་སྲུན་པ་ དང་། བློ་གསང་བ་ལ་ཡིད་བརྟན་(102)པ་ དང་། བསྒོ་བ་ལ་དབང་བའོ་ ། ། དེ་དང་འདྲ་བར་(103) ཐེག་པ་ཆེན་པོའི་སྨོན་སེམས་བསྐྱེད་པས་ཡང་དོན་རྣམ་པ་དེ་བཞི་(104) བྱེད་ (P39b1) པས་ན་ བློན་པོ་ ཆེན་པོ་དང་འདྲ་བར་བསྟན་པའི་ཕྱིར་ཚིགས་སུ་བཅད་པ་རྫོམ་མོ། །

(D36b4) བློན་པོ་ཆེན་པོ་ལྟ་བུར་ ཕ་རོལ་ཕྱིན་(105) ལ་འཇུག་པའི་ཕྱིར། ། II. 8a

ཞེས་བྱ་བ་ལ། དཔེར་ན་རྒྱལ་པོའི་བློན་པོ་ཆེན་པོ་རྒྱལ་པོས་ཐུགས་བརྟན་པར་ (P39b2) བྱ་བའི་གནས་ཡིན་པས་ཞལ་ཏ་དག་བྱེད་ཅིང་བཙུན་མོ་དམ་པའི་ནང་དུ་ཡང་འཇུག་པ་དེ་བཞིན་དུ། བྱང་ཆུབ་སེམས་དཔའ་ཡང་དེ་བཞིན་གཤེགས་པས་ (D36b5) ཐུགས་བརྟན་པའི་གནས་ཡིན་པས་ཕ་རོལ་ཏུ་ཕྱིན་པ་བཅུ་ལ་སོགས་པའི་ (P39b3) ནང་དུ་འཇུག་ཅིང་སྤྱོད་པར་བྱེད་དོ་ཞེས་བྱ་བའི་དོན་ཏོ། །

བྱང་ཆུབ་ཆེན་པོའི་ཕྱོགས་རྣམས་རྒྱ་ཆེན་རྟག་ཏུ་སྲུན་ཡང་བྱེད། ། II. 8b

ཅེས་པ་ལ། དཔེར་ན་རྒྱལ་པོའི་བློན་པོ་ཆེན་པོ་ནོར་རིན་པོ་ཆེ་རྣམ་པ་སྣ་ཚོགས་ཀྱི་བང་མཛོད་རྣམས་ (D36b6) མི་ (P39b4) འཁྲུམས་པ་དང་། མི་བརླག་པར་བྱ་བའི་ཕྱིར་རྟག་ཏུ་སྲུན་(106) བྱེད་ཅིང་ཞལ་བར་བྱེད་པ་དེ་བཞིན་དུ། བྱང་ཆུབ་སེམས་དཔའ་རྣམས་ཀྱང་བླ་ན་མེད་པའི་བྱང་ཆུབ་ཐོབ་པར་བྱེད་པའི་རྒྱུ་བྱང་ཆུབ་ཀྱི་ཕྱོགས་སུམ་ཅུ་(107) རྩ་བདུན་གྱི་ཆོས་རྒྱ་ (P39b5) ཆེན་པོ་ལང་ཀར་གཤེགས་པ་ལ་སོགས་པའི་མདོ་སྡེ་དེ་དང་དེ་དག་ (D36b7) ནས་འབྱུང་བ་རྣམས་ལ་རྟག་ཏུ་སྲུན་བྱེད་དེ། མི་བརྗེད་པར་སེམས་ལ་འཛིན་པར་བྱེད་དོ། །

(101) བུའི་ C, D : བུ་ G, N, P

(102) བརྟན་ C, D : བསྟན་ G, N, P

(103) བར་ C, D : བ་ G, N, P

(104) བཞི་ C, D, P : བཞིན་ N

(105) ཕ་ རོལ་ཕྱིན་ C, D : ཕ་རོལ་ཏུ་ཕྱིན་པ་ G, N, P

(106) སྲུན་ G, N, P : སྲིན་ C, D

(107) སུམ་ཅུ་ C, D, G, P : གསུམ་ཅུ་ N

【第 8 偈】

［導入の］「さらに，その［同じ受け入れることの］殊勝なることを [B'2] 大臣の如くであるとして，別の一偈によって示す」という［世親釈］について。大乗の方軌に関して，この「[B'] 受け入れることの殊勝なること」が偉大な大臣の方軌と類似しているという点で説示する。その中で，四種の内容を実行するのが大臣である。

四［種の内容］とは何か。⑴［後宮］内部で活動することと，⑵すべての［宝物］蔵に眼を配ることと，⑶［王の］内密の話に関して信頼があることと，⑷［恩賞などの］分与に関して自由自在であることとである。それと類似して，［菩薩は］大乗の［法］門に発心することでも，この四種の内容を実行する。したがって，[B'2] 大臣と類似していることを説示するために，［第 8］偈を始めるのである。

［菩薩は］[B'2] 大臣の如くである。[1] 諸の波羅蜜に悟入する点から，
// II. 8a //

という［第 8 偈 a 句］について。例えば，王にとっての大臣とは，王に信頼された立場なので，諸の進言をして皇后の［後宮］内奥にも進み入る。それと同様に，菩薩もまた如来に信頼された立場なので，十波羅蜜などの内奥に悟入し実践するという意味である。

［諸経典に散説された］[2] 大菩提分［法］に常に眼を配る［点から］，// II.8b //

という［第 8 偈 b 句］について。例えば，王にとっての大臣は，種々の財物・宝物の蔵を失わずまた破壊されないために，常に眼を配り監視する。それと同様に，諸菩薩もまた，『楞伽［経］』などのあれこれの経典に説かれている，無上菩提を体得する原因である広大な三十七菩提分法に，常に眼を配り，失念せず心に留めるのである。

གསང་བའི་གནས་ཀྱང་རྣམ་[108] གསུམ་རྟག་[109] པར་ཤིན་ཏུ་འཛིན་པའི་ཕྱིར། ། II. 8c

(P39b6) ཞེས་བྱ་བ་ལ། དཔེར་ན་རྒྱལ་པོའི་བློན་པོ་ཆེན་པོ་གསང་བ་ལ་ཡིད་བརྟན་པས་བཀའ་བགྲོས་པ་[110] གསང་བ་ཐམས་ཅད་ཀྱི་ནང་དུ་ཡང་ (D37a1) འཇུག་ཅིང་། རྒྱལ་པོའི་གསང་བ་ཐམས་ཅད་ཀྱང་འཛིན་བདེ་བཞིན་དུ་བྱང་ཆུབ་སེམས་དཔའ་ (P39b7) ཆེན་པོ་རྣམས་ཀྱང་དེ་བཞིན་གཤེགས་པའི་གསང་བའི་གནས་གསུམ་རྟག་ཏུ་འཛིན་ཏེ། གསང་བ་གསུམ་ནི། སྐུ་གསང་བ་དང་། གསུང་གསང་བ་དང་། ཐུགས་གསང་ (D37a2) བའོ། །

དེ་ལ་ སྐུ་གསང་བ་ནི་ལོ་ཉེས་ཆེན་པོ་དག་ (P39b8) གི་ཚེ་བྱང་ཆུབ་སེམས་དཔའ་ཆེན་པོ་རྣམས་ཀྱིས་ཉ་ཆེན་པོའི་ལུས་བསྟན་ནས་སེམས་ཅན་གསོས་པ་དང་། ནད་ཀྱི་བསྐལ་པ་དག་གི་དུས་ན་སྨན་པ་ཆེན་པོ་ལྷའི་ལུས་ལྷ་བུར་[111] བསྟན་པ་ལ་སོགས་པའོ། །གསུང་གསང་བ་ནི་བྱིན་གྱིས་ (D37a3)(P40a1) བརླབས་ནས་རྩིག་པ་དང་། ཤིང་དང་ནམ་མཁའ་ལ་སོགས་པ་ལས་ཀྱང་དམ་པའི་ཆོས་འཆད་པའི་སྒྲ་འབྱུང་བའོ། །ཐུགས་གསང་བ་ནི་བྱིན་གྱིས་བརླབས་ནས་སེམས་ཅན་བླུན་པོ་དག་གིས་ཀྱང་ཆོས་ (P40a2) ཟབ་མོའི་དོན་རྟོགས་[112] པའོ། །

སེམས་ཅན་མང་པོའི་དོན་ཀྱང་རྟག་ཏུ་རྒྱུན་མི་འཆད་པར་བྱེད། ། II. 8d

(D37a4) ཅེས་བྱ་བ་ལ། དཔེར་ན་རྒྱལ་པོའི་བློན་པོ་ཆེན་པོ་རྒྱལ་པོའི་བྱ་བ་ཐམས་ཅད་ཀྱང་བྱེད་ཅིང་འབངས་ཆབ་[113] འོག་ཏུ་གཏོགས་པ་རྣམས་སྐྱོང་ཞིང་ (P40a3) ཚིམ་[114] པར་[115] བྱེད་པ་དེ་བཞིན་དུ། བྱང་ཆུབ་སེམས་དཔའ་རྣམས་ཀྱང་ཇི་སྲིད་དུ་ཁམས་གསུམ་དུ་སེམས་ཅན་ཐམས་ཅད་ལ་སྙིང་རྗེས་ཁྱབ་པར་བྱས་ནས་མི་དགེ་བ་ (D37a5) ལས་བཟློག་ཅིང་དགེ་བ་ལ་[116] གཞག་[117] པར་བྱ་བའི་དོན་དང་མྱ་ངན་ (P40a4) ལས་འདས་པར་གཞག་[118] པར་བྱ་བའི་དོན་རྟག་ཏུ་རྒྱུན་མི་འཆད་པར་བྱེད་དེ།།}

(108) རྣམ་ C, D : རྣམ་པ་ G, N, P
(109) རྟག་ C, D : བརྟག་ G, N, P
(110) བགྲོས་པ་ C, D : བགྲོས་ G, N, P
(111) བུར་ C, D : བུ་ G, N, P
(112) རྟོགས་ C, D : རྟོག་ G, N, P
(113) ཆབ་ C, D : ཆབས་ G, N, P
(114) ཚིམ་ C, D, G, P : ཚིས་ N
(115) པར་ C, D : ཀྱང་ G, N, P
(116) ལ་ C, D : ལས་ G, N, P
(117) གཞག་ C, D : བཞག་ G, N, P
(118) གཞག་ C, D : བཞག་ G, N, P

さらに［身・口・意の］[3] 三種の不思議のあり方を常に保持する点から，
// II.8c //

という［第 8 偈 c 句］について。例えば，王にとっての大臣は，機密事項について信頼があるので機密事項の言葉・命令すべての内部にも入り，王のあらゆる機密事項をも保持する。それと同様に，偉大な諸菩薩もまた，如来の三つの不思議のあり方を常に保持する。三つの不思議とは，1) 身不思議（身秘密）と 2) 語不思議（語秘密）と 3) 意不思議（意秘密）である。

この中で，1) 身不思議とは，大飢饉などの時には偉大な諸菩薩は，巨大な肉身を示して衆生を養育する。そして，疾病の劫の時代には神の身体のような偉大な医者を示すなど［して衆生を養育するの］である。2) 語不思議とは，［如来の］加持［力］によって壁や樹木や虚空などからも妙法を説く言葉が生じるのである。3) 意不思議とは，衆生たちは愚かであっても，［如来の］加持［力］によって甚深なる教法の意味を理解するのである。

さらに [4] 数多の衆生の利益を常に途絶えることなく行う［点からである］。
// II.8d //

という［第 8 偈 d 句］について。例えば，王にとって大臣とは，王の為すべきことをすべて実行して，［王の］権威の元にいる臣下たちを保護し満足させる。それと同様に，諸菩薩もまた，三界にわたる一切衆生を悲愍により包み込み，［衆生の］不善を転じて［衆生に］善を確立せしめる利益と涅槃を確立せしめる利益とを，常に途絶えることなく実行するのである。

ཚེ་རབས་གཅིག་ནས་གཅིག་ཏུ་གར་[119] སྐྱེས་ཀྱང་ལས་བྱེད་པས་ན་[120] རྟག་ཏུ་བྱེད་པ་ ཞེས་བྱའོ། །
སྐད་ཅིག་མ་རེ་རེ་ལ་ཡང་བྲེང་མ་ཆད་པར་བྱེད་པས་ན་ རྒྱུན་མ་ཆད་(P40a5)པར་(D37a6)བྱེད་པ་ ཞེས་བྱའོ། །

[C]རྟོགས་པའི་དོན་དུ་ཚིགས་སུ་བཅད་པ་ ཞེས་བྱ་བ་ལ། [A]ཀུན་དུ་འགྲོ་བའི་དོན་དང་[B]ཁས་ལེན་པའི་དོན་བསྟན་ནས། དེ་ནི་ རྟོགས་[121] པའི་དོན་རྒྱ་ཆེར་བསྟན་པར་བྱ་བའི་ཕྱིར་[122] ཚིགས་སུ་བཅད་པ་རྩོམ་མོ། །

ཐེག་ (P40a6) པ་ཆེན་པོ་འདིར་སྐྱབས་སུ་སོང་ན་དོན་མདོར་ན་གང་ཟག་དང་ཆོས་ལ་བདག་ (D37a7) མེད་པར་རྟོགས་པར་འགྱུར་ལ་ཞིབ་ཏུ་ནི་ཡོན་ཏན་རྣམ་པ་བརྒྱད་རྟོགས་པར་འགྱུར་རོ་ཞེས་བྱ་བའི་དོན་ཏོ། །

བསོད་ནམས་ཕུང་ཆེན་ II. 9a

ཞེས་བྱ་བ་ལ། དང་པོ་ (P40a7) ཉིད་དུ་ཟབ་ཅིང་རྒྱ་ཆེ་བའི་ཐེག་པ་ཆེན་པོའི་མདོ་སྡེ་ལ་མོས་པའི་ཤུགས་ཀྱིས་དང་པ་ཆེན་པོ་བྱུང་བའི་ཚེ་ན་ནི་ནམ་མཁའི་ཁམས་དང་སེམས་ཅན་ (D37b1) གྱི་མཐའ་ཇི་ཙམ་པའི་བསོད་ནམས་ཀྱི་ཚོགས་ཀྱང་ཐོབ་པར་འགྱུར་ཏེ། འདི་ནི་ཡོན་ (P40a8) ཏན་རྣམ་པ་གཅིག་གོ། །

སྲིད་གསུམ་བླ་མ་[123] II. 9a

ཞེས་བྱ་བ་ནི་དེ་ལྟར་མོས་ནས་བདག་དང་གཞན་གྱི་དོན་དུ་བླ་ན་མེད་པའི་བྱང་ཆུབ་ཏུ་སེམས་བསྐྱེད་པའི་དུས་ན་ནི་འདོད་པའི་ཁམས་དང་གཟུགས་ཀྱི་[124] ཁམས་དང་། གཟུགས་ (D37b2) མེད་པའི་ (P40b1) ཁམས་ཀྱི་སེམས་ཅན་ཀུན་ལས་འཕགས་པར་འགྱུར་ཏེ། འདི་ནི་ཡོན་ཏན་གཉིས་པའོ། །

སྲིད་པའི་བདེ་བ་དང་ II. 9a

ཞེས་བྱ་བ་ལ་བདག་དང་གཞན་གྱི་དོན་དུ་ལས་དང་ཉོན་མོངས་པའི་དབང་གིས་སྐྱེ་བ་ནི་མ་ཡིན་གྱི་ཤེས་ (P40b2) བཞིན་དུ་ནི་སྲིད་པར་སྐྱེ་བ་ཡོངས་སུ་འཛིན་པའི་དུས་ན་ལྷ་དང་མིའི་ (D37b3) ལོངས་སྤྱོད་ཕུན་སུམ་ཚོགས་པ་མྱོང་བར་འགྱུར་ཏེ། འདི་ནི་ཡོན་ཏན་གསུམ་པའོ། །

(119) གར་ C, D : གར་ཏེ་ G, N, P
(120) པས་ན་ C, D : པས་ G, N, P
(121) རྟོགས་ C, D, G, P : རྟགས་ N
(122) བསྟན་པར་བྱ་བའི་ཕྱིར་ C, D : བསྟན་པར་བྱ་བའི་ G, N, P
(123) བླ་མ་ em. MSABh: བླ་ན་ C, D, G, N, P
(124) གཟུགས་ཀྱི་ C, D : གཟུགས་ G, N, P

ある生から［次の］ある［生の］どこに生まれたとしても行為をなすので「常に行う」といわれる。また，一瞬毎に連続して断絶しないので「途絶えることなく行う」といわれる。

【第 9 偈】
［導入の］「[C] 証得することの意味について，一偈がある」という［世親釈］について。[A] 遍く行き渡ることの意味と [B] 受け入れることの意味を説示したので，ここでは [C] 証得することの意味を広く説示するために，［第 9］偈を始めるのである。

この大乗を帰依処とすることについて，［その］内容を要約すれば人法［二］無我を証得することであり，詳説すれば八種の功徳を証得するという意味である。

[C1] 福徳の大きな集合を［得て］，//II.9a//

ということについて。まず第一に，甚深広大な大乗の経典に対する信解の力によって，深い浄信が起こった段階で，虚空界と衆生［界］の隅々に行きわたるほどの福徳の資糧をさらに得るようになる。これが第一の功徳である。

[C2] 三界における敬重を［得て］，//II.9a//

ということについて。このように信解して，自利利他のために無上菩提に発心した段階で，欲界・色界・無色界の衆生すべてから尊敬されるべきものとなる。これが第二の功徳である。

[C3] 有（生死輪廻の存在）の安楽を［得て］，//II.9a//

ということについて。自利利他の利益のために，業と煩悩の力によって生まれるのではなく故意に有（生死輪廻の存在）に生を取る段階で，天と人の円満な享楽を経験する。これが第三の功徳である。

སྡུག་བསྔལ་ཕུང་པོ་རབ་ཞི་ II. 9b

ཞེས་བྱ་བ་ལ་གང་གི་ཕྱིར་ས་དང་པོ་ཁོང་དུ་ཆུད་ (P40b3) པ་ན་ཆོས་ཀྱི་དབྱིངས་ཀུན་ཏུ་འགྲོ་བའི་མཚན་ཉིད་དུ་རྟོགས་སོ། ། དེ་ལྟར་རྟོགས་པས་ན་[125] བདག་དང་གཞན་མཉམ་པ་ཉིད་ཀྱི་སེམས་ཐོབ་སྟེ། (D37b4) དགའ་བའི་མཆོག་ཀྱང་རྙེད་དོ། ། དེ་བས་ན་ས་དང་པོའི་ངེས་པའི་ཚིག་ཏུ་འང་ (P40b4) ས་རབ་ཏུ་དགའ་བ་ཞེས་བྱ་སྟེ། དང་པོ་ཉིད་དུ་བདག་དང་གཞན་གྱི་དོན་སྒྲུབ་པ་རྙེད་[126] པའི་ཕྱིར་རོ། །

དེ་ལྟར་ཆོས་ཀྱི་དབྱིངས་ཀུན་ཏུ་འགྲོ་བའི་མཚན་ཉིད་དུ་རྟོགས་པ་དེས་བདག་དང་སེམས་ཅན་ཐམས་ཅད་ཀྱི་ (P40b5) སྡུག་ (D37b5) བསྔལ་གྱི་ཕུང་པོ་ཞི་བར་བྱེད་དོ། ། དེའི་ཚེ་ན་བདག་ཉིད་འཇིགས་པ་ལྔ་ལས་འདས་པས་ན་བདག་གི་སྡུག་བསྔལ་གྱི་ཕུང་པོ་ཆེན་པོ་ཞིའོ། ། བདག་བཞིན་དུ་སེམས་ཅན་རྣམས་ཀྱི་འཇིགས་པ་ལྔ་ཡང་མེད་པར་བྱེད་པས་ན་ (P40b6) སེམས་ཅན་གྱི་སྡུག་བསྔལ་གྱི་ཕུང་པོ་ཡང་ཞི་བར་བྱེད། འཇིགས་པ་ལྔ་ནི་ འཚོ་ (D37b6) བ་མེད་པའི་འཇིགས་པ་དང་། ཚིགས་སུ་བཅད་པ་མེད་པའི་འཇིགས་པ་དང་། འཁོར་གྱི་འཇིགས་པ་དང་། ངན་འགྲོར་ལྟུང་བའི་འཇིགས་པ་དང་། (P40b7) འཆི་འཕོའི་འཇིགས་པ་སྟེ། འདི་ནི་ཡོན་ཏན་བཞི་པའོ། །

བློ་མཆོག་བདེ་བ་དང་ II. 9b

ཞེས་བྱ་བ་ལ། ས་བརྒྱད་ལ་མི་སྐྱེ་བའི་ཆོས་ལ་བཟོད་པ་ཐོབ་ (D37b7) པའི་དུས་ན་ལྷུན་གྱིས་གྲུབ་པ་རྣམ་པར་མི་རྟོག་པའི་ཡེ་ཤེས་ཀྱི་སྣང་བ་ཆེན་པོ་ཐོབ་པས་ན། (P40b8) ཆོས་མཆོག་བདེ་བ་ཐོབ་པ་ཞེས་བྱ་སྟེ། འདི་ནི་ཡོན་ཏན་ལྔ་པའོ། ། དེ་ལ་རྣམ་པར་མི་རྟོག་པའི་ཡེ་ཤེས་ལ་ལྷུན་གྱིས་གྲུབ་པར་གནས་པའི་དཔེ་ཡང་རྒྱ་མཚོའི་གྲུ་བོ་ཆེས་བསྟན་པ་ལྟ་བུའོ། ། [127]

ཆོས་ཆེན་ཕུང་པོ་ མཆོག་རབ་ རྟག་པའི་སྐུ་སྟེ་ དགེ་བའི་ཚོགས། །
བག་ཆགས་ལས་ཀྱང་བཟློག་ཅིང་སྲིད་ཞི་རྣམ་པར་གྲོལ་བ་ཐོབ་[128] ། ། II. 9cd

ཅེས་བྱ་བ་ལ། དེ་ནས་ས་བཅུ་འདས་ནས་སངས་རྒྱས་ཀྱི་སར་ ཆེན་པོའི་ཕུང་ (P41a2) པོ་མཆོག་རབ་རྟག་པའི་སྐུ་དགེ་བའི་ (D38a2) ཚོགས་ཀྱང་འཐོབ་སྟེ། འདི་ནི་ཡོན་ཏན་དྲུག་པའོ། །

---

(125) པས་ན་ C, D : པས་ G, N, P
(126) སྒྲུབ་པ་རྙེད་ em.: སྒྲུབ་པའི་ཉེས་པ་རྙེད་ C, D, G, N, P
(127) ins. བློ་མཆོག། ། བདེ་བ་དང་ཞེས་བྱ་བ་ལ། C, D, G, N, P
(128) ཐོབ་ C, D : འཐོབ་ G, N, P

[C4] 苦の［大きな］集合の鎮静を［得て］，//Ⅱ.9b//

というのはなぜなのか。初地を証得する段階で，法界に遍く行き渡ることの特徴を証得するからである。このように証得するから，自己と他者の平等性の心を得て，喜びの極みをも獲得する。したがって，初地を語義解釈して「歓喜地」というのである。まず最初に自利・利他の成就を獲得するからである。

［さて,］上述のように法界に遍く行き渡ることの特徴を証得することによって，自己と一切衆生の苦の［大きな］集合を鎮静するのである。その時，自身は五つの怖畏を超過しているから，自己の苦の大きな集合を鎮静するのである。自己自身と同様に，［一切］衆生の五つの怖畏をも無くすから，［一切］衆生の苦の［大きな］集合をも鎮静するのである。［その］五つの怖畏とは，⑴生活できないことへの怖畏（不活畏），⑵名誉を失うことへの怖畏（悪名畏），⑶大衆の前に出ることへの怖畏（大衆威徳畏），⑷悪趣に堕ちることへの怖畏（悪道畏），⑸死ぬことへの怖畏（死畏，命終畏）である。以上［の苦の大きな集合の鎮静］が第四の功徳である。

[C5] 最高の叡智の安楽を［得て］，//Ⅱ.9b//

ということについて。第八地において無生法忍を得た段階で，無功用にして無分別智の偉大な顕現を得るから，最高の法の安楽を得るといわれる。これが第五の功徳である。そこ（第八地）において，無分別智に無功用に住することの譬喩はまた，大海における大船の説示の如くである。

[C6] 多大なる法の根幹，［すなわち］遥かにすぐれて恒常なる身体であり，［十力・四無畏の］浄善の蓄積を［得て］，[C7]［すべての］習気の止滅を［得て］，[C8] 有（生死輪廻の存在）と寂滅（涅槃）からの解放を得るのである。
// II.9cd //

という［第９偈 cd 句］について。これ以後，第十地を越えて仏地に至るまで，**[C6] 多大な［法の］根幹，［すなわち］遥かにすぐれて恒常な身体**である**浄善の蓄積**をも得るのである。これが第六の功徳である。

སངས་རྒྱས་ཀྱི་སར་ བག་ཆགས་ཐམས་ཅད་བཟློག་པ་ཡང་འཐོབ་སྟེ། འདི་ནི་ཡོན་ཏན་བདུན་པའོ། །

སྲིད་ཞི་རྣམ་པར་གྲོལ་བ་ཡང་ (P41a3) འཐོབ་སྟེ། འདི་ནི་ཡོན་ཏན་བརྒྱད་པའོ། །

ཆོས་ཀྱི་སྐུ་ དེ་གསུང་རབ་ཡན་ལག་བཅུ་གཉིས་འབྱུང་ (D38a3) བའི་ འབྱུང་གནས་ཡིན་པས་ཆོས་ཆེན་ཕུང་པོ་ཞེས་བྱའོ། ། ཆོས་ཀྱི་སྐུ་དེ་ (129) ཉན་ཐོས་ཀྱི་རྣམ་པར་གྲོལ་བའི་སྐུ་དང་། འཇིག་ (P41a4) རྟེན་དང་འཇིག་རྟེན་ལས་འདས་པའི་ ཆོས་ཐམས་ཅད་ཀྱི་ ཕུལ་དུ་ཕྱུར་པས་མཆོག་རབ་ཅེས་བྱའོ། ། ཆོས་ཀྱི་སྐུ་དེ་འཁོར་བའི་མཐའ་དང་། སེམས་ཅན་གྱི་མཐའ་དང་ (D38a4) ནམ་མཁའི་མཐའི་བར་དུ་གནས་པས་རྟག་པའི་སྐུ་ཞེས་བྱའོ། ། (P41a5)

སངས་རྒྱས་ཀྱི་སའི་དུས་ན་གང་ཟག་ལ་བདག་མེད་པར་རྟོགས་པས་ནི་ཉོན་མོངས་པའི་བག་ཆགས་སྤངས། ཆོས་ལ་བདག་མེད་པར་རྟོགས་པས་ནི་ཤེས་བྱའི་བག་ཆགས་སྤངས་པས་ བག་ཆགས་ཐམས་ཅད་ལས་ཀྱང་བཟློག་ (D38a5) (P41a6) པའོ། །

སངས་རྒྱས་ཀྱི་སའི་དུས་ན་མི་གནས་པའི་མྱ་ངན་ལས་འདས་པ་ཐོབ་པས་ སྲིད་ཞི་རྣམ་པར་གྲོལ་བ་ཞེས་བྱ་སྟེ། སྲིད་པ་ནི་འཁོར་བ་སྟེ། འཁོར་བ་ལས་རྣམ་པར་གྲོལ་ཞིང་འཁོར་པ་ལའང་མི་གནས་སོ། ། ཞི་བ་ནི་མྱ་ངན་ (P41a7) ལས་(130) འདས་པ་སྟེ་མྱ་ངན་ལས་འདས་པ་ལས་རྣམ་པར་གྲོལ་ཞིང་ (D38a6) མྱ་ངན་ལས་འདས་པ་ལ་ཡང་མི་གནས་སོ་ཞེས་བྱ་བའི་དོན་ཏོ། ། དེ་ལ་ཤེས་རབ་དང་ལྡན་པས་ནི་འཁོར་བ་ན་གནས་ཀྱང་(131) འཁོར་བའི་ཉེས་པས་མི་གོས་པས་ན་འཁོར་བ་ན་ (P41a8) མི་གནས་ (132) སོ། ། སྙིང་རྗེ་དང་ལྡན་པས་ཉན་ཐོས་བཞིན་མྱ་ངན་ལས་འདས་པ་འབའ་ཞིག་ཏུ་མ་ཞུགས་པའི་ཕྱིར་མྱ་ངན་ (D38a7) ལས་འདས་པ་ལ་མི་གནས་པས་སོ། །

འདི་ཞི་བར་བྱེད་པས་ན་རབ་ཏུ་ཞི་བའོ་ ཞེས་པ་ནི་ས་དང་ (P41b1) པོར་ཆོས་ཀྱི་དབྱིངས་ཀུན་ཏུ་འགྲོ་བར་ཤེས་ནས་བདག་དང་གཞན་མཉམ་པ་ཉིད་ཐོབ་པའི་ཡེ་ཤེས་ཀྱིས་བདག་དང་གཞན་གྱི་འཇིགས་པ་ལྟ་རབ་ཏུ་ཞི་བར་བྱེད་པས་ན་ཡེ་ཤེས་ལ་རབ་ཏུ་ཞི་བ་ཞེས་བྱའོ། ། (D38b1)

[D]ཟིལ་གྱིས་གནོན་པའི་དོན་(P41b2)དུ་ཚིགས་སུ་བཅད་པ་ ཞེས་བྱ་བ་ལ། ཀུན་ཏུ་འགྲོ་བ་ ལ་སོགས་པའི་དོན་གསུམ་བཤད་ནས་ཟིལ་གྱིས་གནོན་པའི་དོན་རྒྱས་པར་བསྟན་པའི་ཕྱིར་ཚིགས་སུ་བཅད་པ་རྩོམ་སྟེ། ཐེག་པ་ཆེན་པོ་ལ་སྐྱབས་སུ་སོང་ན་དགེ་བ་རྣམ་པ་ (P41b3) བཞིས་ཉན་ཐོས་ལ་སོགས་པ་ཟིལ་གྱིས་ (D38b2) གནོན་པར་བྱེད་དོ་ཞེས་བྱ་བའི་དོན་ཏོ། །

(129) ཆོས་ཀྱི་སྐུ་དེ་ G, N, P: ཆོས་ཆེན་སྐུ་སྟེ་ C, D.

(130) ལས་ C, D, G, N : པས་ P

(131) གནས་ཀྱང་ C, D : ཡང་ G, N, P

(132) ins. པས་ G, N, P

仏地に至るまで，さらにすべての **[C7]［すべての］習気の止滅**を得るのである。これが第七の功徳である。

さらに **[C8] 有（生死輪廻）と寂滅（涅槃）からの解放を得るのである**。これが第八の功徳である。

[C6] この教法の身体は，「十二部［経］」を生じる鉱脈であるから，「**多大な法の根幹**」といわれる。この教法の身体は，声聞の解脱身と世間・出世間のすべての教法の中で最勝であるから，「**遥かにすぐれて**」といわれる。この教法の身体は，輪廻する限り，衆生のいる限り，そして虚空の果てに至るまで存続するので，「**恒常なる身体**」といわれる。

仏地の段階で，人無我を証得することによって煩悩の習気を断滅し，法無我を証得することによって所知の習気を断滅するので，さらにすべての **[C7] 習気を止滅**しているのである。

仏地の段階で，無住処涅槃を得るので，**[C8] 有（生死輪廻）と寂滅（涅槃）からの解放**［を得ている］といわれる。「**有**」とは［生死］輪廻である。［生死］輪廻［への住着］から解放されて［生死］輪廻にも住着しない。「**寂滅**」とは涅槃である。涅槃［への住着］から解放されて涅槃にも住着しないという意味である。ここ（仏地）において，智慧を備えていることによって，［生死］輪廻に住しても［生死］輪廻の罪過に染まらないから，［生死］輪廻に住着しないのである。［大］悲を備えていることによって，声聞のように専ら涅槃に執着しないから，涅槃に住着しないのである。

［世親釈の］「これ(苦の大きな集合)を鎮めるから鎮静である」とは，初地において法界に遍く行き渡ることを知って，自己と他者の平等性を得た智にもとづいて，自己と他者に関する五つの怖畏を完全に鎮めるから，智における「**鎮静**」という。

【第 10 偈】

［導入の］「[D] 他に勝ることの意味について，一偈がある」という［世親釈］について。［第 1 偈で示した］「[A] 遍く行き渡ること」などの三つの意味はすでに説いたので，「[D] 他に勝ることの意味」を詳細に説明するために，［第 10］偈を始めるのである。大乗を帰依処とする場合，四種の浄善は声聞などの他者［の浄善］より勝るという意味である。

བློ་ལྡན་དགེ་བ་རྒྱ་ཆེས་(133) ཉན་ཐོས་མང་པོ་ཟིལ་གྱིས་གནོན། །
དོན་ཆེན་(134) མཐའ་ཡས་རྟག་ཏུ་རྒྱུན་མི་འཆད་ཅིང་མི་ཟད་པས། ། II. 10ab

ཞེས་བྱ་བའི་ཚིགས་བཅད་(135) རྐང་ (P41b4) པ་ཕྱེད་ཀྱི་བཤད་པས་ནི།

དགེ་བའི་ འཇིག་རྟེན་ མ་ཡིན་དེ་ཡང་ སྨིན་པར་བྱེད། །
ཕུན་སུམ་ (D38b3) ཚོགས་(136) པ་རྙེད་པ་(137) ཕུང་པོ་ཞི་བས་མི་ཟད་པ་། ། II. 10cd

ཞེས་བྱ་བའི་ཚིགས་སུ་བཅད་པ་ཕྱེད་ཀྱིས་བཤད་དེ། བློ་དང་ལྡན་པ་ནི་བྱང་ཆུབ་སེམས་ (P41b5) དཔའ་རྣམས་ལ་བྱའོ། །

བྱང་ཆུབ་སེམས་དཔའ་རྣམས་དང་པོ་བྱང་ཆུབ་ཏུ་སེམས་བསྐྱེད་པའི་དགེ་བ་ནས་མོས་པས་(138) སྤྱོད་པའི་ས་འཇིག་རྟེན་གྱི་ཆོས་མཆོག་ (D38b4) མན་ཆད་ཀྱི་ འཇིག་རྟེན་པའི་དགེ་བ་ནི་ཉན་ཐོས་ཀྱི་དགེ་བ་ལྟར་མྱ་ངན་ལས་ (P41b6) འདས་པའི་ཕྱོགས་འབའ་ཞིག་ཏུ་འཇུག་པ་མ་ཡིན་གྱི་(139) སེམས་ཅན་ཐམས་ཅད་ཀྱི་དོན་དུ་འཁོར་བར་འཇུག་པའི་རྒྱུ་ཡང་བྱེད་པས་ རྒྱ་ཆེ་བའི་ཕྱིར་ཉན་ཐོས་ཐམས་ཅད་ཟིལ་གྱིས་གནོན་ཏོ། །

ས་དང་པོ་ནས་ས་བདུན་མན་ (D38b5) ཆད་ཀྱི་ (P41b7) འཇིག་རྟེན་ལས་འདས་པའི་དགེ་བ་ནི་བླ་ན་མེད་པའི་བྱང་ཆུབ་པར་བྱེད་པའི་ཕྱིར་ དོན་ཆེ་བ་སྟེ། དོན་ཆེ་བའི་ཕྱིར་ཉན་ཐོས་ཐམས་ཅད་ ཟིལ་གྱིས་གནོན་(140) ཞེས་བྱ་བའི་དོན་ཏོ། །

ས་བརྒྱད་པ་(141) ཡན་ཆད་ (142) ནི་རྣམ་པར་མི་རྟོག་པའི་ཡེ་ཤེས་ (P41b8) ལྷུན་གྱིས་གྲུབ་པ་ལ་གནས་པས་ན་དགེ་བའི་ རྩ་བ་རྣམས་ (D38b6) ཡོངས་སུ་སྨིན་པར་བྱེད། འབྲུ་རྣམས་ཡོངས་སུ་སྨིན་པར་བྱེད་པའི་ཚེ་མང་དུ་འཕེལ་བ་དང་འདྲ་བ་དེ་ཡན་ཆད་དགེ་བའི་ རྩ་བ་སྨིན་པས་སྟོབས་དང་མི་འཇིགས་པ་དང་། (P42a1) མ་འདྲེས་པ་དང་། ས་དང་ཕ་རོལ་ཏུ་ཕྱིན་པ་ལ་སོགས་པའི་ཡོན་ཏན་ མཐའ་ཡས་པ་འཕེལ་བར་འགྱུར་ཏེ། དེས་ན་རྟག་ཏུ་ (D38b7) སངས་རྒྱས་ཀྱི་མཛད་པ་རྒྱུན་མི་འཆད་པར་མཛད་ཅིང་དམ་པའི་ཆོས་འཆད་པ་ (P42a2) རྒྱུན་མི་འཆད་

(133) ཆེས་ C, D : ཆེ་ G, N, P
(134) ཆེན་ C, D : ཆེ་ G, N, P
(135) བཅད་ C, D : བཤད་ G, N, P
(136) ཚོགས་ C, D, G, P : མཚོགས་ N
(137) པ་ C, D : པས་ G, N, P
(138) པས་ C, D : པ་ G, N, P
(139) གྱི་ C, D : གྱིས་ G, N, P
(140) གནོན་ G, N, P : གནོན་ཏོ་ C, D
(141) ས་བརྒྱད་པ་ C, D : ས་བརྒྱད་ G, N, P
(142) ཡན་ཆད་ C, D : ཡན་ཆད་ན་ G, N, P

浄善は，[1] 広大であるから，[2] 意義が偉大であるから，[3] 無辺際であるから，[4] 常に途絶えることなく無尽であるから，智者（菩薩）は声聞衆に勝るのである。// II.10ab //

という偈の［前］半部分の説示によって，

その浄善はまた，[1'] 世間的なものと，[2'] 非世間的なものとであり，[3'] 成熟せしめるものと，[4'] 自在性を得ているものとである。［五蘊という］依り所が滅しても，これ（自在性）は尽きることがないのである。// II.10cd //

という偈の［後］半部分による説示がある。「**智者**」とは諸菩薩のことである。

菩提に対する初発心の浄善から信解行地である世第一法（世間的な最高の法）に至るまでの［菩薩の］[1'] 世間的な浄善は，声聞の浄善のように涅槃の一分にも入らないけれども，一切衆生の利益のために［生死］輪廻に入る原因ともなる点で [1] 広大であるから，諸菩薩は一切の声聞たちに勝るのである。

初地から第七地に至るまでの［菩薩の］[2'] 出世間の浄善は，無上菩提となるから，意義が偉大なのである。[2] 意義が偉大であるから，［諸菩薩は］一切の声聞たちに勝るという意味である。

第八地以上では，無分別智が無功用に［はたらいて］存続するので，諸の善根を [3'] 成熟せしめるのである。諸の穀物を成熟せしめる時に［穀物が］多量に増大する。同様に，それ（第八地）以上では，善根を成熟させることにより［十］力と［四］無畏と［十八］不共［法］と［十］地と［六］波羅蜜などの功徳が [3] 無辺際に増大するのである。したがって，常に仏陀のはたらき（仏事）を途絶えることなく行って，妙法を説くことを途絶えることなく行うという点でも，［諸菩薩は一切の］声聞たちに勝るという意味である。

པར་མཛད་པས་ཀྱང་ཉན་ཐོས་རྣམས་ཟིལ་གྱིས་གནོན་ཏོ་ཞེས་བྱ་བའི་དོན་ཏོ། །

དེ་ནས་སངས་རྒྱས་ཀྱི་སར་སྟོབས་དང་མི་འཇིགས་པ་དང་། མ་འདྲེས་པ་ལ་སོགས་པའི་ཡོན་ཏན་ཕུན་སུམ་ཚོགས་པ་རྙེད་ (D39a1) པ་ (P42a3) ཡང་ ཕུང་པོ་ཞི་བ་སྟེ། ཕུང་པོའི་ལྷག་མ་མ་ལུས་པར་སྤངས་པའི་མྱ་ངན་ལས་འདས་པར་ཞུགས་ཀྱང་ཟད་ཅིང་མཐར་ཐུག་པར་མི་འགྱུར་ཏེ། མི་ཟད་པའི་ཕྱིར་ཡང་ཉན་ཐོས་རྣམས་ཟིལ་གྱིས་གནོན་ཏོ། །

སྐྱབས་སུ་འགྲོ་བ་(P42a4)བསྟན་པའི་ཚིགས་སུ་བཅད་པ་ ཞེས་བྱ་བ་ (D39a2) ལ། གོང་དུ་ནི་ཐེག་པ་ཆེན་པོར་སྐྱབས་སུ་སོང་བ་དེ་ཀུན་འགྲོ་བ་ལ་སོགས་པའི་ཁྱད་པར་བཞི་དང་ལྡན་པས་འཇིག་རྟེན་དང་འཇིག་རྟེན་ལས་འདས་པའི་སྐྱབས་སུ་འགྲོ་བ་[143] ཁྱད་ཞུགས་སོ་ (P42a5) ཞེས་བསྟན་ནས། ད་ནི་སྐྱབས་སུ་འགྲོ་བའི་ (1) རང་བཞིན་དང་། (2) རྒྱུ་དང་ (3) འབྲས་བུ་དང་ (4) ལས་དང་ (5) ལྡན་པ་དང་། (D39a3) (6) རབ་ཏུ་དབྱེ་བ་བསྟན་པ་ལས་ བརྩམས་ནས་ཚིགས་སུ་བཅད་པ་རྩོམ་མོ། །

དེ་ནི་དེའི་དངོས་འདོད་ཕྱིར་ནི་ཁས་ལེན། ། II. 11a

ཞེས་བྱ་བ་ (P42a6) ཉན་ཐོས་དག་དཀོན་མཆོག་གསུམ་ལ་སྐྱབས་སུ་འགྲོ་བ་ནི་བདག་འཁོར་བའི་སྡུག་བསྔལ་ལས་ཐར་བར་གྱུར་ཅིག་ཅེས་བདག་ཡོངས་སུ་བསྐྱབ་པར་བྱ་བའི་ཕྱིར་སྐྱབས་སུ་འགྲོ་ (D39a4) བའོ། ། བྱང་ཆུབ་སེམས་དཔའ་རྣམས་དཀོན་ (P42a7) མཆོག་གསུམ་ལ་སྐྱབས་སུ་འགྲོ་བ་ནི། སངས་རྒྱས་གང་ལ་སྐྱབས་སུ་སོང་བའི་སངས་རྒྱས་དེའི་རང་བཞིན་ཉིད་ཐོབ་པར་བྱ་བའི་ཕྱིར་སྐྱབས་སུ་འགྲོ་བར་ཁས་ལེན་ཏེ། སངས་རྒྱས་འདི་སེམས་ཅན་ཐམས་ཅད་ཀྱི་ (P42a8) སྐྱབས་སུ་གྱུར་པ་དེ་བཞིན་དུ་བདག་ (D39a5) ཀྱང་སེམས་ཅན་ཐམས་ཅད་ཀྱི་སྡུག་བསྔལ་ཞི་བར་བྱ་བའི་ཕྱིར་སངས་རྒྱས་ཉིད་དུ་གྱུར་ཅིག་ཅེས་ཁས་ལེན་ཏེ། དེ་ལྟར་ཁས་ལེན་པ་ནི་(1) རང་བཞིན་ནོ། །

སྙིང་རྗེའི་ཕྱིར་ཡང་[144] རིག་[145] པར་བྱ། ། II. 11a

ཞེས་ (P42b1) བྱ་བ་ལ་སངས་རྒྱས་ཐོབ་པར་གྱུར་ཅིག་ཅེས་ཁས་ལེན་པ་ཡང་སེམས་ཅན་སྡུག་བསྔལ་བ་རྣམས་ལ་

---

(143) བ་ G, N, P : བས་ C, D
(144) ཡང་ C, D, G, P : om. N
(145) རིག་ C, D : རིགས་ G, N, P

その後に，仏地において［十］力と［四］無畏と［十八］不共［法］などの完全円満な功徳を得て，さらに「［五蘊という］**依り所が滅する**」のである。依り所を余すことなく断捨した涅槃（無余依涅槃）に入ったとしても，尽きて究竟とはならない。さらに [4]［自在性が］無尽であるから，［諸菩薩は一切の］声聞たちに勝るのである。

【第 11 偈】

［導入の］「［大乗を］帰依処とすること［の六義による構成］を説明して，一偈がある」という［世親釈］について。大乗を帰依処とすることは「遍く行き渡ること」などの四つの卓越［した意味］を備えている。それにもとづいて，[1'] 世間的なと [2'] 出世間的な「帰依処とすること」が勝れていると先（第 10 偈）に説いた。だから今は，［大乗を］帰依処とすることの⑴本性と⑵原因と⑶結果と⑷はたらきと⑸具備と⑹区別（あり方・生起）の［六義の］説明を端緒として［第 11］偈を始める。

これ（帰依処とすること）は，[1] それ自体（仏たること）を希求するから「受け入れること」である。// II.11a //

という［第 11 偈 a 句］について。声聞たちが三宝を帰依処とするのは，「自ら［生死］輪廻の苦から解脱しますように」と［希求して］，自身を救護するために［三宝を］帰依処とするのである。諸菩薩が三宝を帰依処とするのは，仏陀を帰依処として，その仏陀の自性そのものを［自身に］成就するために，［三宝を］帰依処とすることを受け入れるのである。その仏陀が一切衆生の帰依処となるのと同様に，［菩薩］自身も一切衆生の苦を寂滅するために，「仏陀そのものとなりますように」と［仏陀を帰依処とすることを］受け入れるのである。このように，「**受け入れること**」が［「大乗を帰依処とすること」の］「⑴本性」である。

そして，[2]［それは］悲愍（悲）からであると考える。// II.11a //

ということについて。「仏陀となりますように」と，［仏陀を帰依処とすることを］受け入れることもまた，苦悩する諸衆生に対する悲愍を原因として受け入れるのである。「**悲愍**」は［仏陀を］帰依処とすることの「⑵原因」であると知るべきである。

(D39a6) སྙིང་[146] རྗེའི་རྒྱུས་ཁས་ལེན་[147] ཏེ། སྙིང་རྗེ་ནི་སྐྱབས་སུ་འགྲོ་བའི་ (2)རྒྱུ་ ཡིན་པར་རིག་པར་བྱའོ། །

དེའི་ཕྱིར་ཐམས་ཅད་མཁྱེན་པ། ། II. 11b

ཞེས་ (P42b2) བྱ་བ་ལ་[148] ། དེ་ལྟར་སྐྱབས་སུ་འགྲོ་བའི་ (1) རང་བཞིན་ དང་ (2)རྒྱུ་ བསྐྱེད་ནས་ས་བཅུ་རིམ་གྱིས་བསྒྲུབས་ནས་སངས་རྒྱས་ཀྱི་སར་ཡེ་ཤེས་བཞིའི་བདག་ཉིད་ཐམས་ཅད་མཁྱེན་པ་ (D39a7) འཐོབ་[149] སྟེ། དེ་ནི་སྐྱབས་སུ་འགྲོ་བའི་ (3) འབྲས་བུའོ། །

ཕན་ (P42b3) པ་བྱེད་ཅིང་དཀའ་བྱེད་ཡོངས་མི་སྐྱོ་[150] ། ། II. 11b

ཞེས་བྱ་བ་ལ་[151] ། སངས་རྒྱས་སུ་གྲུབ་ནས་སེམས་ཅན་ལ་ཕན་པར་བྱེད་པ་དང་བདེ་བར་བྱེད་པ་དང་། དཀའ་བ་སྤྱོད་པས་ཡོངས་སུ་མི་སྐྱོ་བ་ནི་སྐྱབས་སུ་འགྲོ་བའི་ (4) ལས་ ཡིན་ནོ། ། ཚེ་འདིར་ཟང་ (P42b4) ཟིང་ (D39b1) རྣམ་པ་སྣ་ཚོགས་ཀྱིས་ཕན་བཏགས་ཏེ། མི་དགེ་བ་ལས་བཟློག་ཅིང་དགེ་བ་ལ་བཞག་པ་ནི་ ཕན་པར་བྱེད་པའོ། ། ཚེ་རབས་གཞན་དུ་ལྷ་དང་མིའི་ལོངས་སྤྱོད་དང་མྱ་ངན་ལས་འདས་པ་ལ་བཀོད་པ་ནི་ བདེ་བར་བྱེད་པའོ། ། (P42b5) སེམས་ཅན་གྱི་དོན་དུ་ལུས་དང་སྲོག་ལ་ཕངས་པ་མེད་པར་མགོ་དང་རྐང་ (D39b2) ལག་ལ་སོགས་པ་གཏོང་བ་ནི་ དཀའ་བ་བྱེད་པས་མི་སྐྱོ་བ་ ཞེས་བྱའོ། །

ཐེག་པ་ཀུན་གྱིས་འབྱུང་ཞིང་སོ་སོར་འབྲང་ཞིང་རྟག་ཏུ་ཡོན་ཏན་ལྡན། ། II. 11c

ཞེས་བྱ་བ་ལ། (P42b6) ཐེག་པ་གསུམ་གྱི་ཐབས་ཀྱིས་སེམས་ཅན་རྣམས་ཁམས་གསུམ་ལས་བསྒྲལ་བར་བྱ་བའི་ཕྱིར་[152] སེམས་ཅན་སོ་སོ་ནས་[153] སྡུག་ཅིང་ཕོངས་པ་ (D39b3) རྣམས་ཀྱི་སྐྱབས་དང་མགོན་རྒྱུན་མི་འཆད་པར་བྱེད་པའི་ཡོན་ཏན་དང་ལྡན་ཏེ། འདིས་ནི་ (5) ལྡན་ (P42b7) པ་ བསྟན་ཏོ། །སོ་སོར་འབྲང་ ཞེས་བྱ་བ་ ནི་སེམས་ཅན་རྣམས་ཀྱི་སྐྱབས་དང་མགོན་དུ་གྱུར་པ་ཞེས་བྱ་བའི་དོན་ཏོ། །

བྱང་ཆུབ་ཏུ་སེམས་བསྐྱེད་པ་ལ་ཕྱེ་ན་དུ་ཡོད་པ་བསྟན་པའི་ཕྱིར།

(146) སྙིང་ C, D, G, P : སྙི་ N
(147) ཁས་ལེན་ C, D : ལེན་ G, N, P
(148) བྱ་བ་ལ་ C, D : བྱ་ G, N, P
(149) འཐོབ་ G, N, P : འཐོབ་པ་ C, D
(150) སྐྱོ་ C, D : སྐྱེ་ G, N, P
(151) ཞེས་བྱ་བ་ལ་ C, D : ཞེས་བྱ་བ་ G, N, P
(152) བའི་ཕྱིར་ G, N, P : བའི་ C, D
(153) ནས་ C, D : ན་ G, N, P

そのことから [3] 一切［種］智者［性］がある。// II.11b //

という［第 11 偈 b 句］について。以上のように，［仏陀を］帰依処とすることの(1)本性と(2)原因を起して，［初地乃至第］十地を順次に成就して，仏地において四智から成る「**一切［種］智者［性］**」を得るのである。これが［仏陀を］帰依処とすることの「(3)結果」である。

[4] 難行においても倦み疲れることなく，［一切衆生に］利益［と安楽］をもたらす。// II.11b //

という［第 11 偈 b 句］ことについて。仏陀と成って，衆生に利益をもたらし，安楽をもたらし，難行に倦み疲れることないのが［仏陀を］帰依処とすることの「(4)はたらき」である。今生において，種々の財物をもって摂取利益し，不善から遠離して浄善を確立することが「**利益をもたらす**」ということである。他生において，天［界の生］や人間［界の生］を享受することや涅槃に向かうことが「安楽をもたらす」ということである。衆生利益のために，身体や生命を惜しまずに頭や手足などを捨施することが「**難行においても倦み疲れることない**」ということである。

[5] あらゆる乗により出離する場合に，［そのための］帰依処となる功徳を常に具している。// II.11c //

という［第 11 偈 c 句］について。三乗の方便によって諸衆生を三界から救済するために，各々苦悩し困窮する諸衆生に対して，常に絶えず帰依処（避難所）と保護者になる功徳を具備しているのである。このことによって「(5)具備」を説示した。「**帰依処となる**」というのは，諸衆生の帰依処と保護者になるという意味である。

菩提に発心することを区別する場合，如何ほどあるかを説示するために

བརྡ་དང་ཆོས་ཉིད་ (D39b4) ཐོབ་པའི་བློ་ལྡན་རྣམས་ཀྱི་ (P42b8) སྐྱབས་སུ་འགྲོ་བ་མཆོག། | II. 11d

ཅེས་སྨོས་ཏེ། བྱང་ཆུབ་སེམས་དཔའི་སྐྱབས་སུ་འགྲོ་བ་ཕྱེ་ན་རྣམ་པ་གཉིས་ཏེ། བརྡས་[154]ཐོབ་པ་དང་། ཆོས་ཉིད་ཀྱིས་ཐོབ་པའོ།། དེ་ལ་མཁན་པོ་དང་སློབ་དཔོན་ལས་བླངས་པའི་བྱང་ཆུབ་ཀྱི་སེམས་ནི་ (P43a1) བརྡས་ཐོབ་པ་ ཞེས་བྱའོ། (D39b5) བྱང་ཆུབ་སེམས་དཔས་ས་དང་པོ་ཐོབ་ནས་ཆོས་ཀྱི་དབྱིངས་ཐམས་ཅད་དུ་འགྲོ་བའི་མཚན་ཉིད་རྟོགས་ཏེ་དགེ་བའི་བཤེས་གཉེན་ལ་མ་བརྟེན་པར་སྨོན་ལམ་ཆེན་པོ་བཅུ་ལ་ (P43a2) སོགས་པ་ནི་ཆོས་ཉིད་ཀྱིས་[155]ཐོབ་པ་ ཞེས་བྱ་སྟེ། དེས་ (6) རབ་ཏུ་དབྱེ་བ་ བསྟན་ཏོ་[156] །།

དེ་འང་[157] རྣམ་པ་གཉིས་སུ་དབྱེ་སྟེ། ཆེན་པོ་ དང་ ཕྲ་ (D39b6) མོའི་ ཁྱད་པར་དུའོ།། བརྡས་ཐོབ་པ་ནི་མཁན་པོ་དང་སློབ་དཔོན་ལས་སྦྲའི་སྒོ་ནས་བླངས་པས་ ཆེན་ (P43a3) པོ་ དང་ རགས་པ་ ཞེས་བྱའོ། ཆོས་ཉིད་ཀྱིས་ཐོབ་པ་ ནི་ཆོས་ཉིད་ཀྱི་དོན་རྟོགས་པ་ལས་སྐྱེད་པས་ ཕྲ་བ་ དང་ ཟབ་པ་ ཞེས་བྱའོ། །

སྐྱབས་སུ་འགྲོ་བ་སྒྲུབ་པའི་ཁྱད་པར་གྱི་[158]ཚིགས་སུ་བཅད་པ་ (D39b7) ཞེས་བྱ་བ་ལ་གོང་དུ་སྐྱབས་སུ་འགྲོ་ (P43a4) བའི་ཡོན་ཏན་དང་[159] རང་བཞིན་ལ་སོགས་པ་བཤད་ནས། ད་ནི་དཀོན་མཆོག་གསུམ་ལ་སྐྱབས་སུ་སོང་སྟེ། ས་དང་ཕ་རོལ་ཏུ་ཕྱིན་པ་ལ་སོགས་པ་སྒྲུབ་[160] པ་དེ་ཉན་ཐོས་དག་ཀྱང་སྐྱབས་སུ་སོང་ནས། ལྷག་པའི་ཚུལ་ཁྲིམས་དང་། (P43a5) ལྷག་པའི་སེམས་དང་། ལྷག་ (D40a1) པའི་ཤེས་རབ་བསྒྲུབ་པ་བས་ཁྱད་ཞུགས་པར་བསྟན་པའི་ཕྱིར་ཚིགས་སུ་བཅད་པ་རྩོམ་མོ།།

སྐྱབས་སུ་འགྲོ་བ་འདིར་སོང་དོན་ཆེན་ཏེ། | II. 12a

ཞེས་བྱ་བ་ལ་འདི་ཞེས་བྱ་[161] བ་ཐེག་པ་ཆེན་པོ་དང་སྦྱར་ཏེ། ཐེག་ (P43a6) པ་ཆེན་པོ་འདིར་ཐེག་པ་ཆེན་པོའི་ཚུལ་གྱིས་དཀོན་མཆོག་གསུམ་ལ་ སྐྱབས་ (D40a2) སུ་སོང་ ན་ (1) བདག་གི་དོན་ཕུན་སུམ་ཚོགས་པ་དང་། (2) གཞན་གྱི་དོན་ཕུན་སུམ་ཚོགས་པ་འགྲུབ་པར་འགྱུར་བས་དོན་ཆེ་བ་ཞེས་བྱའོ། །

(154) བརྡས་ C, D : བརྡ་ G, N, P
(155) ཀྱིས་ C, D : ཀྱི་ G, N, P
(156) ཏོ་ C, D : ནོ་ G, N, P
(157) དེ་འང་ G, N, P : དེ་ལ་ C, D
(158) གྱི་ em. MSABh : གྱིས་ C, D, G, N, P
(159) དང་ C, D : om. G, N, P
(160) སྒྲུབ་ C, D : བསྒྲུབ་ G, N, P
(161) བྱ་ G, N, P : བྱེ་ C, D

[6] 言語協約によると法性による獲得とである。［以上が，］智者（菩薩）にとって最高の「帰依処とすること」である。// II.11d //

という［第 11 偈 d 句］について。菩薩にとって［大乗を］帰依処とすることを区別すれば二種である。すなわち，「[6-1] 言語協約による獲得」と「[6-2] 法性による獲得」である。この内で，師匠と阿闍梨から伝授された菩提心は，「[6-1] 言語協約による獲得」といわれる。菩薩が初地を得た後に，法界に遍く行き渡る相を思惟して，善き師友（善知識）に依存することなく［生じた］十大誓願などは，「[6-2] 法性による獲得」といわれる。以上によって，［大乗を帰依処とすることの］「(6)区別（あり方・生起）」が説示された。

これはまた，二種に区別される。すなわち，[6-1'] 粗大なると [6-2'] 細密なるとに区別される。[6-1] 言語協約による獲得とは，師匠や阿闍梨から言語によって伝授されたものであるから，[6-1'] 粗大であり浅薄であるといわれる。[6-2] 法性による獲得とは，法性の意味を思惟して獲得したものであるから，[6-2'] 細密であり甚深であるといわれる。

【第 12 偈】

［導入の］「［大乗の方軌にもとづいて三宝を］帰依処とすることにもとづく卓越した正行について，一偈がある」という［世親釈］について。先に［大乗を］帰依処とすることの功徳と(1)本性など［の六義］を説いたので，今は三宝を帰依処とする［点から説く］。［十］地・［六］波羅蜜などの［菩薩の］この正行は，また声聞たちが［三宝を］帰依処として増上戒学と増上定学と増上慧学を成就した［としても，声聞のそれ］よりも勝れていることを説示するために，［第 12］偈を始めるのである。

このような偉大な意義のある帰依処のあり方（領域）に至った彼は // II.12a //

という［第 12 偈 a 句］について。「**このような**」とは「大乗」と結びつく。この大乗について，すなわち大乗の方軌にもとづいて三宝を帰依処とした場合に，(1)自利の円満と(2)利他の円満を完成するので，「**偉大な意義のある**」というのである。

ཡོན་ཏན་མང་པོ་དཔག་ (P43a7) མེད་འཕེལ་བར་[162] འགྱུར། ། II. 12b

ཞེས་བྱ་བ་ལ་དེ་[163] ལྟར་བྱང་ཆུབ་ཏུ་སེམས་བསྐྱེད་ནས་ས་རིམ་བས་བསྒྲུབས་[164] ནས་སངས་རྒྱས་ཀྱི་སར་མངོན་པར་ (D40a3) སངས་རྒྱས་ནས་སྟོབས་དང་། མི་འཇིགས་པ་དང་མ་འདྲེས་པ་དང་བྱང་ཆུབ་ཀྱི་ཕྱོགས་ལ་སོགས་ (P43a8) པའི་ཡོན་ཏན་དཔག་ཏུ་མེད་པ་འཐོབ་པར་འགྱུར་ཏེ། དེ་ལྟར་ (1) བདག་གི་དོན་ཕུན་སུམ་ཚོགས་པ་གྲུབ་པར་འགྱུར་བའི་ཕྱིར་དོན་ཆེ་བར་བསྟན་ཏོ་[165] ། །

ཐེག་པ་ཆེན་པོར་སྐྱབས་སུ་སོང་ན་གཞན་ཀྱི་དོན་ཕུན་ (D40a4) སུམ་ཚོགས་པ་ཡང་འགྲུབ་པས་ (P43b1) དོན་ཆེ་སྟེ། (2) གཞན་གྱི་དོན་ཕུན་སུམ་ཚོགས་པ་བསྒྲུབ་པ་ཡང་ བསམ་པ་ཕུན་སུམ་ཚོགས་པ་དང་། སྦྱོར་བ་ཕུན་སུམ་ཚོགས་པས་བསྒྲུབ་པ་བསྟན་པའི་ཕྱིར། །

འགྲོ་བ་འདི་དག་སྙིང་རྗེའི་བསམ་པས་[166] ཁྱབ། །
མཚུངས་ (P43b2) མེད་འཕགས་ཆེན་ཆོས་ཀུན་རྒྱས་པར་བྱེད། ། II. 12cd

(D40a5) ཅེས་བྱ་བ་སྨོས་ཏེ། སྙིང་རྗེ་ཆེན་པོའི་བསམ་པས་སེམས་ཅན་ཐམས་ཅད་ལ་བྱེ་བྲག་མེད་པར་འཁོར་བའི་སྡུག་བསྔལ་ལས་བསྒྲལ་བར་བྱའོ་སྙམ་དུ་སེམས་ཏེ། འདིས་ནི་ བསམ་ (P43b3) པ་ཕུན་སུམ་ཚོགས་པ་བསྟན་ཏོ། ། དེ་ལྟར་བསམས་ནས་བྱང་ཆུབ་སེམས་དཔའི་རིགས་ཀྱི་གང་ཟག་རྣམས་ལ་མཚུངས་ (D40a6) པ་མེད་པར་འཕགས་པ་ཆེན་པོའི་ཆོས་ཕྱོགས་བཅུ་ཐམས་ཅད་དུ་རྒྱས་པར་སྟོན་ཅིང་འཆད་པར་བྱེད་དེ། (P43b4) འདིས་ནི་ སྦྱོར་བ་ཕུན་སུམ་ཚོགས་པ་བསྟན་ཏོ་[167] ། །

བདག་དང་ གཞན་གྱི་དོན་ཕུན་སུམ་ཚོགས་པ་འབྱུང་བའི་ཐེག་པ་ཆེན་པོ་དེ་ཉན་ཐོས་དང་རང་སངས་རྒྱས་ཀྱི་ཐེག་པ་བས་ཁྱད་ཞུགས་པར་འཕགས་ (D40a7) པས་མཚུངས་པ་མེད་པ་ཞེས་ (P43b5) བྱའོ། །

ཉན་ཐོས་ལའང་འཕགས་པ་ཞེས་གདགས། རང་སངས་རྒྱས་ལའང་འཕགས་པ་ཞེས་གདགས། སངས་རྒྱས་དང་བྱང་ཆུབ་སེམས་དཔའ་ལ་ཡང་འཕགས་པ་ཞེས་བྱ་ལ་[168] ། སངས་རྒྱས་དང་བྱང་ཆུབ་ (P43b6) སེམས་དཔའ་[169] ཉན་ཐོས་དང་རང་སངས་རྒྱས་རྣམས་ (D40b1) ལས་ཀྱང་འཕགས་པ་ཡིན་པས་འཕགས་པ་ཆེན་པོ་ཞེས་

(162) བར་ C, D, G, P : བས་ N
(163) དེ་ C, D, G, P : ད་ N
(164) བསྒྲུབས་ C, D : སྒྲུབས་ G, N, P
(165) ཏོ་ G, N, P : ཐོ་ C, D
(166) རྗེའི་བསམ་པས་ G, N, P : རྗེ་བསམ་མི་ C, D
(167) བསྟན་ཏོ་ C, D, G, P : བསྟན་ཏེ་ N
(168) བྱ་ལ་ C, D : བྱ་བ་ལས་ G, N, P
(169) དཔའ་ G, N, P: དཔའི་ C, D

[1] 功徳の集まりを無量に増大せしめるに至るのである。// II.12b //

という［第 12 偈 b 句］について。このように菩提に発心した後に，［初地乃至第十］地を順次成就して，仏地において現等覚し，［十］力と［四］無畏と［十八］不共［法］と［三十七］菩提分［法］などの無量の功徳を得るのである。このように，⑴自利の円満を完成するために，「**偉大な意義**」を説くのである。

大乗［の方軌にもとづいて三宝］を帰依処とした場合に，⑵利他の円満をも完成するので，「偉大な意義」である。⑵利他の円満が完成することはまた，(2-1) 意楽の円満と (2-2) 加行の円満にもとづいて完成することを説示するために，

[2] この生きとし生けるものを悲愍の意楽をもって包容して，そして偉大な聖者たちの無比なる教法を拡張せしめるのである。// II.12cd //

という。大悲の意楽（意欲）をもって一切衆生を区別なく［生死］輪廻の苦から解放しようと思惟する。これによって，(2-1) 意楽の円満を説示したのである。このように意楽して，菩薩種姓の人々に対して，無比なる偉大な聖者の教法を，十方すべてに広く開示して説き明かすのである。これによって，(2-2) 加行の円満を説示したのである。

⑴自利と⑵利他の円満成就を生み出すこの大乗は，声聞［乗］や独覚乗より勝れて聖なるものであるから，「**無比なる**」といわれる。声聞も「聖者」と呼ばれ，独覚も「聖者」と呼ばれ，仏陀や菩薩も「聖者」といわれる。仏陀と菩薩は，声聞や独覚たちよりもさらに尊いものであるから，「**偉大な聖者**」という。この大乗は彼ら［偉大な］聖者にとっての「**教法**」であるから，大乗を「**偉大な聖者たちの教法**」というのである。

བྱ་(170) སྟེ་ཐེག་པ་ཆེན་པོ་འདི་འཕགས་པ་དེ་དག་གི་ཆོས་ཡིན་པས་ན་ཐེག་པ་ཆན་པོ་ལ་འཕགས་པ་ཆེན་པོའི་ཆོས་ (P43b7) ཞེས་བྱའོ། །

དཔག་ཏུ་མེད་པ་ནི་(171) རྟོག་གེ་དང་གྲངས་དང་དུས་དཔག་ཏུ་མེད་པར་རིག་པར་བྱ་སྟེ་ ཞེས་ བྱ་ བ་ ལ། དེ་བཞིན་གཤེགས་ (D40b2) པའི་ཡོན་ཏན་ནི་རྟོག་གེ་པ་རྣམས་ཀྱི་མངོན་སུམ་དང་རྗེས་སུ་དཔག་པའི་ཚད་མས་འདི་ཙམ་ཞིག་ (P43b8) ཡོད་དེ་ཞེས་འཆད་ཅིང་དཔག་པར་མི་ནུས་པ་དང་། གྲངས་ཀྱི་སྒོ་ནས་ཀྱང་གྲངས་འབུམ་ཞེའམ་བྱེ་བ་ཡོད་ཅེས་དཔྱད་(172) པར་མི་ནུས་པ་དང་། དུས་ཀྱི་སྒོ་ནས་ཀྱང་བསྐལ་པ་གྲངས་མེད་པར་སྨྲས་ཏེ་བརྗོད་ན་ (D40b3) ཡང་མཐར་ཕྱིན་པར་ (P44a1) མི་འགྱུར་བས་ན་ དཔག་ཏུ་མེད་པ་ ཞེས་བྱའོ། །

སྐྱབས་སུ་འགྲོ་བའི་སྐབས་བཤད་པ་རྫོགས་སོ།། ། ། །

(170) བྱ་ C, D : བྱ་བ་ G, N, P

(171) ནི་ em. cf. MSABh(D136b7, P144b4) : དང་ C, D, G, N, P

(172) དཔྱད་ C, D : སྤྱད་ G, N, P

「無量とは憶測知・計数・時間によって計量することができないからであると理解すべきである」という［世親釈］について。如来の功徳は，理論家たちの直接知覚（現量）や論理（比量）という認識手段によって，「［如来の功徳は］これだけある」といって量ることができない。そして，計数によっても「［如来の功徳の］数は十万ある」とか「一千万ある」とか判断することはできない。時間によっても「阿僧祇劫（無数劫）」と説かれていて，［それを］説明しても［説き］尽くせないから，「無量である」というのである。

［以上で］「［大乗を］帰依処とすること［の考察］の章」の解説が終わる。

『大乗荘厳経論』第II章・無性釈チベット訳テキスト
『大乗荘厳経論』第II章・無性釈和訳

【チベット訳本】

· mDo sde'i rgyan gyi rgya cher bshad pa: C bi 49a1–51a5; D No.4029, bi 48b1–50b6; G No.352 bi 61a3–63b5; , N No.3521, bi 51a3–53b1; P No.5530, bi 55a5–57b5.

· 訳者は世親釈と同じく, Śākyasiṃha と Dpal brtsegs である。

· 凡例については, 世親釈のチベット訳本に準じる。

· ただしチベット訳および和訳において世親釈の引用部分については下線を引き，さらに和訳において偈頌部分は強調書体によってそれを示した。

དོན་ཤེས་པ་དོན་སྟོན་པས་ཆོས་བརྒྱན་[1] པར་བྱེད་དོ། ། I.1a

ཞེས་བཤད་པ་དང་། གང་གི་ཚེ་ཆོས་དེ་རང་བཞིན་གྱིས་ཡོན་ཏན་དང་ལྡན་པ་(D48b2)ཡིན་ན་ཇི་ལྟར་བརྒྱན་[2] པར་བྱེད་ ཅེས་བྱ་བའི་ཀླན་ཀ་ (P55a6) འདི་ཡོངས་སུ་སྤང་བའི་ཕྱིར།

གཟུགས་རྒྱན་[3] རང་བཞིན་ཡོན་ཏན་ལྡན་པ་མེ་ལོང་ནང་སོང་ན། ། I.3a

ཞེས་བྱ་བ་སྨོས་ཏེ། འདི་ཁོ་ནས་འདི་རྒྱན་ཉིད་ཡིན་པར་བསྟན་ཏོ། ། ཆོས་ཀྱི་བརྟགས་པ་ནི་སྨན་ལ་སོགས་པའི་དཔེ་ (D48b3) གསུམ་གྱིས་ (P55a7) བཤད་དོ། །

དེའི་འོག་ཏུ་ཁ་ཅིག་ཐེག་པ་ཆེན་པོ་འདི་སངས་རྒྱས་ཀྱི་བཀའ་ཡང་མ་ཡིན་ན། དེ་ལ་ཡོན་ཏན་འདི་ལྟ་ག་ལ་ཡོད་ཅེས་ལོག་པར་ཞུགས་པ་ལ་ཆོས་[4] བརྟགས་པར་ཡོན་ཏན་བརྗོད་པ་བསྒྲུབ་པའི་སྐབས་སུ་ (P55a8) ཇི་ལྟར་ཐེག་པ་ཆེན་པོ་འདི་ཁོ་ན་ (D48b4) ཡིན་གྱི་གཞན་ནི་མ་ཡིན་ནོ་ཞེས་བྱ་བ་དེ་ལྟར་ཐེག་པ་ཆེན་པོ་བསྒྲུབ་པར་བྱས་སོ་[5] ། །

ཐེག་པ་ཆེན་པོ་བསྒྲུབས་པ་དང་སངས་རྒྱས་ཉིད་ཐོབ་པར་བྱེད་པའི་ལམ་ནི་འདི་ཁོ་ན་ཡིན་གྱི་[6] གཞན་ནི་ (P55b1) མ་ཡིན་ནོ་ཞེས་རངས་པར་གྱུར་པ་གང་དག་སངས་རྒྱས་ཉིད་དོན་དུ་གཉེར་བ་དེ་དག་ལ་ཐེག་པ་ཆེན་ (D48b5) པོའི་[7] མཆོག་བསྟན་པས་ཇི་ལྟར་ན་སངས་རྒྱས་ལ་སོགས་པ་དཀོན་མཆོག་དག་ལ་སྐྱབས་སུ་འགྲོ་བར་འགྱུར་བ་དེ་ལྟར་སྐྱབས་ (P55b2) སུ་འགྲོ་བའི་དབང་དུ་བྱས་ཏེ། རང་དང་གཞན་ལ་ལེགས་པར་བྱེད་པ་སངས་རྒྱས་ཉིད་དོན་དུ་གཉེར་བས་ཆོས་ལ་འཇུད་དོ། །

(1) བརྒྱན་ C, D : རྒྱན་ G, N, P
(2) བརྒྱན་ C, D : རྒྱན་ G, N, P
(3) རྒྱན་ C, D, G, N: བརྒྱན་ P
(4) ཆོས་ G, N, P : ཆོས་ལ་དབང་བ་ C, D
(5) བྱས་སོ་ G, N, P: བྱའོ་ C, D
(6) གྱི་ C, D : གྱིས་ G, N, P
(7) ཐེག་པ་ཆེན་པོའི་ C, D : ཐེག་པའི་ G, ཐེག་པ་པོའི་ N, ཐེག་པ་ཆེན་པའི་ P

【第Ⅰ章との関係】

［大乗の］意義を知悉する者が，［その大乗の］意義の解明を行うのは // I.1a //

と［第Ⅰ章第1偈a句に］説かれた。そして，［第Ⅰ章第3偈の導入の世親釈で］「その教法が本性そのものからして功徳を備えている時に，どうしてそれ(大乗の教法)が荘厳されるべきなのかというような論難があろうが，それに答えるために」

装身具とともに，生まれつきの［美しい］功徳ある顔貌が，鏡に映し出される時に // I.3a //

という。まさにこれ（第Ⅰ章第3偈a句に）にもとづいて，［その世親釈で］「これが荘厳である」と説示された。教法の讃嘆は，［第Ⅰ章第4偈乃至第6偈で］薬などの三つの譬喩によって説かれた。

その次に，ある者が「この大乗は決して仏語ではない」といって「それ（大乗の教法）にそのような功徳がどうしてあろうか［，否，どこにもない］」という誤りに染まった者に対して，教法を讃嘆する功徳を説く「［大乗の］確立の章」において，「この大乗こそが［仏語］であるが他は［仏語では］ない」というように，大乗［は仏語であるということ］が確立した。

大乗の確立と仏たることを得させる道，これこそが［仏語］であるけれども，他は［仏語では］ないと喜ぶようになった，仏たることを求める者たちに大乗の最勝なることを説くのである。それによって，仏陀などの［三］宝を帰依処とするのと同様に，［大乗を］帰依処とすることにもとづいて［大乗の］教法に帰入させるのである。すなわち，自己と他者を善ならしめる仏たることを求めることによってである。

ངེས་པ་ ཞེས་བྱ་བའི་སྒྲ་ (D48b6) ནི་སྔོན་ལམ་ཡིན་པར་བཤད་དོ། ། ཐེག་པ་མཆོག་[8] ལ་སྐྱབས་སུ་ (P55b3) འགྲོ་བ་ནི། འཇིག་རྟེན་པ་དང་། འཇིག་རྟེན་ལས་འདས་པའི་གྲགས་པ་དག་གི་རྒྱུ་ཡིན་ནོ། །

དེ་དག་གི་ཉེས་པ་དང་། ཡོན་ཏན་ལ་རྣམ་པར་མི་རྟོག་པའི་ཕྱིར། ། དེ་ལ་འཁོར་བ་དང་མྱ་ངན་ལས་འདས་ (D48b7) པ་ལ་བྱེ་བྲག་མེད་ (P55b4)དོ་ ཞེས་བྱ་བ་ནི་ཤེས་རབ་ཀྱིས་འཁོར་བའི་ཉེས་པ་དང་། སྙིང་རྗེས་མྱ་ངན་ལས་འདས་པའི་ཡོན་ཏན་ལ་མི་རྟོག་གོ། །

དེ་ཁོ་ནའི་དངོས་པོ་དོན་དུ་གཉེར་བ་སྟེ་ ཞེས་བྱ་བ་ནི་སྐབས་འོས་ཀྱི་དངོས་པོ་སྟེ། བདག་ཀྱང་སངས་ (P55b5) རྒྱས་སུ་གྱུར་ཅིག་ཅེས་བྱ་བ་ཡིན་ནོ། །

(D49a1) འཁོར་ལོས་སྒྱུར་བའི་བུ་མཚན་ཉིད་ཇི་ལྟ་བུ་དང་ལྡན་པ་ཞིག་འཁོར་ལོས་སྒྱུར་བའི་རིགས་རྒྱུད་མི་གཙོད་པར་རུང་ཞེ་ན།

གལ་ཏེ་འཁོར་ལོས་སྒྱུར་བ་ཁོ་ན་བཙུན་མོ་དམ་པ་ལ་ས་བོན་ (P55b6) འདེབ་པར་བྱེད་ཀྱི། ངན་པ་དང་བྲན་མོ་ལ་སོགས་པ་ལ་མ་ (D49a2) ཡིན་པ་དང་། ཕ་དང་མ་ཕུན་སུམ་ཚོགས་པའི་ས་བོན་དེ་ཡང་གལ་ཏེ་མངལ་གྱི་གནས་སུ་སོན་པ་ན་རླུང་དང་། མཁྲིས་པ་དང་། བད་ཀན་ལ་སོགས་པའི་གནོད་པས་ (P55b7) མ་ཉམས་པ་ཡིན། གང་གི་ཚེ་འཁོར་ལོས་སྒྱུར་བའི་བུ་དེ་ཟླ་བ་ཚང་ནས་བདེ་བླག་ཏུ་ལེགས་པར་ (D49a3) བཙས་པ་དེའི་ཚེ་ཡང་མ་མ་བཟང་མོའི་ལག་ཏུ་སོན་པ་ཡིན་ཏེ།

དེ་ལྟར་རིམ་གྱིས་བསྐྱེད་པ་ནི་འཁོར་ལོས་སྒྱུར་བའི་རིགས་ (P55b8) རྒྱུན་མི་གཙོད་པར་བྱེད་པ་ཡིན་ནོ། ། དེ་བཞིན་དུ་འདི་ལ་ཡང་ཐེག་པ་ཆེན་པོའི་ཆོས་ལ་བརྟེན་ནས་བྱང་ཆུབ་སེམས་དཔའ་རྣམས་ཀྱིས་སེམས་ (D49a4) བསྐྱེད་པ་ནི་སངས་རྒྱས་ཀྱི་གདུང་མི་འཆད་པར་[9] བྱེད་པའི་ ས་བོན་ཡིན་ནོ། །

དེ་ཡང་ (P56a1) གལ་ཏེ་སངས་རྒྱས་ཀྱི་རིགས་ཅན་ཁོ་ན་ཞིག་སེམས་སྐྱེད་པར་བྱེད་ཀྱི་རིགས་མེད་པ་དང་མ་ངེས་པའི་རིགས་ཅན་ཡང་མ་ཡིན་པ་དང་། ས་བོན་དེའི་མ་ཡང་གལ་ཏེ་ཤེས་རབ་ཀྱི་ཕ་རོལ་ཏུ་ (D49a5) ཕྱིན་པ་ (P56a2) ཡིན་གྱི་གཞན་མ་ཡིན་པ་དང་། གལ་ཏེ་ཡང་བསོད་ནམས་དང་ཡེ་ཤེས་ཀྱི་ཚོགས་དང་ལྡན་པ་མངལ་གྱི་གནས་ཡིན་པ་དང་། དེ་ལ་ཡང་གལ་ཏེ་མི་མཐུན་པའི་ཕྱོགས་སུ་གྱུར་བའི་ཆོས་རྣམས་ཀྱིས་བར་ཆད་མ་བྱས་ (P56a3) ཏེ། དེ་ལྟར་མ་ཉམས་པ་ཡིན་པ་དང་། (D49a6) སྐྱེ་གནས་ཀྱང་གལ་ཏེ་སྙིང་རྗེ་མ་མ་ཡིན་པ་དེ་ཡང་མྱ་ངན་ལས་འདས་པའི་མཐར་ཐུག་པར་སྐྱོང་བའི་ཕྱིར་སྐྱེད་པར་བྱེད་པ་ཡིན་ན། དེ་ལྟར་ན་བྱང་ཆུབ་སེམས་དཔའ་

---

[8] མཆོག་ C, D : ཆེན་པོ་ G, N, P
[9] འཆད་པར་ C, D : འཆད་པའི་ G, N, P

【第 2 偈】

［世親釈の］「決意」という言葉は誓願であることを示した。最勝乗（大乗）を帰依処とすることは，世間と出世間の諸の名声にとって原因となる。

【第 3 偈】

「その両者に［輪廻の］過失と［寂静の］功徳を分別構想しないから，彼（智者）には輪廻と涅槃に関する区別がないのである」とは，智慧にもとづく輪廻の過失と悲にもとづく涅槃の功徳を分別しないということである。

【第 4 偈】

まさしくその［仏陀の］あり方を希求するのである」とは帰依するにふさわしい対象のあり方であり，「自身もまた仏陀となりますように」という［誓願］である。

【第 5 偈】

転輪聖王の息子は，どのような条件が備わっている時に，転輪聖王の家系を断絶させないですむのかというならば［，答えていう］。

転輪聖王こそが種子を正統な婦人に宿し，一方非正統な［婦人］や下女などに［種子を宿すの］ではないならば［，というのが家系を断絶させないことの第一と第二の条件］である。そして，完全円満なる父母のその種子がまた，［母親の］胎内に［すでに］あって，風や胆汁や痰などの有害なものによって害されていないならば［，というのが第三の条件］である。かの転輪聖王の息子は，月が満ちて安楽に正しく生まれた時に，その時さらに有能で巧みな乳母の手に委ねられる［，というのが第四の条件な］のである。

このような順序で生れることが，転輪聖王の家系を断絶させない［条件な］のである。同様に，この場合もまた，大乗の教法に依存して諸菩薩が［菩提に］発心することは，仏陀の系譜を途絶えさせない種子である。

それ（種子）がまた間違いなく仏陀の種姓あるものであり，［菩提に］発心する種姓を持たないものや不定の種姓を持つものでないならば［，というのが仏陀の家系を断絶させないことの第一の条件］である。そして，その種子［を宿す］母がまた智慧波羅蜜であり他のものでないならば［，というのが第二の条件］である。そして，福・智の［二］資糧を備えた胎内にあるならば，さらにそこ（胎内）において［種子を］阻害する諸法によって［その種子が］分断されないならば，つまり害されなければ［，というのが第三の条件］である。そして，生まれた時に悲である乳母がいて，それが保護しているから涅槃に至るまで生育させるならば［，というのが第四の条件］である。以上のようであるならば，菩薩は「善き生まれ」にもとづいて，仏陀の系譜を途絶えさせないのである。

ལེགས་པར་ (P56a4) སྐྱེས་པ་ཉིད་ཀྱིས་སངས་རྒྱས་ཀྱི་གདུང་མི་འཆད་པར་བྱེད་པ་ཡིན་ནོ། ། (P56a4)

སྣ་ཚོགས་ ཞེས་སྨོས་པ་ (D49a7) ནི་འཁོར་ལོས་སྒྲུར་[10] བ་ལ་སོགས་པའི་མཚན་པས་ཆེས་གསལ་བར་བསྟན་པའི་ཕྱིར་རོ། ། སོགས་པ་[11] ཞེས་སྨོས་པ་ནི་བརྒྱ་བྱིན་དང་[12] ཚངས་པ་ལ་སོགས་པ་བསྡུའོ། །

བློན་པོ་ཆེན་པོ་ ཞེས་སྨོས་པ་ནི་བློན་པོ་ཆེན་པོའི་ཁྱད་པར་བསྟན་པས་བྱང་ཆུབ་སེམས་དཔའི་ཁྱད་པར་སྟོན་(D49b1) པར་བྱེད་དོ། །

རྟག་ཏུ་རྒྱུན་མི་འཆད་པར་སེམས་ཅན་མང་ (P56a6) པོའི་དོན་ ཞེས་བྱ་བ་ལ་[13] ། རྟག་ཏུ་ ཞེས་བྱ་བ་ནི་སྐྱེ་བ་བརྒྱུད་པའོ། ། རྒྱུན་མི་འཆད་ ཅེས་བྱ་བ་ནི་སྐད་ཅིག་མ་བརྒྱུད་པ་སྟེ། དཔེར་ན་སྦྱ་བ་པོ་ཉིན་རེ་ཞིང་ལན་རེ་སྦྱིན་པ་སྦྱིན་པ་ལ་རྟག་ཏུ་སྦྱིན་པའོ་ཞེས་བྱའོ། ། (D49b2) གཞན་ (P56a7) ཞིག་གིས་ཉིན་རེ་ཞིང་ལན་ཅིག་མ་ཡིན་གྱི་རྒྱུན་ཆགས་སུ་ཡང་དང་ཡང་སྦྱིན་པ་སྦྱིན་ན་རྒྱུན་མི་འཆད་པར་སྦྱིན་པ་སྦྱིན་པའོ་ཞེས་བྱའོ་ཞེས་ཟེར་བ་ལྟ་བུའོ། །

སེམས་ཅན་མང་པོའི་དོན་བྱེད་པ་ ནི་སེམས་ཅན་རྒྱ་ (P56a8) ཆེན་པོའི་དོན་བྱེད་པའོ། ། མང་པོ་ ཞེས་བྱ་བའི་སྒྲ་ (D49b3) འདི་ནི་མཐའ་ཡས་པ་དང་། ཡངས་པ་དང་། རྒྱ་ཆེན་པོའི་རྣམ་གྲངས་ཡིན་པར་བལྟ་[14] བར་བྱ་སྟེ། སེམས་ཅན་མང་པོ་རྣམས་ཀྱི་དོན་བྱེད་པའི་ཕྱིར་རོ། །

མངོན་པར་རྟོགས་པའི་དུས་ན་སེམས་ཅན་ཐམས་ཅད་བདག་ཉིད་ (P56b1) དུ་ཁས་བླངས་པས་སྡུག་བསྔལ་གྱི་ཕུང་པོ་ཆེན་པོ་[15] (D49b4) རབ་ཏུ་ཞི་བ་ ཞེས་བྱ་བ་ནི་འདི་ལྟར་ས་དང་པོ་ཐོབ་པའི་དུས་ན་ཆོས་ཀྱི་དབྱིངས་ཀུན་ཏུ་འགྲོ་བ་རྟོགས་སོ། ། དེ་རྟོགས་པས་ (P56b2) སེམས་ཅན་ཐམས་ཅད་དང་[16] བདག་མཉམ་པ་ཉིད་འཐོབ་པོ། །

དེ་ཉིད་ཀྱི་ཕྱིར་ས་དང་པོའི་ངེས་པའི་ཚིག་ཅིའི་ཕྱིར་ས་དང་པོ་[17] རབ་ཏུ་དགའ་བ་ཞེས་བྱ་ (D49b5) ཞེ་ན།

(10) སྒྲུར་ C, D, G : བསྒྲུར་ N, P
(11) སོགས་པ་ D, G, N, P : སྩོགས་པ་ C
(12) དང་ C, D, P : om. G, N
(13) ལ་ C, D : ལས་ G, N, P
(14) བལྟ་ C, D : ལྟ་ G, N, P
(15) པོ་ C, D : པོར་ G, N, P
(16) དང་ C, D : om. G, N, P
(17) ས་དང་པོ་ C, D, P : ས་དང་པོར་ས་དང་པོ་ G, N

【第 6 偈】

［世親釈の］「種々の」という言葉は，転輪聖王などの特徴の点で［勝れていることを］より明瞭に説示するためである。［そして，世親釈の「転輪聖王等」の］「等」という言葉は，インドラ神（帝釈天）やブラフマー神（梵天）などを含意している。

【第 7 偈】

★ 注釈なし

【第 8 偈】

「大臣」という言葉は，大臣の殊勝なることを説示することによって，菩薩の殊勝なることを説明するのである。

「常に途絶えることなく数多の衆生の利益を」という［世親釈］について。「常に」とは「生［死］の連続」である。「途絶えることなく」とは「瞬間の連続」である。たとえば，ある人は「昼夜をとわず施物を施すことについて，常に布施する」と語り，別の人は「昼夜をとわずではないが，継続して繰り返し施物を施す場合に，途絶えることなく布施する」と語るようなものである。

「数多の衆生の利益を行うのである」とは，広大な衆生の利益をなすことである。「数多」というこの言葉は，「無数」「多大」「広大」と同義語であると理解すべきである。数多の衆生たちを利益するからである。

【第 9 偈】

「現観した段階において，一切衆生を自己［と平等である］と受け入れることによって，苦の大きな集合の鎮静を［得るの］である」というのは，このように初地を得た段階において，法界の「遍く行き渡ること」を証得する。それを証得することによって，一切衆生と自己が平等であることを獲得する。

以上のことから，「初地」の語義解釈がある。どうして「初歓喜地」というのかといえば［，次のように説明する］。

དེས་དང་པོར་རང་དང་གཞན་གྱི་དོན་ཕུན་སུམ་ཚོགས་པ་ (P56b3) ཐོབ་པའི་ཕྱིར་རོ་ཞེས་འཆད་པར་འགྱུར་[18] ཏེ། རྟོགས་པ་དེས་བདག་དང་སེམས་ཅན་ཐམས་ཅད་ཀྱི་སྡུག་བསྔལ་རབ་ཏུ་ཞི་བར་བྱེད་དོ།། རྟོགས་པ་འདིས་ བདག་དང་གཞན་དག་གི་[19] སྡུག་བསྔལ་རབ་ཏུ་ཞི་བར་བྱེད་པས་ (P56b4) ན་ (D49b6) རབ་ཏུ་ཞི་བ་[20] ཞེས་བྱའོ།། དེ་ཉིད་ཀྱི་ཕྱིར་ས་དང་པོ་ལ་སྡུག་བསྔལ་གྱི་ཕུང་པོ་ཉེ་བར་ཞི་བས་འཇིགས་པ་ལྔ་ལས་ཡང་དག་པར་འདས་པ་ཡིན་ཏེ། ས་དང་པོ་ལ་ཇི་ལྟར་བདག་གི་[21] སྡུག་བསྔལ་རབ་ཏུ་ཞི་བར་བྱས་ (P56b5) པ་དེ་བཞིན་དུ་སེམས་ཅན་ཐམས་ཅད་ཀྱི་དོན་[22] བྱའོ་སྙམ་པ་ལྷག་པའི་བསམ་ (D49b7) པ་འཐོབ་པའོ་[23] །།

མི་སྐྱེ་བའི་[24]ཆོས་ལ་བཟོད་པ་ཐོབ་པའི་དུས་ན་ བློ་མཆོག་གི་བདེ་བའོ་ ཞེས་བྱ་བ་ནི་ས་བརྒྱད་པ་ལ་རྣམ་པར་མི་རྟོག་པའི་ཡེ་ཤེས་ (P56b6) ལྷུན་གྱིས་གྲུབ་པ་ཐོབ་པའི་ཕྱིར། བློ་མཆོག་གི་བདེ་བ་ ཞེས་བྱ་སྟེ། དེ་ཉིད་ཀྱི་ཕྱིར་མཆོག་ ཅེས་བྱ་བ་སྨོས་སོ།། ས་དེ་ལ་མངོན་ (D50a1) པར་འདུ་བྱེད་པ་མེད་པར་རང་གི་[25] ངང་གིས་འབྱུང་བ་ཉིད་ཀྱི་ཕྱིར་དཔེ་གུ་བོ་ཆེ་འབྱུང་ངོ་།། (P56b7)

སྲིད་པ་དང་ཞི་བ་དག་ལས་རྣམ་པར་གྲོལ་[26] ཞེས་བྱ་བ་ལ་[27] / སྲིད་པ་ལས་རྣམ་པར་གྲོལ་བ་ ནི། འདི་ལྟར་འཁོར་བའི་སྐྱོན་གྱིས་མི་གོས་པའོ།། ཞི་བ་ལས་ (D50a2) རྣམ་པར་གྲོལ་བ་ ནི་འདི་ལྟར་ཉན་ཐོས་བཞིན་དུ་མྱ་ངན་ལས་འདས་ (P56b8) པ་ལ་གཞོལ་བ་མ་ཡིན་པའོ།།

དགེ་བ་དང་དགེ་བའི་རྩ་བ་ཞེས་བྱ་བ་ནི་དོན་གཞན་མ་ཡིན་ནོ།། དགེ་བའི་རྩ་བ་རྒྱ་ཆེ་བ་[28]ཉིད་དང་ ཞེས་བྱ་བ་ལ་སོགས་པ་བསྟན་པ་གང་ཡིན་པ་ དགེ་བ་རྣམ་པ་[29]བཞི་བཤད་ (D50a3) པ་གང་ཡིན་པ་དེ་ཡང་ (P57a1) འཇིག་རྟེན་དང་ འཇིག་རྟེན་མ་ཡིན་པ་ ལ་སོགས་པ་ཡིན་ཏེ།

དགེ་བའི་ རྩ་བ་རྒྱ་ཆེ་བ་ཉིད་ནི་ འཇིག་རྟེན་པའོ།། དོན་ཆེ་བ་ཉིད་ནི་ འཇིག་རྟེན་ལས་འདས་པའོ།། ཚད་མེད་པ་ཉིད་ནི་ ཡོངས་སུ་སྨིན་པར་བྱས་ (P57a2) པ་སྟེ། བྱང་ཆུབ་སེམས་དཔའ་ (D50a4) རྣམས་ཀྱིས་དགེ་བ་ཡོངས་སུ་སྨིན་པར་བྱེད་པ་དེ་ནི་ས་དང་། ཕ་རོལ་ཏུ་ཕྱིན་པ་དང་། སྟོབས་དང་། མི་འཇིགས་པ་ལ་སོགས་པ་

---

(18) འགྱུར་ G, N, P: གྱུར་ C, D
(19) གི་ C, D : གིས་ G, N, P
(20) རབ་ཏུ་ཞི་བ་ C, D, G, P : རབ་ཏུ་ཞི་ N
(21) གི་ C, D : གིས་ G, N, P
(22) ཀྱི་དོན་ C, D : ཀྱིས་ G, N, P
(23) པའོ་ C, D : པོ་ G, N, P
(24) སྐྱེ་བའི་ C, D, G, N : སྐྱེད་བའི་ P
(25) གི་ C, D : གིས་ G, N, P
(26) གྲོལ་ D, P : གྲོལ་བ་ C, G, N
(27) ཞེས་བྱ་བ་ལ་ C, D : ཞེས་བྱ་ལ་ G, N, P
(28) ཆེ་བ་ C, D : ཆེན་པོ་ G, N, P
(29) རྣམ་པ་ C, D : རྣམ་ G, N, P

これによって，自利と利他の完全円満を最初に得るから「初地」であると説明される。この証得によって，自己と一切衆生の苦を鎮静するのである。「これによって」すなわち証得によって，自己と他者の両者の苦を鎮静するので，「鎮静する」というのである。まさにこのことから，初地において苦の集合を完全に鎮めることによって五つの怖畏を正しく乗り越えるのである。初地において，自己の苦を鎮静したのと同様に一切衆生を利益しようという増上意楽を獲得する。

「無生法忍を得た段階において，最高の叡智の安楽を［得るの］である」というのは，第八地において，無分別智を無功用に獲得するから「最高の叡智の安楽」といわれる。まさにこのことから，「最高の」というのである。その地（第八地）において，意志的努力なしに自然に，［最高の叡智の安楽が］まさに生起するからである。［第八地に関しては］「大船」の譬喩がある。

「有(生死輪廻の存在)と寂滅(涅槃)とからの解放」ということについて。「有(生死輪廻の存在)からの解放」とは，すなわち［生死］輪廻の過失に染まらないということである。「寂滅(涅槃)からの解放」とは，すなわち声聞のように涅槃に住着するのではないということである。

【第 10 偈】

「浄善」と「善根」というのは別の意味ではない。［世親釈で］「善根は広大である」などと説かれたこと，すなわち「［ab 句で］四種に説かれた浄善はまた，［後半の cd 句の］世間的なものと，非世間的なものである」と云々。

「善根は広大である」とは世間的なものである。「［善根は］意義が偉大である」とは出世間的なものである。「［善根は］無量（無辺際）である」とはすでに成熟したものである。諸菩薩が浄善を成熟せしめること，それは［十］地と［六］波羅蜜と［十］力と［四］無畏などの勝れた功徳が無量であるから，［善根は］無量（無辺際）なのである。「［善根が］無尽であることによってである」と説かれたこと，それは自在性であると理解すべきである。無余依涅槃においても［その自在性は］尽きることがないからである。

ཡོན་ཏན་གྱི་ཁྱད་པར་གྱི་[30] ཚད་མེད་པའི་ཕྱིར་ ཚད་མེད་པ་ཡིན་ (P57a3) ནོ། །ཟད་མི་ཤེས་པ་ཉིད་ཀྱིས་སོ་ཞེས་བཤད་པ་གང་ཡིན་པ་དེ་ནི་ དབང་ (D50a5) འབྱོར་པ་ཡིན་པར་རིག་པར་བྱ་སྟེ། ཕུང་པོའི་ལྷག་མ་མེད་པའི་མྱ་ངན་ལས་འདས་པ་ན་ཡང་མི་ཟད་པའི་ཕྱིར་རོ། །

སངས་རྒྱས་ཉིད་འདོད་པས་ (P57a4) ཁས་ལེན་པ་ནི་སྐྱབས་སུ་འགྲོ་བའི་ངོ་བོ་ཉིད་ཡིན་ནོ་ ཞེས་བྱ་བ་ནི་སྐྱབས་འོས་སུ་ཁས་ལེན་པ་ཉིད་ཀྱིས་བདག་ཀྱང་ (D50a6) སྐྱབས་འོས་སུ་གྱུར་ཅིག །སེམས་ཅན་ཐམས་ཅད་ཀྱི་སྡུག་བསྔལ་ཐམས་ཅད་ཉེ་བར་ཞི་བར་ (P57a5) བྱའོ་ཞེས་བྱ་བ་ཡིན་གྱི། ཉན་ཐོས་ལྟར་དཀོན་མཆོག་གསུམ་ལ་སྐྱབས་སུ་སོང་བས་འཁོར་བ་ལས་གྲོལ་བར་གྱུར་ཀྱང་ཅི་མ་རུང་ཞེས་བདག་ཉིད་བསྐྱབ་པའི་ཕྱིར་སྐྱབས་སུ་ (D50a7) འགྲོ་བ་ནི་མ་ཡིན་ནོ། །

སེམས་ (P57a6) ཅན་རྣམས་ལ་ཕན་པ་དང་། བདེ་བར་བྱེད་ ཅེས་བྱ་བ་ལ། ཕན་པ་བྱེད་པ་ ནི་ཚེ་[31] ཕྱི་མ་པའི་ལྷ་ལ་སོགས་པའི་བདེ་བ་ལ་སྦྱོར་བའོ། །བདེ་བ་བྱེད་པ་ ནི་མཐོང་བའི་ཆོས་ཁོ་ན་ལ་བདེ་བ་ལ་སྦྱོར་བའོ། །

ངེས་པར་འབྱུང་བར་ (P57a7)བྱ་བ་ལ་ (D50b1) ཐེག་པ་ཐམས་ཅད་ཀྱིས་རྟེན་[32]པའི་ཡོན་ཏན་དང་ལྡན་པ་ནི་ལྡན་པའོ་[33] ཞེས་བྱ་བ་ནི་ཐེག་པ་གསུམ་སྟོན་པར་བྱེད་པས་སེམས་ཅན་ཐམས་ཅད་ཀྱི་རྟེན་[34] པར་འགྱུར་བ་ཡིན་ནོ་ཞེས་བྱ་བའི་ཐ་[35] ཚིག་གོ། །

བརྡར་བཏགས་[36](P57a8) པའི་ སྐྱབས་སུ་འགྲོ་བ་ནི། དགེ་བའི་བཤེས་གཉེན་དང་ (D50b2) ཕྲད་ནས་འབྱུང་བ་གང་ཡིན་པའོ། །ཆོས་ཉིད་ཀྱིས་ཐོབ་པ་ ནི་རྟོགས་པའི་དུས་ན་སྟེ། དེ་ཉིད་ཀྱི་ཕྱིར་ རགས་པ་ དང་། ཕྲ་བའི་ཁྱད་པར་རོ། །

གཞན་གྱི་དོན་སྒྲུབ་ (P57b1) པ་ཡང་ བསམ་པའི་སྒོ་ནས་ནི་སྙིང་རྗེས་[37] ཁྱབ་པས་སོ་[38] ཞེས་བྱ་བ་ནི་སྙིང་རྗེ་ཆེན་པོས་འགྲོ་བ་ཁྱབ་པར་བྱེད་ (D50b3) དོ་ཞེས་བྱ་བའི་ཐ་ཚིག་གོ། །སྦྱོར་བའི་སྒོ་ནས་ནི་ཐེག་པ་ཆེན་པོའི་ཆོས་རྒྱས་པར་བྱེད་པའི་ཕྱིར་ ཞེས་བྱ་བ་ (P57b2) ནི་གདུལ་བའི་རྒྱུད་བྱང་ཆུབ་སེམས་དཔའི་རིགས་ཅན་དག་ལ་བསྟན་པའི་ཕྱིར་རྒྱས་པར་བྱས་པ་ཡིན་ཏེ། རྒྱ་བསྐྱེད་ཅེས་བྱ་བའི་དོན་ཏོ། །

---

(30) གྱི་ G, N, P : གྱིས་ C, D
(31) ཚེ་ C, D : om. G, འཚེ་ N, P
(32) རྟེན་ em. cf. MSABh : སྟོན་ C, D, N, P
(33) ལྡན་པ་ནི་ལྡན་པའོ་ C, D : ལྡན་པ་ནི་ལྡན་ P, ལྡན་པའོ་ G, N
(34) རྟེན་ em. cf. MSABh : སྟོན་ C, D, N, P
(35) ཐ་ C, D : om. G, འཐ་ N, P
(36) བཏགས་ C, D : བརྟགས་ G, N, P
(37) སྙིང་རྗེས་ G: སྙིང་རྗེ་ C, D, N, P
(38) པས་སོ་ C, D, G, P : པས་ N

【第 11 偈】

「仏たることを希求するから[大乗の教法を]「受け入れること」というのが「[大乗を]帰依処とすること」の本性である」というのは，帰依するにふさわしい対象を受け入れることによって，「自身も帰依するにふさわしいものとなりますように，一切衆生のすべての苦を寂滅させよう」という［誓願］である。しかし，声聞の類いは，三宝を帰依処することによって［生死］輪廻から解脱しているにもかかわらず，「どうして［帰依処として］適切ではないのか」というならば［，適切ではない］。なぜなら，［声聞は］自己自身を救護するためであって，［大乗を受け入れて一切衆生を済度するために］帰依処となっているのではないからである。

「諸衆生に対して利益と安楽をもたらす」という［世親釈］について。「利益をもたらす」とは後世における天［界］などの安楽と結びつく。「安楽をもたらす」とはまさに現世における安楽と結びつく。

「あらゆる乗により出離する場合に，[そのための]帰依処となる功徳を[常に]具しているというのが具備である」ということは，三乗を説示することによって，一切衆生の帰依処となるという意味である。

言語協約にもとづくもの［である大乗の教法］を帰依処とすることというのは善知識と出遇って起こるものである。法性によって獲得されたもの［を帰依処とする］というのは，証得した時に［起こるもの］である。その同じことから，粗大なると細密なるとの区別がある。

【第 12 偈】

［世親釈で］「また，利他の正行は，意楽(意欲)によって，すなわち悲をもって[一切衆生を]包容するからである」ということは，大悲によって［一切の］生きとし生けるものを包容することであるという意味である。[世親釈で]「[利他の正行は］実践によって，すなわち大乗の法を拡張せしめるからである」ということは，教化すべき存在である菩薩の種姓をもつ者に語ることによって，［大乗の教法が］広まる，すなわち拡大するという意味である。

ཐེག་པ་ཆེན་པོ་ནི་ (D50b4) འཕགས་པ་ཆེན་པོ་རྣམས་ཀྱི་ཆོས་ཡིན་ནོ་ ཞེས་བྱ་བ་ལ་ (P57b3) འཕགས་པ་ནི་ སངས་རྒྱས་དང་བྱང་ཆུབ་སེམས་དཔའ་རྣམས་སོ། ། ཉན་ཐོས་རྣམས་ཀྱང་འཕགས་པ་ཡིན་པས་དེ་ལས་ཁྱད་ པར་དུ་བྱ་བའི་ཕྱིར་[39] ཆེན་པོ་[40] ཞེས་བྱ་བ་ནི་སྨྲར་[41] སྦྲར་[42] རོ། ། འཕགས་པ་ཆེ་བ་ནི་ (D50b5) འཕགས་པ་ (P57b4) ཆེན་པོ་ སྟེ། སངས་རྒྱས་དང་བྱང་ཆུབ་སེམས་དཔའ་རྣམས་སོ་ཞེས་བྱ་བའི་ཐ་ཚིག་གོ། ། ཐེག་པ་ཆེན་པོ་ ནི་དེ་དག་གི་ཆོས་ཡིན་པས། བྱང་ཆུབ་སེམས་དཔའ་ཆེན་པོ་རྣམས་ཀྱི་[43] ། ཐེག་པ་ཆེན་པོ་ཁོ་ན་ཡིན་གྱི་ཆུང་ངུ་ ནི་ (P57b5) མ་ཡིན་ནོ། །

སྐབས་སུ་ (D50b6) འགྲོ་བའི་སྐབས་སོ། ། ། །

(39) ཕྱིར་ C, D : ཕྱིར་རོ་ G, N, P
(40) ཆེན་པོ་ C, D : རྒྱ་ཆེན་པོ་ G, N, P
(41) སྨྲར་ C, D, P : སྨྲ་ G, N
(42) སྦྲར་ C, D : སྦྲོར་ G, N, P
(43) ཀྱི་ C, D : ཀྱིས་ G, N, P

「実に大乗とは，偉大な聖者たちの教法なのである」という［世親釈］について。聖者とは諸仏・諸菩薩のことである。諸の声聞もまた聖者であるけれども，彼らよりも勝れているから，「偉大な」という言葉に結びつく。勝れた聖者が「偉大な聖者」であり，諸仏・諸菩薩という意味である。「大乗」とは彼らの教法である。したがって，諸の大菩薩にとって［教法とは］大乗にほかならず，劣小なものはそうではない。

［以上が，第Ⅱ章の］「［大乗を］帰依処とすることの章」である。

附 論

1. ヴァイローチャナラクシタ作『大乗荘厳経論』注
   —第 2 章「帰依品」注釈箇所の梵文テクストと試訳—

2. サッジャナ作『荘厳経論要義』第 2 章「帰依品」

3. *Sūtrālaṃkāraparicaya*「帰依品」—要文抜粋—

4.『大乗荘厳経論』第二章「佛・法・僧への帰依」解題
   —何故に第二章は説かれたか—

5.『大乗荘厳経論』の構成と第 II 章
   —「帰依処とすることの章」の構造—

ヴァイローチャナラクシタ作『大乗荘厳経論』注

—第2章「帰依品」注釈箇所の梵文テクストと試訳—

加納和雄

以下に提示するのは，ヴァイローチャナラクシタ（11世紀頃か）による『大乗荘厳経論』注の，第2章注釈箇所に対する梵文校訂テクストと試訳である。同注釈は『大乗荘厳経論』本頌と世親釈への注釈であり，梵本のみが伝存する。同注釈の著者，同著者の著した作品一覧，梵文写本などについての基礎的な情報は，前稿（加納 2013）を参照されたい[(1)]。前稿では同注釈第17章の梵本と試訳を提示した。

本注釈は逐語釈でもなければ達意釈でもなく，私的な覚書のような体裁をもつ。すなわち語釈を要すると判断された語句のみを抜き出して，そこに解説を加えるという形で注釈が進む。それゆえ注釈文が飛び飛びであるため，注釈の対象となっている本文の語句を探し出すのに労を要し，利便性にやや難点がある。

そしてきわめて特徴的な点は，その注釈文が，無性釈（Asvabhāva, D 4039）の文言としばしば逐語的に対応する点である。本書が無性釈を参照し，そこから一部を抜粋していたことは間違いなさそうである。本書の中で無性釈と対応する文言がある場合は，梵本の脚注にそれを提示して対応文言に下線を施した。

第8偈cd句の梵文復元試案

周知のごとく『大乗荘厳経論』第2章の梵本は欠損がある。すなわち世親釈の梵本は，第3～11偈の途中まで欠損しており，本頌の梵本は第4～8偈がいまだ回収されていない（9～11偈は *Sūtrālaṃkāraparicaya* より回収されている[(2)]）。それら失われ

---

(1)同写本の研究に先鞭をつけたのは Gokhale 1978 である。その他の詳細は Kano 2008, Kano 2016: 103–105 を参照。

(2)Ye, Li, Kano 2013: 39 参照。

た梵文のごく一部は，ヴァイローチャナラクシタの注釈から回収されることがある。たとえば，第 8 偈への注に次のような箇所がある。

> ***trividhagatisaṃdhāraṇataye***ti, gatiḥ pracāraḥ.
> 「［菩薩は大臣のように，身口意という］三種の［秘密（不思議）なる］行い（あり方）を保持（守秘）する点から」について，「行い」(gati) とは，振る舞い，という意味である。

この中の，trividhagatisaṃdhāraṇatayā という文言は，梵文が失われた第 8 偈 c 句からの抜粋と考えられる（チベット訳の gnas ni rnam gsum rtag tu yang dag ’dzin pa’i phyir に対応）(3)。梵文が回収された第 9〜10 偈を参照すると，第 8 偈は 17 音節からなる Śikhariṇī律で綴られていたことだろう。Śikhariṇī律は，前半 6 音節と後半 11 音節（⏑⎯⎯⎯⎯⎯|⏑⏑⏑⏑⏑⎯⎯⏑⏑⏑⏓）とに分けられ，後半 11 音節（⏑⏑⏑⏑⏑⎯⎯⏑⏑⏑⏓）の韻律は，trividhagatisaṃdhāraṇatayā という上記文言と完全に符合する。軽音節 5 連から始まる後半 11 音節の特殊な韻律構造と完全に符合しているこの事実は，単なる偶然の産物とは考えにくく，この文言が c 句の後半部にほかならないことを示すといえる。残念ながら 8 偈 c 句の前半 6 音節については確定することはできない(4)。

また，第 8 偈 d 句については次のような注釈文もみられる。

> ***satataṃ*** janmaparamparayā | ***samitaṃ*** kṣaṇaparamparayā || prakarṣeṇa karaṇaṃ ***prakaraṇam*** |
> 「常に」(satata) とは，生の連続にかんして。「途絶えることなく」(samita) とは，刹那の連続にかんして。特別に行うことが，「行う」(prakaraṇa) ことである。

これら，satata-samita-，および prakaraṇa-という文言は，同第 8 偈 d 句からの抜粋と考えられる（対応する蔵漢訳は下掲）。satata-samita は連句で使用されることが多く，これもその例に漏れないだろう。そしてこの連句に含まれる 5 連軽音節を，śikhariṇī律

---

(3) チベット語 gnas は，gati に対応すると理解しうる。

(4) 8 偈 c 句の前半 6 音節は不明だが，蔵漢両訳（gsang ba’i gnas ni rnam gsum rtag tu yang dag ’dzin pa’i phyir, 持密利衆生）を考慮すると，例えば*sadā - - guhya-（または saṃdhi-）とあった可能性かある（第 3〜4 音節目の文言は未詳）。いわゆる密教でいうところの三密の先駆的な記述である。『宝性論』第 4 章第 81 偈 cd 句（manovākkāyaguhyāni prāptiś ca karuṇātmanām）も参照。

において探ると，第 14〜17 音節に対応することが知られる（◡–––––|◡◡◡◡◡––◡◡◡⏓）。さらに prakaraṇa という文言を句末に置いて，残りの未回収の梵文をチベット訳（sems can mang don rtag tu rgyun mi ’chad par rab byed phyir）に基づいて想定して補うならば，第 8 偈 d 句は，例えば，*bahūnāṃ sattvānāṃ* satatasamit*ārtha*prakaraṇ*āt* と想定しうる。まとめると第 8 偈 cd 句は次のように想定しうる（斜体は想定梵文を示す）。

梵文復元試案（第 8 偈 cd 句）：
*sadā - - guhya*trividhagatisaṃdhāraṇatayā
**bahūnāṃ sattvānāṃ* satatasamit*ārtha*prakaraṇ*āt* |

チベット訳（第 8 偈 cd 句）：
gsang ba’i gnas ni rnam gsum rtag tu yang dag ’dzin pa’i phyir ||
sems can mang don rtag tu rgyun mi ’chad par rab byed phyir ||

漢訳（第 8 偈全体）：
入度見覺分 持密利衆生 由此四因故 得似於大臣

本文の梵文散逸部における梵文回収（梵文既得箇所は除く）

第 2 章の梵文未回収箇所について，本注釈から回収される梵文を一覧にして示すと以下の通りである。下掲一覧では，左端に本頌と世親の長行の所在，その右側に本注釈から回収された文言，右端に本頌と世親釈の蔵漢両訳の対応後を提示する。

MSA/Bh	Vairocanarakṣita	MSA/Bh-Tib. （漢訳）
II.4b:	saṃcarate	yang dag spyod （行）
?II.4b:	vyatyayabahulaṃ	dka’ ba （難行）
Bh II.6:	cakravartyādi-	’khor los sgyur ba la sogs pa’i （轉輪王等）
II.8c:	trividhagatisaṃdhāraṇatayā(5)	Cf. gsang ba’i gnas ni rnam gsum rtag tu yang dag ’dzin pa’i phyir（持密利衆生）

(5) 17 音節からなる śikhariṇī律の後半 11 音節に対応する（◡–––––|◡◡◡◡◡––◡◡◡⏓）。上記参照。

II.8d:	satata-samitaṃ[6]	rtag tu rgyun mi chad par
II.8d	prakaraṇaṃ[7]	rab byed
Bh II.8:	kāyasya,	vāṅmanasor Cf. sku dang gsung dang thugs kyi （身口意密）
Bh II.9:	abhisamayaḥ	mngon par rtogs pa（解）
	ātmatva-	bdag nyid du（自）
	skandhādikam	chos mang po'i phung po la sogs pa（大法陰）
Bh II.10:	laukikaṃ	'jig rten （出世）
	guṇāḥ	yon tan

(6) śikhariṇī律の後半 7〜12 音節に対応するか（⏑‒‒‒‒‒|⏑⏑⏑⏑⏑‒‒⏑⏑⏑⏓）。上記参照。
(7) śikhariṇī律の後半 14〜17 音節に対応するか（⏑‒‒‒‒‒|⏑⏑⏑⏑⏑‒‒⏑⏑⏑⏓）。上記参照。

テクストについて

下記に示す梵文校訂テクストと，和訳について凡例を箇条書きしておく。

・梵文テクストに示す斜体太字は，『大乗荘厳経論』偈頌の文言，太字は注釈の文言を示す。

・子音重複などの標準化，および daṇḍa の添削については適宜行い，逐一注記しない。

・チベット語訳の無性釈（D 4029）の文に対応する箇所は注記し，一致する文言に下線を施した。

・目下使用可能な写本の写真[8]にはピンボケなどにより判読困難（角括弧 [ ] で指示）または判読不可能な箇所（.. で指示）が少なからず存在する。難読箇所について，無性釈の中に対応文が拾える場合，それにもとづいて梵文復元を試みた。

・判読困難などの理由により当該文の文意が不明確で復元しえなかった場合，その箇所を剣標（†）によって囲った。

・写本の読みを改める場合は，確定的な訂正を em. で示し，暫定的な訂正を conj. で示した。

[8]ゲッティンゲン（州立兼大学図書館）およびローマ所蔵の写真版を使用した。閲覧に際しては同図書館および Francesco Sferra 氏にご助力頂いた。写本の詳細は加納 2013 を参照。

［梵文テクスト］

mahāyāne sādhite taccharaṇagamanam uktam iti tadanantaraṃ śaraṇagamanādhikāraḥ ||

II.2 ***vyavasāyaś*** cittotpādaḥ ||

II.4 ***saṃcarata*** iti ***vyatyayabahulam*** ||[9]

II.6 **cakravartyādī**tyādinā, indrādi ||[10]

II.8c ***trividhagatisaṃdhāraṇa***[18r4]***taye***ti, ***gati***ḥ pracāraḥ | buddhānāṃ **kāya**sya padanikṣepādeḥ[11] sthūlam abhisandhiṃ jānāti | evaṃ **vāṅmanasor** api jānati ||

II.8d ***satataṃ*** janmaparamparayā | ***samitaṃ*** kṣaṇaparamparayā || prakarṣeṇa karaṇaṃ ***prakaraṇam*** ||

II.9 **abhisamayaḥ** prathamabhūmyām .. ..[12] [18r5] **ātmatvaṃ** samatā[13] |[14] ***praśamam*** adhigamam ||[15] aṣṭamyāṃ bhūmāv anābhogavāhitvād ***uttamasukham*** |[16] **skandhādikam** ityādinā ***pravarā***di grāhyam |[17] yato na śrāvaka iva nirvāṇaparāyaṇo bhavaty ataḥ **śamā**d api **vimokṣo** 'yaṃ śamaḥ ||[18]

---

[9] vyatyaya-] em., vyatyayo- Ms.

[10] MSABh: sna tshogs zhes smos pa ni | **'khor los sgyur ba la sogs pa**'i mtshan las khyad par du bya ba'i phyir ro || ; Asvabhāva, D 49b1: sna stsogs pa zhes smos pa ni **brgya byin** dang tshangs pa **la sogs pa** bsdu'o ||

[11] padanikṣepādeḥ] conj., padaṃ nikṣepādeḥ Ms.

[12] 写本中 2 文字分は判読困難。

[13] samatā] em., samatāṃ Ms.

[14] Asvabhāva, D 49b4: 'di ltar sa dang po thob pa'i dus na chos kyi dbyings kun tu 'gro ba rtogs so || de rtogs pas sems can thams cad dang bdag mnyam pa nyid 'thob po ||

[15] Asvabhāva, D 49b6–7: de nyid kyi phyir sa dang po la sdug bsngal gyi phung po nye bar zhi bas 'jigs pa lnga las yang dag par 'das pa yin te | sa dang po la ji ltar bdag gi sdug bsngal rab tu zhi bar byas pa de bzhin du sems can thams cad kyi don bya'o snyam pa lhag pa'i bsam pa 'thob pa'o ||

[16] Asvabhāva, D 49b7: mi skye ba'i chos la bzod pa thob pa'i dus na blo mchog gi bde ba'o zhes bya ba ni sa brgyad pa la rnam par mi rtog pa'i ye shes lhun gyis grub pa thob pa'i phyir | blo mchog gi bde ba zhes bya ste | de nyid kyi phyir mchog ces bya ba smos so ||

[17] MSABh II.9: mngon par rdzogs par byang chub pa 'dus na chos mang po'i **phung po la sogs pa** ste |

[18] Asvabhāva, D 50a1–2: zhi ba las rnam par grol ba ni 'di ltar nyan thos bzhin du mya ngan las 'das pa la gzhol ba ma yin pa'o ||

［試訳］

大乗が立証されたあとに，それへの帰依が述べられるので，その［第一章の］直後に，帰依品がある。

II.2 「決意」とは発心のこと。

II.4 「行じる」とは，多難なることを［行じる］，ということである。

II.6 「転輪王など」云々によって，インドラ神など［が含意される］。

II.8 「［菩薩は大臣のように，身口意という］三種の［秘密（不思議）なる］行い（あり方）を保持（守秘）する点から」について，「行い」（gati）とは，振る舞い，という意味である。［つまり菩薩は］諸仏の「身」の，足の動きなどから，［諸仏の］大雑把な密意を知る[19]。同様に，［諸仏の］「語と意」についても知っている。

II.8d 「常に」（satata）とは，生の連続にかんして。「途絶えることなく」（samita）とは，刹那の連続にかんして。格別なしかたで行うことが，「行う」（prakaraṇa）ことである。

II.9 「現観」は，初地においてある（この後2文字難読）。［一切衆生を］「自己［と平等である］と［受け入れる］」とは，平等性のことである。「［苦の大きな塊の］鎮静を［得る］」とは，［第9偈所説の第4番目の］証得を［得る］ことである。第八地では無功用任運であることに基づいて「最高の［叡智の］安楽を」［得る］。

「［法の］根幹など」云々［という長行の文言］によって，「遥かにすぐれて」云々［という偈の残りの文言，つまり「遥かにすぐれて恒常なる身体であり，浄善の蓄積を得て[20]」］が理解されるべきである。声聞のように涅槃を最高の目的とすることはないので，それゆえに，「寂静（涅槃）から」すらも「解放されていること」であり，これが寂静［からの解放］である。

---

[19]安慧釈は例えば次のように記す。D 37a2: de la sku gsang ba ni lo nyes chen po dag gi tshe | byang chub sems dpa' chen po rnams kyis nya chen po'i lus bstan nas sems can gsos pa dang | nad kyi bskal pa dag gi dus na sman pa chen po lha'i lus lta bur bstan pa la sogs pa'o ‖ （その中において，身秘密は，大災厄の年に際して大菩薩たちは大魚の身体を現し示して衆生を養ったことや，病の劫の時に神の身体の如き大薬を現し示したことなどである。）

[20]pravaradhruvakāyaṃ śubhacayaṃ.

II.10 caturvidhaśubhaṃ ***lau***[18r6]***kyam alaukyaṃ paripākakaraṇaṃ***(21) ***vibhutvenāvāptam***(22) iti | **laukikam**(23) ityādy asyaiva caturvidhasya vyākhyānam || **guṇāḥ** ***śubhaudāryā***dayaḥ | ***śamo*** vināśaḥ ||

II.11 śaraṇagamanenāham api śaraṇyo bhaviṣyāmi sattvānām ity adbhutam(24) | ***hitaṃ*** paraloke, ***su***[18r7]***khaṃ*** dṛṣṭadharme (25) || yānatrayopadeśād āśrayabhūto bhavati ||(26) sattvānāṃ **sāṃketikaṃ** kalyāṇamitram āgamya, **dharmatāprātilambhikam** adhigamakāle, etāv ev**audārikasūkṣmaprabhedau** ||(27)

II. 12 **sphurati** vyāpnoti | **mahārya**ṇām iti mahāsvāminām || 2 ||

---

(21)– karaṇaṃ] em., – kāraṇaṃ Ms.

(22)– āvāptam] em., – āvaptam Ms.

(23)Cf. laukyā – II.10c.

(24)Asvabhāva, D 50a5–6: sangs rgyas nyid 'dod pas khas len pa ni skyabs su 'gro ba'i ngo bo nyid yin no zhes bya ba ni skyabs 'os su khas len pa nyid kyis bdag kyang skyabs 'os su gyur cig |

(25)Asvabhāva, D 50a7: ... **phan pa byed pa** ni tshe phyi ma pa'i lha la sogs pa'i bde ba la sbyor ba'o || **bde ba byed pa** ni mthong ba'i chos kho na la bde ba la sbyor ba'o ||

(26)Cf. II.11c. Asvabhāva, D 50b1: ... theg pa gsum ston par byed pas sems can thams cad kyi ston (read: rton) par 'gyur pa yin no zhes bya ba'i tha tshig go ||

(27)Asvabhāva, D 50b1–2: brdar btags pa'i skyabs su 'gro ba ni | dge ba'i bshes gnyen dang phrad nas 'byung ba gang yin pa'o || chos nyid kyis thob pa ni rtogs pa'i dus na ste | de nyid kyi phyir rags pa dang phra ba'i khyad par ro ||

II.10 四種の善とは，［偈に］「世間的，出世間的，成熟の因，自在により得られたもの」という。［長行の］「世間的」云々とは，まさにこの［偈文中の］四種を解説するものである。［長行の］「諸徳性」とは，［偈文中の］「善，広大」などのことである。［偈文の］「寂静」とは，滅のことである。

II.11［六句義中の第一句「自性」について］帰依することによって，私もまた，衆生たちにとっての帰依対象となりますように，というのは稀有である（II.11 の abhyupagama の項目か）。

［六句義中の第四句「機能（はたらき）」について］「利益」とは来世におけるものであり，「安楽」とは現世におけるものである。

［六句義中の第五句「結合（具備）」について］三乗を教誡するから，［菩薩は，一切衆生にとっての］基盤となる。

［六句義中の第六句「顕現（あり方／生起）」について］衆生たちの「言語協約にもとづく」［帰依］つまり善知識を理解した後に，「法性によって獲得された」［帰依］が証得（さとり）の時点で［理解される］。まさにこの二者こそが，広大と甚深という区別である。

II. 12「拡張せしめる」とは，遍満する，ということである。「偉大な聖者たちの」とは，偉大な主たちの，ということである。

参考文献

（和文）

加納和雄

2013 「ヴァイローチャナラクシタ作『大乗荘厳経論』注—第 17 章注釈箇所のテクストと試訳—」，能仁正顕編『『大乗荘厳経論』第 17 章の和訳と注解—供養・師事・無量とくに悲無量—』，自照社出版，221-257 頁。

（欧文）

Gokhale, V. V.

1978 Yogācāra Works Annotated by Vairocanarakṣita (Discovered in the Tibetan Photographic Materials at the K.P. Jayaswal Research Institute at Patna). *Annals of the Bhandarkar Research Institute* 58-59. pp. 635–643.

Kano, Kazuo

2008 Two Short Glosses on Yogācāra Texts by Vairocanarakṣita: *Viṃśikāṭīkāvivṛti* and **Dharmadharmatāvibhāgavivṛti*." In: Francesco Sferra (ed.), *Manuscripta Buddhica, Vol. I: Sanskrit Texts from Giuseppe Tucci's Collection*, Part I. Serie Orientale Roma. Roma: IsIAO. pp. 343–380

2016 *Buddha-nature and Emptiness: rNgog Blo-ldan-shes-rab and a Transmission of the Ratnagotravibhāga from India to Tibet*. Vienna: Vienna Series for Tibetan and Buddhist Studies.

Ye Shaoyong, Li Xuezhu, Kano Kazuo

2013 Further Folios from the Set of Miscellaneous Texts in Śāradā Palm-leaves from Zha lu Ri phug: A Preliminary Report Based on Photographs Preserved in the CTRC, CEL and IsIAO. *China Tibetology* 20. pp. 30–47.

（令和元年度科学研究費 [17K02222] [17H04517] [18H03569] [18K00074] による研究成果の一部）

サッジャナ作『荘厳経論要義』「帰依品」

加納和雄

『大乗荘厳経論』には，およそ 9 点のインド撰述注釈書が知られている（世親釈を含める）[(1)]。その内の 6 点は，11〜12 世紀頃の注釈であり，さらにその中の 5 点はカシュミールの人物の手になる（ヴァイローチャナラクシタは東インドの人物とみられるため除く）。すなわち下記の 5 点である。

(a) Sajjana, *Sūtrālaṃkārapiṇḍārtha*（梵本のみ断片的に現存）[(2)]

(b) Mahājana, *Sūtrālaṃkārādhikārasaṃgati*（梵本のみ現存）[(3)]

(c) Mahājana (?), *Sūtrālaṃkāraparicaya*（梵本のみ断片的に現存）[(4)]

(d) Parahitabhadra, *Sūtrālaṃkārādiślokadvayavyākhyāna*

（蔵訳のみ D 4030, P 5532）[(5)]

(e) Jñānaśrī, *Sūtrālaṃkārapiṇḍārtha*（蔵訳のみ D 4031, P 5533）[(6)]

これらは 11 世紀頃のカシュミール地方において，本書がよく学ばれていたことを裏付ける[(7)]。本稿ではサッジャナの手になる (a) を扱う。

この中で，(e) の作者ジュニャーナシュリーは，サッジャナの祖父とされるラトナヴァジュラ（ガンガーダラの弟子）から教えを授かったと奥書にある。そしてこの

(1) 9 点については加納 2013 参照。

(2) Kano 2008, 2016.

(3) *Sūtrālaṃkārādhikārasaṃgati* は葉氏（北京大学）によって同定された（Ye, Li, Kano 2013）。

(4) Kano 2008, Ye, Li, Kano 2013, 加納 2014。著者の同定については加納 2017 参照。

(5) 野澤 1932。

(6) 野澤 1938，資延 1974。

(7) 同地におけるそれ以前の同書の注釈の伝統の存在を伝える痕跡は，明確には知られていない。その伝統が連綿と続いていたが文献が失われているだけなのか，或いは 11 世紀頃になってその伝統が興隆したのか，いずれかは判然としない。

ジュニャーナシュリーからチベット人翻訳師チューキツォンドゥーが同書 (e) を親授したという[8]。この書 (e) は，本稿で扱うサッジャナの作品 (a) と書名が同一であるが別の作品である。なおラトナヴァジュラはサッジャナの祖父とされ，サッジャナはマハージャナの父とされる[9]。

一方，(d) の作者であるパラヒタバドラは，奥書ではソーマナータシュリーの弟子筋とされ，サッジャナと同時期に同じ地で活躍した人物である[10]。以上を人物相関図として示すと下記のようになる。

Gaṅgādhara →（弟子）Ratnavajra →（孫）**Sajjana** →（息子）**Mahājana**
↓
（受法）**Jñānaśrī** →（受法/訳）Chos kyi brtson 'grus

これらの作品は梵本のみまたは蔵訳のみで伝存するが，たまたまそれらが仏教の根付いたチベットの地に伝わったおかげで生き残った結果，我々が目にできるものである。しかしチベットへと伝わらずに，今となっては忘れ去られた注釈のたぐいは，おそらく他にも存在していただろう。今後そのような注釈が再発見される可能性も皆無ではない。

サッジャナ

本稿ではサッジャナの『荘厳経論要義』（*Sūtrālaṃkārapiṇḍārtha*）を扱う。この人物については，別に論じたことがあるので（加納 2006, Kano 2006, 2015, 2016），詳細は割愛するが，11 世紀にカシュミールで活躍し，ゴク・ロデンシェーラプらチベット

---

(8) 資延 1974: 69。奥書の拙訳を挙げると次の如くである。D 4031, 189a7–b2: 「勝者子アジタ教主の御前にて，耳の掌で甘露の滴りを飲み，幸いなるガンガーダラの弟子なる婆羅門ラトナヴァジュラに摂受され，大乗経すべての意味に精通し，浄化なす荘厳（大乗荘厳経論）を釈説した学者ジュニャーナシュリーが，耳飾りの如くに，正しく授かったそれ（教え）を通じた釈説を，目の当たりに，比丘チューキツォンドゥーが拝聴し，誤りなく語義を華鬘の如くに並べた本書は，弥勒御自身から四人の学者に伝授され，さらに後学のために明示するために書き記した。『大乗荘厳経論要義』，大学者ジュニャーナシュリーの御著，完。チベット翻訳師比丘チューキツォンドゥーの訳」。

(9) 加納 2006，Kano 2016: 135, 139–144。

(10) Kano 2016: 194。奥書の拙訳を挙げると次の如くである。D 4030, 183b1–2: 「『荘厳経論第一章初二偈釈説』，カシュミールの大学者なる吉祥尊者ソーマナータシュリー先生の，蓮華の花芯の如き御足の塵に触れた学者パラヒタバドラ先生の御著，完」。

人翻訳師たちに教えを授け，訳業などを支援した者として知られる。ロデンシェーラプがサッジャナなどのもとへ留学した期間は 1076～1092 年頃であるので，サッジャナは 11 世紀中葉の人物とみられる。彼の子息がマハージャナであることは，サッジャナの著『息子への手紙』における，「マハージャナよ」という呼びかけから知られる（加納 2006，Kano 2016）。サッジャナの作品は下記が知られている。

『大乗究竟論提要』*Mahāyānottaratantraśāstropadeśa*
『荘厳経論要義』*Sūtrālaṃkārapiṇḍārtha*
『息子への手紙』*Putralekha/Sutaṃlekha*

上 2 者は梵本のみが伝存し，訳本は知られていない。『大乗究竟論提要』は 37 の韻文からなる『宝性論』の達意釈であり，完本が伝わる[11]。高崎 1975 によって初めてその内容が紹介され，加納により割注を含む梵文校訂本，そして本偈の梵本の改訂版および英訳が発表された[12]。同書は，マハージャナの作とみられる *Mahāyānottaratantraparicaya* において引用される[13]。

『荘厳経論要義』は，2 葉分の写真版の存在が確認されている[14]。すなわち第 1 葉と，末尾の第 4 葉の存在は確認されているが，残りの貝葉（第 2～3 葉）の存在は未確認である。詳細は後述する。

『息子への手紙』は，息子マハージャナに宛てた書簡であり，チベット訳のみが伝存する。おそらくはカシュミールからチベットに滞在する息子に充てたものとみられる（加納 2006）[15]。Dietz 1984 が蔵文校訂と独訳を発表し，Hanisch 2002 が同書の典

---

(11) 同写本の写真版については故高崎直道先生から複写（紙焼き）を譲り受けた。梵文写本の詳細は加納 2006 を参照されたい。

(12) Kano 2006，Kano 2015。割注も含む校訂研究については，Kano 2006 の Appendix に掲載したが，改訂版を別途用意している。

(13) 加納 2014, 加納 2017: 85–86。

(14) Kano 2008 と Ye, Li, Kano 2013。

(15) その根拠として加納 2006 では，マハージャナは西チベット・ガリ地方に滞在し，翻訳に携わったとの記述がツォンカパの聴聞録に確認される点，および下記の記述がそのことを示唆する点を指摘した。『息子への手紙』（序～第 1 章 2 偈）「大海におけるこの大地は千万阿羅漢の国であり，善行者によって満たされている，無比なる吉祥への門であるこの智慧ある場所において，学者ラトナヴァジュラの伝統を保持し，婆羅門の家系のものにして，容姿，能力，知性が完備されたものこそ「偉大なる人/マハージャナ」となるであろう（序第 1 偈）。［しかし息子は］きわめて慈しみ深い父母と友人と親類を，まるで唾を吐き捨てるかのように省みずにうちすてて，薄暗い蛮人の辺境地に一人さまよう。かの聡明なる息子の，智慧の灯明が［闇のよ

故のいくつかを明らかにした。

このようにサッジャナには実子がおり，そのうえしばしば彼自身が「大婆羅門」と冠称されるため，彼は婆羅門かつ優婆塞という立場であったと予想され，その場合，彼は複数の宗教に帰依していた可能性がある。後述するように，本稿で扱う『荘厳経論要義』の「帰依品」では，まさに異宗教への帰依を許容する論調が通底している。そこにはテクストの記述と当時の現実とのつながり（あるいは自身の立場の弁明）が予想され，興味深い。

梵文写本

『荘厳経論要義』はローマのIsIAO所蔵のツッチが撮影した，梵文写本の写真版コレクションの中において見出された（Kano 2008）。ツッチは，中央チベットのシガツェ郊外に位置するシャル寺リプクにおいて1930年代に同写本を撮影した。それはカマラシーラの『修習次第』初篇の一連の梵文写本の写真版の余白部を補うように，2葉だけが撮影されていた（影印はKano 2008所掲）。その2葉にはそれぞれ葉番号の1と4とが付されている。それらは内容から判断して，冒頭葉と末尾葉である。しかし間の貝葉は散逸としている（全体の枚数は4枚とみられる。後述）。

その後，同じ2葉が北京の民族文化宮図書館旧蔵（= CEL）の梵文写本の写真版のコレクションの中にも存在することを，葉氏が確認した(16)。上記と同じ貝葉の別の写真である。シャル寺リプクの梵文写本は1950年代に軍が接収し，ラサを経て北京に一時移送され，1990年代に再びチベット自治区に返還され，現在はラサのチベット博物館または梵文貝葉経研究所に所蔵されるとみられる。同写真は，1950〜1990年代頃，同写本が同図書館で一時保管されていた時に撮影された。これら写真版の所在と番号をまとめると次の如くである。

うな辺境地を］照らし出しますように（序第2偈）。慈悲深き先達である私が善説という大海の島から得たこの宝の手紙を息子に宛てる。注意深くそして喜々として信心をもって聞きなさい（序第3偈）。息子よ。安穏なるマドヤデーシャの宮殿での楽しみをすて，不動なる心によって絶え間なく慈しむ，父母，友人，親類をすてて，おまえが辺境の地をさまよい歩くことは実に不届きなことである（第1章第1偈）。正法のために父母をすててスダナのように異国を巡行するのはよいことだが，愛欲のために父母をすてて，卑賤な地をさまよい歩くことにいかなる理があろうか（第1章第2偈）」。

(16)同図書館の王森による目録の第16番目の作品，「大乗経荘厳論総義, 1–6 残」（Kano 2008: 383）の中の2葉に相当する。

Fol. 1 = IsIAO (MT 42 II/01-3, 02-3) = CEL (No. 16)(17)

Fol. 4 = IsIAO (MT 42 II/01-6, 02-6) = CEL (No. 16)

『荘厳経論要義』全体は 4 葉からなると理解される。なぜなら，最終葉裏面の左端所載の数字が 4 を示していると理解されるからである。この数字の真下に dhya の文字が補筆されており，さらに同貝葉の右端には sā の文字が補筆されている（下掲参照）。

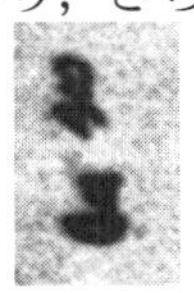

4（上） dhya（下）

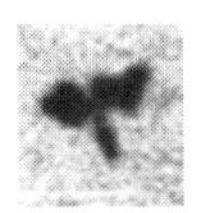

sā

一見すると，これらの補筆された文字が数字を表しているようにも見えるが，これらが本文の欠字を補う文字であることは，本文の内容と照合することによって明確となる。すなわち，当該箇所は，ちょうど韻律の上で 2 音節分不足しており，その欠字部分に，件の補筆された 2 文字がうまく当てはまる。すなわち下記が当該の偈頌であり，c 句の冒頭に太字で記した $_{\{}$**sādhya**$_{\}}$ が，この欠字を補う 2 文字である。

liṅgena jñāpanapakṣo liṅgasyāśrayasammataḥ |
āśayasvīkriye sādhye $_{\{}$**sā**$_{\}[4v5]\{}$**dhya**$_{\}}$syaiva vidhijñatā ||

この偈頌の直後に最後の偈頌，さらに奥書が続き，作品が終了する(18)。この作品全体の帰敬偈と回向偈はみあたらない。

今回提示する第 2 章「帰依品」に対応する箇所だけでも貝葉 1 枚の片面分ほど（1v1–5）を占めていることを考えると，20 章あまりからなる『大乗荘厳経論』全体への注釈を，わずか 4 葉に収めることは困難と思われる。

この齟齬を整合的に理解するための仮説としては，例えば，『荘厳経論要義』が，全章に均等に注釈せず，特定の章に多くの分量を割く作品であると予想することもでき

(17) これら未発見の貝葉のいくつかはシャル寺リプク旧蔵の次の 2 葉に対応する可能性も含め検討を要する。Cf. Sāṅkṛtyāyana 1937: 50, no. 321 (Lakṣaṇaṭīkā) Śāradā, 2 fols. Sāṅkṛtyāyana 1937: 50 n. 3, "Begins: samūhānītabhāvena dhīmadgotram akṛtrimam ||7|| prakṛtastham ca yad gotram ānītaṃ niyataṃ ca yat | asmin sati pratyayas syāc chabdātmā cittasambhavaḥ (|) avikalpasthaviṣayo nābhyāsārtho (?) hi jātu cit | ... kāraṇatve pi tenāyaṃ bodhisatvārthagocaraḥ ||"（samūhānīta-は，samudānīta-と改めるべきか。）

(18) vihārād upapatteś ca jñeyo 'yam anumākramaḥ | buddhastutivibhāgoktam phalyaṃm (read: phalam) antyam anuttaram || || sūtrālaṃkārapiṇḍārthaḥ | kṛtiś śrīmatsajjanapādānām ||

る（つまり章によってはごく手短にまとめられる）。この謎を解くためにも，散逸した貝葉の発見が強く期待される。

写本の由来と流伝

本写本は貝葉写本であるが，文字は11～12世紀頃のプロト・シャーラダー体で記されている。著者が11世紀のカシュミールの人物であることと，書写に用いられた文字が同時期にカシュミール地方に流布した文字であるという二つの事実は，相互によく符号する。しかし，カシュミールの寒冷な気候下では，貝葉のもととなる椰子が植生しないため，書写素材（書写支持体）として通常は樺皮を用いるのだが，本写本に貝葉が用いられている点は異例である。その理由としては，筆記者が貝葉を輸入して書写したか，或いは貝葉が流通する地域に移動して書写したためと考えられる。

『荘厳経論要義』は，複数の作品を収録する集成本の中の一部に含まれている。そこにはサッジャナの2作品を含め，次の梵文作品が含まれていることが確認されている（詳細はYe, Li, Kano 2013参照）。

Sajjana, *Mahāyānottaratantraśāstropadeśa* (完本, Tucci)
Sajjana, *Sūtrālaṃkārapiṇḍārtha* (断簡, CEL/IsIAO)
Mahājana, *Sūtrālaṃkārādhikārasaṃgati* (完本, CEL)
Mahājana (?),[19] *Sūtrālaṃkāraparicaya* (断簡, CTRC/CEL/IsIAO)
Mahājana (?), *Mahāyānottaratantraparicaya* (断簡, CTRC/CEL)
Mahājana (?), *Pratibandhasiddhiparicaya* (断簡, IsIAO)
Śāntarakṣita, *Bodhisattvasaṃvaraviṃśikāvṛtti* (断簡, IsIAO/CEL)
Amṛtākara, *Catuḥstavasamāsārtha* (断簡, CTRC)
Nāmasaṅgītivṛtti (断簡, CEL)
Ajātaśatrukaukṛtyavinodanā 抄本
Madhyamakāloka 注（所引経典の集成）[20]

上記以外にも，内容が同定されていない作品が含まれ，その解明は今後の課題となる。これら全ての作品は共通のフォーマットで書写されるため（筆記者は複数），同じ由来をもつとみられるが，かつて中世チベットの僧院において，ばらばらに所蔵され

[19] 以下の3作品をマハージャナが著した可能性については加納2017: 85–86を参照。
[20] 第3および第11番目の作品は葉氏が比定し，それ以外は第1番目を除き加納が比定した。

ていた。ひとつの束はシャル寺リプクに旧蔵され，別の束は現在ポタラ宮に所蔵される。さらに未確認の第三の束が別途存在するはずだが，その行方はわかっていない。

そして同じ現象（シャル寺リプク旧蔵写本の泣き別れ）は，『アビダルマディーパ』と『アビダルマサムッチャヤ』についても確認されている。特に『アビダルマディーパ』の写本は，同じプロト・シャーラダーの貝葉写本であるため（フォーマットは本写本と異なる），その書写には，本写本と同様，カシュミールにゆかりのある人物が関与した可能性が高い。

これらの「泣き別れ」写本群は，1930 年代にサーンクリティヤーヤンがシャル寺リプクを調査し撮影したときには，すでに分蔵されていたようである。しかもテクストの内容ごとに整理されて分蔵されているわけではなく，無作為に泣き別れとなっていたため，分蔵に至った歴史的な経緯などは目下，不明と言わざるを得ない。李氏，葉氏，スフェラ氏のご協力のもと，複数の梵文写本コレクションを対照する機会に恵まれたことにより，偶然知られるに至ったものである。同様のケースは今後，別の事例についても確認されることであろう。

内容概観

本書の奥書は，第 4 葉の末尾に現れる。

> sūtrālaṅkārapiṇḍārthaḥ || kṛtiś śrīmatsajjanapādānām ||
> 『荘厳経論要義』。吉祥なるサッジャナ先生の御作。

本書の冒頭には，『大乗荘厳経論』の各章題が列挙される（翻刻は葉氏と加納による。試訳中の丸括弧内の数字は『大乗荘厳経論』の章と偈番号を示す）。

> ādis siddhiś śaraṇaṃ gotraṃ saṃbodhaye cittam |
> prasthānaṃ tattvārthaḫ prabhāvapākau tathā bodhiḥ || (Upagīti)
> 　　　　b: saṃbodhaye] em., sabodhaye Ms.
> dharmādhimuktiparyeṣṭideśanāpratipattayaḥ |
> yathāvadavavādaś ca sopāyaṃ karma ca tridhā || (Anuṣṭubh)
> paramā vastunī pūjāsevāpramās tathā ||
> hrīdhṛtyakheditāś caiva śāstralokajñate tathā ||
> samyakpratiśaraṇaṃ tathaiva pratisaṃvidaḥ
> saṃbhārau bodhipakṣyāś ca śamatho ’tha vipaśyanā ||

upāyakuśalatvaṃ ca dhāraṇīpraṇidhānate |
samādhir uddānaguṇāḥ phalam ity eṣa saṃgrahaḥ ||

uddāna-] conj., udyāna- Ms.

(試訳)

序 (1.1–6), [大乗の] 論証 (1.7–21), 帰依処 (2), 種姓 (3), 正覚への心 (発心, 4), 進趣 (行, 5), 真実義 (6), 威力 (7), 成熟 (8), 菩提 (9),
信解法 (10), 求法 (11), 説法 (12), 行法 (13), 如実なる教授 (14), 方便を備えた三種の行い (15),
最高の [四摂] 事 (16), 供養・奉持・[四] 無量 (17),
羞恥 (18.1–15)・堅持 (18.16–22)・無厭退 (18.23–24), 知論性 (18.25–26) と知世間性 (18.27–30),
正しい[四]依(18.31–33), [四]無碍解(18.34–37), [菩提]二資糧(18.38–41),
菩提分 [法] (18.42–65), 止観 (18.66–68),
善巧方便性 (18.69–70), 陀羅尼性 (18.71–73) と願性 (18.74–76),
[三種の] 三昧 (18.77–79), [四法印] 標挙 (18.80–103), 諸徳性 (19), 果 (20/21)。以上が要約である。

以上は, 各章題を列挙する『大乗荘厳経論』第 10 章第 1 偈, 第 15 章第 1 偈を踏まえている。詳細は別稿を期す[21]。

なおチベット語の『大乗荘厳経論』の注を著したジャムヤンガロ (1429〜1503)[22]は, 『大乗荘厳経論』第 1 章第 2 偈に対する「サッジャナ流の注釈」の所説を紹介する。同偈は 5 種の比喩 (黄金, 蓮華, 美食, 美文, 宝) を説き, 世親釈はそれに対応する 5 種の概念 (sādhya, vyutpādya, cintya, acintya, pariniṣpanna) を説く。後代の注釈者たちはそれらを『大乗荘厳経論』全体の構成を示すと理解するのだが, ジャムヤンガロによると, 「サッジャナ流の注釈」は, 五種の比喩に順次, 第 1 章, 第 2〜9 章, 第 10〜15 章, 第 17〜19 章, 最終章を配当する (加納 2006 参照)。

---

[21] Cf. MSA 10.1: ādiḥ siddhiḥ śaraṇaṃ gotraṃ citte tathaiva cotpādaḥ | svaparārthas tattvārthaḥ prabhāvaparipākabodhiś ca ||, MSA 15.1: adhimukter bahulatā dharmaparyeṣṭideśane | pratipattis tathā samyagavavādānuśāsanam ||, *Bodhisattvabhūmi*, Balagotrapaṭala (Wogihara p. 95, Dutt p. 67): uddānam | adhimukter bahulatā dharmaparyeṣṭideśanā | pratipattis tathā samyagavavādānuśāsanam | upāyasahitaṃ kāyavāṅmanaḥkarma paścimam ||. 『菩薩地』の偈については内藤氏のご教示による。これらの偈頌の詳細は内藤 2017 を参照。

[22] 小谷 1984 参照。

カシュミールにおける『大乗荘厳経論』の章構成理解については，本稿冒頭で言及したマハージャナの作になる *Sūtrālaṃkārādhikārasaṃgati*（梵本のみ現存）および *Sūtralaṃkāraparicaya* の解読をも踏まえた別稿を期す。

チベット撰述文献に現れる『荘厳経論』第 2 章に関するサッジャナの説

チャパ・チューキセンゲ（1109〜1169）が著したチベット文の『大乗荘厳経論』注には，サッジャナの見解がたびたび引用される（逐一の所在は Kano 2016: 216 n. 18 に示した)。ここではその中の第 2 章に関するもののみを参考資料として提示する。但しそこに示される内容は，サッジャナの『荘厳経論要義』の対応部には見出されないようである。詳しい検討は別稿を期す。いずれも「サッジャナは言う」（sa rdza na re = sa rdza na na re）およびそれに類する語句から始まる。

① sa dza gang khyad par du ’am mchog du shes par byed | gang las khyad par shes par bya | gang gi sgo nas khyad par du shes par bya | zhes don gsum gyi sgo nas shes par bya ’o ||（『カダム全集[23]』7 巻，386.3）

② sa rdza na re | re re la yang gong ma bzhi char sbyar ste lo ga ba’i dge ba’i (394.3) rtsa ba de nyid bsam pa mi dmigs pa’i shes rab kyis zin pas rgya che | rang gzhan gnyis ka’i don byed pas don che | rtog ge dang grangs dang dus la sogs pa’i sgo nas tshad gzung du med pas mtha’ yas rtag du rgyun mi ’chad | rten chos skur bsngos pas phung po lhag med du song yang zad mi shes thams cad la sbyar ro ||（同，394.2–3）

③ sa rdza na re de la smon pa’i sems bskyed pa dang khyad par med gsung ngo ||（同，394.6）

『荘厳経論要義』「帰依品」

「帰依品」について，サッジャナは 19 偈を作頌して，要点をまとめる。極度に簡略な表現を取ることが多いため，難解であり課題も残るが，現時点での暫定的な理解に基づいて以下，その所説を概観する。概観の後に示す試訳の中では，必要に応じて筆者なりの取意を注記として付したので適宜参照されたい。サッジャナおよびマハージャナは，『大乗荘厳経論』第 1 章を二分するため「帰依品」を第 3 章として数えて

[23] *bKa’ gdams gsung ’bum ’phyogs sgrigs thengs dang po* (vols. 1–30). Chengdu: Si khron mi rigs dpe skrun khang, 2006.

いるようである。

まず第 1 偈では，前章と本章との接続について説明する。第 2〜4 偈では『大乗荘厳経論』（第 2 章第 11 偈）に基づいて帰依処を二分して，「慣習上の帰依処」と「法性所得の帰依処」に言及する。なお世親釈によると前者は加行道までに対応し，後者は見道以降に対応するという。

第 5〜10 偈は異教徒と声聞たちの帰依処について説明し，第 11〜14 偈は三宝帰依について説く。前者においては，「自他への軽蔑を捨て去るために，異教徒たちに合意されたものに対して，供養などをもってして近づいたとしても，知者は咎無しといわれる」（第 7 偈）と述べ，さらに，利他行のために異教徒の帰依処などに近づくのはよいが，「利他行の放棄は必ずや罪となる」（第 9 偈）と述べる。つまり異教徒の帰依処を全否定しない。むしろ三宝から心が退くことなく，臨機応変に自利利他を行うべきことを述べ，異教への帰依の余地を認める（第 10 偈）。

かかる言明の背景には，当時のカシュミールの人々が複数の宗教に同時に帰依し信仰していた実態があったと予想される。たとえばサッジャナは，チベットの伝承においてしばしば，「大婆羅門」（bram ze chen po）と冠称され，しかもマハージャナという実子が存在したことから，彼自身，比丘ではなく，在家者の婆羅門の職能者であったことが強く示唆される。すなわち，サッジャナ本人が，公な生業としては婆羅門として生計を立てつつ，かつ，個人的に仏教に帰依する優婆塞であった可能性を指摘しうる。とりわけ，自他への軽蔑を捨て去るため，かつ利他行のためならば異教への帰依を許容する，と本書が大義名分を与えている点は，注目される。これは自身の立場を弁明しているとも考えられる。

さて，これらの偈頌（第 5〜14 偈）と先述の二種の帰依処（慣習上の帰依処と法性所得の帰依処）との関係は，明言されないため，不明といわざるを得ない。

第 11〜12 偈は，「帰依者」（śaraṇaṃ gataḥ）という語を定義し，輪廻の苦から遠離し庇護を欲し，信仰によって帰依処に依拠する者，と説明し（第 11 偈），さらに，三宝それぞれに帰依の誓いを立ててから，三宝に依拠することに（tantraṇa）専念する者とする（第 12 偈）。

第 13〜14 偈は，菩薩の帰依と，異教徒および声聞の帰依との違いを説く。すなわち，菩薩の帰依を，『大乗荘厳経論』第 2 章第 11 偈に基づいて，「それ（仏/三宝）の境地/自体を希求すること」（tadbhāvaprārthanā）と規定する（第 13 偈）。しかし信頼に足らない（anāpta）異教徒の言説や，弥勒の御言葉に親しむことがない声聞たちの言説は，菩薩にとって積極的に帰依するに値しないという（第 14 偈）。

第 15 偈は，三宝帰依を保ち続けることが律儀を保つことになると説く。

第 16〜18 偈は，主人（bhartṛ）の命令に忠実に従う侍者（bhṛtya）を比喩として出し，三宝に忠実に従う帰依者の在り方を語る。

この中で第 16〜17 偈は，忠実な侍者が主人から賃金（vetana）を得るように，同様に，三宝に忠実な帰依者も，浄化を為す「賃金」（功徳）を得て，それが繁栄の原因となり，善法を集めることになるという（第 16〜17 偈 b）。そして，義務を怠らない勤勉な侍者だけが主人に雇用されるように（第 17 偈 cd），同じく，信仰を保ち続ける帰依者だけが三宝帰依の功徳の恩恵に与ることを示唆する。これは第 15 偈の内容（帰依処の保持）を補う。主人，侍者，賃金，雇用を用いた比喩は『入菩提行論』第 5 章第 68〜69 偈にも見られる。

第 18 偈は，侍者が，主人のみならず，主人の愛し子にも仕えるように，同じように，菩薩も，仏のみならず，仏の愛し子なる一切衆生たちにも仕えるべきことを説く。これら第 16〜18 偈は，『大乗荘厳経論』所説（第 2 章第 8 偈）の王と大臣の比喩にも関連するとみられる。

そして末尾の第 19 偈では，帰依とは，すべてを投げ捨ててから為すべきものであることを述べる。

以上が現時点での理解に基づく概要である。今後，マハージャナの作とみられる，*Sūtrālaṃkāraparicaya* の所説と比較対象することによって明らかになると期待される。

凡例

梵文校訂テクストと，和訳について凡例を箇条書きしておく。

- 以下に提示する梵文テクストは，ローマの写真版（IsIAO II.12-6）と民族図書館旧蔵の写真版（No. 16）に基づいて翻刻，校訂したものである[24]。
- 子音重複などの標準化，および daṇḍa の添削，偈番号の追加などについては適宜行い，逐一注記しない（但しṛ/ri の交替のみ注記する）。
- 写本の読みを改める場合は，確定的な訂正を em. で示し，暫定的な訂正を conj. で示した。

(24)閲覧に際して Francesco Sferra 氏および葉少勇氏にご助力頂いた。

Śaraṇagamanādhikāra

evaṃ siddhe śāsane 'smiñ śāstṛdharma[1v1]gaṇaṃ tataḥ |
gauravād duḫkhanirvedāt prayānti śaraṇaṃ budhāḥ || 1 ||
a: 'smiñ] em. 'smi Ms.

śaraṇaṃ ca dvidhā tatra dharmatāprātilambhikam |
gotrādhipatyanirjātaṃ prasādaparibhāvitam || 2 ||
c: -nirjātaṃ] conj., nirjāta- Ms.

sāṃketikaṃ parabalāt samudānītagotragam |
avyāvṛttyai pratijñānāt parato grahaṇāc ca tat || 3 ||
c: avyāvṛttyai] em., avyāvṛtyai

sarvajñatānāṃ traividhyāt krameṇātyantiko 'py ayam ||
guṇaprādhānyabhāgena mato 'nātyantiko 'py ayam || 4 ||
c: -prādhānya-] em., -prādhāna- Ms.

hīnayāne na śaraṇaṃ yady a[1v2]sya bhraṃśakāraṇam |
tīrthyayānānugamane tannāśasya kim ucyatām || 5 ||

aṅgatvenānyayānasya syāc cet tatkālam āśrayaḥ |
tadanyagatyabhāvena na syāt sāpattiko budhaḥ || 6 ||

（帰依品 試訳）

1 以上のように，この［大乗の］教誡が成立した後（第一章の後に），そのあとに，教主と法と衆（三宝）に対して，智者たちは，苦からの厭離ゆえに，恭しく[25]帰依する。

［二種の帰依処］

2 そして帰依処は二種ある。そのうち，法性にて得られた［帰依処］は[26]，種姓を縁として生じ，信/恩恵から発生するものである。

3 慣習上の［帰依処］は，他者の力にもとづき，完成された種姓（習種）に存する。そしてそれは，退転しないための誓言/約束にもとづき，他者による摂受（三帰依儀礼）にもとづく。

4 諸々の一切智者性に関する三種の分類によって，順次，これは究極のものでもあり，そしてこれは，二次的と一次的（権と実）の違いにより究極ならざるものとも考えられる[27]。

［余乗の帰依処］

5 もし［小乗が］これ（菩薩/大乗）を破滅させる因であるならば，小乗において帰依処はない。異教徒の乗に追従する場合に，それ（大乗）を滅するものに［帰依処がないことは］何をか言わん（言うまでもない）。

6 もし余乗が［大乗の］部分としてあるのならば，［余乗は］一時的な拠り所となろう。もしそれ（大乗）以外の路がないのならば，［やむなく余乗に帰依するその］知者は，罪人となることはないだろう[28]。

---

[25]「恭しく」（gauravād）については，後出の「信仰心にもとづいて」（saṃpratyayād, 11c）や，「信からもたらされた」（prasādaparibhāvitam, 2d）という表現に関連する。

[26]Cf. MSA 2.11d: saṃketād dharmatātas śaraṇagamanatā.

[27]「究極のもの」が法性所得の帰依処としての仏であり，「究極ならざるもの」が慣習上の帰依処としての仏に対応すると理解した。別解の余地もある。

[28]［第 5–6 偈取意］小乗の帰依処と異教徒の帰依処が大乗を損なう原因であれば，そこに帰依処はない。しかしそれらが大乗の一部をなすならば，一時的な帰依処となるし，それらに帰依することにも過失はない。

avajñāyās svaparayor hānaye tīrthyasammatān |
pūjādinā prapanno 'pi budho 'nāpattir ucyate || 7 ||

anujñātaṃ niṣiddhaṃ vā niyataṃ neha kiṃcana |
gurulāghavam āśritya vicaret tena paṇḍitaḥ || 8 ||

c: āśritya] ← āśṛtya Ms.

nānyathā paripa[1v3]kvānāṃ nayas syād anulomitaḥ |
pratyutāsya parārthasya hānyā sāpattiko bhavet || 9 ||

d: hānyā sāpattiko] conj. (*metri causa*), hānyāpattinā Ms.

ratnatrayasya śaraṇād aparicyutacetane |
yathāyogaṃ svaparayor hitakāriṇi na kṣatiḥ || 10 ||

saṃsāraduḫkhād udvegāt paritrāṇāya lālasaḥ |
saṃpratyayād āśrito 'nyaṃ śaraṇaṃgata ucyate || 11 ||

c: āśrito] ← āśṛto Ms.

pratijñāya triratnaṃ saccharaṇaṃ pṛthagāśrayam |
tattantraṇaikavyāpāro budhas syāc charaṇaṃgataḥ || 12 ||

b: saccharaṇaṃ] em., saccaraṇaṃ Ms.

7 自他への軽蔑を捨て去るために，異教徒たちに合意された［神々］に対して，供養などをもってして，近づいたとしても，知者は，咎無き者（anāpatti）といわれる[29]。

8 ここにおいて［一義的に］決まって認可されるもの，あるいは，［決まって］否定されるものは，何もない。それゆえ智者は，［事柄の］軽重に準じて，観察/行動せよ[30]。

9 さもなくば[31]，成熟した者（菩薩）たちのやり方は，順当ならざるものとなってまうだろう。反対に（pratyuta），この利他行の放棄は必ずや罪人となるべし[32]。（帰依対象よりも利他を優先させるべし）

10 三宝帰依から退かない心を持つ者が，適宜（臨機応変に），自他への利益をなすならば，過失はない[33]。

［三宝帰依］

11 輪廻の苦からの遠離（または恐怖）ゆえに庇護を渇望する者は，信仰に基づいて，依拠した者であり，他者に帰依した人なり，といわれる[34]。

12 寄る辺たる三宝に対して，正しい者たちの帰依処として，個別に誓いを立てた後に，それ（三宝）に依拠すること（tantraṇa）に対して一心に専念する知者は，帰依した者となるだろう。

---

[29]［第 7 偈取意］自と他への軽蔑を払拭するために，供養をもって，異教徒が認める帰依の対象に近づいたとしても，咎はない。

[30]［第 8 偈取意］異教徒や小乗の帰依処に接近するに際して，許可や禁止などの決まりは何もない。事柄の軽重に応じて，臨機応変に智者はそのことを観察するべきである。

[31]すなわち，事柄の軽重を顧みずに，闇雲に余乗を禁止するならば，という意味。

[32]写本には，hānyāpattinā bhavet とあり，具格と語根 bhū から構成される構文として，「放棄は（hānyā），罪に（āpattinā）なるべし（bhavet）」と訳しうる。しかしこのままでは韻律が音節不足となるため，hānyā sāpattiko bhavet と改める。

[33]［第 10 偈取意］心が三宝帰依に定まってさえいれば，臨機応変に自他への利益のために余剰の帰依処に近づいても問題はない。

[34]［第 11 偈取意］輪廻の苦からの遠離または恐怖ゆえに庇護を渇望する者は，信仰にもとづいて帰依した者といわれる。

tadbhāvaprā$_{[1v4]}$rthanaṃ tasmād yathātatsandhivartanam |
pareṣāṃ tu śaraṇyatvaṃ na cittotpādarūpiṇām || 13 ||

a: tadbhāvaprārthanaṃ. Cf. tadbhāvaprārthanā (MSA 2.11a)

anāptānāṃ pravacane kim anyat pratipādyatām |
aśīlitājitagirāṃ kim anyat pratipādyatām || 14 ||

saṃvareṇa vinā tasya svarūpaṃ na prapadyate |
bhīto hi lokaś śaraṇaṃ pālayed aviruddhakṛt || 15 ||

tantrājñānucaro bhartur yathaivāpnoti vetanam |
triratnājñānuga$_{[1v5]}$s tadvac śubhakṛtphalavetanam || 16 ||

bhartur] em., bhṛtyur Ms.

tenaivopacaye hetuḥ śubhadharmeṣu saṅgrahaḥ |
karttavye 'nalaso bhṛtyo bhartrā hi pariposyate ||17 ||

a: hetuḥ] conj., hatuś Ms.

bharttuḫ priye 'pi putrādau yathā bhṛtyena caryate |
jinapriyatvāt sattveṣu tadvad varttyaṃ jināśritaiḥ || 18 ||

d: -āśritaiḥ] ← āśṛtaiḥ

yathaiva sabalaṃ bhītaḥ sarvam utsṛjya saṃśrayet |
sṛtyaṅgaṃ sarvam utsṛjya tadvad ratnatrayaṃ śrayet || 19 ||

13　それゆえ，［帰依とは］，彼（仏）の密意の展開に準じて，彼（仏）の境地を望むことである[35]。一方，発心を本質とする者たち（菩薩たち）にとって，他のもの（声聞乗と異教）は帰依の対象とならない。

14　信頼に足らない者たち（異教徒）の言説における，［大乗とは］別の［帰依処］（異教徒の帰依処）が，［菩薩に］一体どうして引き受けられるだろうか。アジタ（弥勒）のお言葉を習練しない人々（小乗）の［言説における］，［大乗とは］別の［帰依処］（声聞の帰依処）が，［菩薩に］一体どうして引き受けられるだろうか。[36]

15　律儀（防護）なしでそれ（三宝）の本質に到達することはない。恐れを抱く世間の人々は，背くことなく，帰依処を保て（それが律儀である）。

［主人と侍者の譬え］

16　ちょうど主 (tantra) の勅令に従う［侍者］が，主人から (bhartur)，賃金 (vetana) を得るように，同様に三宝の勅令に従う者は，浄化なす賃金を［得る］[37]。

17　まさにそれ（主人/三宝に従うこと）によって，繁栄への原因，つまり諸善法に対する集約がある。というのは (hi)，義務に対して怠らない侍者［こそ］が，主人によって養われるからである。

18　ちょうど主人の愛し子などに対しても，侍者よって［奉仕が］なされるように，［衆生たちは］勝者の愛し子ゆえ，衆生たちに対して［も］，勝者に仕える者（菩薩）たちによって同様に［奉仕が］なされるべし[38]。

19　例えば，恐れを抱く人は，全てのものを捨ててから，力あるものに帰依するだろうように，同様に，［人々は］すべての輪廻 (sṛti) の支分を捨ててから，三宝に帰依するだろう。

---

[35] Cf. MSA 2.8c, 11.

[36] つまり異教徒や小乗への帰依に罪はなくとも，菩薩はそれらに帰依しない。

[37] 類似する比喩は，『入菩提行論』第 5 章第 68〜69 偈にも見られる。また，MSA 2.7，とくに世親釈の内容にも関連している。

[38] ［第 18 偈取意］王の愛し子に大臣が奉持するように，仏の愛し子たる衆生に菩薩は奉持するべきである。

参考文献

（和文）

小谷信千代

1984 『大乗荘厳経論の研究』文栄堂書店。

加納和雄

2006 「サッジャナ著『究竟論提要』—著者および梵文写本について—」,『密教文化研究所紀要』19，28–51 頁。

2014 「Mahāyānottaratantraparicaya—カシュミール由来の新出の『宝性論』注梵文断片—」,『印度学仏教学研究』62-2，152-158 頁。

2017 新刊紹介 Kazuo Kano, *Buddha-nature and Emptiness: rNgog Blo-ldan-shes-rab and a Transmission of the Ratnagotravibhāga from India to Tibet*. Vienna: Vienna Series for Tibetan and Buddhist Studies, 2016.『高野山大学図書館紀要』1 号 21–27 頁。

資延恭敏

1974 「Sūtrālaṃkāra-Piṇḍārtha（荘厳経論総義）の和訳と研究」,『密教文化』107: 71-83。

高崎直道

1975 「宝性論の註釈 Mahāyānottaratantraśāstropadeśa の写本」,『印度学佛教学研究』23-2: 52–59。

内藤昭文

2017 『『大乗荘厳経論』「無量の章」講読—第 XVII 章「供養・師事・無量の章」の解読と解説—』, 永田文昌堂。

野澤静證

1936 「利他賢造『荘厳経論初二偈解説』に就て」,『宗教研究』新 13-2: 60–81。

1938 「智吉祥造『荘厳経論総義』に就て」,『仏教研究』2-2: 104–154。

（欧文）

Dietz, Siglinde

1984 *Die buddhistische Briefliteratur Indiesn: Nach dem tibetischen Tanjur herausgegeben, übersetzt und erläutert.* Asiatische Forschungen Band 84. Wiesbaden: Otto Harrassowitz.

Hanisch, Albrecht

2002 Lob des Alkohls: Eine ironische Preisrede aus Āryaśūras *Kumbhajātaka* als Vorlage für das 4. Kapitel von Sajjanas *Putralekha.* D. Dimitrov, Ulrike Roesler, and Roland Steiner (eds.), *Śikhisamuccayaḥ: Indian and Tibetan Studies.* Wiener Studien zur Tibetologie und Buddhismuskunde 53. Wien. pp. 79-108.

Kano Kazuo

2006 *rNgog Blo ldan shes rab's Summary of the Ratnagotravibhāga: The first Tibetan Commentary on a Crucial Source for the Buddha-nature Doctrine.* PhD thesis, Hamburg University.

2008 A Preliminary Report on Newly Identified Text Fragments in Śāradā Script from Zhwa lu Monastery in the Tucci Collection. In: Francesco Sferra (ed.), *Manuscripta Buddhica, Vol. I: Sanskrit Texts from Giuseppe Tucci's Collection, Part I.* Roma: IsIAO. pp. 381-400.

2015 Sajjana's *Mahāyānottaratantraśāstropadeśa*: Annotated Translation and A Reading Text. *Kōyasandaigaku daigakuin kiyō* 14. pp. 1–46.

2016 *Buddha-nature and Emptiness: rNgog Blo-ldan-shes-rab and a Transmission of the Ratnagotravibhāga from India to Tibet.* Vienna: Vienna Series for Tibetan and Buddhist Studies.

Ye Shaoyong, Li Xuezhu, Kano Kazuo

2013 Further Folios from the Set of Miscellaneous Texts in Śāradā Palm-leaves from Zha lu Ri phug: A Preliminary Report Based on Photographs Preserved in the

CTRC, CEL and IsIAO. *China Tibetology* 20. pp. 30–47. (改訂版は下記に収録：Horst Lasic and Xuezhu Li (eds.), *Sanskrit Manuscript from China II. Proceedings of a panel at the 2012 Beijing Seminar on Tibetan Studies, August 1 to 5*. Beijing 2016, pp. 245–270.)

(令和元年度科学研究費 [17K02222] [17H04517] [18H03569] [18K00074] による研究成果の一部。資料に関しては葉少勇氏と李学竹氏にご協力を頂いた。両氏とは共に本写本の研究を継続しており，別途共著論文を準備している。IsIAO の写真版については Francesco Sferra 氏にご協力を頂いた。本稿の草稿段階で内藤昭文氏，Somdev Vasudev 氏，Harunaga Isaacson 氏からご教示を頂いた。記して謝意を表したい。)

Sūtrālaṃkāraparicaya「帰依品」
—要文抜粋—

加納和雄，葉少勇，李学竹

Sūtrālaṃkāraparicaya は，11〜12 世紀頃にカシュミールで著作された，『大乗荘厳経論』の注釈書である。完本は未だ発見されておらず，梵文の断片のみが確認されている。またチベット訳などの訳本は確認されていない。奥書が未発見であるため，基礎的な書誌情報が不明であるが，本書の書名は，章末の記述から確認される。例えば，「帰依品」の末尾には次のように記される[1]。

sūtrālaṃkāraparicaye śaraṇagamanādhikāraparicayas tṛtīyaḥ ||

作者については不明であるが，かつて論じたように（加納 2017），マハージャナの手になる可能性が高い。いずれ奥書の出現によって確認されることを期待したい。

現在までに存在が確認された本作品の断片は，貝葉にして都合 12 枚ほどある。その詳細については Ye, Li, Kano 2013 を参照されたい。

「帰依品」に関しては，第 9〜12 偈までの注釈部分が確認されており，第 1〜8 偈までの注釈部分は未発見である。周知のごとく『大乗荘厳経論』「帰依品」は，本偈については，第 4〜11 偈の梵文が欠損し，世親釈については第 3 偈の注の途中から第 11 偈の注釈の途中までが欠損しているので，その箇所については，チベット訳と漢訳によって内容を理解する必要がある。

ところが *Sūtrālaṃkāraparicaya* は，その注釈文の中に，『大乗荘厳経論』の全ての

[1]本注釈は『大乗荘厳経論』第 1 章を二つに分かつため，帰依品は第 3 章となっている。

本偈を丸ごと引用するため，これらの失われた本偈の梵文が回収される。すなわち「帰依品」については，第9〜12偈の本偈の梵文が回収される。それについては葉氏がいち早く発見し，Ye, Li, Kano 2013に報告されている。

本稿では，それらの偈頌とあわせて，注釈部分について読解が完了した部分についてのみ，提示する。本注釈の写本は，プロトシャーラダー文字で貝葉に書かれた珍しいものであるが[2]，元々の写本の保存状態が十全ではなく，かつ，写真版の質も十全でないため，解読困難な箇所が少なくない。そのうえ，貝葉上に確認される頻繁な文字の訂正の痕跡も，解読を困難にしている。そのため，本稿では，「帰依品」の注釈全文を提示することがかなわなかった。収録できなかった部分については，稿を改めて発表したい。

以下には，偈頌毎に分けて，判読できた箇所についてのみ，暫定的なテクストと，試訳を提示する。下掲は，「帰依品」の偈番号を左に示し，続いて，*Sūtrālaṃkāraparicaya*の注釈箇所を梵文写本の位置によって示す。第1〜8偈の途中までは写本が見つかっていない。今回，時間的都合により，梵文の提示を割愛した部分についても括弧内に示した。

Sūtrālaṃkāraparicaya「帰依品」

第1〜8偈	（貝葉が散逸）	
第8偈（注釈途中から）	6r1–6	（6r1–5の梵文提示は割愛）
第9偈	6r6–9	
第10偈	6r9–10	
第11偈(1)	6r11–v6	（6v2–6の梵文提示は割愛）
第11偈(2)	7r1–v8	（7r1–v8の梵文提示は割愛）
第12偈	7v8–9	

[2]本書を含めた，チベットに伝存するプロトシャラダー文字の資料の由来などをめぐる調査結果は，下記において発表を行った。Kazuo Kano, “Proto-Śāradā Materials in Tibet” (Symposium: Śāradā: Goddess, Learning, Script: On the Sanskrit manuscript culture of Kashmir. The Centre for the Study of Manuscript Cultures (CSMC), Hamburg University, 7. March, 2020) .

写本の葉番号は欄外左に記される文字（下掲）による。

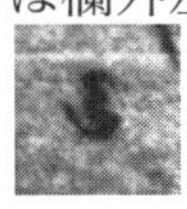

6v

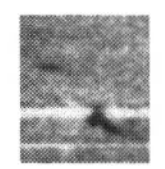

7v

特筆すべきは，第 11 偈が 2 回にわたって注釈される点である。上記に「第 11 偈 (1)」「第 11 偈 (2)」としたのは，それを示す。しかもそれらは部分的に重複しており，1 回目の不完全な注釈を書いた後にそれを取り消して，その後に改めて 2 回目の注釈がやり直されているようである。

詳しく述べると，貝葉の 6r11 において第 1 回目の注釈が始まる。6r11〜v1 冒頭までは導入文が記されるが，文字が消されている。そして第 11 偈を引用して，その後に注釈が続く。しかし途中でその注釈が途切れて 6v6 でおわり，そして 6v6 よりも下の部分は余白のままに残される。そのうえ，その貝葉（6v）の両端には縦線が引かれている。それによって写本の筆記者は，6v の途中まで書いた文字全体の取り消しを示そうとしているようである。

そして次の貝葉（7r）に移って，もう一度，同じ第 11 偈を引用し直して，改めて注釈が始まる。そしてこの 2 回目の注釈は，1 回目の中途で終わる注釈よりも詳しく完全なものである。第 11 偈の注釈は末尾まで書かれ，その後には第 12 偈の注釈が続く。

このような書き直しがなされた事情については，いくつかの可能性が想定される。例えば，もしこの写本が著者自身の親筆であるならば，著者自身の推敲の痕跡を示すものとも想定されうるし，一方，親筆でない場合は，筆記者が口述されたテクスト（やり直しを含む）をそのまま文字に移したものとも想定されうるが，現段階でそれを確定することは難しい。

なお，本書の第 11 偈の注釈の中で特徴的な点は，同偈を世親釈に従って六義（または六句義，後述）に当て嵌めて解説したうえで，さらに『宝性論』所説の十義もその解説に追加で採用する点にある。そして末尾では，十義を説く『宝性論』第 1 章第 29 偈を，文言を少し変更して引用する。これは本注釈独自の解釈である。

以下，先ず凡例を箇条書きしたうえで，*Sūtrālaṃkāraparicaya*「帰依品」第 8 偈以降の梵文を抜粋という形で示し，試訳を添える。

凡例

- 下記梵文中の斜体太字は『大乗荘厳経論』本偈の文言であることを示す。
- 下記梵文中の太字は『大乗荘厳経論』世親釈の文言であることを示す。

- ẖは Jihvāmūlīya，ḫは Upadhmānīya として写本に表記されていることを示す。
- r 音直後の子音連続などの類は，写本の表記を標準化した。
- 分節記号は，文脈に応じて，適宜追加ないし削除した。

第 8 偈の注釈（抜粋: 6r5–6）

（写本は第 6 葉から始まり，第 8 偈の引用部分を含んでいたとみられる第 5 葉は未発見である。確認された貝葉の 1〜5 行目は大乗経典の経文を引用するが［『如来秘密経』梵本第 4 章の一節か］，ここでは割愛する。）
sadā[(3)] **guhyaṃ** punar deśakālāvasthābhedini[(4)] vicitre karmaṇi yugapat ***satatasamita***m anābhogenākalpayato 'vikalpayataẖ **kāyavāṅmanaḫ**kṣobham antareṇāpi dharmakāyamātraniṣṭhasyā bhavagater bhagavatas saṃdarśanadeśanāvibhutvapratilambhaḥ || nṛpakartavyānuṣṭhānavac ca [6r6] tathāgatānuṣṭheyānuṣṭhānaṃ bhūmyantarātiśayena dharmameghāyāṃ jinasutānām || ity abhyupagamārthaḥ || ||

（試訳）そして「常に秘密（不思議）」とは，場所と時と状態という区別をもつ種々の［身口意の］業において，即時かつ「常に途絶えることがない」であって，［しかも］無功用なるがゆえに，分け隔てることなく，分別することないまま，身口意の活動（または動揺）がなくても，法身だけを究極状態としてもつ世尊の，輪廻的生存の道のある限り（ā bhavagater），［仏身の］示現と［仏語の］教示という二種の自在性[(5)]を［菩薩が］獲得することである。

そして，王のために為されるべき事業[(6)]と同じように，他の諸地におけるよりも優れた点[(7)]を通じて，勝者子たちの法雲地において[(8)]，［菩薩たちにとって］如来の為に実現されるべき行為がある（つまり菩薩が代行する行為がある）。以上が，「受け入れること」（abhyupagama）の意味である。

---

(3) sadā] conj., sado Ms.

(4) deśakālāvasthā-] conj., deśākārāvastu- Ms.

(5) Cf. RGV II (Johnston, ed., p. 82): yā tadūrdhvam ā lokād anābhogataḥ kāyadvayena saṃdarśanadeśanāvibhutvadvayapravṛttir iyam ucyate parārthasaṃpattir iti. 「その後で，世間のある限り，身構えることなしに，二身によって，［仏身の］示現と［教えの］教示という二種の自在力を起こすこと，これが利他の成就と呼ばれる」。

(6) つまり大臣が代行する事業。

(7) または「他の諸地における卓越性」。

(8) 安慧によると第 7 偈に法雲地が出る。

第 9 偈の注釈（全文: 6r6–8）

mahāpuṇyaskandhaṃ tribhuvanagurutvaṃ bhavasukhaṃ
mahāduḫkhaskandhapraśamam api buddhyuttamasukham |
mahādharmaskandhaṃ pravaradhruvakāyaṃ śubhacayaṃ
nivṛttiṃ vāsāyā bhavaśamavimokṣaṃ ca labhate ||

ratnatrayasya guṇavattā**sampratyayakāla eva** ***mahāpuṇyaskandham*** | śaraṇagamaṇa**praṇidhicittasamaye** ***tribhuvanaguru***$_{[6r7]}$***tvaṃ*** satvahitahetoś śaraṇa-śrayaṇāt | pramuditāyāṃ[(9)] **saṃcintyopapatti**vaśitāsanniśrayeṇa[(10)] ***bhavasukham*** |[(11)] abhimukhyām āsravakṣayābhijñ**ābhimukhīkaraṇān** ***mahāduḫkhaskandhapraśamam*** | acalāyām anutpattikadharmakṣāntipratilambhād ***buddhyuttamasukham*** | sādhumatyāṃ pratisaṃvillābhān ***mahādharmaskandham*** | daśamyām aśaikṣavajrasamādhiprayogam[(12)] | anantaraṃ niṣṭhāmārge prakṛtiviśuddhyā ***pravaraṃ*** prabandhānu$_{[6r8]}$cchedād ***dhruvaṃ***[(13)] ca ***kāyaṃ***[(14)] dharmadhātum[(15)] | jñānasaṃpattyā ***śubhopacayam*** | prahāṇasaṃpadā ***vāsanānivṛttim*** | ***bhavaśamavimokṣaṃ*** saṃsāranirvāṇānyatarāsaṃgrahād[(16)]rūpakāyadvayam ayaṃ ***labhate*** | ity adhigamārthaḥ || ||

(試訳)
(第 9 偈の和訳は割愛。本書の対応箇所の和訳参照。)

---

(9)pramuditāyāṃ] em., pra(+ + + + .i pra 写本では削除痕あり)[mu]ditasyāṃ Ms.

(10)ここで写本は pramuditasyāṃと書いて削除しているようである。

(11)ただし MSA XX-XXI.8 は，信解行地の者は業の力によって意図する境涯に再生する，というので，世親釈（初地以前で菩薩の故意受生を説く）を支持する。

(12)prayoga の ga の文字の上に ma が挿入されていると理解し prayoga{m a]nantaraṃ と読んだ（下掲が該当箇所）。

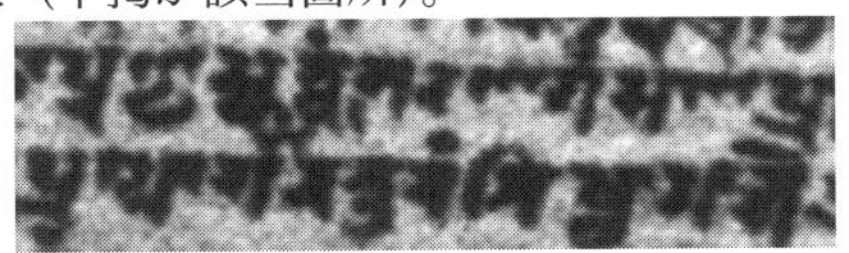

(13)ここで写本では，sya と書かれ，削除されている。

(14)ここで写本では，sya と書かれ，削除されている。

(15)この直後，写本では 17 文字ほどが削除されているようである。

(16)写本では saṃと gra の間に，ta という文字が削除されている。

「福徳の大きな集合」を，まさに三宝が徳性を有していることを確信する時に［得る］[17]。

「三界における敬重」を，帰依の誓願の［発］心の時に[18]［得る］。衆生利益のために帰依処に依拠するからである。

「有（輪廻的生存）の安楽」を，歓喜地における故意受生に関する自在性に依拠して［得る］。

「苦の大きな集合の鎮静」を，現前地における漏尽通の現前にもとづいて［得る］。

「最高の叡智の安楽」を，不動地における無生法忍の獲得にもとづいて［得る］。

「多大なる法の根幹」を，善慧地における［四］無解碍の獲得にもとづいて［得る］。

第十地において無学の金剛定の前行を［得る］。［その］直後，究竟道において[19]，本性清浄ゆえに「遥かにすぐれ」，かつ連続性が遮断されないゆえに「恒常な」，「身体を」，つまり法界を［得る］。

「浄善の蓄積」を，知の完成によって［得る］[20]。

「習気の止滅を」［煩悩の］断の完成によって［得る］。

「有と寂滅（輪廻と涅槃）からの解脱を」，つまり，輪廻と涅槃のいずれか一方だけに含まれないことにもとづいて，二種の色身を，彼（無学の菩薩）は得る。以上，「証得」（adhigama）の意味である。

第10偈の注釈（全文: 6r8–10）

> **śubhaudāryād[21] dhīmān abhibhavati sa śrāvakagaṇaṃ**
> **mahārthatvānantyāt satatasamitaṃ cākṣayatayā |**
> **śubhaṃ laukyālaukyan tad api paripākapraka[6r9]raṇaṃ**
> **vibhutvenāvāptan tad upadhiśame cākṣayam api ||**

[1] śaraṇanirjātaṃ cāsya **laukikam** api ***śubhaṃ*** svārthanairapekṣyād ***udāram*** |

[2] bhūmipratilambhen**ālaukikaṃ** ca tan ***mahārthaṃ*** svaparārthaphalatvād, yathā-

(17) ここでは śraddhā の定義を前提にしている。

(18) または「帰依することを希求する（praṇidhi）［心を］発するときに」。「帰依品」第2偈を参照。

(19) 早島理氏により，「究竟道」つまり仏地において得られる内容は，第十地で得られる内容と一致しているとする解釈が好ましい点，ご教示賜った。上記拙訳は訂正の余地がある。

(20) jñānasaṃpat, prahāṇasaṃpat については『摂大乗論』第9章参照。

(21) śubhaudāryād] em., śubhodāryād Ms.

kramaṃ sāṃketikapāramārthika[22]-śaraṇasvabhāvam |
[3] tad eva caryāpratipannakāvasthāyāṃ prasthānaśaraṇam āśṛtya sattva**paripācana**nirjātam ***anantaṃ*** prativiṣayaṃ satvopakārapravṛttes sthitasyaivopacīyamānatvāt | [6r10]
[4] vaipākikadaśāyāṃ ca ***vibhutvāvāptaṃ*** syāt, ***satatasamitam*** bhavaty anābhogena vṛtteḥ | catūrūpam api caitad bodhipariṇāmi[tvā]***kṣayam*** | bhavapariṇāmitaṃ hi vipākārpaṇe naiva truṭyati | bodhipariṇāmitaṃ punar bodhyakṣayatayaiv**ākṣayam** |
ata ādhimuktikāvasthāyā yāvad bodhipratilambhas tāvad bodhisattva**śubhaṃ** śrāvakaśubhasy**ābhibhavati** | ity abhibhavārthaḥ ||[23]

(試訳)
(第 10 偈の和訳は割愛。本書の対応箇所の和訳参照。)
[1] そしてこれは帰依処から生起したものだから，世俗的ではあるが「浄善」であり，自利に依拠するのではないのだから「広大」である。
[2] 諸の地を得るので，非世俗的なるそれ（浄善）は，「大いなる目的を持ち／意義が偉大であること」である。自利利他を果としているからである。順次，協約的と勝義的な帰依処を本性とするからである。
[3] そして同じそれ（浄善）は，行の果位の分位において，発趣の帰依処に依拠した後，衆生の「成熟」から生じており，「無辺際である」。対象に応じて，まさに確立した，衆生に対する資益の生起を[24]集積されるからである（prativiṣayaṃ satvopakārapravṛttes sthitasyaivopacīyamānatvāt）。
[4] そして異熟の分位において，「常に途絶えることなく」「自在性を得ている」。無功用に活動しているからである。
この菩提廻向の無尽であることは，四種の形をもっている。というのは，輪廻的生存（bhava）に廻向した［浄善］は，ただ異熟を置くことによって壊れるからである(bhavapariṇāmitaṃ hi vipākārpaṇenaiva truṭyati)。しかし菩提に廻向した［浄善］は，ほかならぬ菩提の無尽性ゆえに，「無尽である」。
これゆえに，信解の分位から菩提を得るに至るまでのあいだ，菩薩の浄善は，声聞の善を凌ぐ。以上，「他の勝ること」（abhibhava）の意味である。

[22] *lower margin*: praṇidhi.
[23] 写本ではこの後，8 文字分が取り消されている。
[24] sthitasyaiva を satvopakārapravṛttes に掛けて理解したが，他の可能性もある。

第 11 偈の注釈（第一回目）（抜粋: 6v1–2）

> [(25)]**tadbhāvaprārthanāto 'bhyupagamanam idaṃ tanmataṃ ca kṛpātas**
> **sarvākārajñatāto hitasukhakaraṇaṃ duṣkareṣv apy akhedaḥ** |
> **niryāṇe sarvayānaiḫ pratiśaraṇaguṇenânvitatvaṃ ca nityaṃ**
> **saṃketād dharmatātas śaraṇagamanatā dhīmatām uttamāsau** || II.11

bhāvaśabdo 'trābhiprāyavacana iti ratnatrayasyaiva | na tu hariharāder abhimatam anuvarttate, jinaśāsanānulomyenaiva pravarttata iti yāvat | anye tu **tadbhāvaprārthanaṃ** bodhicittasvabhāvaṃ śaraṇasvabhāvaṃ svabhāvam iti prati[6v2]pratipannāḥ | ugradattaparipṛcchāyāṃ[(26)] ca saṃvādayanti | （... 以下 6v2–6 は省略...）

(試訳)
(第 11 偈の和訳は割愛。本書の対応箇所の和訳参照。)

bhāva（自体、状態など）という語は，ここでは，「意図」という語の意味で［使用されている］[(27)]のだから（iti），［それは］三宝だけの［意図］である。しかし，［この語は］シヴァやヴィシュヌなどの受入れを追認することはなく，勝者の教えに随順してのみ発動する，というほど［の趣旨］である。

一方，他の人々は，「その bhāva を求めることは，菩提心を自性としており，そして帰依を自性としている」と理解する[(28)]。そして『郁伽長者所問経』において［以下のように］語る[(29)]。(... 以下 6v2–6 は省略...)

---

(25) 6r10 の末尾において 7 文分の文字が消されており，続く 6v1 の冒頭には，ryaḥ || yat || || と記される。第 11 偈の導入文に相当すると考えられるが，未解読である。6r10 の末尾 7 文字が取り消されているのは，第一回目の 11 偈釈文全体をキャンセルする意図のもと行われたものと理解される。

(26) -pṛcchāyāṃ] em., -pṛcchayāṃ Ms.

(27) あるいは，「含意ある言葉という意味で」とも訳しうるか。

(28) その体，つまり仏陀の境地を求めること（tadarthaprārthanā）という第 11 偈の文言が，菩提心と帰依との両方を意味するという理解か。

(29) 以下，『郁伽長者所問経』の引用が続く（D 63, 259a3–b5; P 760, 298b8–299ab4; T 12, 16a1–12; T 12, 23b29-c12; T 11, 472c25–473a9 に対応）。この引用については別稿を期す。第 11 偈の第二回目の注釈（7r1 以下）では，より完全な形で引用文が提示される。

第 11 偈の注釈（第二回目）（抜粋: 7r1–2）

idānīm asyaiva triratnaśaraṇasaṃvarasya prarohahetuṃ nirvāṇāśayasthirībhāvam upadarśayituṃ svabhāvahetuphalakarmayogavṛttyarthān darśayann āha ||

tadbhāvaprārthānāto ’bhyupagamanam idaṃ tanmataṃ ca **kṛpātas**
sarvākārajñatāto hitasukhakaraṇaṃ duṣkareṣv apy akhedaḥ |
niryāṇe sarvayānaiḥ pratiśaraṇaguṇenānvitatvaṃ ca nityaṃ
saṅketād dharmātātas śaraṇagamanatā dhīmatām uttamāsau ||II.11

atra kiṃ **tadbhāvaprārthanāto** ’nya[7r2]d evābhyupagamasvabhāvaṃ śaraṇam āhosvit tadbhāvaprārthanāsvabhāva evābhyupagamaḥ || tatra bodhicittotpādasvabhāvaṃ tadbhāvaprārthanam eva śaraṇam iti（... 以下 7r2–v8 は省略...）

(試訳)
さて（idānīm），同じこの三宝帰依という律儀を成長させる原因たる，涅槃への志が堅固となっていることを教え示すべく，自性・因・果・業・結合（または具備）・顕現（またはあり方／生起）という意味（六義）を示すために［次のように］言う。（第 11 偈の和訳は割愛。本書の対応箇所の和訳参照。）

ここ（第 11 偈）において，「その状態を[30]希求すること（tadbhāvaprārthanā）」と全く別なる，「証得すること」（abhyupagama）を自性とするものが帰依であるのか，それとも（āhosvit），まさに「その状態を希求すること」を自性とする証得が［帰依］であるのか［どちらなのか］。その中で（つまりその二択の中で），まさに「その状態を希求する」とは，発菩提心を自性としており，帰依処である，という［場合］（iti）（... 以下 7r2–v8 は省略...）

（7r2–v8 の概要） 以下，7r2–v8 において第 11 偈の注釈が続く。写本において判読困難な箇所が多いため，全体の梵文の提示については別稿を期し，ここではその概要のみを提示しておく。まず 7r1–v5 において，主に第 11 偈 a 句の tadbhāvaprārthanā の説明を行う。すなわち帰依と発菩提心の異同について，『郁伽長者所問経』からの跋文を提示しながら詳述する。続いて，7v5–6 において，第 11 偈の残りの句について，世親釈に準じて六義（svabhāva-hetu-phala-karma-yoga-vṛtti）と関連付けながら説明

[30] または「それ自体を」。

する[31]。さらに 7v6–7 において，『宝性論』所説の十義中[32]の後半四義との関連付けを行う。この点は，世親釈において直接はみられない説明である[33]。そしてその後に，十義を説く『宝性論』第 1 章第 29 偈を引用する。但し，当該偈は d 句が『宝性論』の文言とは違っている[34]。

第 12 偈の注釈（抜粋: 7v8–9）

upasaṃharann āha ||

> **śaraṇagatim imāṃ gato mahārthāṃ**
> **guṇagaṇavṛddhim upaiti so ’prameyām**[35] **|**
> **sphurati jagad idaṃ kṛpāśayena**
> **prathayati cāpratimaṃ mahāryadharmam ||**

guṇagaṇa[7v9]**vṛddhiṃ** bodhigotrapratiniyamarūpām | **kṛpāśayena** sphuraṇaṃ bodhicittotpadāt | **mahāryā** bodhisattvās, teṣāṃ **dharmas** svabhāvaḥ | tasya prabalaṃ paropakārakaraṇaikatātparyam[36] | etena śaraṇagamanapṛṣṭhavyāpāram upadarśayatā[37] (...40 字ほど判読困難...)

---

[31]例えば「結合」(yoga) と「顕現」(vṛtti) について次のように説明する（写本の誤字は適宜訂正した）。7v6: sarvayānapratiśaraṇena tripiṭakānuśaraṇaguṇena yuktam | paratoghoṣānuśravaṇāt samādānaṃ sāṃketikaṃ, gotrabalanirjātatvād dharmatāprātilalambhikaṃ ceti dvividhavṛttikam | (「[帰依処は]「一切の乗の帰依処と」，つまり三蔵への帰依の徳性と結合している。「他者の声」(仏説) を聴聞することによって受持するものである協約的な [帰依処] があり，そして (ca)，種姓力から生じるゆえに，法性所得の [帰依処が] ある，というように (iti)，[帰依処は] 二種の顕現 (vṛtti) をもつ。」)

[32]十義とは，六義に avasthā-sarvatraga-avikāritva-abheda の四義を追加したもの。

[33]例えば「分位」(avasthā) と「遍行」(sarvatraga) について次のように説明する。7v6: api ca yathoktādhimuktikādicaturavastham | saṃsāranirvāṇobhayavyāpitvāt sarvatragaguṇaṃ | (「さらに [帰依処は] 既述の信解などの四種の分位をもつ。[また帰依処は] 輪廻と涅槃の両方に遍満するので，遍行という徳性を持つ。」)

[34]すなわち以下の様なものである（写本 7v7）。svabhāvahetvoḥ phalakarmayogavṛttisv avasthāsv atha sarvagatve | sadāvikāritvaguṇesv abhede jñeyo **’bhisaṃdhiś śaraṇārthaniṣṭhaḥ** || (この偈の d 句を『宝性論』は，’rthasaṃdhiḥ paramārthadhātoḥ と読む。)

[35]so ’pra-] em., sa pra- Ms.

[36]-paryam] em., -parya{ṃ}m Ms.

[37]この後には判読困難な文字が 40 字ほど続く。別稿を期す。

sūtrālaṃkāraparicaye śaraṇagamanādhikāraparicayas tṛtīyaḥ ||

(試訳)
［帰依品を］総括するために［第 12 偈を］述べる。(第 12 偈の和訳は割愛。本書の対応箇所の和訳参照。)

菩提の種姓における確定を性質とする,「徳性（功徳）の集まりを増大せしめるに」［至る］。「悲愍の意楽をもって包容（拡張）すること」は，発菩提心にもとづく。「偉大なる聖者たち」とは菩薩たちのことであり，彼らの「法」つまり本質が［「偉大なる聖者たちの教法」（mahāryadharma）である］。それの威力は，他者を利することに専念することである。そのことにより，帰依の後の行為を教え示す者は，(... この後，40 字ほど判読困難...)

『経荘厳全知』における帰依品全知という第三［の章，了］。

参考文献

加納和雄

2017 新刊紹介 Kazuo Kano, *Buddha-nature and Emptiness: rNgog Blo-ldan-shes-rab and a Transmission of the Ratnagotravibhāga from India to Tibet*. Vienna: Vienna Series for Tibetan and Buddhist Studies, 2016.『高野山大学図書館紀要』1 号 21–27 頁。

Ye Shaoyong, Li Xuezhu, Kano Kazuo

2013 Further Folios from the Set of Miscellaneous Texts in Śāradā Palm-leaves from Zha lu Ri phug: A Preliminary Report Based on Photographs Preserved in the CTRC, CEL and IsIAO. *China Tibetology* 20. pp. 30–47. (改訂版は下記に収録：Horst Lasic and Xuezhu Li (eds.), *Sanskrit Manuscript from China II. Proceedings of a panel at the 2012 Beijing Seminar on Tibetan Studies, August 1 to 5*. Beijing 2016, pp. 245–270.)

(令和元年度科学研究費 [17K02222] [17H04517] [18H03569] [18K00074] による研究成果の一部。本稿の草稿段階で Harunaga Isaacson 氏からご教示を頂いた。記して謝意を表したい。本稿は葉氏・李氏の研究協力のもと加納が草した。)

『大乗荘厳経論』
第二章「佛・法・僧の三宝への帰依」解題
—何故に第二章は説かれたか—

荒牧典俊

われわれの研究会は，これまで『大乗荘厳経論』第一章「大乗佛語論証」の「和訳と注解」を刊行し，つぎにそこに已述の理由によって第十七章「供養・師事・無量とくに悲無量」を撰んで「和訳と注解」を刊行したのに続いて，今回は，第二章「佛・法・僧の三宝への帰依」の「和訳と注解」を刊行しようとしている。第一章「大乗佛語論証」の「和訳と注解」に，つづけて第二章「佛・法・僧の三宝への帰依」のそれを刊行しようとするのであるから，当然の順序であって，何も殊更に「解題」を冠し説明を加えることもない如くであるが，しかしここには『大乗荘厳経論』という哲学書が説かれざるを得なかった必然性がひそかに示唆されている如くであって，そのような思想史的必然性を，当時の大ガンダーラ地方における歴史情況からして解明しておくことは，やはり，必要かも知れないと考える。とは言っても周知のように，インド佛教の哲學文献を具体的な歴史事実に関連づけることは至難であって，随分，思い切った仮説を導入することなしには，一言も述べることが，できない。インド佛教哲学文献研究の行き詰まり情況を打開するためには，必要かも知れないとご理解いただけたら幸いである。

さて上には「何故に第二章は説かれたか」という副題を副えておいたが，第一章「大乗佛語論証」につづいて，何故に第二章「佛・法・僧の三宝への帰依」が説かれたか，ということが，一読二読したくらいでは，なかなか理解できない。そこに，どのような論理的な必然性があるのか，がきわめて難解である。いうまでもなく，これら冒頭の二章は，次下の本論が『瑜伽師地論 (Yogācārabhūmi)』の中の『菩薩地 (Bodhisattvabhūmi)』の十九章各章ごとに対応して思想内容を換骨奪胎して論述されているのに対して，本書で新しく冒頭に冠せられたのであるから，本書『大乗荘厳経論』の新しい立場を宣言しているに違いないことは，容易に推察されるのであるが，それが，どのような歴史的情況をふまえて宣言されているのか，ということが，なかなか理解できないのである。以下，第一章「大乗佛語論証」と第二章「佛・法・僧の三宝への帰依」の哲学的な関連性を考察するところから始めて，本書『大乗荘厳経論』を論述せざるを得なかった思想史的必然性を解明することを試みたい。つぎの三節に分かって論ずる。

§1　第一章「大乗佛語論証」と第二章「佛・法・僧の三宝への帰依」の哲学的な関連性——「目的 (artha)」という語を手がかりに
§2　『瑜伽師地論』「菩薩地」と『大乗荘厳経論』の思想史的な対立関係
§3　龍樹 (Nāgārjuna) にはじまる大乗論書運動の実践的基礎
結語　『大乗荘厳経論』の思想史的立場

かく本書『大乗荘厳経論』が説こうとする根本思想を確認した上で，その思想史的な源流へと遡行してみたい。

§1 第一章「大乗佛語論証」と第二章「佛・法・僧の三宝への帰依」の哲学的な関連性——「目的 (artha)」という語を手がかりに

上述のように『瑜伽師地論』「菩薩地」十九章の章構成をふまえて『大乗荘厳経論』本論の十九章が論述されているのに対して，これら冒頭の二章は，『大乗荘厳経論』を論述するに際して，新たに巻頭に増補して説かれたのであるから，そこには新しいメッセージが宣言されているに相違ないことは容易に推察されるが，ぞれでは，どのようなメッセージが宣言されているか，ということが，中々，難解であって，すぐには理解できない。ここでは，第一章と第二章に共通に用いられている「目的 (artha)」という根本語の意味を確定することを手がかりに，その問題にアプローチしてみたい。

はじめに，まず第一章「大乗佛語論証」冒頭の第一偈における「目的 (artha)」という語の意味を確定することから，はじめる。本書『大乗荘厳経論』全体の最初の第一章「大乗佛語論証」の，そのまた最初の第一偈は，本書を新しく説かざるを得なかった思想史的必然性を説明して本書の根本的立場を宣言していると考えてよいであろう。その第一偈の根幹の主張命題にかかわる部分だけを取り出してサンスクリット原文を提示し，かりそめに和訳しておくと以下の如くである。

arthajño ’rthavibhāvanāṃ prakurute … …/

dharmasyottamayānadeśitavidheḥ ...

śliṣṭām arthagatiṃ niruttaragatāṃ pañcātmikāṃ darśayan// 1

［最上乗の］目的を知るひとこそが，最上乗の［方便及び智慧］行 (vidhi) を説く諸経典の目的を解明するのである。すなわち首尾一貫して無上に達する「五種の存在」を修行する目的へのプロセス (arthagati) を説くことによってである。(第一偈)

この難解の冒頭の一偈をこの和訳のように解釈してよいとするならば，この第一偈は，大乗諸経典においてさまざまなしかたで説かれた方便行と智慧行の究極の目的は，「五種の存在」を修行することであったと宣言している。即ち大乗諸経典を佛語たらしめ最勝たらしめる究極の目的は「五種の存在」だ，というのである。その「五種の存在」とは，第二偈に対する世親釈において 1)［存在しないと］証明される存在 (sādhya), 2)［言葉で教えられて］理解される存在 (vyutpādya) , 3)［禅観によって］思惟される存在 (cintya) , 4)［禅観による］思惟を超越した存在 (acintya) , 5) 円成されて証得の目的となり自内証知され菩提分法の本性ある存在 (pariniṣpannam adhigamārthaṃ pratyātmavedanīyaṃ bodhipakṣasvabhāvaṃ) であると定義されている。それらは，それぞれ，1) 名 (nāma) ，2) 相 (nimitta) ，3) 分別 (vikalpa) ，4) 真如 (tathatā)，5) 無分別智 (nirvikalpajñāna) 及び無分別後得智 (nirvikalpapṛṣṭhalabdhajñāna) あるいは正知 (samyagjñāna) という「五事 (pañcavastu) 」の真実に相当すると注釈されるのであるが，ここには「五事 (pañcavastu) 」の真実の成立にかかわる難問が隠蔵されている如くである。少しく説明しておく。

もう十五年も前になるが，2005 年にほぼ相前後して，「五事」の真実の成立を解明する緻密な文献学的研究がドイツと日本で刊行された。一は，

Jovita Kramer, *Kategorien der Wirklichkeit im frühen Yogācāra*, Wiesbaden : Dr. Ludwig Reichert Verlag, 2005

であり，他は，

高橋晃一,『菩薩地』「真実義品」から「摂決択分中菩薩地への思想展開」, Tokyo: The Sankibo-Press, 2005

である。

何れも『菩薩地』「真実義品」に説かれる「四尋伺・四如実遍智」の菩薩行によっ

て体得される真実として，『摂決択分中菩薩地』「真実義品」において「五事」の真実が成立したことを論証するために，それぞれ関連する箇所のテクストを批判的に校定して，ドイツ語訳あるいは和訳し注解を加えた上で論証を試みているのであって，きわめて完成度の高い文献学的研究になっている。しかしながら何れの研究も，ここで問題にしている『大乗荘厳経論』冒頭の第一章第一偈と第二偈に説かれる「五事」の真実には論及していない。わたくしは，この度，『大乗荘厳経論』第二章の『和訳と注解』を刊行するに際して，あらためて第一章第一偈で「目的 (artha) 」あるいは「目的へのプロセス (arthagati) 」と説かれている上引の「五事」の真実と第二章第一偈で四種の目的の中の第三の目的「［菩薩行の諸段階を］証得する」に意図されている「五道」の菩薩道との哲学的な関連性を思惟せざるを得なくなって思惟を重ねている間に，ここにこそ「五事」の真実の起源があるかも知れないと考えるようになった。その主たる理由は，何故に「五事」の真実が説かれざるを得なかったかという思想史的な必然性の理解にある——即ちかって論じたように『菩薩地』「真実義品」の「四尋伺・四如実遍智」が『解深密経』「分別瑜伽品」において「唯識観行」へと発達しつつあった段階[1]で「唯識観行」によって知られるべき真実として「三無性」「三性」説が成立した[2]のに対抗して，彌勒論書系統の『法法性分別論』において「虚妄分別」の「入無相方便相」が成立し[3]，さらにいま『大乗荘厳経論』においてその「入無相方便相」が「五道」の菩薩道へと発達しつつある故に，新たに「五道」の菩薩道によって知られるべき真実として上引の「五種の存在」が説かれることとなったのだ，と考えるのである。とくに，ここ『大乗荘厳経論』冒頭の第一章第一偈と第二偈において「五種の存在」がはじめて成立したことを考えさせるのは，第五の存在の「円成されて証得の目的となり自内証知され菩提分法の本性ある存在」という定義である。

さきに英文の拙論 “Two Notes on the Formation of the *Yogācārabhūmi*-Text-Complex” (included in U. T. Kragh ed. *The Foundation for Yoga Practitioners,* Harvard Oriental Series 75, 2013, pp. 409 - 410) において指摘したように，この定義は，『十地

(1)「四尋伺・四如実遍智」から「唯識観行」への発達については，拙稿 “Toward an Understanding of the *Vijñaptimātratā”* (included in “Wisdom, Compassion and the Search for Understanding, the Buddhist Studies Legacy of Gadjin M. Nagao” ed. by Jonathan A. Silk. University of Hawai’i Press, 2000) で論じた。

(2) この点，下記に言及する英文摂論 “Two Notes on the Formation of the *Yogācārabhūmi*-Text-Complex” 2013, §2. 1 (pp.410 – 418) で論じた。

(3)拙稿「彌勒論書における『虚妄分別』の起源について」『佛教学セミナー』第 75 号，2002 年 pp. 18 – 26 で論じた。

経』「第六地」における「菩提分法」の修行以来の伝統を，おそらく龍樹の「菩提分法」の修行を介して『菩薩地』旧層と新層の「菩提分法」の修行が継承していたことを知っていて「菩提分法の本性ある」と定義しているのであって，そこには大ガンダーラ地方における『瑜伽師地論』「菩薩地」系統（かりにペシャワールのカニシカ大寺系統としておく）と彌勒論書系統（かりにタキシラ寺院群系統としておく）との間の思想史的な相互作用あるいは拮抗関係が観取される如くである。簡単にするために両系統の「菩提分法」の修行の伝統をめぐる相互作用を表示してみると，以下の如くである。

『瑜伽師地論』系統	『彌勒論書』系統
Ⅰ）『十地経』「第六地」の「縁起」と「空・無相・無願」の三三昧を観ずる菩提分法の修行にもとづいて	
Ⅱ）龍樹の世俗・勝義二諦の真実を観察する「菩提分法」の修行が成立する。	
Ⅲ）大ガンダーラ地方へ龍樹の世俗・勝義二諦の真実を観察する「菩提分法」の伝統が伝来して，『菩薩地』旧層において「人無我」（即ち世俗諦）を観じて煩悩障を断じ，「法無我」（即ち勝義諦）を観じて所知障を断ずずるいう「菩提分法」の修行が成立する。それは「七菩薩地」において完成される。「七菩薩地」とは，⑴種姓地，⑵信解行地，⑶清浄意楽地，⑷行正行地，⑸決定地，⑹決定行地，⑺究竟地である。	『大集経』『如来蔵経』『勝鬘経』などから抜粋して「真如」を根本思想とする『究竟一乗宝性論』が編纂される。それは『菩薩地』旧層の「七菩薩地」を基礎とする。

IV)『菩薩地』新層において「菩薩戒」儀礼によって菩薩になる伝統が始まり，その現実の菩薩が「七菩薩地」の第三「清浄意楽地」(即ち初地見道）へ向上し「転依」するための「菩提分法」の修行として「四尋伺・四如実遍知」の観察行が成立する。

V)『解深密経』「分別瑜伽品」において「四尋伺・四如実遍知」を究極にまで哲学化し単純化して「唯識観行」が成立する。その「唯識観行」によって知られるべき真実として「三無性」「三性」「阿陀那識」が成立する。

『法法性分別論』が『菩薩地』新層と『瑜伽師地論』「摂事分」から素材をとりながら「虚妄分別」の哲学体系を構築し，とくに『解深密経』「分別瑜伽品」の「唯識観行」による「転依」を換骨奪胎して「入無相方便相」による「転依」を確立する[4]。

VI)

『大乗荘厳経論』が上記の「虚妄分別」の「入無相方便相」による「転依」の菩薩道をより実践的に完成させて「加行道」の菩薩道を確立し，それを中心にして「資糧道」「加行道」「見道」「修道」「究竟道」の菩薩道体系を完成させる。『大乗荘厳経論』第一章第一偈は，この「五道」の菩薩道体系によって知られるべき真実として上引の「五事」の真実を宣言している。とくに第五事の「菩提分法の本性ある」という定義は，上来の「菩提分法」の伝統をふまえている。

---

[4] 上引の拙稿「彌勒論書における『虚妄分別』の起源について」とくに pp. 20 – 24 で論じた。

Ⅶ) 現行の『瑜伽師地論』「本地分」「有心地」に伝えられる意識のレベルの体系にもとづいて「本地分」全体が編纂される[(5)]。

Ⅷ)『瑜伽師地論』「本地分」全体の意識のレベルの体系にもとづいて同論「摂決択分」の哲学的諸思想が編纂される。その中の『菩薩地』「真実義品」の哲学思想として『大乗荘厳経論』冒頭の「五事」の真実が,『菩薩地』本来の「四尋伺・四如実遍知」により応した用語によって再定義される。

以上のように対比させてみるとき,大ガンダーラ地方における二系統の思想展開の中で『瑜伽師地論』系統の「三無性 (triniḥsvabhāva) 」「三性 (trisvsabhāva) 」の真実に対抗して,『彌勒論書』系統にこそ新たに「五事 (pañcavastu)」の真実を宣言する必然性があったのであり,それが『大乗荘厳経論』第一章冒頭の第一偈と第二偈において宣言されていることも,よく理解されるのではないか。即ち『瑜伽師地論』系統において「四尋伺・四如実遍知」の「菩提分法」の修行が「唯識観行」へと発達しつつあった段階で,この「唯識観行」によって知られるべき真実として「三無性」「三性」が説かれたことに対抗して,われわれの「入無相方便相」の修行によって知られるべき真実は「五種の存在(五事)」の真実だ,と宣言する思想史的な必然性も理解されるのではないか。

わたくしとしては,ひとまず,このように『大乗荘厳経論』第一章第一偈と第二偈が,大乗諸経典においてさまざまなしかたで説かれた方便行と智慧行の究極の目的は「五事」の真実だ,それこそが大乗諸経典を佛語たらしめ大乗たらしめる究極の目的であると最初に宣言したのだ,と理解しておいて,つぎにはその究極の目的が,同論第二章第一偈に「大乗の三宝に帰依した菩薩は四種類の本性ある目的をもっていて最勝である」と説く四種類の目的と,どのように相応するか,ということを考察してみ

(5)『瑜伽師地論』「摂決択分」「有心地」の勝義諦に対する世俗諦として「本地分」「有心地」の意識のレベルが成立し,それにもとづいて「本地分」全体が編纂されたことを,上引の拙論 “Two Notes on the *Yogācārabhūmi*-Text-Complex” pp. 421 – 428 で論じた。

たい。前者の「究極の目的」と後者の「四種類の目的」とは，どのように関係するのであろうか。

さて第二章「佛・法・僧の三宝への帰依」冒頭の第一偈は，つぎの如くに「四種類の目的」説いている。

> ratnāni yo hi śaraṇaṃpragato 'grayāne jñeyaḥ sa eva paramaḥ śaraṇagatānāṃ/
> sarvatragābhyupagamādhigamābhibhūtibhedaiś caturvidhamayārthaviśeṣaṇena// 1
> ［以上のように第一章において大乗こそが佛語である——最勝である——と説かれたのは，］つぎのような理由によってである。すなわち最勝なる大乗において［佛・法・僧の三］宝に帰依する菩薩こそが，さまざまなしかたで帰依する衆生の中で最勝である，と知られるべきである。［かの菩薩は，］四種類の本性ある目的をもっていて最勝であるからである。すなわち 1) すべて［の衆生・声聞・独覚・菩薩］にゆきわたる［という目的］, 2)［誓願を表白して］重責を引き受ける［という目的］, 3)［菩薩行の諸段階を］証得する［という目的］, 4)［声聞教団の佛弟子たちの修行を］凌駕する［という目的］という区別があるからである。（第一偈）

この第二章第一偈は，大乗の三宝に帰依した菩薩は四種類の本性ある目的をもっていて最勝であると説くのであるが，その四種類の本性ある目的が，

> 1) すべての衆生，声聞・独覚・菩薩にゆきわたるという目的,
> 2) 誓願を表白して重責を引き受けるという目的,
> 3) 菩薩行の諸段階を証得するという目的,
> 4) 声聞教団の佛弟子たちの修行を凌駕するという目的

であると列挙されている。いま，この四種類の目的の中で第一の目的と第四の目的はきわめて一般的な目的であるから当面の考察の対象から除外しておいて，とくに第二と第三の目的だけについて，上述の第一章第一偈と第二偈に説かれた大乗諸経典の究極の目的としての「五事」の真実と，どのように関係するかを考察してみたい。

さて大乗諸経典を大乗たらしめ佛語たらしめる究極の目的たる「五種の存在」の真実は，ここで説かれる 2) 誓願を表白して重責を引き受けるという目的と 3) 菩薩行の諸段階を証得するという目的と，どのように関係するのであろうか——という問題の背後には，『瑜伽師地論』「菩薩地」の十九章の章構成の思想内容を換骨奪胎して，いま新しく同じ十九章の章構成によって新思想を説こうとする『大乗荘厳経論』の根

本的立場が表明されている如くである。ここでは節をあらためて，何故に本論第二章が特別に 2) 誓願を引き受けて重責を引き受けるという目的を強調し，3) 菩薩行の諸段階を証得するという目的を宣言するかということを，つづけて考察してみたい。但し，ここにはインド佛教思想史全体の流れをどのように理解するか，という大問題が隠蔵されていて，本解題の一節内で論ぜられるようなテーマではない。ごくごく要略して筋道だけを論ずる。

§2 『瑜伽師地論』「菩薩地」と『大乗荘厳経論』の思想史的な対立関係

わたくしは目下，インド佛教思想史の伝統の中で原始佛教思想史の伝統が中インドあるいは北インドのどの地域から西北インドの大ガンダーラ地方へ流伝していくかという問題を考察しつつあり，おそらく当時シャーケータあるいはサーケータと呼ばれていて後にアヨーディヤーと改名される地域(6)に「雪山部」と呼ばれる部派があり，かれらがガンダーラ地方へ原始佛教を伝播したと考えようとしている。おそらく紀元前二世紀頃であろう。他方で，そこから同じ「雪山部」が，ほぼ同時くらいにサーンチーの大塔へも原始佛教の伝統を伝え，さらに後者からカナガナハリやアマラーヴァティなどの南インド地方へも伝播したと考えようとしている。アショーカ王の佛教流伝からほぼ百年を経たこの段階において原始佛教経典の発達過程も最終段階に入っていて，さまざまなより古い段階の原始佛教経典に説かれていた諸修行道体系を集成して「三十七菩提法 (saptatriṃśadbodhipakṣyadharma) 」の修行道体系が形成されつつある。一方で大ガンダーラ地方における佛教伝播の中心であったペシャワール大塔においては，そこにあった瑜伽行者 (yogācāra) たちが，まさしくこの段階の原始佛教の修行道体系から出発して，漸次に僧伽羅叉 (Saṃgharakṣa) 造『修行道地経 (Yogācārabhūmi) 』から現行の『瑜伽師地論』に編纂されている『声聞地 (Śrāvakabhūmi) 』の諸修行道体系へと「四聖諦」を「現観」するための修行道体系を発達させていく。他方でシャーケータから南下してサーンチーの大塔を中心とする地域に至った「雪山部」が原始佛教経典の伝統をさらに発展させて，後期の「長阿含」の散文経典を誦出するのではないか，と考える。このサーンチーの大塔における原始佛教の伝統がさらに南下して南インドのカナガナハリやアマラーヴァティの大塔の地

(6)Sāketa が Ayodhyā と改称されることについては，Hans Bakker, *Ayodhyā, the History of Ayodhyā from the 7th century B. C. to the Middle of the 18th Century...*, Groningen, 1986 pp. 24 – 38 参照。

域へも流伝していたであろう。とすると，紀元後二世紀後半から三世紀前半にかけて南インドで生きた龍樹は，原始佛教の伝統を承けた「比丘」としては「三十七菩提分法」の修行を実践していた可能性があろう。

つぎに大乗佛教思想史の展開を考えるにあたっては，わたくしとしては，大乗経典運動と大乗論書運動を明確に区別することが必須であると考える。即ち前者の大乗経典運動とは，紀元後一世紀後半頃にマトゥラーにおいて佛塔から佛像が出現しはじめた段階で，いま出現してきた佛像を前にして誓願儀礼を行って菩薩になるという運動がはじまり，かれら初業菩薩たちが，『般若経』などの大乗経典をつぎつぎに創作しつつ讃嘆しつづけて「三昧」のエクスタシーに入り，そこにおいて「不退転」あるいは「無生法忍」とよばれる宗教体験を体得しようとする運動であったと考える。しかもそのような大乗経典を創作しつつ讃嘆しつづけて「三昧」に入り「無生法忍」を体得するという宗教運動[(7)]は，当時の「絹の道」の貿易活動の隆盛に伴って，ほとんど即時に西北インドの大ガンダーラ地方へも，あるいは南インドのアマラーヴァティなどへも，それぞれに固有の佛像群を出現させつつ伝播していったであろう。とすると，わたくしは，そろそろ，それらの大塔を中心とする地域において，それぞれ固有の大乗経典が創作され讃嘆されていた可能性を考えるべき時が来ているのではないか，とも思う——例えばマトゥラーにおいて『般若経』が，どんどん増広されつづけていったのに対して，大ガンダーラ地方においては『阿佛國経』や『大阿弥陀経』などが，あるいはタキシラ地方においては『陀羅尼自在王経』などの『大集経』群が，そして南インドのアマラーヴァティなどにおいては『兜沙経』などの『華厳経』群が創作され讃嘆されていったというようにである。

それにたいして後者の大乗論書運動とは，ここで論じようとしているように南インドにおいて『華厳経』の「十地」思想が『十地経』にまで発達してきた段階で，龍樹が，『十地経』第六地における十二支縁起（即ち「世俗諦」）と空・無相・無願の三三昧（即ち「勝義諦」）を観察する「菩提分法」の修行を発達させて，とくに「勝義諦」の「空」をきわめて論理的に思惟しつくすことによって「無生法忍」の宗教体験を体得しようとする運動であったのであって，その「二諦」の真理を観察する「菩提分法」

(7)大乗経典運動と「無生法忍」の宗教体験との関係について，はじめ近藤治編『インド世界その歴史と文化』世界思想社 1984 年刊に所収の拙論「大乗佛教運動と民衆」pp. 180-183 で論じ，つづいて，とくに kṣānti の宗教体験の具体的な定義については，望月海淑編『法華経と大乗経典の研究』2007 年刊に所収の拙稿 “Early Buddhist and Mahāyāna Buddhist Philosophy as the Ecological Principle –toward an Ecological Ethics of Buddhism” pp. 177 - 183 で論じた。

の修行によって「無生法忍」を体得するという基本性格は，大ガンダーラ地方へ流伝してきて『菩薩地』旧層から『菩薩地』新層を撰述させ『大乗荘厳経論』を撰述させるに至るまで一貫している。大乗論書運動が，唯単に哲学的真理を論理的に思惟するだけでなく，その真理を体得するための修行実践を根本とすることを看過してはならない。

ところで以上のように概観した上でこの第二節で論じたいと考えたことは，その修行実践する「[三十七] 菩提分法」が，(Ⅰ)『十地経』「第六地」の段階から (Ⅱ) 龍樹の段階，(Ⅲ)『菩薩地』旧層の段階，(Ⅳ)『菩薩地』新層の段階，(Ⅴ)『大乗荘厳経論』の段階へというように，どんどん発達していっているということである。即ち

Ⅰ)『十地経』「第六地」の段階では「菩提分法」は，原始佛教の伝統を継承していて「三十七菩提分法」の修行実践を意味していたはずである。したがって原始佛教の伝統にしたがって「念・定・慧」を基本とする修行を修行しながら「十二支縁起」を観察し「空・無相・無願」の三三昧へ入定して「無生法忍」を体得することを目指していたであろう。

Ⅱ) 龍樹の段階では，「十二支縁起」の「世俗諦」と「空・無相・無願」の「勝義諦」を観察しつつ，とくに「空」の真理を論理的に思惟しつつ「無生法忍」を体得する「三十七菩提分法」をこそ修行していたであろう。

Ⅲ)『菩薩地』旧層の段階では，さらに「世俗諦」を「人無我」と解釈しなおし「勝義諦」を「法無我」と解釈しなおした上で「人無我」によって「煩悩障」を断じ「法無我」によって「所知障」を断じていくという「十地」の修行道体系を完成させたが，その修行道体系を全体として「菩提分法」と理解していたようである。この段階で上引の「七菩薩地」即ち 1) 種姓地，2) 信解行地，3) 清浄意楽地，4) 行正行地，5) 決定地，6) 決定行地，7) 究竟地が成立している。

Ⅳ)『菩薩地』新層の段階においてひとりの瑜伽行者が「菩薩」になるための「菩薩戒」儀礼が創始され，その菩薩が 2) 信解行地において修行する「菩提分行 (bodhipakṣyacaryā)」として「四尋伺・四如実遍智」の修行が実践されるようになり，それによって 3) 清浄意楽地（即ち初地見道）に入って初地の菩薩となる。のみならず，この段階で，われわれが先に刊行した『『大乗荘厳経論』第 XVII 章の和訳と注解——供養・師事・無量とくに悲無量——』（龍谷大学佛教文化研究叢書 30，2013 年刊）7 頁以下において指摘したように「供養・師事・無量」につづく「菩提分法」として 4) 羞恥，5) 堅持心，6) 無倦怠，7) 知論性，8) 知世間，9) 四依，10) 四無碍弁，11) 菩提資糧，12) 三十七菩提分法，13) 止観，14) 善巧，15) 陀羅尼，16) 願，17) 三

三昧，18) 四法印の十五項を列挙している。従来，原始佛教の伝統にしたがって「三十七菩提分法」として理解されてきた「菩提分法」を新しく大乗の修行実践として拡大し増広しようとしている，といわなくてはならない。最後に，

V)『大乗荘厳経論』の段階において『菩薩地』新層の「菩提分行」としての「四尋伺・四如実遍智」が『解深密経』「分別瑜伽品」の「唯識観行」へ発達したのを承けて，その「唯識観行」を「加行道」の「入無相方便相」へと発達させ，さらにその「加行道」を中心として「資糧道」「加行道」「見道」「修道」「究竟道」の五道の菩薩道体系を完成させた故に，『十地経』「第六地」以来の「菩提分行」とは，究極的には「五道」の菩薩道体系そのものだ，と解釈するに至ったのであろう。その上で「五種の存在」が，「五道」の菩薩道体系によって知られるべき真実であるから，したがって「菩提分法の本性をもつ」と宣言するに至ったのであろう。

わたくしとしては，以上のように『十地経』「第六地」以来の「［三十七］菩提分法」の発達の歴史をふまえるときに，はじめて本稿第一節末尾に掲げた二つの問題に答えることができると考える。まず第一に『大乗荘厳経論』第一章が大乗諸経典を大乗たらしめ佛語たらしめる究極の目的として「五種の存在」を宣言したのを承けて，何故に同論第二章は，「誓願を表白して重責を引き受けるという目的」を強調するのか，という問題にたいしては，つぎのように答えることができるであろう。即ち上にも言及したように「彌勒論書系統」の諸論書を撰述したのは，元来タキシラの地にあって『大集経』群の諸大乗経典を創作し讃嘆しつづけてきた大乗佛教徒であったのであって，かれらが『瑜伽師地論』系統の『菩薩地』などの論書運動に対抗して，『究竟一乗宝性論』などの論書を創作しはじめたのであった。したがってかれらは，元来，大乗佛教徒として「誓願を表白して重責を引き受ける」というしかたで「菩薩」になる伝統を保持していたであろう。それに対して『瑜伽師地論』系統の瑜伽行者たちは，元来，原始佛教の伝統にしたがって修行道体系を構築してきたのであって，龍樹の論書運動が伝来した段階で『菩薩地』旧層を創作しはじめたのであった。したがってかれらは，『菩薩地』新層の段階になって「菩薩戒儀礼」を創始して「菩薩」になることをはじめたのであろう。とすると『大乗荘厳経論』第二章第一偈が「誓願を表白して重責を引き受ける」という目的を掲げ，つづく諸偈において多くの比喩を重ねて説明を加えていることは，われわれの大乗佛教の伝統である「誓願儀礼」によって「菩薩」になるのが本来であって，『瑜伽師地論』系統の「菩薩戒儀礼」は第二義的だと批判していることとなろう。

つぎに第二に，『大乗荘厳経論』第一章が大乗諸経典を大乗たらしめ佛語たらしめ

る究極の目的として「五種の存在」を宣言したのを承けて，何故に同論第二章は「菩薩行の諸段階を証得する」という目的を殊更に主張するのか，という問題にたいしては，つぎのように答えることができる。即ち『瑜伽師地論』系統の『菩薩地』新層は。「菩提分行」として「四尋伺・四如実遍智」を説いて初地の菩薩位に入るための「加行道」を説き始めていたし，十地菩薩行を「人無我」を観じて「煩悩障」を断じ「法無我」を観じて「所知障」を断ずる修行道体系として実践的に理解しはじめていたのであるが，いまだ「資糧道」「加行道」「見道」「修道」「究竟道」の「五道」の修行道体系にように首尾一貫した実践的な修行道を完成させるには至っていなかった。それに対して，いま『大乗荘厳経論』第二章は，われわれの「五道」の修行道体系こそが「菩薩行の諸段階を」直々に実践的に「証得する」首尾一貫した修行道体系だ，と主張するのであろう。それこそが，大乗諸経典にさまざまに説かれた方便行と智慧行を大乗たらしめ，佛語たらしめる究極の目的である「五種の存在」を実践的に「証得」していくための実践的基礎であるというのであろう。

以上のように考察してくるとき，本解題の副題に掲げた「何故に第二章は説かれたか」という問いにたいしては，つぎのように答えることができる——即ち『大乗荘厳経論』第一章「大乗佛語論証」が，大乗諸経典にさまざまに説かれた方便行と智慧行の究極の目的が「五種の存在」であると宣言したのに対して，同論第二章「佛・法・僧の三宝への帰依」は，原始佛教（即ち小乗佛教）以来「三宝への帰依」の伝統はあるのであるが，いまや大乗佛教の究極の目的である「五種の存在」を実践的に「証得」するための「菩提分行」としての「入無相方便行」も，したがってそれを根本とする「五道」の菩薩道も完成された故に，大乗において「三宝に帰依」して大乗菩薩として修行実践するがよい，と勧奨する目的のために附説された，とでも答えておきたい。

§3 龍樹 (Nāgārjuna) にはじまる大乗論書運動の実践的基礎

龍樹にはじまる，いわゆる「中観哲学」の実践的基礎が，上述したように原始佛教の伝統にもとづく「三十七菩提分法」であったことを論証するための一節を設けるべきかも知れないと考えたのであるが，いまは時間の制約もあり，今後の課題とさせていただく。

結語 『大乗荘厳経論』の思想史的立場

インド佛教思想史全体の中で原始佛教思想史の発達と大乗佛教思想史の発達が，いつ，どこで，どのように諸経典や諸論典を創作しつづけ伝承しつづけてきたのか，というように "a geo-historical mapping of the development of Early and Mahāyāna Buddhism" ともいうべき課題を問うことが，いまや必須だ，と認識していながら，なかなか踏み込めなくて躊躇していたのであるが，上述においては，現段階でわたくしが理解し得ている限りにおいて，そのような歴史地理的なインド佛教思想史の理解にもとづいて，本稿の課題に答えることを試みてみた。識者のご叱正を賜れば幸いである。

さて本稿では，上来「菩提分法」という思想の発達をあとづけて，Ⅰ)『十地経』「第六地」の段階において

十二支縁起を観じ三三昧に入定する「三十七菩提分法」

であり，Ⅱ) 龍樹の段階において

縁起と空性を観じて無生法忍をさとる「三十七菩提分法」

であり，Ⅲ)『菩薩地』旧層の段階において，

人無我・法無我を観じて，それぞれ煩悩障・所知障を断ずる「三十七菩提分法」

であり，Ⅳ)『菩薩地』新層の段階において，

四尋伺・四如実遍智を修行し十五項の菩薩行を行ずる菩提分法

へと大乗化され，Ⅴ)『大乗荘厳経論』において

五事の真実をさとる五道の菩薩道を修行する菩提分法

へと完成されるとあとづけてきたのであるが，それらの菩提分法を修行することによって，どのような宗教体験が体験されるのか，ということを，ほとんど論じてこなかった。いま最後に，その宗教体験について一言すると，大乗論書運動が南インドの龍樹からはじまって大ガンダーラ地方のペシャワール大寺の瑜伽行者たちに伝来して『菩薩地』旧層と新層を創作させ，いまタキシラ寺院群の大乗佛教徒たちをして彌勒

論書群を創作させつつあるという思想史の根幹の流れの実践的課題であったのが，それらの「菩提分法」を修行実践することによって「無生法忍」の宗教体験を体験することであった。

そもそもの始め大乗経典運動の根本の宗教体験であったのが，「不退転」あるいは「無生法忍」であったのであって，それは『般若経』などの大乗諸経典を創作しつづけ讃嘆しつづけていくことによって三昧のエクスタシ—に入るや否や，「無生法」あるいは「空性」の方から「忍」という肯定——「汝の罪過は許されたよ，そのままでいいよ」という肯定——を与えられて新しい人格に生まれ変わるという「根本転回」の宗教体験[(8)]であった。

いま龍樹にはじまる大乗論書運動は，そのような文学的あるいは神秘体験的ともいうべき経典読誦による「根本転回」の宗教体験を革新して「三十七菩提分法」という「念・定・慧」を根幹とする禅定実践によって体得される「根本転回」の宗教体験へとつくりかえながら「五道」の菩薩道体系を完成させたのであった。

わたくしは，目下，現代の「世界システム」としての資本主義のニヒリズム化の歴史を「根本転回」するのも，現代に生きる人間ひとりひとりの「念・定・慧」の禅定実践による「根本転回」の宗教体験でなくてはならない，と考えて，その「歴史の根本転回」即ち「さとりの根本転回」，また「さとりの根本転回」即ち「歴史の根本転回」という佛教哲学の究極の真実を歴史哲学的に根拠づける研究を進めつつあるが，本稿は，そのような現代の歴史哲学的課題に答えるための準備として，インド佛教思想史そのものの発達の歴史事実を確定することを試みたものであった。インドや中国や日本における佛教思想史の発達の歴史事実を確定することなしには，現代の歴史において生きてはたらく佛教哲学を構築することはできないと考えるからである。古えの歴史事実に学ぶことによってのみ，新しい歴史を創造する哲学を思惟することができるのである。

なお以下には、以上のような解題の根拠となる第二章「佛・法・僧の三宝への帰依」全体の拙訳を付しておく。

---

(8) この宗教体験についても，上注 7 に言及した 2007 年の拙稿，とくに pp.77 – 79 で叙事詩『マハーバーラタ』にみられる用例によって論じた。

『大乗荘厳経論』
第二章「佛・法・僧の三宝への帰依」

最勝なる帰依［の最勝なる徳性］を要約する一偈がある。

> **［以上のように第一章において大乗こそが佛語である——最勝である——と説かれたのは,］つぎのような理由によってである。即ち最勝なる大乗において［佛・法・僧の三］宝に帰依する菩薩こそが，さまざまなしかたで帰依する衆生の中で最勝である，と知られるべきである。［かの菩薩は,］四種類の本性ある目的をもっていて最勝であるからである。即ち 1) すべて［の衆生・声聞・独覚・菩薩］にゆきわたる［という目的］, 2)［誓願を表白して］重責を引き受ける［という目的］, 3)［菩薩行の諸段階を］証得する［という目的］, 4)［声聞教団の佛弟子たちの修行を］凌駕する［という目的］という区別があるからである。（第一偈）**

「［最勝なる大乗において三宝に帰依する菩薩こそが］さまざまなしかたで帰依する衆生の中で最勝である」というのは，いかなる理由によってであるか。［かの菩薩は,］四種類の本性ある目的をもっていて最勝であるからである。四種類の目的とは,

1) すべて［の衆生・声聞・独覚・菩薩］にゆきわたる［という目的］,

2) 誓願を表白して］重責を引き受ける［という目的］,

3)［菩薩行の諸段階を］証得する［という目的］,

4)［声聞教団の佛弟子たちの修行を］凌駕する［という目的］という区別があることによって知られるべきである。即ち,

1) すべて［の衆生・声聞・独覚・菩薩］にゆきわたるという目的,

2)［誓願を表白して］重責を引き受けるという目的,

3)［菩薩行の諸段階を］証得するという目的,

4)［声聞教団の佛弟子たちの修行を］凌駕するという目的である。

ところで，これらの四種類の目的は，以下［の諸偈頌］において，さらに詳しく説明されるであろう。

そのよう［に最勝なる大乗において帰依する菩薩こそが，さまざまなしかたで帰依する衆生の中で最勝］であるのであるけれども，最勝なる帰依によって帰依する諸菩薩は，無量無辺の難行苦行を修行しなくてはならないのであるから，あるひとびとは，そのようなことは，とてもできない［と意欲を殺がれるかもしれない]。という

わけで，［最勝なる］帰依をするように勇気づけることについて一偈がある。

> **この［第一偈で述べたような最勝なる帰依をするという］決意表明は，最初には，きわめて実行し難いのであって，それは何千という多数の劫にわたって［菩薩行を実践するとして］も成就し難いのであるが，しかし，一たび成就したときには，［あらゆる］衆生利益をなしつづけるという大いなる目的をもっているから，それ故に，われわれの最勝なる乗においてこそ，最勝なる帰依をなすべき最大なる］目的が存在するのである。(第二偈)**

こ［の第二偈］によって，上述の［最勝なる］帰依をなすという決意表明が，最勝なる誓願行をなし，最勝なる菩薩行を実践するのであるから，［最勝なる菩薩であるという］名声を得る原因であること，及び最勝なる佛果を証得するのであるから，最大なる目的をもっていることを説明している。

(Ⅰ) 上述［の第一偈］において主題として提示された［第一の目的，即ち］「すべて［の衆生・声聞・独覚・菩薩］にゆきわたる」という目的をもつことについて第三偈がある。

> **かの叡智ある菩薩は，ここ［大乗］において，つぎのような［四種類の］しかたで「すべてにゆきわたる」という目的をもつと理解されるべきである。即ち 1) かの菩薩は，すべての衆生を救済するために菩薩行を修行している。2) かの菩薩は，［声聞・独覚・菩薩の三］乗のすべてにゆきわたる熟達を体得する。3) また［人無我と法無我の真理を知る］真知のすべてにゆきわたる熟達を体得する。4) かの菩薩は［無住処］涅槃において輪廻［の過誤］についても，寂静［の功徳］についても［区別して分別することなく平等にゆきわたって］一味である。(第三偈)**

こ［の第三偈］によって，つぎのような四種類のしかたで「すべてにゆきわたる」という目的をもつことを説明している。

1) すべての衆生にゆきわたるという目的をもつ。すべての衆生を救済するために菩薩行をなすからである。

2) すべての［三］乗にゆきわたるという目的をもつ。［声聞乗・独覚乗・菩薩乗の］三乗にゆきわたる熟達を体得するからである。

3) すべての真知にゆきわたるという目的をもつ。人無我［を知る真知］と法無我［を知る真知］にゆきわたる熟達を体得するからである。

4) すべてにゆきわたる涅槃という目的をもつ。［無住処涅槃においては］輪廻についても寂静についても［区別することなく平等にゆきわたって］一味である。というのは，そ［の無住処涅槃］においては，［輪廻の］過誤と［涅槃の］功徳を［区別して］分別しないから，輪廻と涅槃の区別が存在せず［あまねくゆきわたる］のである。

(II － 1)［上述の第一偈において主題として提示された第二の目的，即ち誓願を表白して］重責を引き受けるという目的について第四偈がある。

かの叡智ある菩薩は，［つぎのような三種の徳性によって］最勝なるしかたで［誓願を表白して］重責を引き受けると理解されるべきである。即ち，1) 無量なる歓喜をもって［誓願儀礼を行い］最勝なる無上正等菩提を願求する［という徳性］，2)［いく無数劫にもわたって］倦み疲れることなく，なかなか成就し難い［菩薩行］を修行しつづける［という徳性］，3)［あるひとりの菩薩が］無上正等菩提を証得するならば，あらゆる諸佛世尊［の無上正等菩提］と平等平等になる［という徳性］である。(第四偈)

こ［の第四偈］においては，三種類の最勝なる徳性によって，［かの菩薩が］最勝なるしかたで［誓願を表白して］重責を引き受けることを説明している。即ち，

1) 最勝なる誓願儀礼を行うという徳性。というのは，ある特定の佛世尊に対して帰依する儀礼［としての誓願儀礼］を行うならば，まさしくその佛世尊の存在を願求するからである。その同じ佛世尊の最勝なる功徳と最勝なる智慧をこそ無量に歓喜するからである。

2) 最勝なる菩薩行を修行するという徳性。というのは，［いく無数劫にもわたって］倦み疲れることなく，なかなか成就し難い［菩薩行］を修行しつづけるからである。

3) 最勝なる［佛果を］証得するという徳性。というのは，［ひとりひとりの菩薩が］無上正等菩提を証得するならば，すべての諸仏世尊［の無上正等菩提］と平等平等になるからである。

(II － 2) さらにまた，その同じ最勝なるしかたで［誓願を表白して］重責を引き受ける［という目的］について，［かくして］佛の家系に生まれた菩薩こそが最勝なる良家に生まれていることを，つぎの一偈が説明している。

かの叡智ある菩薩が最勝なるしかたで［誓願を表白して］重責を引き受けることは，1) 比類なくすぐれた種子があり，2) 比類なくすぐれた母親があり，3) 比類なくすぐれた母胎で成長し，4) 比類なくすぐれた産婆によって出産するこ

とである。というのは，つぎの如くである。即ち，かの佛の家系に生まれた菩薩は，1) 発菩提心［という種子］があり，2) 般若の智慧［という母親］があり，3) 福徳と智慧の人格的基礎をもつ［ように母胎で成長し］，4) 慈悲深い［という産婆によって出産する］のである。（第五偈）

つぎには，かの菩薩が［最勝なる］良家に生まれていることを，最勝なる出生をもつという徳性によって説明する。1) 比類なくすぐれた種子をもち，2) 比類なくすぐれた母親をもち，3) 比類なくすぐれた母胎で成長し，4) 比類なくすぐれた産婆をもつからである。というのは，

1) かの菩薩にとって種子であるのは，発菩提心である。

2) 母親であるのは，般若波羅蜜行である。

3) 母胎で成長することは，福徳と智慧の資糧を体得することである。［それらの資糧こそが］身体的基礎として成長するからである。

4) 産婆であるのは，慈悲行である。その［慈悲の］助力によって出産するからである。

(II − 3) さらにまた，その同じ最勝なるしかたで［誓願を表白して］重責を引き受ける［という目的］について，かくして良家に生まれた菩薩が最勝なる身体的特長をもっていて最勝であることを，つぎの一偈が説明している。

かの［佛の家系に生まれた］菩薩の身体存在は，(1) あらゆる種々様々な美妙なる身体的特徴によって荘厳されている。(2) あらゆる衆生を教育し成熟させる身体能力を体得している。(3) 諸佛世尊の無限大の無量なる安楽をもたらす寂静を体得している。(4) あらゆる衆生を救済するために無量の方便手段をしつらえ行使する知識をもっている。（第六偈）

［かの菩薩が］最勝なる身体存在をもっていることを，四種類の最勝なる徳性があることによって説明する。即ち，

1) 美麗なる［身体存在］という最勝なる徳性がある。さまざまな身体的特徴によって荘厳されているからである。「種々様々な美妙なる」という言葉［が用いられたの］は，転輪聖王などの身体的特徴よりも最勝に美しいと殊別されなくてはならないからである。

2) 身体能力のすぐれた［身体存在］という最勝なる徳性がある。あらゆる衆生を教育し成熟させる身体能力を体得しているからである。

3) 安楽をもたらす［身体存在］という最勝なる徳性がある。諸佛世尊の無限大の無量なる安楽をもたらす寂静を証得しているからである。

4) 叡智ある［身体存在］という最勝なる徳性がある。あらゆる衆生をあまねく救済するために無量の方便手段をしつらえ行使する知識をもっているからである。

［これら四種類の最勝なる徳性が列挙された理由は，つぎの如くである。］「皇太子がりっぱに誕生した」と知られるのは，つぎのような四種類の圓満具足があることによってである。即ち，

1) 美麗なる身体存在があるという圓満具足，

2) 身体能力のすぐれた身体存在があるという圓満具足，

3) 安楽をもたらす身体存在があるという圓満具足，

4) 王たるものの独自な統治術を知っているという圓満具足。

(II − 4) さらにまた，その同じ最勝なるしかたで［誓願を表白して］重責を引き受けるという目的について，かの菩薩が良家に生まれているから諸佛世尊の家系を断絶せしめないことを，つぎの一偈が説明している。

> **かの最高なる良家に生まれている菩薩は，1) あらゆる［十方の］諸仏世尊から放光される無量の光明によって灌頂の儀式において灌頂が与えられている。2) あらゆる［諸菩薩行の所知・所断・所証・所行］について自由自在なる無礙智を体得している。3) 諸佛世尊の説法会において臨機応変に説法する説法術を熟知している。4) 戒律条項を読誦することによって［犯戒の過失ある比丘・比丘尼に対しては］懲罰を加え［持戒堅固の功徳ある比丘・比丘尼に対しては］黙許する能力があるのである。(第七偈)**

つぎのような四つの理由によって，最勝に高貴な生まれをもつ皇太子は，自己自身が生まれている家系の種姓を断絶させないのである。即ち，

1) 灌頂の儀式において灌頂されているからである。

2) 無礙自在な王としての権威があるからである。

3) 主題になっている案件を充分に熟慮して決択することに熟達しているからである。

4)［過失のある者に対して］懲罰を加えたり，［功徳のある者に対して］褒賞をあたえたりするからである。

そ［の皇太子］と同様なしかたで，かの菩薩も，

1)［十方の諸佛世尊から放光される］光明によって灌頂の儀式において灌頂を得て

いるのである。

2) 無礙自在な智慧があるから，あらゆる佛法の多様なありかたを自由自在に知る自在智を体得しているのである。

3) 諸佛世尊の説法会において臨機応変に説法する説法術をわきまえているのである。

4) 戒律条項を読誦することによって犯戒の過失ある比丘・比丘尼に対しては懲罰を加え，持戒堅固な比丘・比丘尼に対しては黙許することを実行するのである。

(II − 5) さらにまた，その同じ最勝なるしかたで［誓願を表白して］重責を引き受けるという目的について，［かの菩薩が］王の大臣に類似していることを，つぎの一偈が説明している。

つぎに［最勝なるしかたで誓願を表白して重責を引き受けた菩薩は,］王の大臣に類似している。1)［十種の］波羅蜜行において［どんどん後宮の内奥深く］入っていって菩薩行するからである。2) つねに［瞬時もおかず,］さまざまな諸経典に散在している大菩提分法の諸菩薩行に眼を配って認識しているからである。3) つねに瞬時もおかず，［王の身体と言葉と意志によって示唆される］三種の深奥の根本意図を記憶し伝達するからである。4) 生から生へと生死流転を繰り返し，一瞬から一瞬へと生き続けながら，多数の衆生のために［あまねく慈悲をはたらかせて］利他行をなしつづけるからである。(第八偈)

こ［の偈頌］において，四種類の理由によって，［かの菩薩が］王の大臣であることを定義している。即ち，

1)［後宮の内奥において］政治活動することによってである。［王妃たちのいる］後宮の内奥へどんどん入っていくからである。

2)［王宮内の］あらゆる宝物・財物庫に眼を配って管理しているからである。

3)［王の］内密の会議に参加しても意志を堅固にして秘密を固守するからである。

4) 恩賞を配分する取捨選択において自由自在であることによってである。そ［のような王の大臣の四種のありかた］に類似して，［誓願を表白して重責を引き受けた］菩薩も，

1)［十種の］波羅蜜行において［どんどん内奥へ入っていって］菩薩行する。

2) つねに［瞬時もおかず,］さまざまな諸経典に散在している大菩提分法の諸菩薩行に眼を配って認識している。忘失しないで記憶しつづける能力があるからである。

3) つねに［瞬時もおかず，如来の］三種の身体と言葉と意志によって表示される深

密の根本意図を記憶し伝持する。

4) 生から生へと生死流転を繰り返し，一瞬から一瞬へと生き続けながら多数の衆生のために利他行をなしつづける。無量無辺の衆生のために利他行をなすからである。

(Ⅲ)［上述の第一偈において主題として提示された第三の目的，即ち菩薩行の諸段階を］証得するという目的について第九偈がある。

> **［かの叡智ある菩薩は,］1)［われわれの大乗を信心し信解する段階において］無限大の福徳を集積する根幹存在を体得する。2)［誓願を表白して発菩提心する段階において，欲界・色界・無色界の］三界の輪廻存在を超出するリーダーたる存在を体得する。3)［自由意志にもとづいて輪廻転生の存在へ受生する段階において］輪廻転生の存在の安楽を体得する。さらに，また 4)［大乗の根本真理たる真如を現観して十地菩薩行に入る段階，即ち初地の見道位において］無量無辺の［衆生の］苦悩の集積を寂滅させる寂滅を証得する。5)［無生法忍という大乗の根本の宗教体験を証得する段階，即ち第八地の修道位において］最高の［無分別智の］智慧をはたらかせる［無功用の］安楽を証得する。6)［現等覚する圓満な菩提の最初の段階，即ち第九地の究竟位において］無量の［十二分経などの］佛法を出現させる根幹存在であり，最勝にして恒常不変にして諸善を一如に集成する諸佛の法身を証得する。7)［その同じ現等覚する圓満な菩提の第二の段階，即ち第十地の究竟位において，あらゆる煩悩障・所知障のみならず,］それらの潜在余力をも完全に転滅した寂滅を証得する。8)［その同じ現等覚する圓満な菩提の第三の段階，即ち佛地の究竟位において］輪廻の存在からも離脱し［涅槃の］寂滅の存在からも離脱した［無住処涅槃］を証得する。(第九偈)**

こ［の第九偈］において,［つぎのことが説かれた。即ち,］

1) われわれの大乗を信心し信解する段階において，無限大の福徳を集積した根幹存在を体得する。

2)［誓願を表白して］発菩提心する段階において,［欲界・色界・無色界の］三界の輪廻存在を超出するリーダーたる存在を体得する。

3) 自由意志にもとづいて輪廻転生の存在へと受生する段階において輪廻転生の存在の安楽を体得する。

4) 大乗の根本真理たる真如を現観して［十地菩薩行に入る］段階において，あらゆる衆生の生命［が自己自身の生命と同一の生命を生きているという真如］を証得することによって，衆生の無量無辺の苦悩を集積する根幹存在を寂滅させる寂滅を証得する。何故なら，［この偈において］「寂滅」というのは，それが寂滅させる存在であるという意味であるからである。

5)「無生法忍」［という大乗の根本の宗教体験］を証得する段階において，最高の［無分別智の］叡智をはたらかせる［無功用の］安楽を証得する。

6) 現等覚する圓満な菩提の［最初の］段階において，無量の［十二分経などの］佛法を出現させる根幹存在であり云々［という諸佛の法身］を証得する。というのは，こ［の複合詞］において「無量の［十二分経などの］佛法を出現させる根幹存在であり」というのは，諸佛の法身が無限大の［十二分経などの］佛法を出現させる鉱脈であるからである。「最勝にして」というのは，あらゆる諸存在の中で最勝であるからである。「恒常不変にして」というのは，無盡蔵であるからである。「諸善を一如に集成する」というのは，［十］力・［四］無畏などの［佛の功徳の］諸善法を一如に集成しているからである。

7) その同じ［現等覚する圓満な菩提の第二の］段階において，そのような諸善法を一如に集成する法身において［あらゆる煩悩障・所知障のみならず,］それらの潜在余力をも完全に転滅した寂滅を［証得する。］

8)［その同じ現等覚する圓満な菩提の第三の段階において］「輪廻の存在からも離脱し［涅槃の］寂滅の存在からも離脱した［無余依涅槃］を証得する」というのは，輪廻転生する存在にも，涅槃の［寂滅する］存在にも定在することがないからである。

以上のような八種［の証得］が［大乗に帰依した菩薩が］証得しようとする目的である。

(IV)［上述の第一偈において主題として提示された第四の目的，即ち声聞教団の佛弟子たちの修行を］凌駕するという目的について第十偈がある。

> **かの叡智ある菩薩は，［つぎのような四種類の理由によって］声聞教団の佛弟子たち［の修行］を凌駕している。［即ち］1)［諸菩薩行によって積集されてきた］諸善のあつまりが広大無辺であるからである。2)［諸菩薩行の諸善のあつまりが無上正等菩提という］大目的を目的としているからである。3)［諸菩薩行の諸善のあつまりがどんどん成熟していって十地・十波羅蜜・十力・四無畏・十八不共法などの］無限大［の善法］になるからである。4) 生から生へと生死流転を繰り返しながら，また瞬間から瞬間へと生き続けながら，［無余依涅槃界においても］滅盡することがないからである。さらにまた，その諸菩薩**

行の諸善のあつまりは，1) 世間的存在として菩薩行する善行，2) 出世間的存在として［初地乃至七地において］菩薩行する善行，3)［無限大の佛及び菩薩の功徳を八地において］どんどん成熟させる段階の善行，4) 無礙自在な自在力によって［その無限大の佛及び菩薩の功徳が九地乃至十地において］究極の完成に至った善行である。そして，こ［の無限大の佛及び菩薩の功徳］は，［佛地の］無余依涅槃界においても滅盡することがない。（第十偈）

かの［大乗において帰依した］菩薩は，つぎのような四種類の理由によって，声聞教団の佛弟子たち［の修行］を凌駕している。［即ち，］

1)［諸菩薩行によって積集されてきた］善根が，広大無辺であるからである。

2)［無上正等菩提という］大目的を目的としているからである。

3)［十地・十波羅蜜・十力・四無畏・十二不共法などの］無限大［の善法］になるからである。

4)［無余依涅槃界においても，］滅盡することがないからである。

ところで，［以上において］四種類の諸善のあつまりが説かれたのであるが，それらは，また

1) 世間的な存在として菩薩行する善行，

2) 出世間的な存在として［初地乃至七地において］菩薩行する善行，

3)［無限大の佛及び菩薩の功徳を八地において］どんどん成熟させる段階の善行，

4) 無礙自在な自在力によって［その無限大の佛及び菩薩の功徳が九地乃至十地において］究極の完成に至った善行である。

かくして［上述した 1) 諸善のあつまりが広大無辺である，2) 無上正等菩提という大目的を目的とする，云々という］四種類のすぐれた功徳は，［ここに説かれた］1) 世間的存在として菩薩行する善行，2) 出世間的存在として菩薩行する善行，3)［無限大の佛及び菩薩の功徳を] どんどん成熟させる段階の善行，4) 無礙自在な自在力によって究極の完成に至った善行という諸善行に対応して説かれたのである。さらにまた，この無礙自在な自在力によって究極の完成に至った善行は，身体存在などの深層存在が寂滅した寂滅においても，滅盡することがないと理解されるべきである。身体存在などの深層存在が寂滅した涅槃界においても滅盡することがないからである。

［以上，最勝なる乗において佛・法・僧の三宝に帰依した菩薩が最勝であると説きおわって，］その最勝なる帰依［が，どのような意味連関よりなるか，］を定義する第十一偈がある。

以上，ここに論じてきた［最勝なる三宝への帰依は，］1) いつどこにおいても同一なる存在［たる佛の存在］を願求しながら誓願を表白して重責を引き受けることを本性とする。2) こ［の最勝なる三宝への帰依］は，大慈大悲を原因とすると理解されるべきである。3)［あらゆる諸佛・諸菩薩・衆生のあらゆる存在のあらゆる在りかたを］真知する知者となることを結果とする。4)［あらゆる衆生に対して］利益をなし安楽を與えつづけて，どんな難行苦行においても倦み疲れることのないことを働きとする。5) 三乗の何れの乗によってであれ，究極的に出離し超脱するひとに対して，つねに恒常的に守護し保護する帰依処となる功徳を具足することを具足とする。6) 世間に通用する言語によって［誓願を表白するもの］と［あらゆる衆生・菩薩・佛にゆきわたる根源の真如たる］法性を証得しながら［修行実践していく］ものとの区別を具現とする。このようなしかたで叡智ある菩薩が［佛・法・僧の三宝へ］帰依するありかたこそが最勝である。（第十一偈）

こ［の第十一偈］は，［最勝なる大乗における最勝なる佛・法・僧の］三宝への帰依について，1) 本性と 2) 原因と 3) 結果と 4) 働きと 5) 具足と 6) 具現という意味連関からして定義している。

1)［最勝なる佛・法・僧の三宝への］帰依の本性とは，佛果としての佛の存在を願求するというしかたで［誓願を表白して］重責を引き受けることである。

2)［最勝なる佛・法・僧の三宝への帰依の］原因とは，つぎのように説かれた，「この最勝なる三宝への帰依は，大慈大悲を原因とする」と。

3)［最勝なる佛・法・僧の三宝への帰依の］結果とは，つぎのように説かれた，「あらゆる諸佛・諸菩薩・衆生のあらゆる存在のあらゆるありかたを真知する知者となることを結果とする」と。

4)［最勝なる佛・法・僧の三宝への帰依の］働きとは，あらゆる衆生に対して利益をなし安楽を与えつづけて，どんな難行苦行においても倦み疲れることのないことである。

5)［最勝なる佛・法・僧の三宝への帰依の］具足とは，三乗のいずれの乗によってであれ，究極的に出離し超脱するひとに対して，つねに恒常的に守護し保護する帰依処となる功徳を具足することである。

6)［最勝なる佛・法・僧の三宝への帰依の］具現とは，世間に通用する言語によって［誓願を表白するもの］と［あらゆる衆生・菩薩・佛にゆきわたる根源の真如たる］

法性を証得して［修行実践していくもの］という区別によって定義されるありかたである。［誓願儀礼という］具体的に実践される［三宝への帰依］と深奥微妙なる［法性を証得して実践される三宝への帰依］という区別があるからである。

［最勝なる乗における最勝なる佛・法・僧の三宝への］帰依にもとづいて最勝なる菩薩行の修行があることについて，第十二偈がある。

> **以上，詳論してきたような［最勝なる乗における最勝なる三宝への］帰依は，無限に広大なる目的があるのであって，この最勝なる帰依に帰依した菩薩は，1)［自利の菩薩行を修行しては，］無量無辺の［菩薩・佛の］功徳の聚まりが増大していくことを達成する。2)［利他の菩薩行を修行しては，］あまねくこの衆生世界いっぱいに大悲の求道心によってゆきわたって［救済する］。また無比無類なる大聖者の真理をあまねく［説法によって］伝達していく。（第十二偈）**

こ［の第十二偈］においては，［最勝なる乗における最勝なる三宝への］帰依が無限に広大なる目的をもつことを，1) 自利の菩薩行を修行し，2) 利他の菩薩行を修行することについて説明する。

まず，1) 自利の菩薩行［を修行することが無限に広大なる目的をもつの］は，多種多様な無量無辺の［十地・十波羅蜜・十力・四無畏などの菩薩・佛の］功徳が増大していくからである。［ここで］「無量無辺」ということは，論理学や数学や時間論によっては認識されないことである，と理解されるべきである。というのは，そのような［菩薩や佛の］功徳が増大することは，論理学によっては認識されないし，数学によっても認識されないし，時間論によっても認識されないのである。いかなる論理的限定をも超越しているからである。

つぎに 2) 利他の菩薩行［を修行することが無限に広大な目的をもつの］は，求道心をもって修行する側面からすれば，［あらゆる佛・菩薩・衆生に］大悲心をもっていっぱいにゆきわたって救済するからである。また具体的に修行する側面からすれば，大乗の諸真理を［説法によって］伝達していくからである。というのは，大乗とは，大聖者の知見あるひとびとの真理であるからである。

［第二章「佛・法・僧の三宝への］帰依」は完了した。

『大乗荘厳経論』の構成と第Ⅱ章
―「帰依処とすることの章」の構造 ―

内 藤 昭 文

序　はじめに

『大乗荘厳経論 *Mahāyānasūtrālṃkāra-bhāṣya*』研究においては周知のことであるが，『大乗荘厳経論』は『菩薩地 *Bodhisattvabhūmi*』(『瑜伽師地論 *Yogācārabhūmi*』「菩薩地」) の各章各節のテーマなどを継承している (内藤 [2017]52-56 参照)。ただし，それは第Ⅲ章から最終章の第 XX-XXI 章である。

したがって，研究会 [2009] として出版した第Ⅰ章と共に，この第Ⅱ章は『大乗荘厳経論』独自の章であり，『菩薩地』に該当する章・テーマはない。端的にいえば，第Ⅲ章以後は，『菩薩地』のテーマを無著と世親が重要なものとしつつも，それを換骨奪胎し自らの立場で再度論述する必要があった。そして，その再論述に当たって，第Ⅰ章と第Ⅱ章が必要不可欠であったと考えられる。それは，『大乗荘厳経論』の「造論の意趣」，つまり声聞乗を含め，あらゆる衆生を大乗へと誘引・教導するという目的において重要な章であることを意味する。それも，大乗を誹謗していた世親自身が大乗へ回心したという宗教体験が背景にあると思われる (内藤 [2017]5-7 頁参照)。

第Ⅰ章は，『大乗荘厳経論』の「総序」ともいうべき前編の第 1-6 偈と，大乗非仏説論への反論を含む「大乗仏説論」である後編の第 7-21 偈から成る (研究会 [2009] 参照)。続く第Ⅱ章は，その第Ⅰ章で「仏語と確立された大乗」を「帰依処とすること」の意味 (artha：意義・目的・利益) を主題にしている。換言すれば，それは「大乗を説いた仏陀」を帰依処とすることであり，「如来の智慧と慈悲」あるいは「仏たること (buddhatva：仏性)」を「帰依処とすること」に他ならない。

以上のことを踏まえながら，『大乗荘厳経論』第II章の構成と構造について筆者の理解を論述したい。紙面の都合上，第II章の和訳に対する「注解」で言及した点は省略する。基本的な点は本編所収の「注解」を参照してほしい。本論考では，その「注解」で詳しく言及できなった問題点を中心に論述したい。また，筆者の力量など諸般の事情で，論証・論述に不充分な点があることを断っておきたい。

なお，この本論考は，『大乗荘厳経論』の「構成と構造」に関する筆者の一連の論考（内藤 [2009A][2009B][2010][2013A][2013B][2017] など）に連なるものである。

第1節　第II章の解読に関する問題点

本論考は，以下の箇条書き的に記す五つの問題点を中心に論述する。

【問題点 A】第1偈とその世親釈にある二つの複合語, [1]sarvatraga-[2]abhyupagama-[3]adhigama-[4]abhibhūtibhedaiś と caturvidhamayārthaviśeṣaṇena の関係と，この二つの複合語は何を説示しているのか。本和訳注解(3)(4)を参照。

【問題点 B】第2偈の世親釈は第4偈世親釈で示される「三種の卓越性 (*viśeṣaṇa)」をもって説明するが，両偈の関係とその説示意図は何か。

【問題点C】第1偈世親釈の [A] 乃至 [D] の四種類の意味について，各偈の世親釈導入は，順次 [A] を第3偈，[B] を第4偈，[C] を第9偈，[D] を第10偈のそれぞれ「一偈で」説示するという。その第4偈の「[B] 受け入れることの意味」の説示に続き，第5-8偈は「[B'] 受け入れることの殊勝なること (*viśeṣa)」を説示するという。第9偈の [C] の説示前に，第5-8偈を説示する意図は何か。また，その説示内容は何を意味するのか。さらに，第4偈と第5-8偈の関係は何を意図するのか。

【問題点 D】その第5-8偈において，後の図10で示すように，「菩薩」に関して各偈で「王子」や「大臣」などと表現が相違する。その意図は何か。

【問題点 E】世親釈によれば，第11偈は第II章のテーマの「帰依処とすること」に関して [1] 本性と [2] 原因と [3] 結果と [4] はたらきと [5] 具備と [6] あり方（生起・差別）という六義によって説示するという。その説示は何を意味するのか。

【問題点F】第II章最終偈の第12偈 a 句のśaraṇa-gatim imāṃ gato mahārthāṃ「このような偉大な意義のある帰依処のあり方（領域）に至った」彼（菩薩）とは，何を意味するのか。本和訳注解(59) を参照。

第 2 節　第 1 偈の解読について：【問題点 A】

第 2 節第 1 項　第 1 偈の筆者の理解

まず，第 1 偈の解釈についてである。その第 1 偈 cd 句に対する世親釈に便宜上記号を付して (a)(b)(c) の三つの文章として示す。

(a)caturvidhasvabhāvārthaviśeṣaṇena /
(b)caturvidho 'rthaḥ [1]sarvatraga-[2]abhyupagama-[3]adhigama-
[4]abhibhūtibhedato veditavyaḥ /
(c)[A]sarvatragārthaḥ / [B]abhyupagamārthaḥ / [C]adhigamārthaḥ /
[D] abhibhavārthaś ca /
(a)［それは］四種類を自性とする卓越した意味によってである。
(b)［その］四種類の意味は，[1] 遍く行き渡ること，[2] 受け入れること，
[3] 証得すること，[4] 他に勝ることという区別の点から知るべきである。
(c)［すなわち,］[A] 遍く行き渡ることの意味，[B] 受け入れることの意味，
[C] 証得することの意味，[D] 他に勝ることの意味である

この本編和訳に「和訳」として異論がある訳ではない。問題は，この世親釈が何を言おうとしているのかである。まず，(a) の caturvidha-svabhāva-artha は d 句の maya（から成る）を svabhāva（自性）と言い換えただけである。しかし，それが単に「四種類 (caturvidha) の意味 (artha)」ということなのか。具体的にいえば，(a)(b) の「四種類の意味」は同じことを指し，それを (c) で [A] 乃至 [D] の「四種類の意味」といっているのかという問題である。本編和訳は (a)(b) の「四種類の意味」が (c) で [A] 乃至 [D] であるという理解でなされた。しかし，筆者の理解は異なり，以下のように理解する。(a) の「四種類を自性とする」という「四種類」は (b) の [1] 乃至 [4] の四種類であると理解する。(a) の「卓越した意味」とは (c) で示される [A] 乃至 [D] の「四種類の意味」である。そして，その [A] 乃至 [D] をそれぞれ順次「[1] 乃至 [4] という区別の点から知るべきである」という説示であると解釈する。換言すれば，[1] 乃至 [4] の「四種類 (caturvidha)」から成る (maya)，すなわち「四種類」を自性とする (svabhāva)，[A] 乃至 [D] の「卓越した意味 (arthaviśeṣaṇa)」があるということになる。

具体的にいえば，「[A] 遍く行き渡ることの意味」は「[1] 乃至 [4] の四種類の区別の点から知られるべきである」ということ説示しているのである。つまり，その [1] 乃至 [4] の構造（構成）が大乗（仏陀・仏たること）を帰依処とする「[A] 遍く行き渡ることの意味」にある。その構造（構成）が [1] 乃至 [4] の「四種類から成る卓越した意味 (caturvidhamayārthaviśeṣaṇa)」なのである。

それと同様に，順次 [B] も [C] も [D] も「[1] 乃至 [4] の四種類の区別の点から知られるべきである」というのが世親釈の意図であると理解する。この [1] 乃至 [4] が「卓越した意味」なのである。そして，後述するように，この [1] 乃至 [4] の四種類の区別が「加行道（信解行地）→ 見道（初地）→ 修道 → 究竟道」という菩薩道の階梯（早島理 [1973][1985] 参照）と相応する。すなわち，大乗（仏陀・仏たること）を帰依処とすること (śaraṇa-gamana) は，菩薩が向上的に菩薩行を修習していく根拠となるから，「卓越した意味（artha：意義・利益・目的)」があるというのである。

ともあれ，筆者の第 1 偈の二つの複合語に対する理解は次のようになる。

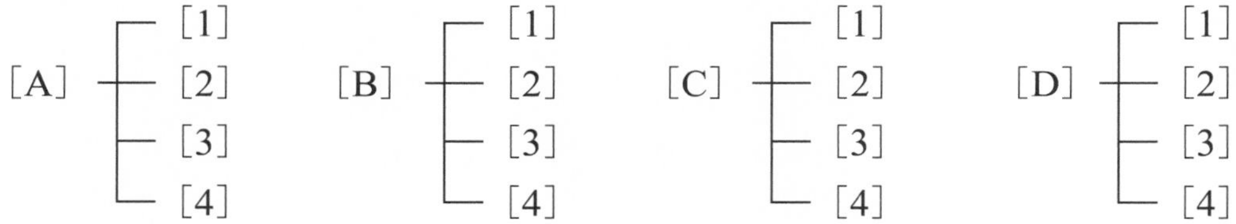

［A］─┬─［1］
　　　├─［2］
　　　├─［3］
　　　└─［4］

［B］─┬─［1］
　　　├─［2］
　　　├─［3］
　　　└─［4］

［C］─┬─［1］
　　　├─［2］
　　　├─［3］
　　　└─［4］

［D］─┬─［1］
　　　├─［2］
　　　├─［3］
　　　└─［4］

なお，第 5-8 偈それぞれの「[B'] 受け入れることの殊勝なること」の四種類は，[A] 乃至 [D] と同様に，順次「[1] 遍く行き渡ること，[2] 受け入れること，[3] 証得すること，[4] 他に勝ることという区別の点から知るべきである」という説示であると考えられる。しかし，その内の第 5-7 偈の説示は，[A] 乃至 [D] の説示のように「加行道（信解行地）→ 見道（初地）→ 修道 → 究竟道」の四つの階梯と直ちに相応するとはいえない。一方，第 8 偈の説示は四つの階梯に対応すると考えられる。その意味では，第 5-8 偈は特異な説示であり，特に第 8 偈の説示が重要であると思われる。この点については「第 4 節」で詳しく論じる。なお，その意図に関する筆者の理解は「第 4 節」の「第 5 項」「第 6 項」「第 7 項」を参照してほしい。

第 2 節第 2 項　caturvidha-maya(svabhāva)-artha-viśeṣaṇa の解読について

上記の筆者の理解に関して，[A] 乃至 [D] の四種類に順次それぞれ [1] 乃至 [4] の四種類の区別があるという表現は caturvidha-maya(svabhāva)-artha ではないのではないかという意見がある。例えば，『唯識三十頌』の用例である（『大乗仏典 15 世親論集』中央公論，122-123 頁）。それは，根本煩悩に続いて二十四の副次的煩悩を第 12 偈 b 句から説き始め，その最終偈の第 14 偈 d 句にある dvaye dvidhā という表現である。世親釈によれば，(21) 悔と (22) 眠の一組と (23) 尋と (24) 伺の一組という二組であり，それぞれに染汚なる（悪）と不染汚なる（善）の二種があることを意味する。つまり，(21) 乃至 (24) の四つの心所にそれぞれ善悪の二つがあることを示す。ここには，maya も svabhāva も使用されていない。

しかし筆者は，『唯識三十頌』と『大乗荘厳経論』の説示目的に大きな違いがあると考える。『唯識三十頌』の目的は，世間における凡夫の副次的煩悩を「並列的で平面的な」視点で説示することにある。一方，後述するように，『大乗荘厳経論』第 II 章の目的は世間から出世間することを説示する。その視点を含意しているのが第 1 偈の [A][B][C][D] と [1][2][3][4] の説示であり，それは「重層的で立体的な」説示であると考えられる。まず，[A] 乃至 [D] の四種類は「大乗（仏陀・仏たること）を帰依処とすること」の基本的な意味（意義・目的）を示す。その上で，[1] 乃至 [4] の四種類は資糧道を経た「加行道（信解行地）→ 見道（初地）→ 修道 → 究竟道」という階梯と相応すると考えられる。端的にいえば，caturvidha-maya(svabhāva)-artha という複合語は「並列的で平面的な」視点ではない。

第 2 節第 3 項　重層的な理解にもとづく第 3-10 偈の理解

世親釈導入によれば，その [A][B][C][D] はそれぞれ一偈でもって示されている。つまり，「[A] 遍く行き渡ることの意味」を説く第 3 偈，「[B] 受け入れることの意味」を説く第 4 偈，「[C] 証得することの意味」を説く第 9 偈，「[D] 他に勝ることの意味」を説く第 10 偈である。[A][B][C][D] の四種類の「意味」それぞれを [1][2][3][4] の「四つの区別から考えるべきである」と説示していると理解した。また，第 5-8 偈は第 4 偈を踏まえた「[B’] 受け入れることの殊勝なること」を説くという。この第 5-8 偈の四種類の内容もそれぞれ [1] 乃至 [4] に対応する。

上述した内容を図式化して示すと，次の図 1 のようになる。

図1：第1偈の意図とする内容：四種類から成る意味（caturvidha-maya-artha）の理解

四種類の意味（artha）	[A] sarvatraga [A] 遍く行き渡ること	[B'] abhyupagama-viśeṣa [B'] 受け入れることの殊勝なること				[C] adhigama [C] 証悟すること	[D] abhibhava [D] 他に勝ること	
偈	k.3	k.5	k.6	k.7	k.8	k.9（=八項目）	k.10	
四つの区別の点	[智慧と不一不二の] 慈悲	最高の善き生まれ 仏子	王子		如大臣	菩薩の向上的修習の内実	善 善根と功徳	
[1] sarvatraga-tas	A-1	B'1-a1	-b1	-c1	B'2-1	C1 乃至 C3	D-1	D-1'
[2] abhyupagama-tas	A-2	B'1-a2	-b2	-c2	B'2-2	C4	D-2	D-2'
[3] adhigama-tas	A-3	B'1-a3	-b3	-c3	B'2-3	C5	D-3	D-3'
[4] abhibhūti-tas	A-4	B'1-a4	-b4	-c4	B'2-4	C6 乃至 C8	D-4	D-4'
本和訳注解の参照図	図 D	図 G	図 H	図 I	図 J	図 K	図 O	

この図 1 に示した [A-1][C1][D-1] や [B'1-a1][B'1-b1][B'1-c1] などの記号による表記は，本和訳研究において内容を区別するために付したものである。紙面の都合上，具体的にその一々を記さない。また，図中の k. 表記は偈番号を意味し，k.3 は第 3 偈を示す。

なお，図 1 では，第 2 偈と第 4 偈の「[B] 受け入れることの意味」はとりあえず除外した。この両偈は，世親釈によれば「<1> 卓越した誓願」「<2> 卓越した正行」「<3> 卓越した得果」という「三種の卓越性」による説示である。この両偈が何を意味し，また第 4 偈を踏まえた第 5-8 偈とどのように関係するかである。この点は上記した【問題点 B】【問題点 C】に関連し，「第 3 節第 7 項」で図 5 として示す。

第 3 節　第 4 偈の「三種の卓越性」の説示について：【問題点 B】

さて，「[B] 受け入れることの意味」を説く第 4 偈の内容を世親釈と共に図式化して本編和訳注解(16) に示した。それを基に，以下の点を加味して次頁に図 2 として示す。

この「三種の卓越性」は，長尾ノート(1) 49 頁注 (5) で言及されるように，「願と行を具足し，それを成就して仏果を得る」という菩薩道の基本的なあり方を示している。その「三種の卓越性」の内容は第 4 偈の世親釈で説明される。それを要約して記した。一方，第 2 偈世親釈はその用語だけを使用し説示する。「三種の卓越性」が何なのかを説明しないまま使用するこの第 2 偈の説示意図は何であろうか。また，第 4

偈の世親釈は，導入文とは異なり「[B’] 受け入れることの殊勝なること」を説いていると説明する。

図2：[B’]受け入れることの殊勝なること：三種の卓越していること：第4偈	
三種の卓越性	第4偈の世親釈(取意)
<1>卓越した誓願	仏陀に帰依する場合に、まさしくその[仏陀と]同じあり方を希求するのである。その[仏陀の]勝れた功徳を知ることによって、多大な喜びがあるから。
<2>卓越した正行	倦み疲れることなく難行(六波羅蜜行)を行じるから。
<3>卓越した得果	現前に正覚を成就して一切の諸仏との平等性に至るから。

さて，『大乗荘厳経論』では，菩薩道は五道，つまり「資糧道 → 加行道 → 見道 → 修道 → 究竟道」(伝統的な体系では「聞 → 思 → 修」）として体系化されている。その内，見道（初地）悟入以前が世間的な段階であり，以後が出世間的な段階である。図 2 の「<1> 卓越した誓願」は，世親釈の「多大な喜びがあるから」という点から，見道悟入した菩薩であると考えられる。したがって，「<2> 卓越した正行」と「<3> 卓越した得果」は見道悟入後の菩薩である。すなわち，第 4 偈には見道（初地）悟入に必要な世間的段階である「加行道（信解行地)」の説示はない。その世間的な段階の菩薩に対する説示が第 2 偈であると考えられる。その世親釈導入で示されるように，為し難い決意（発心・誓願）や成就し難い正行を究竟まで成し遂げることは非常に困難であるが，大乗（仏陀・仏たること）を帰依処とすることで，種々の困難を乗り越えて出世間し（見道に悟入し)，さらに証果を得ることになる。だからこそ，第 2 偈は最勝乗（大乗）を帰依処とすることを勧めるのである。

第 3 節第 1 項　第 2 偈の「三種の卓越性」による世親釈の説示について

この第 2 偈の理解で一番の問題は，世親釈の

> <1> 卓越した誓願と<2> ［卓越した］正行の両者にもとづいて，その［最勝乗を］帰依処とすることの決意には名声の原因があることを示すのである。

であり，長尾ノート⑴ 49 頁の注解⑹で問題視するように下線の「名声の原因 (yaśo-hetutva)」の理解である。本編注解⒀ に記したように，この複合語理解には，<a> 格

限定複合語 (Tatpuruṣa) と<b> 同格限定複合語 (Karmadhāraya) の二通りの解釈が可能である[(1)]。その二つを図 3 として示す。なお，この本編和訳の「名声の原因」という和訳「の」には次の二通りの意味を含ませている。

図3：第2偈世親釈の yaśo-hetutva（名声の原因）の理解	
名声への原因	〈a〉菩薩の願行［の決意］(原因) → 名声 (結果)
名声という原因	〈b〉菩薩の願行 (原因) → ［名声 (原因) →］ 無上菩提の獲得 (結果)

この yaśo-hetutva の複合語の理解は次項で言及する。筆者は，世間的な段階の菩薩に対する説示の第 2 偈は<b> を含意しつつも<a> であると考えている。一方，第 4 偈の出世間した菩薩にとっての無上菩提の獲得という「<3> 卓越した得果」は，「名声」を経ているという点で「名声」が原因であるかのように考えられるが，その根本的な原因は「<1> 卓越した誓願」と「<2> 卓越した正行」であり，「名声」ではない。すなわち，菩薩の願行を根本的な原因とする<a> の名声（結果）を経て—原因として—，無上菩提の獲得という結果がある。

第 3 節第 2 項　「<a>名声への原因」という格限定複合語の解釈

世親釈導入で明白なように，第 2 偈で示されている菩薩は，菩薩行の困難さに怯む心が起こる菩薩であり，最勝乗（大乗）を帰依処とすることを勧められる世間的段階の菩薩である。そして，最勝乗（大乗）を帰依処とした菩薩に「<1> 卓越した誓願」と「<2> 卓越した正行」を原因として「名声 (yaśas)」が生じるのである。ここ以外での yaśas の用例は，『大乗荘厳経論』には第 XII 章第 24 偈の「説法の利徳 (anuśaṃsa)」としての「広く名声を博した者 (prathitayaśas)」[(2)] と第 XIX 章第 74 偈の菩薩の異名としての「偉大な名声ある者 (mahāyaśas)」という二つがある。

まず，第 XII 章第 24 偈の用例は，世間的な「名声」によって菩薩は世間の人々に親しまれ，世間の人々が説法をよく聞くようになる。換言すれば，菩薩が世間的な「名声」を得ることで，一切衆生を教導・成熟するという利他を行じ易くなるというのである。この意味で，世間的ではあるが，「名声」が結果に当たるともいえる。ただし，この「名声」は，最勝乗（大乗）を帰依処とすることによる「<1> 卓越した誓願」と「<2> 卓越した正行」から得られる「利徳」である。すなわち，如来の智慧と慈悲が，説法する菩薩に利徳として現れ，それが「名声」の根拠となるのである。

そのような「名声」によって，困難に怯むことなく菩薩行を修習できるからこそ，世親釈導入は第 2 偈を「最勝乗を帰依処とすることを勧める」一偈であるといい，「帰依処とすること」の [A] 乃至 [D] の四種類の意味を説示する前に説くのである。以上の理解からすれば，第 2 偈は第 1 偈で示した四種類の意味を具体的に第 3 偈以後で説示する導入的役割を担っていると見做せる。

また，第 XIX 章第 74 偈の用例は「偉大な名声ある者」という菩薩の異名の一つであり，安慧釈は「十方がその徳の香りで被われるから，大なる名声のあるものといわれる」（長尾ノート(4) 74-75 頁の注解(1)参照）と説明する。この「偉大な (mahā)」と形容される「名声」は世間的な第 XII 章第 24 偈の「名声」と質が異なる。この「偉大な名声ある者」とは，「<3> 卓越した得果」を得た菩薩，あるいはまさに得ようとする菩薩である。それは，如来の智慧と慈悲をほぼ等同の功徳を得た菩薩であり，近い将来に必ず無上菩提を得る「究竟の菩薩」，少なくとも「不退転地の菩薩」を意味すると考えておきたい（内藤 [2013A]296-298 頁参照）。

第 3 節第 3 項　「<b>名声という原因」という同格限定複合語の解釈

第 2 偈の世親釈導入に示される菩薩行を成し遂げることの困難とは，菩薩が「<1> 卓越した誓願」と「<2> 卓越した正行」によって得られた「名声」に満足し，執着し溺れ，世間に留まるということを含意しているともいえよう。換言すれば，名声が原因となって出世間や無上菩提の証得という結果があるとしても，その名声が目的となって，出世間して無上菩提の証得という本来の菩薩道の目的が薄れ，「名声」を得たことに満足してしまいがちになるのであろう。

逆説的にいえば，そのように世間に留まってしまう菩薩は，最勝乗（大乗）を帰依処としていない。最勝乗（大乗）を帰依処とする限り，その帰依処に [A] 乃至 [D] の四種類の意味があると同時に，[1] 乃至 [4] の向上的な菩薩行へと菩薩を教導するという「卓越した意味」があるので，菩薩を世間に留まらせない。大乗（仏陀・仏たること）を帰依処とする菩薩は，「<1> 卓越した誓願」と「<2> 卓越した正行」によって，第一の「名声という世間的な結果」から，第二の「見道（初地）悟入という出世間的な結果」へ，さらに第三の「無上菩提の証得という結果」へというように，「<3> 卓越した得果」に至るまで，教導され，成熟されるのである。

さて，「<3> 卓越した得果」とは無上菩提の証得であるが，それは前者二つの段階的な結果を経て成就するのである。この場合，世間的な名声を経て出世間があるから，出世間にとって「名声が原因である」という理解もできよう。その場合,「<b> 名声という原因」の解釈も妥当性があることになる。しかし,出世間（見道悟入）にとってその前段階の「名声」は「<1> 卓越した誓願」と「<2> 卓越した正行」,あるいはその両者の「決意」を原因としているからに他ならない。「誓願」と「正行」が「卓越した」ものでなければ出世間（見道悟入）できないのであり,最勝乗（大乗）を帰依処とせずに得られた「名声」は出世間の原因にはなりえない。その「卓越した」といわれる根拠が,帰依処とした「仏たること（大乗・仏陀)」にあるのである。すなわち,帰依処とした「如来の智慧と慈悲」が世間的な段階の菩薩でさえも無上菩提の証得へと教導するからこそ,菩薩が出世間（見道悟入）できるのである。

重要なことは,その<b> の「名声」は,「<1> 卓越した誓願」と「<2> 卓越した正行」,あるいはその両者の「決意」によって得られたものに限るのである。それが,第 1 偈で示された「最勝乗（大乗）を帰依処とすることの殊勝なること」である。

第 3 節第 4 項　第 2 偈と第 4 偈および第 3 偈の理解

第 4 偈の「<1> 卓越した誓願」と「<2> 卓越した正行」と「<3> 卓越した得果」の「卓越した」という根拠は,その帰依処とする仏陀（大乗）が如来の智慧と慈悲だからである。上記図 2 で示した通り,「<1> 卓越した誓願」に関する世親釈は,「三宝を帰依処とする」ことを「仏陀を帰依処とする」といい,さらに「まさしくその［仏陀と］同じあり方」,すなわち「仏たること」を「希求する」という。その「仏たること」の「功徳の殊勝なることを知ることによって多大な喜びがあるからである」から「希求する」のである。また,「多大な喜びがある」とは「歓喜地」という初地（見道）悟入を意味する。それは,自他平等の智慧（無分別智）に触れること—法性を直証すること（下記図 14 と 16）—によってである。換言すれば,大乗（仏陀・仏たること）を帰依処とする菩薩は自らが如来の大悲に見放されることなく常に向上的に教導・成熟されているのであり,その功徳を知ることで「多大な喜び」があるのである。それが,自他平等の智慧に触れることの内実である。

しかし,その「多大な喜び」が生じる前,つまり見道（初地）悟入前の菩薩には,様々な怖畏が生じる。そのような菩薩を誘引するために,第 2 偈では世間的な「名声」という具体的な目標を示して,最勝乗（大乗）を帰依処とすることを「受け入れる」ように勧めるのである。このように,第 4 偈の「[B] 受け入れることの意味」の説示は,第 2 偈を前提とした「二段構えの説示」なのである。

その「受け入れること」の意味が，第 11 偈の「六義」による説示で明確なように，「帰依処とすること」の本性である。では，何を「受け入れる」のか。それは，一切衆生を平等に教導・成熟するために仏陀が説いた「大乗」，つまり「仏語である教法」を「受け入れる」のである。換言すれば，菩薩を教導・成熟する「如来の智慧と慈悲」を「受け入れる」のである。それは，後述するように，第 3 偈の「[A] 遍く行き渡ること」を順次「受け入れること」なのである(3)。

筆者は，後の図 6 に示すように，第 3 偈の「[A] 遍く行き渡ることの意味」の四種類は，[A-1] が如来の「慈悲」を「受け入れること」—具体的には第 2 偈の「決意」— に対応し，[A-2][A-3][A-4] がその「慈悲」を裏付ける「智慧」を「受け入れること」—具体的には第 4 偈の [B1][B2][B3](<1> <2> <3>)— に対応すると考える。すなわち，菩薩道とは，「受け入れた」如来の慈悲と不一不二の智慧を成就していくことなのである。したがって，[A-1] の菩薩は菩薩行（利他行）に怯む菩薩を見放すことなく教導する如来の「慈悲」を「受け入れ」た者を意図する。それが大乗（仏陀）を「帰依処とすること」である。その [A-1] の菩薩は，次の段階で，その「慈悲」と不一不二の「智慧」を「受け入れ」るのである。それが [A-2] 乃至 [A-4] の菩薩である。その [A-2] 乃至 [A-4] の菩薩に順次，第 4 偈で示されるように「<1> 卓越した誓願」→「<2> 卓越した正行」→「<3> 卓越した得果」があることになる。

だからこそ，最勝乗（大乗）を帰依処とすることを勧める第 2 偈を説いた後に，第 3 偈で「[A] 遍く行き渡ることの意味」が四種類として説示される。以上が，第 2 偈と第 4 偈に挟まれるように説示される第 3 偈の意味であると理解する。

第 3 節第 5 項　世間的な段階から出世間的な段階への展開

以上のような筆者の理解は，菩薩行に関する「自利と利他」の視点で説明すると分かり易いかもしれない。内藤 [2017]38-40 頁で論じた図を示すと，次のようになる。

図4：菩薩道における自利と利他の展開：私見	
世間的な段階	(A-a) 自利的自利（資糧道） → (A-b) 自利的利他（加行道）
出世間の瞬間	(A) 自利的から (B) 利他的への転換［見道＝初地への悟入］
出世間後の段階	(B-a) 利他的自利（修道） → (B-b) 利他的利他（究竟道）

「世間的な段階 → 出世間の瞬間 → 出世間後の段階」という向上的な菩薩道のあり

方に関して，筆者は次のような展開を考えている。菩薩にとって，(A) 自利を目的とした菩薩行が (B) 利他を目的とする菩薩行へ転換することが「出世間」であり，見道（初地）悟入に他ならない（内藤 [2013B] 参照）。

大乗菩薩道は，世間的段階でまず，大乗の教法を聴聞することから始まる。いわゆる伝統的な仏道の修習展開の「聞 → 思 → 修」が基本である。資糧道とは，出世間するために，大乗菩薩道に必要な基本的な大乗の教法を聴聞し，福徳と智慧の二資糧を積む段階である。それは，見道（初地）悟入のための準備段階である加行道（信解行地）に至ることを目的する。その意味で，菩薩にとって「(A-a) 自利的自利（自利を目的とする自利）」といえよう。その上で，加行道において「故意受生」による利他行を修習する—「故意受生」は本論考「第 3 節第 9 項」で言及— 。しかし，その利他行は菩薩自身が出世間するためのものであり，「(A-b) 自利的利他（自利を目的とする利他）」の菩薩行といえよう。ここまでは，菩薩が自身の出世間を目的とした「自利を主とする」菩薩行（利他行）である。

そして，出世間し見道（初地）に悟入して，「(A) 自利的（自利を目的とすること）」であった菩薩行が「(B) 利他的（利他を目的とすること）」に転換される。その転換は自他平等の智慧（無分別智）に触れること—法性を直証すること（下記図 14 と 16 を参照）—によって起こる。その後の修道では，一切衆生を成熟・教導する利他行を主目的とする。しかし，不退転地（第八地）以前では菩薩には退転の可能性がある。したがって，第七地までの利他行は，菩薩自らが無功用に利他行をなすために自らが不退転地に入ることを目的とする。これは「(B-a) 利他的自利（利他を目的とする自利）」の菩薩行である。換言すれば，その菩薩行（利他行）は不退転地へ入るための「自利行」である。また，不退転地以後の修習は「自利即利他（自他不二）」の菩薩行であり，それが無功用の修習である。そして，究竟道の修習こそが「(B-b) 利他的利他（利他を目的とする利他：唯利他）」の菩薩行であるといえよう。

このように菩薩自身が向上的に菩薩行を展開し，菩薩自身が向上的に転依して究竟の菩薩となるのが大乗菩薩道である。この展開・転換が「大乗」あるいは「仏陀」，また「仏たること」を「帰依処とすること」によって成就していく。それが，第 1 偈で示される大乗（仏陀・仏たること）を「帰依処とすることの卓越した意味」である。具体的にいえば，[A] 乃至 [D] の四種類の意味は帰依処である「仏たること（仏性）」の功徳（はたらき）なのである。その功徳をまとめ整理した [A] 乃至 [D] には，さらに菩薩を向上的に教導し成熟するという「重層的で立体的な」功徳（はたらき）があるのである。その「仏たること（仏性）」の功徳が [1] 乃至 [4] の区別をもって順次説示されていると知るべきなのである。

第3節第6項　「三種の卓越性」と第IX章第11-12偈の関連

筆者が第2偈と第4偈を一組として「二段構えの説示」と考える根拠の一つは，第IX章「菩提の章」第7-11偈の「帰依処性 (śaraṇatva)」の中の第11偈の説示である。まず，第7偈で「仏たること（仏性：buddhatva)」が「無上帰依処であること」を示し，第8偈でその「仏たること」が「あらゆる厄災乃至劣乗の五つの世間的な苦悩の諸問題から一切衆生を救済する」という。第9偈ではその「仏たること」が「比類なき無上帰依処であること」を示し，その理由を第10偈で「自利（智慧）と利他（慈悲）が成就しているから」と説示する。そして，第11偈で

> 世間のある限り，あらゆる衆生にとって仏性は偉大なる帰依処であると考えられる。あらゆる災禍と繁栄とを［それぞれ順次］転じまた増大することについて［である］。// 第IX章第11偈 //

というのである。内藤 [2009A]160頁註解(4)で言及したように，ここで「繁栄」と和訳した abhyudaya は naiḥśreyasa と一組で使用される場合は，abhyudaya が世間的な意味で「繁栄」と和訳され，naiḥśreyasa が出世間的な意味で「至福」と和訳される。龍樹の『宝行王正論 *Ratnāvalī*』第I章第3-6偈（『大乗仏典14 龍樹論集』中央公論社，233-234頁参照）などでも一組で使用される。

長尾ノート(2) 198頁注解(1)は，安慧釈にもとづいて，この第IX章第11偈では「世間的な意味と出世間的な意味の両者で用いられている」と指摘する。また，『大乗荘厳経論』には，naiḥśreyasa はないが，abhyudaya は第XVI章第2偈にあり，六波羅蜜の修習によってもたらされる「繁栄」を意味する。長尾ノート(3) 10頁注解(2)によれば，無性釈は，naiḥśreyasa と対比して説明している。安慧釈と合わせて理解すると，六波羅蜜の前四つが世間的なもの（繁栄）と結びつき，後二つが出世間的なもの（至福）と結びつくと考えられる。すなわち，菩薩行の修習において，世間的な「繁栄」があるが，それは必ず出世間的な「至福」へと展開する。このように，大乗菩薩道においては世間的な「繁栄」と出世間的な「至福」が一組で考えられているのである。

筆者は，その点を暗示しているのが上記第11偈の「［それぞれ順次］転じまた増大する」という説示であると考える。つまり，出世間的な「至福」への展開を前提とした世間的な「繁栄」が示されていると考えられる。この理解の根拠は，その第11偈

の「転じる (vyāvṛtti)」が，続く第12-17偈の「転依 (āśraya-parāvṛtti)」の parāvṛtti と同義であると考えられるからである（内藤 [2009A]159 頁, 早島慧 [2010] 参照）。その第12偈は，第7-11偈で無上帰依処とされる「仏たること」が出世間的なものをもたらす根拠であることを説示している（長尾ノート(1) 198-201 頁, 内藤 [2009A]42-45 頁参照）。換言すれば，第IX章の第11偈と第12偈の両偈が一組で，大乗（仏陀・仏たること）を帰依処とする菩薩に，その「仏たること」が世間的な結果（繁栄）だけではなく出世間的な結果（至福）をもたらすことを説示しているのである。それは，「仏たること」を帰依処とする菩薩自身（有情世間）とその菩薩の関わる世界（器世間）が，世間的なあり方から出世間的なあり方へと「転じること」を説示していると考えられる。

この両章には，第II章の説示が「仏たること」を帰依処する「菩薩」の視点であり，第IX章の説示がその帰依処とする「仏たること」の視点であるという相違が確かにある。相違があるけれども，第II章第2偈と第IX章第11偈が世間的な段階として順次向上的方向性と向下的方向性で対応し，第II章第4偈と第IX章第12偈が出世間的な段階として順次同様に対応していると考えられる。

ともあれ，第2偈は世間的な段階（資糧道と加行道）を意図しながらも，さらに出世間（見道悟入）へと向かわせる説示である。一方，第4偈は出世間以後の段階であり，仏果を証得するための説示である。すなわち，この両偈の説示によって，資糧道を経た後の「加行道 → 見道 → 修道 → 究竟道」という菩薩の階梯が示唆されていると理解する。なお，この両偈における「<2> 卓越した正行」とは，「第3節第10項」で言及する「三種の無分別智」でいえば，第2偈が「加行無分別智」による修習に相応し，第4偈が「後得無分別智（後得清浄世間智）」による修習に相応する。

第3節第7項　第2偈と第4偈の説示意図：図式化

以上の筆者の理解を踏まえて，第2偈と第4偈との関係について「三種の卓越性」を視点として次頁に図5として示す。この図5の「備考」は筆者の理解である。なお，見道の「(初地 + 第二地)」の表記は本論考「第3節第9項」の図7参照。

さて，第2偈は，「<1> 卓越した誓願」と「<2> 卓越した正行」，あるいはその両者の「決意」を原因として，世間的な果（名声）があると同時に，向上的には出世間的な果（初地見道への悟入）を得る。この二つが第2偈の「<3> 卓越した得果」という表現に意図されている。換言すれば，第2偈の説示には二つの意味がある。表面的には前者の世間的な果（名声）を得ることを意味するが，そこには出世間すること，つまり見道（初地）悟入への教導が含意されている。それを備考欄にある「自利的利他行」として記す。それは，菩薩自らが見道悟入という「自利」を目的として「故意受生」して一切衆生を成熟する「利他」を行じる「加行道（信解行地）」を意味する。

図5：「卓越した」〈1〉誓願と〈2〉正行と〈3〉得果の関係：第2偈と第4偈

段階	第 2 偈（世間的→出世間的）	第 4 偈（出世間的）	備考（試論）
世間的	果＝名声（〈3〉卓越した得果） ↑ 因＝〈1〉〈2〉卓越した誓願と正行		→〈3〉卓越した得果 自利的利他行の修習 加行道（信解行地）
	‖		↓
出世間的	因 ←（出世間の因） ↓ 果＝〈3〉卓越した得果	〈1〉卓越した誓願 ↓ 〈2〉卓越した正行 ↓ 〈3〉卓越した得果	見道（初地＋第二地） ↓ 修道（→不退転地） ↓ 究竟道（＝仏地）

第 4 偈の「<1> 卓越した誓願」は，上述したように歓喜地（初地：見道）に悟入したことを意味する。「<2> 卓越した正行」は修道の段階であり，その正行によって不退転地に悟入する。そして，「<3> 卓越した得果」は究竟道（あるいは仏地）を意図する。このように，第 4 偈は出世間後の階梯についての説示であり，そこには出世間以前の説示は無い。それを担うのが第 2 偈の説示内容である。この両偈には，菩薩道の基本である「願と行を具足して仏果を得る」ことが一貫している。その仏果とは無上菩提の証得である。その無上菩提を必ず証得するという根拠が，帰依処とする「仏たること」の功徳，すなわち如来の智慧と慈悲なのである。だからこそ，世親釈は，第 4 偈の「三種の卓越性」をもって第 2 偈の説明をなすのである。

したがって，第 4 偈の「[B] 受け入れることの意味」は，第 2 偈の世間的な段階である「加行道」を含意しつつ「見道 → 修道 → 究竟道」に相応するのであり，図 1 で示した他の [A][C][D] と同様に，第 1 偈の説示通り「[1] 乃至 [4] の四種類の区別の点から知られるべき」なのである。そして，その [1] 乃至 [4] は「加行道 → 見道 → 修道 → 究竟道」に相応すると考えられる。

第 3 節第 8 項　第 4 偈の示す「[B] 受け入れることの意味」の構造：図式化

さて，第 11 偈の「六義」による説示で明確なように，「帰依処とすること」は「[B] 受け入れることの意味」を本性とする。したがって，第 2 偈の世親釈導入から考えると，最勝乗（大乗）を帰依処とするように勧められる菩薩は，その「受け入れること」が不完全であることを意味することになろう。逆説的にいえば，第 4 偈こそが「受け入れること」の成立した菩薩に対する説示であり，その菩薩に順次「三種の卓越性」があるというのである。すでに言及したように筆者は，「大乗（仏陀・仏たること）を帰依処とすること」とは，直前の第 3 偈の「遍く行き渡ること」すなわち「如来の智慧と慈悲」を「受け入れること」と理解する。なぜならば，先に紹介した第IX章第 11 偈と第 12 偈に続いて，第 13 偈（長尾ノート⑴ 201-202 頁，及び内藤 [2009A]44-47 頁参照）で，

> その如来は，あたかも大いなる山王の頂きに立つ人のように，そこに
> 住して生きとし生けるもの（生類）を見そなわし，
> 寂静を好む人々をも悲愍する。［輪廻する］存在（有）を好むそれ以外
> の人々に対しては，何をか言わんやである。//第IX章第 13 偈//

というからである。智慧を成就した仏陀は，転依して，迷いの境涯を離れることのできない衆生を見捨てることなく，向下的に大悲を行じる。その衆生の一人である菩薩は，帰依処とする仏・如来の大悲に促されて，生きとし生けるもの（生類）を救済するために，どのような境涯にも遍く「故意受生」するのである。これが「遍く行き渡ること」の基本的意味である。換言すれば，如来の大悲の対象は一切衆生であるが，大乗（仏陀・仏たること）を帰依処とする菩薩は，その智慧と不一不二の慈悲を「受け入れ」て，その「仏たること（仏陀）」を希求する。すなわち，菩薩自らに平等にはたらく如来の大悲を「受け入れること」がなければ，菩薩行（利他行）は始まらない。それは同時に，その自他平等の智慧（無分別智）を「受け入れること」でもある。端的にいえば，大乗菩薩道とはまず如来の大悲を「受け入れ」て，その大悲と一体の智慧の成就を目指すことから始まる。そして，その菩薩は，如来の大悲を蒙りつつ，自らもその同じ智慧を成就して，大悲を行じる仏陀と成ることを目的として精進するのであるが，その精進する「決意」が必要不可欠である。それが，第 4 偈世親釈の「仏陀を帰依処とした場合に，まさしくその［仏陀と］同じあり方を希求する」というこ

とである。そのために，「<1> 卓越した誓願」を発し，「<2> 卓越した正行」によって，「<3> 卓越した得果」がある。それは，世親釈の「現前に正覚して一切諸仏との平等性に至る」ということである。それはまた，菩薩が智慧を成就してその智慧と一体の大悲を行じて，自らも一切衆生の「帰依処」と成ることを意味する。

その意味で，第 11 偈の「帰依処とすること」に関する「六義」による世親釈で，

> [1] 仏たることを**希求するから**［大乗の教法を］「**受け入れること**」というのが［大乗を］帰依処とすること」の [1] 本性である。
> [2] **それは悲愍（悲）からであると考える**というのが [2] 原因である。
> [3] **そのことから一切種智者性がある**というのが [3] 結果である。

という。つまり，「帰依処とすること」の本性が「受け入れること」なのであるから，その両者の構造は基本的に同じなのである。

菩薩が大乗（仏陀・仏たること）を帰依処とすることの「[2] 原因」は如来の「悲愍（悲）からであると考える」ことであるという。端的にいえば，畏怖や苦悩のある菩薩が自らも如来の大悲を蒙っていることを知り，実感することで，それを帰依処とするのである。その大悲に教導されて「一切種智者性」を得ることが「[3] 結果」である。このように，如来の「悲愍（悲)」を「受け入れること」から始まり，その「悲愍」を裏付ける「智慧」を「受け入れ」て，智慧と慈悲を成就することが大乗菩薩道なのである。その完全成就が菩薩自らの希求した「仏たること」を得ることであり，自らも大悲を行じる仏陀と成り，自らが一切衆生の帰依処と成ることである。そのようなあり方を「一切種智者性」というのである。これが，第 4 偈の「<3> 卓越した得果」である。それには「<1> 卓越した誓願」と，それにもとづく「<2> 卓越した正行」が必要不可欠なのである。これが「受け入れること」の構造なのである。

以上のように理解して，筆者は，「受け入れること」の内容が，直前の第 3 偈で示される [A-1] 乃至 [A-4] の「[A] 遍く行き渡ることの意味」であると考える。下記図 6 で示すように，[A-1] は如来の「慈悲」を「受け入れ」た菩薩であり，[A-2][A-3][A-4] はその「慈悲」を裏付ける「智慧」を「受け入れ」た菩薩である。当然ながら，受け入れる如来の「智慧」と「慈悲」は究極的には不一不二である。[A-2][A-3][A-4] は，その智慧を向上的に順次成就していく菩薩を意味して，その三つの智慧が順次第 4 偈の<1> <2> <3> の「三種の卓越性」に対応すると考えられる。

この「[A] 遍く行き渡ることの意味」の [A-1] 乃至 [A-4] が，順次第 1 偈で，

[1] 遍く行き渡ること，[2] 受け入れること，[3] 証得すること，[4] 他に勝ることという区別の点から知るべきである。

と説示されているのである。これが「第 2 節第 2 項」で引用した第 1 偈に対する世親釈の説示意図であり，第 1 偈の caturvidha-maya-artha-viśeṣaṇena の maya を svabhāva と置き換えるだけで示す世親釈に対する筆者の理解である。端的にいえば，「[A] 遍く行き渡ることの意味」は第 1 偈の「[1] 乃至 [4] から成る卓越した意味」であり，世親釈は「[1] 乃至 [4] を自性とする卓越した意味」であると言い換えるのである。その区別によって示される [A-1] 乃至 [A-4] の菩薩は「加行道（信解行地）→ 見道（初地）→ 修道 → 究竟道」という向上的な菩薩道の展開を意味するのである。このように理解して上記図 1 で示した。その点を含めて第 2-4 偈の関係を図 6 として示す。なお，この図 6 中に点線で囲った「第 2 偈の説示」は上記「第 3 節第 7 項」を参照。

図6：第4偈の説示意図「卓越した得果としての三種の卓越性」：試論

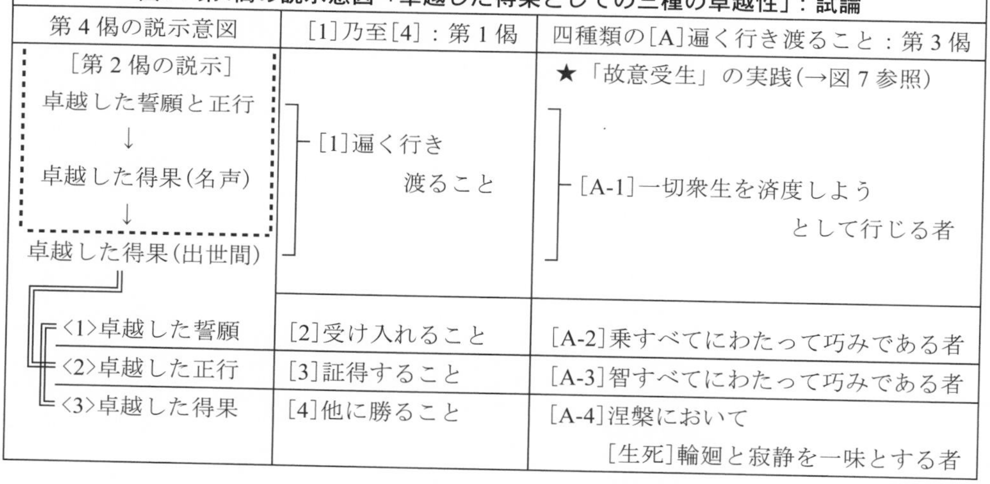

第 4 偈の説示意図	[1]乃至[4]：第 1 偈	四種類の[A]遍く行き渡ること：第 3 偈
[第 2 偈の説示] 卓越した誓願と正行 ↓ 卓越した得果(名声) ↓ 卓越した得果(出世間)	[1]遍く行き渡ること	★「故意受生」の実践(→図 7 参照) [A-1]一切衆生を済度しようとして行じる者
〈1〉卓越した誓願	[2]受け入れること	[A-2]乗すべてにわたって巧みである者
〈2〉卓越した正行	[3]証得すること	[A-3]智すべてにわたって巧みである者
〈3〉卓越した得果	[4]他に勝ること	[A-4]涅槃において[生死]輪廻と寂静を一味とする者

第 4 偈は出世間した段階であるが，「[A-1] 一切衆生を済度しようとして行じる者」とは加行道以上の菩薩であり，その慈悲を行じる菩薩において，その慈悲にどのように智慧（無分別智）が関わるかによって，向上的に「見道（初地）→ 修道 → 究竟道」というように展開していく。それが，「三種の卓越性」と順次対応する。それが第 1 偈の [2]→[3]→[4] に順次対応し，第 3 偈の [A-2]→[A-3]→[A-4] に順次対応する。これも内藤 [2017]15-16 頁で示す「入れ子構造」の一つと見做したい。

さて，加行道において「遍く行き渡ること」の実践，つまり衆生救済のために「故意受生」することが始まる。それが「遍く行き渡ること」の根本的な意味である。見道（初地）以後においても，菩薩は加行道（信解行地）の場合と同様に「故意受生」して衆生救済という利他を行じる。加行道との相違点は，一切衆生を救済する慈悲を行じるに当たって，菩薩自らが慈悲と不一不二の「智慧」を「受け入れ」たか否かである。すなわち，法性を直証すること（下記図 14 と 16 を参照）—自他平等の無分別智に触れること—によって慈悲を行じているか否かである。その意味で，[A-2] と [A-3] の菩薩は慈悲を裏付ける智慧の内実をもって示されている。その究極が [A-4] であり，智慧と不一不二の慈悲を行じる究竟の菩薩である。ともあれ，[A-2][A-3][A-4] は，向上的に成就すべき智慧にもとづいて慈悲を行じる菩薩である。

すでに記したが，筆者は，[A-2][A-3][A-4] が「後得清浄世間智」といわれる「後得無分別智」による慈悲の修習に当たると考える。

第 3 節第 9 項　第 4 偈の「受け入れること」(4) による菩薩道の体系 —「故意受生」と「三種の方便」による修習 —

上記の図 5 の「備考欄」で示した「加行道 → 見道 → 修道 → 究竟道」という菩薩道の体系は，図 6 で ★ 印をもって示した「故意受生」と関連する。「故意受生」は第 XX[-XXI] 章第 8 偈で説示されるが，それを図 7 として示す。

図7：利他行を実践するための「故意受生」の四種		
第XX-XXI章第8偈の四種受生	受生する菩薩の階梯	備考：受生の目的
[1]業の助力による[故意]受生	信解行地の菩薩	自利的利他行のため
[2]誓願の助力による[故意]受生	初地乃至第二地の菩薩	利他的自利行のため
[3]三昧の助力による[故意]受生	第三地乃至第七地の菩薩	利他的自利行のため
[4]自在性の助力による[故意]受生	第八地以上の菩薩	利他的利他行のため

この図 7 で示した「[1] 業の助力による故意受生」が「信解行地（加行道）」であることは第 XX[-XXI] 章第 8 偈の世親釈で明確である。他の [2][3][4] が「初地（見道)」以後の階梯に対応する点は安慧釈による（長尾ノート(4) 92-93 頁参照)。

さて，筆者は，この「故意受生」の四種が第 XV 章（「業伴品」）の説示する「三種の方便」に相応すると考える。内藤 [2013A]269-275 頁などで言及したように，第 XV 章の第 2-5 偈は第 XVI 章以下の章に対する目次的役割を担って，第 XVI 章以下の内容を提示し総括していると考えられる。すなわち，菩薩が「加行道 → 見道 → 修道 → 究竟道」と向上的に菩薩行を修習できるのは，菩薩が「三種の方便」によって修習しているからに他ならない。それを内藤 [2017]28 頁の図から引用する。

図8：第XV章の四偈が示す三種の方便	
第2偈	(A)波羅蜜等の菩薩の「[行為を]引き起こす方便(samutthāna-upāya)」
第3-4偈	(B)退転する可能性のある菩薩の「[行為が]反転する方便(vyutthāna-upāya)」
第5偈	(C)菩薩の「行為の清浄なる方便(karmano viśuddhy-upāyaṃ)」

端的にいえば，(A) の方便による修習とは図 7 の「[1] 業の助力による故意受生」による利他行であり，それによって加行道（信解行地）から見道（初地）に悟入する。(B) の方便による修習とは図 7 の「[2] 誓願の助力による故意受生」と「[3] 三昧の助力による故意受生」による利他行であり，それによって見道（初地）以後の菩薩は修道において「不退転地（第八地)」に入る。(C) の方便による修習とは図 7 の「[4] 自在性の助力による故意受生」による利他行であり，不退転地以後である。それは究竟道を意図していると考えられる（内藤 [2013A]269-275 頁や内藤 [2017]27-30 頁参照)。

換言すれば，加行道（信解行地）の菩薩は自ら法性を直証しておらず，自らの自他平等の智慧（無分別智）による三業ではない。「[1] 業の助力による故意受生」は，長尾ノート⑷ 93 頁注解⑵にあるように，単なる煩悩悪業による凡夫の生死輪廻の受生とは全く異なる。大乗の教法を聞思して，大乗の菩薩としての福徳と智慧の二資糧を積み重ねた菩薩は，その二資糧にもとづく業の助力によって「故意受生」するのである。つまり，その菩薩の身口意の三業は，大乗の教法のままに随ったものであるから，その「故意受生」による修習は凡夫の煩悩悪業による業とは全く異なるのである。これが，次節で言及する「加行無分別智」による修習に当たる。

以上のように理解すると，図 7 の [1] 乃至 [4] の「故意受生」による修習は「<2> 卓越した正行」に相応する。特に，[2] 乃至 [4] は第 4 偈の「<1> 卓越した誓願」と，それにもとづく「<2> 卓越した正行」に相応する。

第 3 節第 10 項　『摂大乗論』で示される「三種の無分別智」との関連

すでに本論考で何度か言及したように，慈悲を裏付ける智慧（自他平等の無分別智）による向上的な修習は，「加行無分別智 → 根本無分別智 → 後得無分別智（後得清浄世間智)」の「三種の無分別智」(早島理 [1973][1985] 参照)による修習に無関係ではない。内藤 [2017]31-36 頁で言及したように,『大乗荘厳経論』には明確な形で「三種の無分別智」の説示はない。「三種の無分別智」は後に『摂大乗論 *Mahāyānasaṃgraha*』で体系化され,瑜伽行唯識学派独自の智慧による説示であり,その三種は順次「信解行地(加行道)→ 初地(見道)→ 第二地以後(修道)」に対応する。なお,三種の内,文字通り無分別であるのは「根本無分別智」だけであり,他の二つは有分別の智慧である。

その意味で,『大乗荘厳経論』の理解に,「三種の無分別智」の視点を持ち込み論述することは一種の勇み足である。しかし,長尾 [2013]260 頁の指摘(5)に触発された筆者は,『大乗荘厳経論』の実践的な慈悲と『摂大乗論』の理論的な智慧との関連を重要視して,以下のように考える。

上述したように,第 4 偈の<1> <2> <3> の「三種の卓越性」は,それぞれ第 3 偈の [A-2][A-3][A-4] に対応している。その [A-2][A-3][A-4] は一切衆生に対して慈悲を行じる菩薩を智慧の内実によって説示されている。その菩薩は,[A-2]→[A-3]→[A-4] というように,[A-1] の「慈悲」を行じる「智慧」を菩薩自らが成就するために向上的に修習している。筆者は,この [A-2]→[A-3]→[A-4] の「智慧」が「後得無分別智」に相応すると考える。その「後得無分別智」が「後得清浄世間智」と呼ばれるのは,「智慧」が「慈悲」として衆生救済のために向下的にはたらく側面を意味しているからである。上記の [A-2][A-3][A-4] は智慧の内実でもって示されているが,それらは「遍く行き渡る」慈悲なのである。その意味で,[A-2][A-3][A-4] は「後得清浄世間智」に相応すると考えられよう。

さて,『大乗荘厳経論』では,[A-1] と [A-2][A-3][A-4] のように,「慈悲」と「智慧」を関連させながら菩薩のあり方が説示される。例えば,第 XVII 章の第 27 偈と第 32 偈は,衆生救済のために生死輪廻の世界に「故意受生」する菩薩のあり方を示すという点で内容的に類似する。前者は「慈等の四無量による二種の功徳」のある菩薩であるが,智慧には言及しない。一方,後者は明確に智慧と慈悲に言及する点が大いに異なる。後者は,菩薩自らの智慧と慈悲による「故意受生」であり,「無住処涅槃 (apratiṣṭhitasaṃsāranirvāṇa)」の説示である。

第 XVII 章第 27 偈の説示は「慈等に住しているから過失がなく,生死輪廻に汚染することがない」(取意)という。これは上記図 7 の「[1] 業の助力による故意受生」に相応する。つまり,菩薩自らは自他平等の智慧(無分別智)を得ていないが,仏説である大乗の教法を「聞・思」したままに,その教法に随って慈等の四無量を行じているのである。換言すれば，無分別智に触れて見道（初地）に悟入していないが，「根本無分別智」を直証するために「加行無分別智」によって向上的に修習しているのである。これは加行道（信解行地）の菩薩に相応する。

その菩薩は，「根本無分別智」に触れて見道（初地）に悟入する。その後の修道では「後得無分別智（後得清浄世間智）」によって修習する。すなわち，見道（初地）悟入後の菩薩は上述したように，「[2] 誓願による故意受生」→「[3] 三昧の助力による故意受生」→「[4] 自在性の助力による故意受生」というように，「<1> 卓越した誓願」にもとづく「<2> 卓越した正行」によって「<3> 卓越した得果」に至るのである。

なお，「[4] 自在性の助力による故意受生」による利他行は不退転地（第八地）へ悟入した菩薩に相応するが，その菩薩が無功用に修習して，究竟道において無上菩提を証得することが「<3> 卓越した得果」を意味する。この対応関係から上述したように，第 4 偈の「三種の卓越性」の<1> <2> <3> が第 3 偈の [A-2][A-3][A-4] の菩薩に対応すると考えられる[6]。

以上のことを踏まえ，筆者は，見道（初地）悟入前の第 2 偈と悟入後の第 4 偈の説示内容を「三種の無分別智」の体系と関連させて考えている。その「智慧（無分別智）」の視点は内藤 [2017]34-36 頁や 63-68 頁で論述した。それは，第 XVI 章第 52 偈と第 XVII 章第 5 偈が同じ「八要義」で示されながらも，前者だけが世親釈において yāpadeśa で再度説示されるという相違点からである。筆者は，前者が加行道（信解行地）であり，後者が見道（初地）以後と考える。また，この相違点は，第 XVII 章第 8 偈と第 16 偈の「五相」と第 65 偈の「五相」の微妙な違いと合わせて考えるべきである。紙面の都合上，詳しくは上記論考に譲る。ここでは要点だけを以下に記す。

第 2 偈の世間的段階の菩薩，つまり「根本無分別智」に触れていない加行道（信解行地）の菩薩にとっては，「<1> 誓願」と「<2> 正行」と「<3> 得果」の三種が「卓越した」といわれる根拠は，菩薩自身の智慧ではなく，菩薩を「包摂している」[7] 如来の智慧にもとづくからであると考える。換言すれば，加行道においては，菩薩自らの自他平等の智慧（無分別智）によって「故意受生」して慈悲を行じているのではない。それは，菩薩自らが帰依処とする仏陀の説示した教法のままに利他を行じているだけである。それは，仏陀の智慧（無分別智）に「包摂された」菩薩の身・口・意の三業による慈悲の修習であると考えられる。一方，見道（初地）以後の第 4 偈の<1> <2> <3> が「卓越した」といわれるのは，菩薩自らが自他平等の智慧（無分別智）に触れた—法性を直証した—智慧によるからである。すなわち，第 2 偈は「加行無分別智」に，第 4 偈は「後得清浄世間智（後得無分別智）」に相応する修習を意味する。

第 4 節　第 5-8 偈の説示意図：【問題点 C】と【問題点 D 】

次に，上記した第 5-8 偈の説示については，本和訳注解 (5) 図 B で図式化したが，ここでは別の視点で図式化して，図 9 として示す。

図9：「受け入れること」について第4−8偈の示す構成・構造

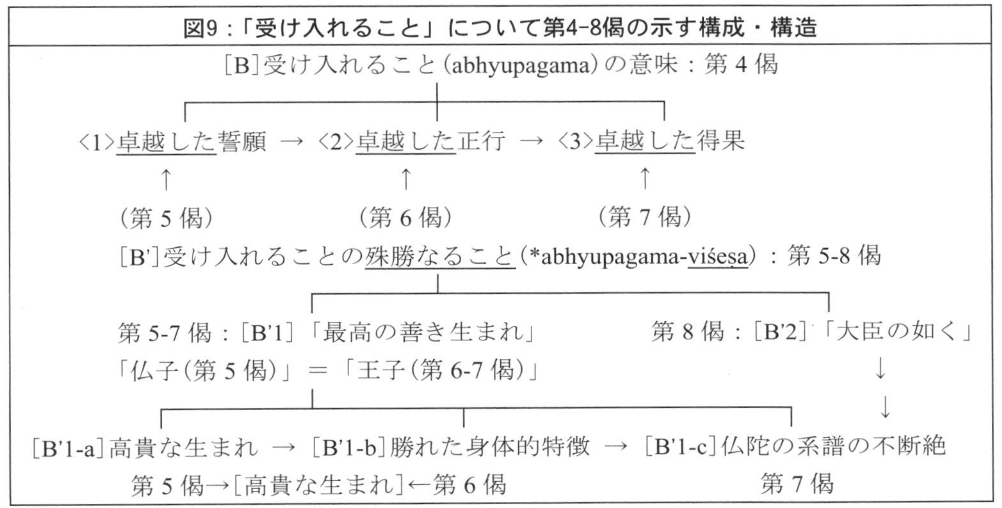

この第 5-8 偈の四偈は，それぞれの世親釈導入がいうように，「受け入れることの殊勝なること」として説示している(8)。その内，第 5-7 偈は第 4 偈の「三種の卓越性」つまり，「<1> 卓越した誓願」と「<2> 卓越した正行」と「<3> 卓越した得果」の「卓越した」といわれる内容を順次，第 5 偈，第 6 偈，第 7 偈で示しているが，第 6 偈の説示意図だけは明確ではない。その第 5-7 偈は「卓越した」具体的な四つの要件を譬喩と共に示している。その説示内容は，菩薩道に関して，第 5 偈が基礎的な環境的要件であり，第 7 偈が目指すあり方であり，第 6 偈が目指すあり方に向かう菩薩の姿であると考えられる。第 5-7 偈それぞれの四種類は，第 1 偈の [1] 乃至 [4] に順次対応すると考えられるが，「加行道 → 見道 → 修道 → 究竟道」に相応しているか否かは現時点では明確ではない。一方，第 8 偈の四種類は，第 1 偈の [1] 乃至 [4] に対応するだけでなく「加行道 → 見道 → 修道 → 究竟道」に相応している。問題は第 5-7 偈と別に第 8 偈を示す意図は何かである。ともあれ，第 5-8 偈の譬喩には次頁に図 10 で示すような表現の相違がある。以下，この表現の相違を中心にして筆者の理解を提示

してみたい。

図10：第5-8偈の「[B']受け入れることの殊勝なること」に関する表現の相違

偈＼表現	[菩薩は]最高の仏子	最高の善き生まれ	高貴な生まれ	[菩薩は]王子	[菩薩は]大臣の如く
第 5 偈(外的環境的要件)	有り	有り	有り		
第 6 偈(内的身体的要件)		有り	有り	有り	
第 7 偈(仏の系譜の不断絶)		有り		有り	
第 8 偈(向上的な修習)					有り

第 4 節第 1 項　第 5 偈の説示について

まず，第 5 偈の「仏子」とは，声聞なども仏子であるが，菩薩がその中でも「最高の善き生まれ」であることを意味する。つまり「善き生まれ」の中で最高である理由が四種類の「外的な環境的要件」の譬喩によって示され，それが「善き生まれの殊勝なること」の要件であることを示す。その要件は，「[a1] 発心（発菩提心）」と「[a2] 智慧波羅蜜」と「[a3] 福徳と智の資糧を備えていること」と「[a4] 悲」である。それらが順次，「(a1) 種子」と「(a2) 生母」と「(a3) 胎という拠り処（母胎）」と「(a4) 乳母」に譬えられる。詳しくは，本和訳注解㉓ 図 G を参照してほしい。

菩薩がこのような自身を取り巻く外的な環境的要件の中に誕生することを「善き生まれの殊勝なること」といい，さらに世親釈はそれを「高貴な生まれ (*abhijāta)」と表現し換えている。この要件は，第 4 偈で示された見道（初地）悟入後に「<1> 卓越した誓願」を発すための必要条件であると考えられる。

また，第 5 偈の安慧釈を踏まえれば，この四種類の外的な環境的要件の整った中に生まれた者が「菩薩」であり，「仏子」の中でも「最高の仏子」であるという。それは「如来の言葉」からではなく，「如来の心」から生まれた者であるという。その「如来の心」とは仏の智慧と慈悲を意味し，そこに「[B'] 受け入れることの殊勝なること」の根拠があることを意味する。詳しくは本和訳注解㉔ 参照。

端的にいえば，如来は一切衆生を救済するために大悲によって「遍く行き渡っている」のであり，それが「如来の心」，つまり如来の智慧と不一不二の慈悲の「心」である。すでに言及してきたように，「大乗（仏たること）を帰依処とすること」とは「仏の智慧と慈悲を帰依処すること」である。具体的には，第 3 偈の「[A] 遍く行き渡ること」の意味（artha：意義・目的・利益）を「受け入れること」である。だからこそ，[A-1] 乃至 [A-4] は，智慧と慈悲によって示されている。端的にいえば，第 5-8 偈の「[B'] 受け入れることの殊勝なること」の「殊勝なる」理由は，それが如来の智慧と慈悲だからである。その意味では，基本的には見道（初地）悟入の段階であるが，世間的な段階の加行道（信解行地）も含意していると考えられる。

内藤 [2017]14-15 頁で言及したように，菩薩道はまず仏説である大乗の教法を聴聞することから始まる。そして，大乗（仏陀）を帰依処とする菩薩は，その教法（智慧と慈悲）を「聞・思」することを繰り返すことによって，自らにはたらく慈悲を「受け入れ」て，その慈悲と不一不二の智慧（無分別智）に触れて，その慈悲の源である自他平等の智慧を成就しようと「発心」する。端的にいえば，大乗の教法の聴聞を繰り返す「法界等流の聞熏習」こそが「発心」の前提であり，それが「(a1) 種子」を譬喩とする意味である。換言すれば，如来の慈悲である大乗の教法を「聞・思」することがなければ，如来の慈悲を「受け入れ」られず，その慈悲と不一不二の智慧を求める「発心」などない。したがって，「[a1] 発心」は菩薩自らのものではなく，聴聞を通して如来の大悲の心によって熏習された「(b1) 種子」なのである。その意味で，菩薩にとって仏陀によって教授された外的な環境的要件なのである。

次に菩薩は，その「慈悲」と不一不二の「智慧」を「受け入れる」のである。その菩薩の「受け入れる」べき智慧が「[a2] 智慧波羅蜜」なのである。その向上的な智慧を生み出すから「(b2) 生母」に譬えられる。さらに，「[a3] 福徳と智の資糧を備えていること」が「(b3) 母胎」に，「[a4] 悲」が「(b4) 養母」に譬えらる。

この両者は第 XVII 章「［諸仏への］供養・［善知識への］師事・［四］無量［による修習］」の説示と関連し，「[a3] 福徳と智の資糧を備えていること」が「善知識への師事」（第 9-16 偈）であり，「[a4] 悲」が「諸仏への供養」（第 1-8 偈）に対応する。その説示によれば，菩薩の行じる慈悲などが大慈大悲へと成長するために必要不可欠な善知識も諸仏も，菩薩を取り巻く「外的な環境的要件」であることは明白である。また，この [a1] 乃至 [a4] は，第 1 偈の [1] 乃至 [4] の「区別によって知られるべき」なのである。

第 4 節第 2 項　第 6 偈の説示について

次に第 6 偈では，第 5 偈を受けて，「最高の善き生まれ」の菩薩自身を四種類の「勝れた身体的特徴」[9] によって説明している。それは，本和訳注解(25) 図 H で示したように，まず世親釈前半で，偈の内容を [b1] 妙なる容姿と [b2] 能力と [b3] 安楽と [b4] 智との「殊勝なること」であるという。そして，続く世親釈後半で唐突に，

> phun sum tshogs pa rnam pa 'di bzhis rgyal po'i sras btsun par skyes so zhes bya bar shes te / (*→rājaputro hy abhijāta iti jñāyata ebhir caturvidhābhiḥ saṃpadbhiḥ ←*)
> 以下の四種類の完全円満なることによって，王子は「高貴な生まれ」であると理解する。

といい，続けて「高貴な生まれ」の「王子」を譬喩として，(b1') 乃至 (b4') の「完全円満なること (*saṃpad)」と単純に列挙するだけである。この世親釈はどのようなものが「完全円満」といえるのかなどについて具体的に何も示さない。これは極めて不親切でもある。その上で，筆者は，世親釈前半の「殊勝なること」と後半の「完全円満なること」という相違に注目したい。「王子」に譬えられるのは，前者の「殊勝なる」菩薩ではなく，後者の「完全円満なる」菩薩である。その「王子」を，「最高の善き生まれ」というだけでなく，第 5 偈と同様に「高貴な生まれ」と言い換えている。また，その「王子」という表現は第 5 偈には無いが，第 7 偈には有る。このような譬喩の表現は何を意図しているのか留意する必要がある。

また当然ながら，たとえどんなに勝れた身体的特徴をもって生まれた菩薩であっても，菩薩行すなわち「<2> 卓越した正行」を修習しなければ，その特徴は完全円満に成らず，したがって第 7 偈の「仏陀の系譜を断絶しない」という「<3> 卓越した得果」はない。しかし，第 6 偈にはその菩薩行に関する言及は全くないが，世親釈の前半と後半の唐突な説示展開こそが「<2> 卓越した正行」の必要性を示唆していると考えておきたい。筆者は，この「<2> 卓越した正行」が第 12 偈の説示であると考える。なぜならば，その世親釈導入が「［大乗という最勝なる］帰依処にもとづく卓越した正行を説く」というからである。

なお，筆者は，次項で論述するが，この第 6 偈の「勝れた身体的特徴」の菩薩が第Ⅲ章「種姓の章 (Gotra)」第 4 偈で示される「本来ある」種姓の菩薩—『菩薩地』の「本性住 (prakṛtistha) 種姓」—を意図していると考えている。そして，第 6 偈の世親釈の唐突な説示展開が，その本性住種姓の菩薩も「<2> 卓越した正行」によって完全円満にならなければならないことを示唆していると理解する。

第4節第3項　第5-7偈の説示について

前項で言及したように筆者は，第6偈の説示，特に世親釈後半が第7偈と関連していると考えている。本和訳注解の㉕図Hや㉘図Iを参照。つまり，第6偈の「(b1) 妙なる容姿の殊勝なること」とは菩薩が転輪聖王よりも勝れた「[b1] 諸相によって荘厳されている」といわれる。一方，その菩薩の「(b1') 容姿の完全円満なること」とは，その完全円満なる菩薩が第7偈で「仏陀の系譜を断絶しない」ことであると考えられる。それは，一切諸仏の偉大な光明による「[c1] 灌頂を得ることによって」「仏陀の系譜を断絶しない」菩薩であると確定されると理解する。

さて，第6偈では，「(b1) 妙なる容姿の殊勝なること」について，「王子」などの譬喩による説示はない。前項冒頭で引用したように，その世親釈後半で，勝れた身体的特徴 (b1) が完全円満なることをもって，「王子」が「高貴な生まれ」であるという。それは残りの (b2) 乃至 (b4) も同様であると考えられる。すなわち，第7偈世親釈では，(c1) 乃至 (c4) の四種類の事態によって，その「王子」が自らの種姓（家系）を断絶されない」王子であることが確定されるのである。

それと同様に，第6偈の勝れた身体的特徴 (b1) 乃至 (b4) が完全円満になって「仏の系譜を断絶しない」菩薩であることが確定されるのであるが，それは第7偈の [c1] 乃至 [c4] によって完全円満となったと考えられる。ともあれ，第6偈では「(b1) 妙なる容姿の殊勝なること」というだけで，「王子（王位継承の資質成就者）」とは具体的にどのような妙なる容姿をもっているかについては何も言及はない—安慧釈はその点を説示しているので参照—。説明がないのは (b2) 乃至 (b4) も同様である。

逆説的にいえば，(b1) 乃至 (b4) が完全円満であることをもってはじめて「王子」なのであり，第5偈で示された四種類の外的環境的要件のある「高貴な生まれ」であったかが分かるのであろう。端的にいえば，生まれた時点では王位継承資質者である「王子」であるのか，また「王子」として成長させる環境の整った「高貴な生まれ」であるかどうか，不明なのである。上記したように，安慧釈は勝れた身体的特徴の (b1) 乃至 (b4) を「転輪聖王の子」をもって説明しているが，それは「仏伝」にもとづいて語られるものであろう。

あくまで概略であるが，当時のインド社会は，正統な王家以外にも王の血筋の引くものはいたであろう。また，正統な王家に生まれたとしても，すべての子が「王」としての資質を完全円満にすることができる訳ではない。逆説的にいえば，王家を断絶させない勝れた資質を完全円満にしたものこそ，その王家（家系）を断絶させない王位継承決定者である「王子」なのであり，そのような子に育て挙げる環境に生まれることが大切であり，それを「高貴な生まれ」と呼ぶのであろう。

それと同様に，「仏子」である菩薩すべては仏陀となる可能性は秘めているが，仏陀となるべき資質，つまり智慧と慈悲の功徳を完全円満にする必要がある。それが向上的な菩薩行であり，「<2> 卓越した正行」である。その「<2> 卓越した正行」には「<1> 卓越した誓願」が必要不可欠である。その「<1> 卓越した誓願」を発す要件が第 5 偈の [a1] 乃至 [a4] の外的な環境的要件なのである。それを菩薩として「高貴な生まれ」という。それは，見道（初地）以後の段階を意図していると考えられる。そして，修道における「<2> 卓越した正行」が可能になる。その成就による第 7 偈の [c1] 乃至 [c4] によって「仏陀の系譜を断絶しない」菩薩となるのである。それは「<3> 卓越した得果」であり，究竟の菩薩を意図していると考えられる。

端的にいえば，第 5 偈の外的な環境的要件は菩薩道成就のための必要条件であり，第 7 偈は菩薩道成就の十分条件であるといえよう。では，第 6 偈で示される勝れた身体的特徴をもった菩薩とは何を意味するのであろうか。筆者は，第Ⅲ章「種姓の章 (Gotra)」第 4 偈で示される「菩薩の種姓の特質」の「本来ある (prakṛtyā)」種姓の菩薩と「増大された (paripuṣṭa)」種姓の菩薩に関連すると考えている[10]。すなわち，第 6 偈の勝れた身体的特徴のある菩薩は「本来ある」種姓の菩薩を意図し，後述する第 8 偈の「大臣の如し」と表現される菩薩は「増大された」種姓の菩薩を意図していると考える。

そして，「第 4 節第 2 項」に引用した第 6 偈世親釈の唐突な説示は，「本来ある」種姓の菩薩であっても，その勝れた四種類を「<2> 卓越した正行」によって完全円満にしなければならないことを強調しているようにも思われる。その「<2> 卓越した正行」が第 8 偈で提示される。この「第 6 偈 → 第 7 偈 → 第 8 偈」の説示順序は，第 6 偈の出世間した菩薩に対して，第 7 偈で菩薩道の目指すべき結果を示し，第 8 偈でその結果を成就できる根拠の菩薩行があることを示している。端的にいえば，「本来ある」種姓の菩薩に対して，勝れた身体的特徴を得ただけで満足することなく，第 7 偈で目指すべきあり方を示し，第 8 偈でそのための菩薩道を示していると考えられる。

その上で，「本来ある」種姓の菩薩であれ，「増大された」種姓の菩薩であれ，修習すべき「<3> 卓越した正行」が，上述したように第 12 偈で説かれていると考える。この点が第Ⅱ章を設けた理由の一つと理解する。

第4節第4項　第7偈の説示について

第7偈は，前項で基本的な点は言及したように，「仏陀の系譜を断絶しない」菩薩となったこと，すなわち「<3> 卓越した得果」であることが，[c1] 乃至 [c4] によって確定される，あるいは保証されることを説示していると理解している。それが第6偈と同様に，王家を断絶しない「王子」を譬喩として示されるからである。その関係を図11として示す。

図11：菩薩のあり方：第6偈と第7偈の関係		
第6偈の［b］勝れた身体的特徴		第7偈の［c］仏系譜の不断絶
四つの殊勝性	菩薩の勝れた身体的特徴 →	円満成就の確定に相当(私見)
［1］妙なる容姿	［b1］種々の諸相すべてによって荘厳せられた容姿	［c1］一切諸仏の偉大な光明によって灌頂を授かることによって
［2］能力	［b2］一切衆生を成熟させる能力	［c2］すべての教法に対する自在性を備えていることによって
［3］安楽	［b3］仏陀の偉大で限りない安楽という寂静	［c3］仏の説法の集会において説法の方軌を知ることによって
［4］智	［b4］一切衆生を守護する偉大な方便を知らしめる智	［c4］戒律の条文を知らしめることにもとづいて処罰と賞揚をなし得ることによって

この第6偈の [b1] 乃至 [b4] も，第7偈の [c1] 乃至 [c4] も，第1偈の「[1] 乃至 [4] という区別の点から知るべき」であるが，加行道以後の四段階に無関係と思われないが，直ちに対応してない。なぜならば，第7偈の [c1] 乃至 [c4] は，第十地の法雲地の菩薩を意味するからである。本和訳注解(31)参照。筆者は，図9で示したように，第6偈の菩薩だけではなく，第8偈の菩薩も向上的な菩薩行によって「仏陀の系譜を断絶しない」のであり，「仏子」の中で最高の「善き生まれ」の菩薩であると考える。

第4節第5項　第8偈の「大臣の如し」について：世親の宗教体験

第8偈に関して，その世親釈導入で，

さらに，その［第4偈と］同じ [B'] 受け入れることの殊勝なることを，［菩薩は］[B’2] 大臣の如くであるとして，別の一偈によって示す。

という。ここには，第 5-7 偈の世親釈導入にあった「最高の善き生まれ」，また第 5-6 偈世親釈の「高貴な生まれ」や第 6-7 偈の世親釈にあった「王子」という表現もない。ただ「大臣の如く」とだけいう。つまり，第 8 偈は第 5-7 偈とは全く異なる視点で菩薩を捉えている。

先に論述したように，第 2 偈の世親釈導入に示されるような菩薩は，「決意」をもって大乗（仏陀）を「帰依処とする」のである。それは第 5 偈のような外的で環境的要件の整った「高貴な生まれ」ではない場合であり，その菩薩は自らの意志によって外的な環境的要件の整った中に身を置いていくしかないのである。すなわち，大乗を帰依処する「決意」こそが第 8 偈世親釈導入の「その第 4 偈と同じ [B’] 受け入れることの殊勝なること」と理解できる。その上で，さらに向上的に菩薩行を修習していく必要がある。これは，世親の「回心」という宗教体験と重なる（内藤 [2017]6-10 頁参照）。

周知のように，世親は説一切有部で出家し大乗を誹謗していた。しかし，兄無著の教化・教導によって，大乗の教法を聴聞し大乗菩薩道に必要な資糧を積み，世親は自らの意志で回心した。それは，「決意」をもって，仏たること（大乗）を「帰依処とすること」へと転じたことを意味する。それが，資糧道から加行道（信解行地）に入ったことであり，大乗の教法を「聞・思」する段階から「故意受生」による菩薩行（利他行）の「修」の段階に入ったことを意味すると考えられる。

このように考えるならば，第 2 偈こそが第 I 章の意趣を承けたものと考えられる。なぜならば，第 I 章には「大乗を仏説である」と受け入れられない者を誘引する『大乗荘厳経論』の「造論の意趣」が示されているからである（藤田 [2008]，研究会 [2009] 参照）。そして，その第 2 偈世親釈で「大乗を帰依処とするように勧め」られ，それを「決意」した菩薩こそ，第 8 偈の「大臣の如し」と表現される菩薩であると考えられる。すなわち，この「大臣の如し」という表現は，世親のように回心を発して大乗菩薩道を歩み始めた者，最初から「最高の善き生まれ」や「高貴な生まれ」ではない者を意図していると考えられる。「大臣」とは王に仕える多くの「家臣」の中で王の信頼あるものである。声聞なども仏陀に仕えるという意味では「家臣」であるが，「大臣」は菩薩を意味する。それだけでなく，王に信順する家臣の中で王家を断絶しないという強い意志をもった家臣であり，王家の存続にとって必要不可欠な重要な存在を意味する。

その意味で，この第 8 偈の「大臣の如し」は，回心を起こし大乗を帰依処とする「決意」をした菩薩，さらに「加行道（信解行地）→ 見道（初地）→ 修道 → 究竟道」と向上的に菩薩行を成就していく菩薩を意図していると考えられる。したがって，この「大臣の如し」の菩薩こそ，『大乗荘厳経論』の重要視する「菩薩像」であると理解しておきたい。詳しくは，本和訳注解(33) 図 J 参照。

第 4 節第 6 項　第 8 偈の説示について

その第 8 偈が説示される意図は何であろうか。まず，第 5 偈の外的な環境的要件は，大乗を帰依処する「決意」の有無はあるが，すべての衆生に平等に開かれている。つまり，如来の側からいえば，一切衆生は如来の慈悲の対象者であり，如来にとっては平等に「仏子」である。しかし，衆生の側からすれば，仏陀に信順しなければ「仏子」ではない。したがって，衆生においては，仏陀（仏教，特に大乗）を帰依処とすることによって「仏子」の一人となる。具体的にいえば，大乗の教法を「聞・思」することによってである。それには，大乗の教法を善知識を通して「聞熏習」することが必要不可欠である。そのようにして，大乗を帰依処する「決意」を起こした菩薩が「大臣」に譬えられていると考えられる。まさに世親自身の宗教体験そのものを意味すると思われる。そのことを示すのが第 8 偈の「大臣の如し」である。上述したように，「大臣」は最初から「大臣」ではない。「大臣」と呼ばれる者も王に仕えて初めて家臣の一人となり，具体的に信任を得て「大臣」となったのである。それを「如し」が表現していると考えられる。その具体的なあり方（姿）が第 8 偈の示す四種類である。

それは，本和訳注解(33) 図 J で示したように，この第 8 偈の菩薩は大乗（仏陀・仏たること）を帰依処として，大乗の教法の「聞・思」を経て「修」すなわち「[B'2-1] 諸の波羅蜜に悟入し」たのである。それ以後，「[B'2-2]［所々に］散説された大菩提分［法］に常に眼を注」ぎつつ，「[B'2-3]［身・口・意の］三種の不思議なる状態を常に正しく保持」しながら，「[B'2-4] 多くの衆生の利益を途絶えることなく常に行」っていくのである。これが「大臣の如し」と表現される菩薩である。この [B'2-1] 乃至 [B'2-4] が第 1 偈の「[1] 乃至 [4] の区別によって知るべきである」と考えられる。

また，第 5-7 偈の四種類とは異なり，第 8 偈の [B'2-1] 乃至 [B'2-4] は順次，「加行道 → 見道 → 修道 → 究竟道」という菩薩道の階梯に相応すると考えられる。

第 4 節第 7 項　第 8 偈の説示の意図するもの：私見
—『大乗荘厳経論』の構成と構造について—

筆者は，この第 8 偈の四種類が『大乗荘厳経論』の構成と構造を示唆しているのではないかと考えている。詳細な検討が必要であるが，その私見を記しておきたい。内藤 [2017]12-19 頁などで言及したように，『大乗荘厳経論』は五道の体系を説示しているが，その構成の基本は伝統的な修習の次第「聞 → 思 → 修」による「入れ子構造」であると考えている。その『大乗荘厳経論』の構成・構造を図 12 として内藤 [2017]28 頁から転用して示す。右欄の「図 1-D」などは内藤 [2017] で示した各図である。

図12：『大乗荘厳経論』の構成・構造(三部構成)	
二つのウッダーナによる章の対応	三部の意味(私見)
[I] ウッダーナ1を構成する「第I章乃至第IX章」の九章	「聞」所成の構造：図1-D
[II] ウッダーナ2を構成する「第X章乃至第XIV章」の五章	「思」所成の構造：図1-E
[III] ウッダーナ2で除外された第XV章が示す余章の構成	「修」所成の構造：図1-H

この三部構成理解は，レヴィ刊本の第 X 章と第 XV 章で第 1 偈に位置づけられる二つのウッダーナの理解による。端的にいえば，図 12 の [I] が「聞」に，[Ⅱ] が「思」に，[Ⅲ] が「修」に対応する(11)。その [Ⅲ] は，第 XV 章が目次的役割を担って，第 XVI 章以降の章が「加行道（信解行地）→ 見道（初地）→ 修道 → 究竟道」における「具体的な実践行」の説示に相応すると理解している。内藤 [2013A]265-267 頁で触れたように，従来，『大乗荘厳経論』の構成は『菩薩地』の構成を示す「三種の学道」，つまり [i] 何を学修するのか（yatra śikṣante：所学処）と [ii] どのように学修するのか（yathā śikṣante：如是学）と [iii] だれが学修するのか（ye śikṣante：能修学）を踏まえて研究されてきた。しかし，『大乗荘厳経論』の構成はそれを換骨奪胎した構成である。筆者は，特に [iii] に相応するものは無いのではないかと考えている。敢えていえば，[Ⅲ] の第 XV 章の「三種の方便」によって修習する者が大乗の「菩薩」であるといえる。この「三種の方便」については，先に「第 3 節第 9 項」で図 8 として示した。

その「三種の方便」による具体的な修習，すなわち「<2> 卓越した正行」が第 XVI

章乃至第 XX[-XXI] 章の説示であり，その要点をまとめた象徴的な説示が第Ⅱ章第 8 偈の [B’2-1]→[B’2-2]→[B’2-3]→[B’2-4] に対応し，第 12 偈の説示意図であると考えている。すなわち，この [B’2-1] 乃至 [B’2-4] が第 XVI 章乃至第 XX[-XXI] 章の説示を示唆していると考えている。その対応関係を図 13 として示す。

図13：第8偈の四種類の意図するもの：私見 『大乗荘厳経論』の構成・構造の見地から	
第8偈の四種類	『大乗荘厳経論』の対応する章：私見
[B’2-1]諸の波羅蜜に悟入する点から	第XV章を目次とした第XVI章「六波羅蜜と四摂事の章」と第XVII章「供養・師事・四無量の章」←六波羅蜜などの菩薩行の加行道以後の向上的な修習の具体的な展開
[B’2-2]諸経典に散説された大菩提分法に常に眼を配る点から	第XVIII章「菩提分法の章」（註：第15偈が第XVII章第65偈と同じ五相で説示）
[B’2-3]身・口・意の三種の不思議なあり方を常に保持する点から	第XIX章「[菩薩]功徳の章」
[B’2-4]数多の衆生の利益を常に途絶えることなく行う点から	第XX-XXI章「行と基盤の章」（特に、前半第1-42偈：「行(Caryā)」に当たる部分）

内藤 [2013A]269-275 頁や [2017]27-31 頁で図式化して論述したように，第 XV 章が目次的な役割を担っている。それは，「六波羅蜜」「四摂事」などの自利と利他の菩薩行が，第 XVI 章と第 XVII 章において，智慧と慈悲にもとづく向上的な展開でもって具体的に示されている。これが [B’2-1] に対応することは明白である。

また，第 8 偈の [B’2-2] 自体が「大菩提分法に常に眼を配る」というから，第 XVIII章「菩提分法の章」に対応しているのは明白といえよう。また，内藤 [2013A] の註解(20) (33) (35) で言及したように，第 XVIII 章は第 XVII 章の説示と類似している点がある。例えば，第 XVIII 章第 15 偈は第 XVII 章第 65 偈と全く同じ五相でもって説示され，その第 1-15 偈の「羞恥 (lajjā/hrī)」の説示は第 XVII 章の「無量」の説示と同様の展開であり，向上的な菩薩道の階梯が意図されていると考えられる。詳しくは，長尾ノート(3) 191-336 頁を参照してほしい。

次に，[B’2-3] は第 XIX 章の菩薩の「功徳 (guṇa)」に対応すると考えられる。そこでは，菩薩の六波羅蜜が「希有なること (āścarya)」（第 1-3 偈）であり，かつ「希有ではないこと (anāścarya)」（第 4 偈）という説示から始まる。この相矛盾する表現の説示は，六波羅蜜を修習する菩薩の功徳が凡夫にとって不可思議であることを意味する。続く第 5 偈の「平等心性 (samacittatā)」以下に示される数々の「功徳」とは，菩薩が「[B’2-3]身・口・意の三種の不思議なあり方を常に保持」している功徳であると考えられる。他の功徳については，長尾ノート⑷ 3-84 頁を参照してほしい。

最後の第 XX-XXI 章「行住 (Caryā-Pratiṣṭhā) の章」には諸問題がある。この奇妙な章の表記と問題点は上野 [2011][2013][2015] 参照。この最終章の全 61 偈の内，第 1-42 偈と第 43-61 偈は，漢訳では順次「行住品」と「敬仏品」とに分けられている。

筆者は，[B’2-4] は第 XX[-XXI] 章の前半第 1-42 偈に対応すると考えている。本論考「第 7 節第 2 項」でも言及するが，この説示は利他行を修習する菩薩の「徴相 (liṅga)」を弁別する第 1-2 偈から始まる。そして，第 3 偈以下はどのような「徴相」のある菩薩がどのように衆生を「救済する正行」をなすのかが説かれる。その第一の徴相が「憐愍 (anukampā)」，つまり大悲による利他行が示されている。これは，菩薩が「[B’2-4]数多の衆生の利益を常に途絶えることなく行う」ことを説示しているといえよう。他の「徴相」については，長尾ノート⑷ 85-135 頁，特に 134-135 頁の注解⑵⑶を参照してほしい。

以上のように，第 8 偈の四種類は「六波羅蜜」などの具体的な菩薩行を説示しているが，それは順次『大乗荘厳経論』の第 XV 章の「三種の方便」による第 XVI 章乃至第 XX[-XXI] 章の説示—上記図 12 の [Ⅲ] の「修」—と対応していると見做せる。同時に，これらの章は，第Ⅱ章第 4 偈の「<2> 卓越した正行」を具体的に，そして詳細に説示したものと考えられる。では，残る第 [XX-]XXI 章の後半第 43-59 偈の「帰敬偈（讃仏偈）」による説示は何を意味するのであろうか。

この説示については，内藤 [2013A]299-301 頁などで，第 XVII 章との関連を指摘した。その関連の上で，上述のように第 XV 章乃至第 XX[-XX] 章の前半第 1-42 偈が「聞・思・修」の「修」に対応するとすれば，第 [XX-]XX 章の後半の「帰敬偈」で示される仏陀の二十一種の功徳は向上的に修習する菩薩が求める「仏陀のあり方（仏たること）」といえる。第Ⅱ章第 4 偈でいえば，「<2> 卓越した正行」によって獲得すべき功徳であり，「<3> 卓越した得果」に相応するのではないかと考えられる。

その「四無量」を始めとする二十一種の功徳の説示順序について，上野 [2015]87-108 頁は「低次なもの」から「高次なもの」であるという。換言すれば，菩薩道において「不可欠で基本的もの」から仏陀特有の「殊勝で究極的なもの」という順序で示される。そして，菩薩自らが菩薩行を修習して向上的に二十一種の功徳を得ることによって仏陀と成り，一切衆生の帰依処と成るのであり，それは礼拝の対象となることを意図する。その意味で，二十一種の功徳は「加行道 → 見道 → 修道 → 究竟道」という向上的な階梯において，順次獲得されると考えられる。端的にいえば，第 43-59 偈の仏陀に礼拝する菩薩は第 XVII 章の諸仏を供養する菩薩であり，第Ⅱ章の大乗（仏陀・仏たること）を帰依処とした菩薩である。その菩薩が向上的な菩薩行，すなわち「<2> 卓越した正行」によって，二十一種の功徳を順次獲得していくのである。そのような菩薩が第Ⅱ章第 7 偈の「仏の系譜を断絶させない」のである。

最後に，第 [XX-]XXI 章第 60-61 偈について言及しておきたい。両偈は，菩薩が「帰敬偈」で礼拝する「仏陀の特質 (buddhalakṣaṇa)」を，この第Ⅱ章第 11 偈と同じく「六義」によって示す。その第六の「あり方 (vṛtti)」は向上的な「変化身 → 受用身 → 法身（自性身)」の順序で示される。これは，第 IX 章第 60 偈でその同じ六義の「あり方」として「仏身」を向下的な「自性身（法身）→ 受用身 → 変化身」の順序で示すこととは真逆である。筆者は，この「変化身 → 受用身 → 法身（自性身)」の説示順序が「資糧道」以後の菩薩の礼拝対象である仏陀の「あり方」を意図しているのではないかと考える。すなわち，大乗（仏陀・仏たること）を帰依処とすることは，第 43-59 偈の「帰敬偈」で順次示される仏徳を讃嘆し礼拝することである。それが大乗（仏陀・仏たること）を帰依処とすることに他ならない。具体的には，資糧道や信解行地の段階では「変化身」である釈迦牟尼仏を帰依処とし，見道悟入以後の修道や究竟道では「受用身」や「法身（自性身)」である仏陀を帰依処とするという意図がこの説示順序にあるのではなかろうか。端的にいえば，菩薩は向上的に菩薩行を修習するに当たって，「変化身 → 受用身 → 法身（自性身)」という向上的な順序で仏陀を帰依処とし，それにより教授・教誡され「聞 → 思 → 修」を繰り返し，菩薩道を成就するのである。

筆者はこれが第 [XX-]XXI 章における仏身の向上的な説示順序の意図であると考えるが，長尾ノート(4) 160-161 頁と無性釈は，この説示順序に言及しない。なお，安慧釈は第 XX-[XXI] 章第 31 偈途中までしかない。詳しくは上野 [2015]125-127 頁と 158-159 頁参照してほしい。

以上が筆者の『大乗荘厳経論』の構成と構造に関する見解の一端である。論述が不充分ながらここに記した。読者諸氏の忌憚のない批判・助言などをお願いしたい。

第 5 節　第 9 偈と第 10 偈の説示について

紙面の都合上，第 9 偈の「[C] 証得することの意味」と第 10 偈の「[D] 他に勝ることの意味」について要点だけを記す。詳しくは，本和訳注解(35) (47) を参照。

第 9 偈の「[C] 証得することの意味」の [C1] 乃至 [C8] の八項目は，第 8 偈を承けるような形で，菩薩道において「どのような証悟を向上的に得るのか」を具体的に示しているといえよう。この説示は，「加行道（信解行地）→ 見道（初地）→ 修道 → 究竟道」の菩薩道における「証得」の具体的な功徳的要素である。また，第 10 偈の「[D] 他に勝ることの意味」の [D1] 乃至 [D4] も，また [D1'] 乃至 [D4'] も，明らかに「加行道（信解行地）→ 見道（初地）→ 修道 → 究竟道」が声聞乗よりも勝れていることを示している。それらが第 1 偈の「[1] 乃至 [4] の区別によって知るべき」ことである。

第 6 節　第 11 偈が示す第 II 章の構成：【問題点 E】

第 11 偈世親釈によれば，この偈は「六義」，すなわち「[1] 本性と [2] 原因と [3] 結果と [4] はたらきと [5] 具備と [6] あり方（生起・差別）」によって大乗を「帰依処とすること」を示しているが，それは「帰依処とすること」の何を示しているのであろうか。「六義」については，内藤 [2010] や内藤 [2009A]14-18 頁で言及した。そこでは，第 IX 章第 56 偈の「六義」による説示は第 1-55 偈を受けて第 IX 章の構成と構造を説くものであると指摘した。それと同様に，この第 11 偈も第 1-10 偈を受けて，第 II 章の構成と構造を説示していると考えられる。

第 6 節第 1 項　第 11 偈の六義の内容と第 1-10 偈の対応関係

この第 11 偈の内容は本和訳注解(51)図 Q で示したが，図 14 として再度示しておく。

世親釈から明白なように，「帰依とすること」の「[1] 本性」は，第 1 偈で示された四種類の内，第 2 偈の説示を踏まえた第 4 偈の「受け入れること」である。第 I 章後編第 7-21 偈は大乗を非仏説と誹謗する者たちの存在を背景にし，「大乗が仏語（仏説）であること」を論説し，すべての衆生を大乗へ誘引することを意図している。端的にいえば，大乗を誹謗しない菩薩は，諸の大乗経典に「種々に」説かれた大乗の教法(12)を「聞・思」することで「受け入れること」が成就するのであり，それが仏たること（大乗）を「帰依処とすること」に他ならない。

また，諸の大乗経典に「種々に」説かれた教法とは仏の智慧にもとづく「慈悲」であり，あらゆる者を大乗へ教導・教化する方便である。したがって，大乗の教法を「受け入れること」は「悲愍から生じると考え」るべきなのである。その意味で，「悲愍」が「受け入れること」つまり「帰依処とすること」の「[2] 原因」である。

図14：第11偈の「六義」の内容		
六義	六義の内容	六義の名称で呼ばれる理由（筆者要約）
[1]本性 svabhāva	[B]受け入れること	仏たることを得ようと欲することにもとづいて，大乗を「受け入れること」から
[2]原因 hetu	「悲愍から生じる」と考えること	大乗を帰依とすること（受け入れること）は悲（大悲）より生じるから
[3]結果 phala	それ（悲憐）から一切種智が得られること	大乗を帰依とすることから一切種智（仏智）が成就するから
[4]はたらき karman	一切衆生の利益のために菩薩行を倦むことなく続けること	向上的に一切種智（仏智）を成就するために，向下的に慈悲を行じて，一切衆生を利益し安楽ならしめる難行を行っても倦み疲れることがないから
[5]具備 yoga	帰依処たる功徳を具すること	一切衆生の帰依処たる功徳，つまり三乗にもとづく帰依処（保護者）たる功徳を具備しているから
[6]あり方 （生起） pravṛtti	[6-1]言語活動によったもの	善知識の伝授（教授）から得られたものであるから → 世間的な段階のものとして
	[6-2]法性によって獲得されたもの	初地（見道）以後，法性を直証して得られたものであるから → 出世間的な段階のものとして

本論考「第3節第8項」の図6などで言及したように，大乗を「帰依処とすること」は，「遍く行き渡ること」を「受け入れること」から始まる。その菩薩が [A-1] 乃至 [A-4] として示されている。その [A-1] は慈悲を受け入れた菩薩であり，[A-2] 乃至 [A-4] はその慈悲を裏付ける智慧を受け入れた菩薩である。すなわち，慈悲を受け入れた [A-1] の菩薩は，順次向上的に [A-2] 乃至 [A-4] の智慧を受け入れつつ菩薩行を修習し無上菩提を証得して「一切種智者性（仏性）」を得る。それが「帰依処とすること」の「[3] 結果」である。換言すれば，菩薩が帰依処とした「仏たること」を獲得して，菩薩自らが帰依処とした仏陀と同等のあり方を成就する。それはそのまま菩薩自らが [A] 乃至 [D] の四種類の意味のある「殊勝なる帰依処」と成ることである。菩薩道における利他行は向下的に慈悲を行じることであるが，それが第 XVII 章で「衆生縁の悲 → 法縁の悲 → 無縁の悲」(13) というように向上的な方向性でもって示される。それは，菩薩が向下的に悲を行じることがそのまま，その悲と不一不二の智慧を向上的に成就していくことを意味する。このように一切種智者（仏陀）と成るべく向

上的に菩薩道を成就させることが，大乗（仏陀）を「帰依処とすること」の「[4] はたらき」である。その意味で，「帰依処とすること」の「[4] はたらき」は「[C] 証得すること」に対応する。

そして，「[5] 具備」は「[D] 他に勝ること」に対応する。第 4 偈の世親釈で示されるように，菩薩自らが帰依処とする仏陀のあり方を希求する。その仏陀のあり方とは一切衆生を利益する功徳を「具備」している。その大乗（仏陀・仏たること）を帰依処として修習する菩薩は順次その功徳を「具備」して「仏陀」と成る。その自利利他円満なる功徳は声聞などの「他者に勝っていること」は当然である。

ここまでの前五義についての筆者の理解を図 15 として示す。また，残る「[6] あり方 (pravṛtti)」は，同じ図の中で示すのは難しいので，次の「第 2 項」で別に図式化して言及する。

図15：第11偈「六義」と第1-10偈の対応関係：(試論)			
六義	第2-10偈の対応	四種類の意味：第1偈	備考(筆者の理解)
[1]本性	第4偈[+第5-8偈]	[B]受け入れること	慈悲と一体の智慧のはたらき
[2]原因	[第2偈+]第3偈	[A]遍く行き渡ること	智慧と一体の慈悲のはたらき
[3]結果	第1偈	[A][B][C][D]の成就	智慧即慈悲の完全な成就
[4]はたらき	第9偈	[C]証得すること	智慧と慈悲による向上的修習
[5]具備	第10偈	[D]他に勝ること	智慧と慈悲の功徳の完備

上述したように，「[3] 結果」は「一切種智者（仏陀）」と成ることである。それは同時に，菩薩自らが帰依処とした仏陀のあり方であり，第 1 偈で示された「[A][B][C][D] の成就」を意味する。そのことを図中のように記した。また，図中に記した［第 2 偈 +］と［+ 第 5-8 偈］の意図することは，上記「第 3 節」と「第 4 節」で順次詳しく論述した。世親釈導入が示すように，この両者は第 1 偈の [A] と [B] に直接関係しない。しかし，筆者は「六義」が第 1-10 偈の説示を総括していると考えているので，［　］で示した。つまり，第 4 偈と密接に関連する第 5-8 偈の説示が [1] 本性に，第 3 偈の前提として重要な第 2 偈の説示は [2] 原因に関連すると理解しておきたい。

第 6 節第 2 項　第 11 偈の六義「[6] あり方」の対応について

まず，「[6] あり方 (pravṛtti)」を図 16 として示す。

図16：六義の「あり方」の意味するもの			
六義	内容	具体的な理由	備考：対応する偈(私見)
[6]あり方 pravṛtti	[6-1]言語活動に よったもの	善知識による言語的な 伝授によるから	第2偈：世間的な段階 ([資糧道・]加行道)
	[6-2]法性によって 獲得されたもの	法性を直証しているから	第4偈：出世間的な段階 (見道・修道・究竟道)

この [6-1] と [6-2] の両者の相違点は，世親釈で明確なように，大乗（仏陀・仏たること）を帰依処とする菩薩が「法性の直証」を経ているか否かである。すなわち，法性を直証する前の段階の [6-1] は，資糧道を含意した加行道（信解行地）という世間的な段階の菩薩におけるものであるが，そこでは「善知識」が必要不可欠である。一方，法性を直証した以後の段階の [6-2] は，見道（初地）悟入後の出世間的な段階の菩薩におけるものである。しかし，仏陀や善知識による教導は出世間した見道（初地）以後の修道において不必要になるのではない（内藤 [2013A]299-301 頁参照)。

また，上記図 15 で [] 括弧で示した第 2 偈は [6-1] に対応する。また，[] 括弧で示した第 5-8 偈は第 4 偈に関連するので [6-2] に対応すると考えるが，特に第 8 偈が重要であると考える。上述したように筆者は，第 8 偈こそ『大乗荘厳経論』の説示しようとする「菩薩像」であると考える。すなわち，第 8 偈は世間的な段階から出世間する菩薩である。それは，[6-1] から [6-2] へと転換・展開する菩薩を示すと理解する。

第 6 節第 3 項　第 11 偈の六義「[6] あり方」の術語について

この第II章第 11 偈の六義の「[6] あり方」は pravṛtti の訳語である。ここはサンスクリット文が欠損していない場所であり，他の写本もすべて pravṛtti である。本和訳注解⑷⑼ 図 P で示したように，『大乗荘厳経論』における第六義の「[6] あり方」は，基本的に vṛtti であり，ここだけ pravṛtti である。

この点について，筆者の理解を記しておきたい。pravṛtti は，すでに第II章との関連で何度が言及した第IX章「菩提の章」で使用される。その第 14 偈の説示では，「如来の転依 (āśraye tathāgatānāṃ parivṛttiḥ)」に十義があるという。その第一義が pravṛtti

であり，その世親釈は次のようにいう。

> ［諸如来は］他者の利益のための転起 (parārthapravṛtti) という意味で，他［の為］の転起 (pravṛtti) である。（内藤 [2009A]47 頁：長尾ノート⑴ 202-203 頁）

この世親釈の内容は多少，音韻学的な語呂合わせの感があるが，pravṛtti の pra を para（他者）に掛け，さらに para-artha（他者の利益）を意図しているというのである。この第一解釈では，如来の転依は「唯利他」を意味する。この点を踏まえると，「仏たること」を帰依処とすることとは，他者の為に転起した「智慧と不一不二の慈悲」，つまり「如来の大悲」を帰依処とすることを意味することになろう。

さて，上記図 14 の「[1] 本性」で明確なように，大乗（仏陀）を「帰依処とすること」は「仏たること（仏性）を得ようと欲すること」にもとづく。すなわち，他者の利益のための転起を「[B] 受け入れた」菩薩は，自らも利他を行じることが大乗（仏陀・仏たること）を帰依処とすることに他ならない。

このように理解して，この第 II 章の pravṛtti という語は，その [6-1] も [6-2] もこの「他者の為の転起」を意図しているからと理解する。まず，[6-1] の世間的な段階の菩薩は法性を直証していないので—自他平等の智慧（無分別智）に触れていないので—，善知識に教導されることによって，菩薩の修習が「自利的自利行」から「自利的利他行」へ転換する。これが「他者の為の転起」である。当然ながら，その善知識は [6-2] の菩薩でなければ，[6-1] の菩薩を向上的には教導できない。一方，[6-2] の出世間的な段階の菩薩は法性を直証しているので，—自他平等の智慧（無分別智）に触れているので—，その智慧による利他行を修習するのである。当然ながら，その [6-2] の菩薩の向上的な修習も「利他的自利行」から「利他的利他行」へと転換し，不退転地へ悟入することになる。重要な点は，[6-1] と [6-2] の両菩薩ともそれぞれ転起した「仏たること（仏性）」を帰依処としているので，両菩薩の行じる利他行は，如来の大悲に裏付けられたものである。それが，上述したように第 XVII 章第 17-19 偈で説示される「衆生縁の悲 → 法縁の悲 → 無縁の悲」という展開である。詳しくは，内藤 [2017]118-132 頁を参照してほしい。

また，以上のような筆者の理解は，本和訳注解㊾図 P に記した，この pravṛtti がチベット訳で dbye ba(*bheda) というように「区別」と訳されている問題点と関連する。この pravṛtti は，第 II 章と関係が深い第 I 章の第 7 偈にもある。ここでは「大乗が仏語であること（大乗仏説論）」について八つの理由が示される。その第二の理由について世親釈は次のようにいう。

> ii)同じく起こっているのであるから (sama-pravṛtteḥ)とは［次のような意味である］。大乗はまた声聞乗と同時に起こっている (pravṛtti) と認められ，後に［起こったの］ではない。したがって，どうしてそれが仏語にあらずと知られようか。［大乗は仏語なのである。］（研究会 [2009]51 頁)

研究会 [2009]102-103 頁注解㉕で言及するように，この「同じく起こっているのであるから」の意味する所は難解である。この sama は，世親釈の示すように時間的な同時を意味するが，筆者はこの pravṛtti に関して上記の第 IX 章第 14 偈の pravṛtti の「他者の為の転起」という意味でも考えてみたい。すなわち，sama-pravṛtti を時間的に「同時に起こった」だけではなく，大乗の教法も声聞乗の教法もそれぞれの「同じく他者の利益のために起こった」ことを含意していると理解する。換言すれば，声聞乗も大乗も「同時に起こった」ものであるけれども，その教法は仏陀の対機説法によるのである。したがって，声聞乗も大乗もその教法は「同じく，あるいは平等に他者の利益のために，同時に起こっている」のであるから，それぞれの機根に応じてその教法の理解，つまり「受け入れ」方が異なるのである。その「同時に起こった」教法を聴聞した側からいえば，機根に応じて説示された教法には「相異」があり，「区別」があるということになろう。

それと同様に，同じ大乗であっても，世間的な菩薩と出世間した菩薩，あるいは見道（初地）以前と以後の菩薩は，その段階ごとの機根（能力・力量）それぞれに応じて大乗（仏たること）を「受け入れ」ているのである。その意味では，「他者の為の転起」した帰依処の「[6] あり方」には「相異」あるいは「区別」があることになる。その区別が [6-1] と [6-2] なのである。このようなことを背景にして，「区別 (dbye ba)」とチベット訳されていると理解しておきたい。

第 7 節　第 II 章をまとめる第 12 偈の理解：【問題点 F】

第 12 偈は，世親釈によれば，「［大乗という最勝なる］帰依処にもとづく卓越した正行について」説くものである。そして，本和訳注解㊾㊿で示したように，この偈の「このような偉大な意義のある帰依処のあり方(領域)に至った」菩薩には，「⑴自利の正行」と「⑵利他の正行」によって「偉大な意義がある」ことを示しているという。世親釈によれば，その「⑵利他の正行」とは，「(2-1) 意欲による正行」と「(2-2) 実践による正行」というだけで，どのような正行なのか具体的に示されていない。また，無性釈や安慧釈によっても，その正行の内容は明確ではない。

第7節第1項 「⑴自利の正行」と「⑵利他の正行」について

菩薩にとって「⑴自利の正行」とは第4偈の「<2> 卓越した正行」であり，筆者の理解では第8偈の説示内容である。それはまた，第9偈の [C1] 乃至 [C8] の証得がある正行であり，「信解行地 → 初地 → 不退転地 → 仏地」，すなわち「加行道 → 見道 → 修道 → 究竟道」というように向上的に修習する菩薩行である。

さて，この第12偈と同じく「自利と利他の正行」が一組で説示されるのは，『大乗荘厳経論』第 XIX 章「功徳 (Guṇa) の章」の「大乗の偉大性 (mahātva)」を弁別する第59-60偈である。長尾ノート⑷ 56-57頁によれば，大乗の菩薩には「七種の偉大性が備わっている」という。その七種は，学修すべき無量の広博な経等の教法を具えているという「1)［学修の］対象 (ālambana)」の偉大性 (mahatva) から始まり，「2) 正行 (pratipatti)」「3) 智 (jñāna)」「4) 精進の勤励 (vīryārambha)」「5) 善巧方便 (upāyakauśalya)」「6) 果の証得 (samudāgama)」「7) 仏陀のはたらき (buddhakarman)」の偉大性であるという。安慧釈（長尾ノート⑷ 57頁注解⑴）によれば，前五つが原因であり，後二つが結果であるという。「1)［学修の］対象」が「資糧道」に相応し，「2) 正行」乃至「5) 善巧方便」が「信解行地」乃至「究竟道」に対応すると考えられる。世親釈によれば，「2) 正行」とは「自利と利他の正行」であるという。それは，加行道（信解行地）以後の菩薩行であり，「3) 智」によって見道（初地）悟入するのであろう。また，「6) 果の証得」と「7) 仏陀のはたらき」が第4偈の「<3> 卓越した得果」に対応することは明白である。

以上を点を踏まえると，自利であれ利他であれ，「正行」は加行道（信解行地）以上の菩薩を意味すると考えられる。

第7節第2項　「(2-1) 意欲による正行」と「(2-2) 実践による正行」について

その「⑵利他の正行」について，世親釈は「(2-1) 意欲による正行」と「(2-2) 実践による正行」の二つがあるという。この二つの正行は，『大乗荘厳経論』第 XX[-XXI] 章「行住 (Caryā-Pratiṣṭhā) の章」の「［菩薩の］徴相 (liṅga)」を弁別する第1-2偈で説示される。詳しくは長尾ノート⑷ 85-90頁を参照してほしいが，世親釈によれば，第1偈は五つの菩薩の徴相を示し，第2偈はそれらの行為と衆生を救済する概要を示している。その五つの菩薩の徴相とは，「1> 憐愍 (anukampā)」と「2> 慈愛に満ちた言葉 (priyākhyāna)」と「3> 毅然たること (dhīratā)」と「4> 手を差し延べて与えること (muktahastatā)」と「5> 甚深なる密意を解すること (gambhīrasaṃdhi-nirmokṣa)」であるという。その「1> 憐愍」は意楽（āśaya：意欲）としてあり，他の四つは実践 (prayoga) としてあるという。この説示に従って，「(2-1) 意欲による正行」が意楽としての「1> 憐愍」という徴相ある菩薩，つまり見道（初地）悟入直前の菩薩の菩薩行であり，「(2-2) 実践による正行」とは他の四つの徴相ある菩薩の菩薩行であると理解しておきたい。

この正行によって「偉大な聖者たち (mahārya) の無比なる教法を拡張せしめる」という。無性釈も安慧釈も，その教化の対象を「菩薩種姓」の者といい，「偉大な聖者たち」とは「諸仏と諸菩薩」であるという。すなわち，菩薩種姓の者に対して，諸仏と諸菩薩たちの無比なる教法を拡張せしめるという。両釈が教化の対象を「菩薩種姓の者」に限定するのは，菩薩種姓ではない者に無比なる教法（大乗の教法）を説くと，第 I 章後編第 7-21 偈の前半第 7-13 偈の「大乗仏説論」に続いて，後半第 14-21 偈で取り上げられているように，大乗の教法—特に空の教え—に対して怖畏を抱いて，大乗を誹謗するからであると考えておきたい。

第 7 節第 3 項　「帰依処のあり方に至った菩薩」について

前述の「第 1 項」と「第 2 項」を踏まえると，「このような偉大な意義のある帰依処のあり方(領域)に至った」菩薩とは，その「<3> 卓越した得果」に必ず教導される如来の智慧と慈悲の「領域 (gati)」に至った菩薩である。換言すれば，帰依処である如来と同じく智慧と慈悲に準じて利他行のために「故意受生」する「あり方 (gati)」に至った菩薩である。それは，少なくとも加行道（信解行地）に至った菩薩である。

さて，この「帰依処のあり方に至った(śaraṇa-gatiṃ gataḥ)」とはどのような事態を表現しているのであろうか。つまり，śaraṇa-gati とは何を意味するのか。

すでに言及したように，この śaraṇa（帰依処）は第 IX 章「菩提 (bodhi) の章」の第 7-11 偈の「帰依処性 (śaraṇatva)」の説示に関連する。第 IX 章では，その前の六偈で同じ「仏たること（仏性：buddhatva）」を主語として，「一切種智者性 (sarvākārajñātā)」（第 1-3 偈）と「無二 (advya-lakṣaṇa)」(第 4-6 偈) という順序で説示が展開する。この説示順序は，「一切種智者性（智慧）」が「帰依処性（慈悲）」と「無二であること（空であること）」を意図していると考えられる。端的にいえば，この第 12 偈の śaraṇa

とは，この第 IX 章の「智慧と無二なる如来の慈悲」という「帰依処」である。また，その gati とは「あり方 ← 行い・振る舞い（加納 [2020A]）」を意味する。以上のように理解して，「このような偉大な意義のある帰依処のあり方に至った」菩薩とは，加行道（信解行地）の菩薩を含意しつつ，基本的には見道（初地）に悟入した菩薩であると理解しておきたい。

ここで，「このような偉大な意義のある帰依処のあり方に至った」菩薩について，すでに指摘した第 3 偈の「[A] 遍く行き渡ることの意味」の四種類と関連させて説明してみたい。まず「(2-1) 意欲（悲愍）による利他の正行」を行じる菩薩とは，「[A-1] 一切衆生を済度しようとして行じる者」である。それは図 7 で示したように「故意受生」によって利他を行じる加行道（信解行地）以上の菩薩である。その利他行の修習において法性を証得することで—無分別智に触れることで—，初地（見道）へ悟入し向上的に修習していく。それは，「故意受生」する慈悲を裏付ける智慧を成就していくことである。それが「(2-2) 実践による正行」によって，[A-2] 乃至 [A-4] のように智慧を成就する菩薩である。すなわち，「[A-2] 乗すべてにわたって熟達している者」となり，「[A-3] 智すべてにわたって熟達している者」—これは不退転地の菩薩を意図すると理解する—となり，「[A-4] 涅槃において［生死］輪廻と寂静を一味とする者」となるのである。この [A-2] 乃至 [A-4] が「(2-2) 実践による正行」に当たり，[A-1] の加行道を経た「見道 → 修道 → 究竟道」に相応すると考えられる。

第 XVII 章第 18 偈の「衆生縁 → 法縁 → 無縁」の三縁による修習を踏まえれば，[A-1] は加行道（信解行地）の「衆生縁の悲」による正行であり，一瞬である見道（初地）を経て，[A-2] と [A-3] は修道の「法縁の悲」による正行—[A-3] は第八地の不退転地以後—であり，[A-4] が究竟道の「無縁の悲」による正行という展開になる。筆者はこのように理解して，上記図 5 と図 6 の中に「菩薩の階梯」と「[A] 遍く行き渡ることの意味」の四種類を示している。

したがって，「(2-2) 実践による正行」とは，見道（初地）以上の菩薩であると考えられる。なぜならば，他の菩薩たちに「偉大な聖者たちの無比なる教法を拡張せしめる」ことができるというからである。すなわち，見道（初地）以上の菩薩こそが自他平等の智慧（無分別智）による正行を実践できるからである。換言すれば，見道（初地）以上の菩薩でなければ，加行道（信解行地）の菩薩を含む世間的な菩薩を見道（初地）へ教導できないからである。端的にいえば，向上的に修習する菩薩にとって，善知識は自らより高次の段階の菩薩なのである（内藤 [2017]88-91 頁参照）。

第 8 節　まとめ—第 II 章の構成と構造，及び位置づけ—

まだ言及すべき点が残るが，紙面の都合上，筆者の理解をまとめておきたい。

まず，第 1 偈で示される [A][B][C][D] の四種類は，従来の大乗経典に散説される「大乗（仏陀・仏たること）を帰依処とすること」の内容をまとめて整理したものである。そのことを，世親釈導入が「要略して，一偈である」というのである。その [A] 乃至 [D] の四種類の意味それぞれについて，[1] 乃至 [4] の「四種類の区別によって知るべきである」というのである。

[A] 乃至 [D] の四種類の説示順序は，基本的に [A]→[B]→[C]→[D] という大乗菩薩道の展開を示すが，「並列的に平面的な」説示である。つまり，[A] 乃至 [D] は，種々の経典に散説された「帰依処とすること」の説示をまとめて，四種類の「大乗を帰依処とすることの意味（artha：意義・目的・利益）」として整理し示したものと考えられる。それは，第 I 章第 7-21 偈で問題となった大乗を誹謗する者たちのように，大乗（空性）を「聞・思」する者たちに対して怖畏を抱かせないよう配慮したのであると思われる。具体的にいえば，大乗（仏陀・仏性）を「帰依処とすること」は，基本的に「遍く行き渡ること」を帰依処とすることである。それは，まず如来の慈悲を受け入れ，その慈悲と不一不二の智慧を受け入れることである。すなわち，如来の「遍く行き渡る」慈悲と智慧を「受け入れること」に他ならない。それによって，「<1> 卓越した誓願」と「<2> 卓越した正行」があり，「<3> 卓越した得果」がある。その「<2> 卓越した正行」の内実が「証得すること」として示される。そして，その証得の内容が声聞乗などの「他者に勝ること」を説示している。この [A] 乃至 [D] はまた，帰依処とする「仏陀」すなわち「仏たること（buddhatva：仏性）」の功徳でもある。したがって，菩薩は [A] 乃至 [D] を経て仏陀と成り，自ら一切衆生の帰依処と成るのである。

一方，第 1 偈で示される [1][2][3][4] の四種類の区別は，[A] 乃至 [D] の四種類それぞれにあり，[1]→[2]→[3]→[4] という向上的な方向性であると考えられる。詳しくは，図 1 を参照してほしい。これは菩薩道の「重層的で立体的な」構造の説示であり，瑜伽行唯識学派独自の五道の体系，すなわち資糧道を踏まえた「加行道 → 見道 → 修道 → 究竟道」という菩薩道の四つ階梯に相応する説示であると理解する[15]。

本論考では [A] と [B] について，それぞれに示される四種類が [1]→[2]→[3]→[4] であり，それがまた「加行道 → 見道 → 修道 → 究竟道」に相応する点に詳しく言及した。詳しくは，図 5 や図 6 を参照してほしい。一方，[C] と [D] については「第 5

節」で簡単にしか言及していないが，[A] と [B] と同様に菩薩道の四つの階梯に相応することは，和訳注解(35) 図 K と本和訳注解(48) 図 O で示したように，明白である。

最後に,『大乗荘厳経論』の構成と構造について,「第 4 節第 6 項」で第 8 偈の説示理解の一つとして言及したが，以下に第II章の位置づけに関して，筆者の理解を記しておきたい。第II章の「大乗（仏陀・仏たること）を帰依処とすること」は，第 XVII 章の「どのように仏陀を供養するのか」という問題に通じる。それはまた，第 [XX-]XXI 章「行と基盤の章」の後半第 43-59 偈の「帰敬偈（讃仏偈）」—第 60-61 偈は異なる形式—で示されるように，二十一種の功徳を行じる仏陀に「帰敬すること（礼拝すること）」であると考えられる。この「帰敬偈」で礼拝する菩薩が，第II章第 7 偈の「仏陀の系譜を断絶しない」菩薩に相応して，大乗菩薩道における「究竟の菩薩」のあり方であると考えられる。

その第 [XX-]XXI 章第 43-61 偈は，『菩薩地』に対応する章のない第 I 章と第II章と同様に，テーマ（主題）こそ継承するものの『菩薩地』とは全く異なった形式と内容であり，そこに『大乗荘厳経論』の独自性があると思われる。第 I 章の説示と同様に，第II章「大乗（仏陀・仏たること）を帰依処とすること」の説示が世親の回心と重なる以上，その「帰敬偈」による説示も，種姓の確定しない者（不定種姓の者）を大乗へ誘引し，大乗菩薩へと転換させることと無関係ではないと考えられる。本来「帰敬偈」とは，龍樹の『中論』や世親（天親）『浄土論』の「帰敬偈」のように，一般的に論書の冒頭にあるべきものである。その意味で，筆者には『大乗荘厳経論』の最後の最後に置かれる「帰敬偈」が少々奇異に映る。しかし，世親の宗教体験を踏まえると，第 43-61 偈とリンクして，第II章が『大乗荘厳経論』の構成としての重要な役割を担ったものなのである。結論だけをいえば,「帰敬偈」で礼拝している菩薩こそが第II章最終偈（第 12 偈）の「このような偉大な意義のある帰依処のあり方に至った」姿を表していると考えられる。

端的にいえば，第II章は，そのような菩薩に至るには，大乗（仏陀・仏たること）を帰依とすることが必要不可欠であることを説く。それも，声聞などと同じく仏・法・僧の三宝を帰依とするのであるが，最勝乗（大乗）の方規 (vidhi) が説かれている教法にもとづいて，三宝を帰依処とすることが重要なのである。それが [A] 乃至 [D] にまとめられた教法である。同時に，それは [1] 乃至 [4] という向上的な菩薩道に誘引・教導する方軌で整理されたものである。すなわち，それを帰依処として菩薩行に励む限り，如来の智慧と慈悲によって「偉大な意義のある帰依処のあり方に至」ることができることを説示しているのである。

註解

⑴　本和訳「名声の原因」は，<a> 格限定複合語と <b> 同格限定複合語による両者の解釈を担わせている。それは，菩薩がどの階梯の菩薩であるかによって，その複合語がもつ意味が変わると考えられるからである。この点は，第 XVII 章第 8 偈と第 16 偈の「五相」の第四相，nirvikalpajñāna-upāya-parigrahataḥの複合語理解と同様であると考えられる。研究会 [2013]45 頁と 57 頁では <a> の解釈を採用し「[4] 無分別智にもとづく方便に包括されるから」と和訳する。しかし，内藤 [2017] は，「[4] 無分別智の方便に包括されるから」と和訳する。それは，「[4] 無分別智という方便に包括されるから」という <b> による理解の場面があると考えるからである。筆者は，前者が「第一地乃至第七地」の菩薩に，後者が「第八地以上」の菩薩に相応すると考える。詳しくは，内藤 [2017]102-111 頁，特に 104-107 頁を参照。

⑵　これは「説法の利徳 (anuśaṃsa)」による表現である。この anuśaṃsa という術語は「徳」を意図するが，近い将来に勝れた結果をもたらす兆候であり，そのもたらされるべき勝れた結果の功徳 (guṇa) が何らかの形で現在にも現れていることを意味する。内藤 [2017]150 頁，180-181 頁参照。なお，勝れた結果をもたらす利徳の「名声」に対して，向上的修習を阻害する「悪評」を問題にする説示が第 XVII 章第 25-26 偈にある。研究会 [2013]68-73 頁，及び内藤 [2017]141-145 頁，156-163 頁参照。また，この視点は本論考「第 3 章第 8 項」とも関連する。ともあれ，「名声」を得られることが世間的な段階の菩薩にとって向上的に修習を可能にするために大きな意味・意義をもっていたと考えられる。

⑶　第 2 偈は「最勝乗（大乗)を帰依処とする（受け入れる)」のであるが，第 4 偈では「仏たること（仏陀)を受け入れる（帰依処とする)」というように変化している。換言すれば，受け入れる対象が仏陀の説いた「大乗（最勝乗)」から，「仏陀」あるいは「仏たること」すなわち「智慧と慈悲」に展開していると考えられる。これは，世間的な段階か出世間の段階かの相違と考えられる。この視点は，本論考「第 4 節第 7 項」で言及する「仏身説」に関連する。

⑷　この「受け入れること (abhyupagama)」という術語は『大乗荘厳経論』において，この第 II 章以外では二箇所，第 XI 章第 4 偈と第 XVII 章第 49 偈の世親釈にしか見出せない。長尾ノート⑵ 28 頁の注解⑸ によれば，第 XI 章第 4 偈では「受け入れること」によって「出離」があるという。これは，「出世間」すなわち「見道（初地）悟入」があるということであり，この第 II 章第 4 偈の視点と同じで

あると考えられる。

一方，第 XVII 章第 49 偈の説示は重要で，世親釈と共に示しておく。

悲愍によって苦を受け入れることについて，一つの偈がある。

悲ある者（菩薩）たちは，悲愍によって，衆生利益のために，苦から成る生死（輪廻）を放棄しない。その場合，［悲ある菩薩が］利他のために苦を受け入れないことがあろうか。［いや，ない。］//第 49 偈 //

というのは，あらゆる苦は生死（輪廻）の苦に含まれている。それ（生死輪廻苦）を受け入れるのであるから，あらゆる苦が受け入れられたことになる。（研究会 [2013]93 頁とその注解，内藤 [2017]196-198 頁参照）

この偈は，「苦を受け入れること(duḥkha-abhyupagama)」によって「故意受生」を繰り返しつつ，菩薩道において「悲を大悲へと成長させていくこと」を説示している。つまり，如来は智慧にもとづいて大慈大悲を行じるのであり，生死輪廻の苦を受け入れて，あらゆる迷いの世界に区別することなく遍く「故意受生」していく。それが「[A] 遍く行き渡ることの意味」であることは明白である。

筆者は，この第 XVII 章第 49 偈が見道（初地）悟入の展開において重要な説示であると考える。菩薩は第 4 偈の世親釈のいうように，衆生救済のために生死輪廻の世界に趣く「仏のあり方」すなわち「仏たること」を希求するのであるが，それは「あらゆる世界の衆生の苦を受け入れること」であり，それがそのまま「大乗（仏たること）を受け入れること」になるのである。換言すれば，菩薩も一切衆生の一人であり，如来はその菩薩のために大悲を行じている。そのことを聞・思して，その菩薩はその仏のあり方（仏たること）を希求して，同様に一切衆生の苦を「受け入れこと」に勤めるのである。この「代受苦」が菩薩道の核心である。逆説的にいえば，他者の苦を受け入れない者は大乗（仏陀・仏たること）を帰依処とした菩薩ではない。内藤 [2017]190 頁で指摘したが，第 XVII 章第 46 偈の安慧釈 (Pek,83b1-4) で示されるように，この他者の苦を「受け入れること」が加行道（信解行地）の菩薩における最大の「怖畏」や「恐れ」を生むのである。

⑸　その指摘とは，「悲の考察は瑜伽行の実践的な面に属している。しかしながら，理論と実践とは常にお互いに影響しあっているのはいうまでもない。したがって，論師たちの実践についての議論は常にさまざまな仏教理論一般に，特にこの［筆者註: 瑜伽行］派に特有の理論にもとづき，うらづけれている。逆に，理論は古来の実践の経験—-布施，慈悲などの徳目の実践—-によって新しく生まれ，はぐくまれ，発達したのである」という見識である。

⑹　「<2> 卓越した正行」と「<3> 卓越した得果」が順次 [A-3][A-4] の菩薩と対応

することは十分理解できよう。問題は「<1> 卓越した誓願」が見道（初地）に対応するのと同様に，「[A-2] 乗すべてにわたって巧みである者」が見道（初地）に対応するかである。筆者は，[A-2] とほぼ同じ表現の第 XVII 章第 13 偈 ab 句について第 37-38 偈と比較検討して，それが見道（初地）悟入の段階であると理解した。その理解の上で，[A-2] は見道（初地）悟入を意図していると考える。その比較検討は内藤 [2017]84-87 頁と 175-176 頁を参照。

(7)　この「包摂している」という表現は，「八要義」を yāpadeśa で再度説示する第 XVI 章第 52 偈において菩薩を包摂する「智慧」が属格 (Genitive) で示されていることによる。すなわち，仏陀の自他平等の「智慧（無分別智）が菩薩を包摂している」ことを意味する。詳しくは，内藤 [2017]68-71 頁の「「八要義」の (6) 智の理解：試論」を参照。また，内藤 [2017]104-107 頁「五相の第四— 無分別智の問題—：私見」を参照。なお，「八要義」と yāpadeśa については内藤 [2017]63-68 頁を参照。

(8)　以下の私見を記しておきたい。第 5-8 偈それぞれに示される四項目が順次第 1 偈の [1] 乃至 [4] に相当するだけではなく，第 5-8 偈の「[B'] 受け入れることの殊勝なること」そのものが順次 [1] 乃至 [4]「という区別の点から知るべきである」（第 1 偈）ということになるかもしれない。例えば，第 8 偈の説示自体が「[4] 他に勝ることの点から知るべき」内容であり，卓越した「[D] 他に勝ることの意味」に相応する。そして，他の偈と同様にその第 8 偈に [1] 乃至 [4] の四種類の説示があることになる。すなわち，第 8 偈自体「[D] 他（声聞乗）に勝ることの意味」でもある。この理解は本編の早島理「序説」10 頁の解釈【2-1】に当ると思われる。ともあれ，このような構造が「入れ子構造」であると考える。そして，この構造を意図するために，世親釈は第 1 偈の maya を svabhāva と置き換えのではなかろうか。

さらに，第 8 偈の説示そのものを [4] かつ [D] の「他（声聞乗）に勝ること」の点から考えることは，『大乗荘厳経論』の「造論の意趣」と符合するだけではなく，論全体で説示しようとする「菩薩像」と対応し，十分に意義があると思われてならない。「第 4 節第 5 項」と「第 6 節第 2 項」参照。

とはいえ，第 5-8 偈各偈自体が順次 [1] 乃至 [4]，あるいは [A] 乃至 [D] とどのように相応するのか。それは種々考えられるが，整合性をもって説明することは難しい。なぜならば，第 5-8 偈は第 4 偈の菩薩，すなわち出世間した（初地見道以後の）菩薩に関する説示なので，我々凡夫には甚深で広大なのである。そのような甚深広大の教法を説示する方法が「入れ子構造」による説示であると考える。そして，このような説示にこそ第 I 章第 1-6 偈（研究会 [2009]38-49 頁参照）で説示されるように，大乗の意義を知悉する者（一切種智者）の密意があると考える。

⑼　この「勝れた身体的特徴」は第 XVI 章第 16 偈の説示と関連があると考えられる。この第 16 偈では，菩薩は [A] 乃至 [E] の五種に拠って六波羅蜜を修習するという。長尾ノート⑶ 23-35 頁参照。また，その五種が第 XVI 章第 16 偈以下，第 XVII 章などで展開する関係を内藤 [2013A]312-313 頁で図式化した。また，内藤 [2013A]285-287 頁や内藤 [2017]63-67 頁参照。要点だけを以下に記す。

その [A] 素材（物がら：upadhi）とは，世親釈によれば，[A1] 原因 (hetu) と [A2] 異熟 (vipāka) と [A3] 本願 (praṇidhāna) と [A4] 思択考究（pratisaṃkhyāna：般若智）の四種である。特に，[A1] 原因とは家系（種姓：gotra）の力によるものであり，[A2] 異熟とは身体的な成熟，つまり身体が完全円満であることの力によるものであるが，その両者は第 II 章第 6 偈の「勝れた身体的特徴」に関連すると思われる。なお，長尾ノート⑶ 24 頁注解⑶⑷ によれば，[A1] は家系の生まれつきによって六内処が整っていて勝れていることによる修習であり，[A2] は前世で波羅蜜を修習することで今世で身体が完全円満に熟成することによる修習であるという。この両者は「勝れた身体的特徴」と関係すると思われる。

⑽　第Ⅲ章「種姓の章」第 4 偈で示される二種の「菩薩の種姓の特質」は，『菩薩地』の「本性住 (prakṛtistha) 種姓」と「習所成 (samudānīta) 種姓」に対応する。長尾ノート⑴ 70-72 頁参照。筆者の理解であるが，この第 6 偈の「勝れた身体的特徴」の菩薩と第 8 偈の「大臣の如し」の表現される菩薩の説示はこの菩薩種姓の問題を背景にしたものであると考えている。

重要なことは，「本性住種姓」の菩薩であっても，善知識に教導されつつ向上的な菩薩行を修習しなければ，無上菩提の証得はないということである。この点は，長尾ノート⑴ 71 頁注解⑵ で指摘される問題点であるが，特にそこで示される無性釈や安慧釈の説示内容の理解に関わると考えられる。

⑾　この『大乗荘厳経論』の構成と構造については，ウッダーナ 1 は内藤 [2009A]9-14 頁と [2009B] で，第 XV 章の説示意図は [2013A]268-276 頁で，ウッダーナ 2 は [2013B] で論述した。それをまとめたのが [2017]19-31 頁である。以下，その要点のみを記す。

菩薩は，帰依処とする大乗の教法（仏陀・仏たること）とはどのようなものであるかを「聞き学ぶこと」から始める必要がある。その学修対象が第 I 章乃至第 IX章の説示であり，第IX章「菩提の章」で総括されて最終偈の第 86 偈で，

> 以上の様に，仏地（仏陀の階位）は，無比で白浄なるダルマ（特性）を円具しているから，また［衆生］利益と安楽の根拠であることによって，清浄

で最勝なる安楽の無尽なる鉱脈であるから，清浄なる智慧ある者（菩薩）は，菩提心を受持すべきである。// 第IX章第 86 偈 //

というように「菩提心を受持すべきである」と締めくくるが，この一偈を世親釈導入は「仏性（仏たること）へ向かうように勧める」一偈であるという。それは「大乗（仏陀・仏たること）を帰依処とするよう勧める」第II章第 2 偈の世親釈に相応する。それは，その勧められた菩薩が善知識に師事して聞き学んだ「無上菩提」の内実をどのように具体的に受持すべきかを，さらに繰り返し「聞・思」することに他ならない。その説示が第X章「信解の章」乃至第 XIV 章「教授教誡の章」の説示である。それらを総括する第 XIV 章最終偈である第 51 偈は，

以上のように常に善を積み重ねて［それを］成就し，［釈迦］牟尼尊の常恒で偉大な教授を得たその者は，心の三昧の極めて広大なることを得て，功徳の海の彼岸に到達する一人の最上なる衆生である。

// 第 XIV 章第 51 偈 //

という。筆者の理解であるが，この偈の前段の「常に善を積み重ね［それを］成就し，［釈迦］牟尼尊の常恒で偉大な教授を得た」とは「聞」の成就に相当する。中段の「心の三昧の極めて広大なることを得て」が「思」の成就に相当する。後段の「功徳の海の彼岸に到達する」が「修」に相当する。すなわち，最後の「一人の最上なる衆生」とは，「聞・思」を経て「修」へと進んだ菩薩を意図すると理解する。そこで，その菩薩は第 XV 章で示される「三種の方便」によって六波羅蜜を具体的に修習するのである。その方便とは「仏・如来の智慧と慈悲」のはたらきであるが，第II章では菩薩が帰依処とした「仏陀の説いた大乗」あるいは「大乗を説いた仏陀」であり，「仏たること」である。その「仏たること」は第IX章で説示された「無上菩提」の内実である。また，第 [XX-]XXI 章の「帰敬偈」で示される仏・如来の行じる二十一種の功徳でもあると考える。

⑿　論考本文で「種々に」と括弧で示したのは，第 I 章第 15 偈の「賢者（菩薩）が大乗を怖畏しない」，つまり大乗を誹謗しない「七つの理由」の内の「4) 種々に説くから」を意図した表現である。研究会 [2009]68-73 頁参照。

⒀　「衆生縁・法縁・無縁」の三縁は，『大乗荘厳経論』第 XVII 章第 17-19 偈で示される。研究会 [2013]58-63 頁参照。内藤 [2013A]305-307 頁，内藤 [2017]118-132 頁参照。

⒁　菩薩が六波羅蜜を修習する時に，菩薩道の階梯において依拠するものが異なる。具体的にいえば，第 XVI 章第 16 偈では「[1] 信解 (adhimukti) と [2] 作意 (manasikāra) と [3] 三昧 (samādhi)」に拠る六波羅蜜の修習という。一方，第 XVII

章第5偈の「[1] 信解等」に拠る修習に関して，無性釈も安慧釈も，その「等」とは [2] 意楽 (āśaya) と [3] 自在性 (vibhutva) という。すなわち，第 XVI 章第 16 偈では「歓喜」などが「作意」と呼ばれ，第 XVII 章第5偈では「意楽」と呼ばれる。筆者は，この「意楽」による修習とは加行道（信解行地）を含意しつつも見道（初地）悟入後であると考えている。詳しくは，内藤 [2013A]287-296 頁と 312-313 頁の図 P，または内藤 [2017]63-67 頁と図 2-B を参照。

⒂　筆者の理解では，『大乗荘厳経論』各章は，先行する従来の経論に示されるテーマの内容をまとめて整理し，さらにそれを瑜伽行唯識学派独自の視点で再構築していると考えられる。例えば，第 XVII 章第 1-8 偈「諸仏への供養」の説示である。第 1-4 偈で大乗の経論に示される「諸仏への供養」のあり方を要約して示し，それを第5偈で「八要義」で整理して説示する。その前七要義は大乗における「供養」を整理して示し，最後の第八要義の「⑻ 依拠」は大乗菩薩道における「供養」を体系化して示している。その「⑻ 依拠」とは，大別すると [a] 財物 (upadhi) に依拠すると [b] 心 (citta) に依拠するとの二つであり，後者を九種として示す。内藤 [2013A]276-283 頁，及び内藤 [2017]73-78 頁，248-249 頁註解⒃ 参照。

筆者は，その九種を前半と後半に分けて理解する。前半の「[b1] 信解から」→「[b2] 志願から」→「[b3] 憐愍から」→「[b4] 忍苦から」→「[b5] 実践行から」の五つは，大乗菩薩道の「諸仏への供養」のあり方を基礎，基盤となるものから順次提示したものと考えられるが，平面的である。その上で，後半の四つは，「[b6] 自在の体験から（教法を如理に作意することによって）」→「[b7] 証智から（見道における正見によって）」→「[b8] 解脱することから」→「[b9] 如実そのものから（大菩提を証得することによって）」であり，これは内容的に瑜伽行唯識学派独自の「加行道（信解行地）→ 見道（初地）→ 修道 → 究竟道」の向上的な階梯に対応し，菩薩の「諸仏への供養」のあり方を重層的に提示したものであると考えられる。

また，この第 XVII 章の「諸仏への供養」は，第 II 章「大乗（仏陀・仏たること）を帰依処とすること」とテーマこそ異なるが，仏陀に礼拝し，帰命するという点では共通する。その意味でも，[b6]→[b7]→[b8]→[b9] の説示と同様に，第 II 章第1偈の [1]→[2]→[3]→[4] は向上的な菩薩道の体系を意図していると考えられる。

Mahāyānasūtrālaṃkāra II

梵和索引

1. この索引は，本書所収の MSA 第II章のサンスクリット校訂テキストに対するものであり，その所在と対応和訳を付した。
2. 見出し語は，原則として長尾編 Index にあげられる MSA 第II章に出る項目を基本に収録したが，新たな項目も加えた。
3. 所在の表記について，見出し語に続く，例えば "1v" は当該項目が，第 1 偈と，時には，その世親釈にも出ることを示し，単なる数字 "1" は，第 1 偈の世親釈にのみ出ることを示す。数字の前に付けた*記号は還元梵語であることを示し，§ 記号は，世親釈が標題として偈の導入部に掲げる言葉であることを示す。

A

akṣaya, *9, 10v, 尽きることがない, 無尽である

akheda, 11v, 倦み疲れることなく

agra:

  agra...yāna, 2v, 最勝乗

agra-yāna, 1v, 最勝乗

agra-śaraṇârtha, 2v, 最勝なる帰依処の意味

atyantikatva, 12, 無限

adhikaraṇa-mīmāṃsā-kuśalatva, *7, 争論［となる案件］の判定に巧みであること

adhigama, 1v, 証得すること

adhigamârtha, 1, *9§, 証得することの意味

adhimokṣa, *9, 信解

adhyakṣa-kāra, *8v, 眼を配る

ananta-sattva, *8, 無数の衆生

anantya, 10v, 無辺際

anabhihata-jñāna, *7, 障碍のない智

anabhihatâiśvarya, *7, 障碍のない［智の］自在性

anugrahaṇa, *7v, 賞揚

anutpattika-dharma-kṣānti, *9, 無生法忍

anupaccheda, *7, 断絶させない
antarâcāra, *8, ［後宮の］内部で活動する
antaḥpura-gamana, *8, 後宮にまで進み入る
anvita, 11v, 具している
aparikheda, *4v, 倦み疲れることなく
apratiṣṭhita:
saṃsāra-nirvāṇa ... apratiṣṭhita, *9, ［生死］輪廻にも涅槃にも住着しない
apratima, 12v, 無比なる
aprameya, 12v, 無量
tarka-saṃkhyā-kālâprameyatā, 12, 憶測知・計数・時間によって計量することができない
aprameya-guṇa-vṛddhi, 12, 功徳が無量に増大する
abhijāta, *6, 高貴な生まれ
abhijāta-viśeṣa, *5, 高貴な生まれの殊勝
abhibhavârtha, 1, *10§, 他に勝ることの意味
abhi-√bhū:
abhibhavati, 10v, 勝る
abhibhūti, 1v, 他に勝ること
abhirūpa-viśeṣa, *6, 妙なる容姿の殊勝
abhirūpa-saṃpad, *6, 妙なる容姿の完全円満
abhiṣeka, *7v, 灌頂
abhisamaya, *9, 現観
abhi-saṃ-√budh:
abhisaṃbudhya, *4, 現前に正覚して
abhisaṃbodhi, *9, 現前に正覚した［段階］
abhyupagama, 1v, 受け入れること, ⇒ parama-°
sarva-sattvānām ātmatvâbhyupagama, *9, 一切衆生を自己［と平等である］と受け入れること
abhyupagama-viśeṣa, *4, *5, *6, *8, 受け入れることの殊勝
abhyupagamârtha, 1, *4§, 受け入れることの意味
abhyupagamana, 11v, 受け入れること
artha, 1, 意味, ⇒ agra-śaraṇa-°, adhigama-°, abhibhava-°, abhyupagama-°, sarvatraga-°; 2v, 12v, 意義, ⇒ mahārtha-°; *8, 利益, ⇒ para-°, sva-°, sva-para-°
arthān karoti, *8, 利益する
artha-kāra, *8, 利益する
artha-prakaraṇa, *8v, 利益を行うこと
artha-viśeṣaṇa, 1v, 卓越した意味
alaṃkṛta, *6v, 荘厳されている
avāpta, 10v, 得ているもの
asama, 5v, 比類のない
asaṃpramoṣa-dharmin, *8, 失念しないという性質がある

Ā

ākara, *9, 鉱脈
ādi:
ādau, 2v, まず第一に
āśaya, 12v, 意楽
āśraya, *5, 所依
āstaraṇa, *8v, 散説

U

uttama, 9v, 11v, 最高の, ⇒ buddhy-°
uttaratra, 1, 後に
ut-√sah:
kartum utsahate, *7v, なし得る
nôtsahante, 2, 耐え得ない
upa-√i:
upaiti, 12v, 至った
upacaya, *9, 積まれている
upa-√chid:
nôpacchedayati, *7, 断絶させない
upadhi-śama, 10v, 依り所が滅する
upapatti-parigraha, *9, 生を取った
upāya, *6v, 方便

E

eka-rasa, 3v, 一味
saṃsṛti-śānty-eka-rasa, 3v, ［生死］輪廻と寂静を一味とする

AI

aiśvarya, *7v, 自在性, *8, 自由自在であること, ⇒ anabhihata-°

AU

audārika-sūkṣma, 11, 粗大なると細密なる
audārya, 10v, 広大

KA

kalpa:
naika-sahasra ... kalpa, 2v, 何千という多数の劫
karuṇā, *5, 悲
karuṇā-sphuraṇa, 12, 悲をもって［一切衆生を］包容
karman, *11, はたらき
kāla, 12, 時間
kāya:
kāyasya vāṅ-manasoś ca guhya, *8, 身・口・意の不思議［のあり方］
kāya-viśeṣa-viśiṣṭatva, *6§, 勝れた身体によって特徴づけ
kuśalatva, *7, 巧みであること
kuśala-mūla, *10, 善根
kṛpā, 11v , 悲愍（悲）
kṛpâśaya, 12v, 悲愍の意楽
kauśala-yukta, 3v, 熟達している
kṣānti ⇒ anutpattika-dharma-°

GA

gaṇa, 10v, 衆
gata, 12v, 至った, ⇒ śaraṇaṃ-°
gati, 8v, あり方, ⇒ śaraṇa-°
gamana ⇒ śaraṇa-°
garbha-sthāna, *5, 拠り処としての胎
guṇa, *3, *7, *10, 功徳
guṇa... anvitatva, 11v, 功徳を具している
guṇa-gaṇa-vṛddhi...aprameya, 12v, 功徳の集まりを無量に増大せしめる
guṇa-viśeṣa, *4, 功徳の殊勝
guṇa-vṛddhi, 12, 功徳の増大
gurutva, 9v, 敬重

guhya, *8v, 不思議
guhya-kathana, *8, 内密の話
gotra, *7, 種姓

CA

cakravartin, 6, 転輪聖王
caya, 9v, 蓄積
citta, *5v, ［発］心
cittôtpāda, *5, *9, 発心

JA

jagad, 12v, 生きとし生けるもの
janana, *5, 養育される
jinâtmaja, *7, 王子
jñāna, 3v, 智, ⇒ anabhihata-°
jñāna-viśeṣa, *6, 智の殊勝
jñāna-saṃpad, *6, 智の完全円満
jñāna-sarvatragârtha, *3, 智に遍く行き渡ることの意味

TA

tarka, 12, 憶測知
√tṛ:
tārayitum, 3v, 済度しようとして
trāṇa, *6v, 守護する
tri-bhuvana, 9v, 三界

DA

duḥkha-skandha, 9v, 苦の...集合
duḥsādha, 2v, 成就し難い, *4v, 難行
duṣkara, 2v, 為し難いもの, 11v, 難行
dṛḍhamana, *8, 信頼があること
√dṛś:
darśayati, 2, 示している, 12, 示す
deśanā, *7v, 説［法］, *11 説明
doṣa, *7, 過失
doṣa-guṇa, *3, ［生死輪廻の］過失と［寂静の］功徳

DHA

dharma ⇒ mahāyāna-°, mahârya-°, śubha-°
dharma-kāya, *9, 教法の身体
dharmatā, 11v, 法性
dharma-skandha, 9v, 法の根幹
dhātrī, *5, 乳母
dhīmat, 3v, *4v, *5v, 10v, 11v, 智者
√dhṛ:
dhārayati, *8, 保持する
dhruva-kāya, 9v, 恒常なる身体

NA

nigrahaṇa-anugrahaṇa, *7v, 処罰と賞揚
nityam, 11v, 常に
nirupadhiśeṣa-nirvāṇa, *10, 依り所を余すことなく滅した涅槃
nir-√diś:
nirdekṣyante, 1, 説明されるであろう
niryāṇa, 11v, 出離
nirvāṇa, 3v, *9, 涅槃
nirvāṇa-sarvatragârtha, *3, 涅槃に遍く行き渡ることの意味
nirvikalpa:
doṣa-guṇa-nirvikalpa, *3, ［生死輪廻

の］過失と［寂静の］功徳を分別構想しない
nivṛtti, 9v, 止滅
nairātmya, *3, 無我なること（人法二無我）

PA

parama, 1v, 最高なる者
parama-bodhi, *4v, 最高の菩提
parama-sujāta, *5§, 最高の善き生まれ
paramâbhyupagama, *4v, *5v, 最高の受け入れる者
parârtha-pratipatti, 12, 利他の正行
paritrāṇa, *6, 守護する
paripāka-prakaraṇa, 10v, 成熟せしめるもの
paripācana, *6v, 成熟させる
parṣan-maṇḍala, *7v, ［説法の］集会
pāramitā:
pāramitāsu praveśana, *8v, 諸の波羅蜜に悟入する
puṇya-jñāna-saṃbhāra, *5, 福・智の［二］資糧
puṇya-skandha, 9v, 福徳の...集合
pudgala-dharma-nairātmya-kauśala-yukta, *3, 個我と存在との無我なること（人法二無我）に熟達している
pragata ⇒ śaraṇaṃ-°
prajñapti, *7v, 知らしめること
prajñapti-jña, *6v, 知らしめる智
prajñā-pāramitā, *5, 智慧波羅蜜
praṇidhāna-pratipatti-viśeṣa, 2, 卓越した誓願と［卓越した］正行
praṇidhāna-viśeṣaṇa, *4, 卓越した誓願
pratipatti, 12, 正行, ⇒ parârtha-°, sva-parârtha-°, svârtha-°
pratipatti-viśeṣa, 2, 卓越した正行
pratipatti-viśeṣaṇa, *4, 12, 卓越した正行
pratipanna, 3v, 行じる
pratilambha, *9, 得る
pratiśaraṇa, 11v, 帰依処
√**prath**:
prathayati, 12v, 拡張せしめる
prathana, 12, 拡張
prabheda, 11, 区別
pramoda-bahula, *4v, 多大な喜び
prayoga, 12, 実践
pravara, 9v, 遥かにすぐれた
pra- √**viś**:
praviśati, *8, 悟入する
pravṛtti, 11, あり（生起）
praveśana, *8v, 悟入
praśama, 9v, 鎮静
prātilambhika, 11, 獲得された
prāpti-viśeṣaṇa, *4 , 卓越した得果
pra- √**arth**:
prārthayati, 4v, 求める
prārthanā, 11v, 希求する
protsāhana, 2, 勧めること

PHA

phala, *11 結果
phala-prāpti-viśeṣa, 2, 卓越した得果

BA

bala, *6v, 能力
bala-viśeṣa, *6, 能力の殊勝
bala-vaiśāradya, *9, ［十］力・［四］無畏
bala-saṃpad, *6, 能力の完全円満
bahu-prakāra, 12, 多くの種類
bīja, *5, 種子
buddhatva, *11, 仏たること
buddha-vaṃśânupacchedatva, *7§, 仏陀の系譜を断絶させない
buddhâtmaja, *5v, 仏子
buddhy-uttama-sukha, 9v, 最高の叡智の安楽
bodhisattva, *5, *7, *8, *10, 菩薩

BHA

bhava-śama-vimokṣa, 9v, 有と寂滅とからの解放
bhava-sukha, 9v, 有の安楽
bhāva, *4, あり方
bheda, 1v, 区別
saṃsāra-nirvāṇa ... bheda, *3, ［生死］輪廻と涅槃に関する区別

MA

mata, 11v, 考える
maya:
caturvidha-maya, 1v, 四種類から成る
mahā-bodhipakṣya, *8v, 大菩提分［法］
mahāmātra-sadṛśatva, *8§, ［菩薩は］大臣の如くである
mahāyāna, 12, 大乗
mahāyāna-dharma-prathana, 12, 大乗の教法を拡張せしめる
mahā-raśmi, *7v, 偉大な光明
mahârtha, 2v, 12v, 偉大な意義, ⇒ sattva-hitâdhāna-°
mahârthatā, 12, 偉大な意義のあること, ⇒ śaraṇa-gamana
mahârthatva, 2, 偉大な意義があること, 10v, 意義が偉大である
mahārya:
mahāryānāṃ dharmaḥ, 12, 偉大な聖者たちの教法
mahārya-dharma, 12v, 偉大な聖者たちの教法
mahôpāya, *6v, 偉大な方便
mātṛ, *5, 生母
mīmāṃsā, *7, 判定

YA

yaśo-hetu, 2, 名声の原因
yāna, 2v, 3v, 乗, ⇒ agra-°, sarva-°
triṣu yāneṣu , *3, 三乗
yāna-sarvatragârtha, *3, 乗に遍く行き渡ることの意味
yoga, *11, 具備

RA

ratna, 1v, ［仏・法・僧の三］宝
raśmi, *7, 光明
rāja-putra, *6, 王子

LA

lakṣaṇa, *6v, 11, 相

labdha, *6v, 得る
√**labh**:
labhate, 9v, 得る
laukyâlaukya, 10v, 世間的なものと非世間的なもの

VA

vacana, *6, 言葉
vāsā, 9v, 習気
vicitrita-lakṣaṇa, *6v, 種々の諸相
vidhi, *7v, 方軌
vibhutva, 10v, 自在性
vimokṣa, 9v, 解放
viśeṣa, 1, *4, *5, *6, *8, 殊勝, ⇒ abhijāta-°, abhirūpa-°, abhyupagama-°, guṇa-°, jñāna-°, bala-°, śaraṇa-gamana-°, sukha-°; 2, 卓越, ⇒praṇidhāna-pratipatti-°, pratipatti-°, phala-prāpti-°; *6, 勝れた, ⇒ kāya-°
viśeṣaṇa, 1v, *4, 12 卓越, ⇒ artha-°, prāpti-°, ⇒ śaraṇa-pratipatti-°
viśeṣya, *6, 勝れている
vi-saṃ- √**budh**:
visaṃbudhya, *4v, 正覚して
vṛtti, *11, あり方（生起）
vṛddhi, 12, 増大
vaiśāradya, *9, ［四］無畏, ⇒ bala-°
vyatyaya-bahula, 4, 多大な苦難
vyavasāya, 2v, 決意
vy-ava- √**sthā**:
vyavasthāpayati, *8, 確定される

ŚA

śama, 9v, 寂滅, 10v, 滅
śaraṇa:
śaraṇaṃ-gata, 1v, ［三宝を］帰依処とした者
ratnāni ... śaraṇaṃ-pragato ’grayāne, 1v, 最勝乗において［仏・法・僧の三］宝を帰依処とした者
buddhe śaraṇaṃ-pragatas, *4, 仏陀を帰依処とした場合に
śaraṇa-gati, 12v, 帰依処のあり方（領域）
śaraṇa-gamana:
śaraṇa-gamanasya mahârthatāṃ, 12, ［大乗を］帰依処とすることに偉大な意義のあること
śaraṇa-gamana-protsāhana, 2§, ［最勝乗を］帰依処とすることを勧めること
śaraṇa-gamana-deśanā, *11§, ［大乗を］帰依処とすること［の六義による構成］を説明
śaraṇa-gamana-viśeṣa-saṃgraha, 1§, ［大乗を］帰依処とすることが殊勝であることについて要略
śaraṇa-gamana-vyavasāya, 2, 帰依処とすることの決意
śaraṇa-pratipatti-viśeṣaṇa, 12§, ［大乗という最勝なる］帰依処にもとづく卓越した正行
śānti, 3v, *6v, 寂静
śikṣā-pada, *7v, 戒律の条文
śilpa, *6, 技能
śubha, 10v, 浄善

śubha-caya, 9v, 浄善の蓄積
śubha-dharma, *9, 善なる特質
śrāvaka-gaṇa, 10v, 声聞衆

SA

saṃketa, 11v, 言語協約
saṃkhyā, 12, 計数
saṃgraha, 1, 要略
saṃ- √car:
  saṃcarate, 4v, 行じる
saṃcintyôpapatti-parigraha, *9, 意図的に生を取った
saṃdhāraṇa, 8v, 保持
saṃpad, *6, 完全円満, ⇒ abhirūpa-°, jñāna-°, bala-°, sukha-°
saṃ-pra- √yuj:
  saṃprayukta, *7v, 備える
saṃbhāra:
  puṇya-jñāna-saṃbhāra-yoga, *5, 福・智の［二］資糧を備えていること
saṃvibhāgâiśvarya, *8, ［恩賞などの］分与に関して自由自在であること
saṃsāra, *9, ［生死］輪廻
saṃsṛti, 3v, ［生死］輪廻
satata-samitam, 8v, 10v, 常に途絶えることなく
sattva:
  sarvān sattvāṃs, 3v, 一切衆生
  ananta-sattva, *8, 無数の衆生
  bahu-sattva, *8v, 数多の衆生
sattva-sarvatragârtha, *3, 衆生に遍行き渡ることの意味
sattva-hitâdhāna-mahârtha, 2v, ［一切］衆生に利益を与えるという偉大な意義
samatā, *4, 平等性
  sarva-buddha-samatā, *4v, 一切諸仏と平等となる者
sarva-gata, 3v, すべてにわたって
sarvatraga, 1v, 3v, 遍く行き渡ること
sarvatragârtha, 1, 3§, 遍く行き渡ることの意味, ⇒ jñāna-°, nirvāṇa-°, yāna-°, sattva-°
sarva-dharma, *7v, *9, すべての教法
sarva-buddha, *4v, *7v, 一切諸仏
sarva-yāna, *11v, あらゆる乗
sarva-sattva, *6v, *9, 一切衆生
sarvâkārajñatā, 11v, 一切種智者性
sāṃketika, 11, 言語協約にもとづくもの
sādharmya, *7, 類似したあり方
siddha, 2v, 成就したする
sukha ⇒ buddhy-uttama-°, bhava-°, hita-°
sukha-viśeṣa, *6, 安楽の殊勝
sukha-śānti, *6v, 安楽という寂静
sukha-saṃpad, *6, 安楽の完全円満
sujāta, *5v, *6, *7, 善き生まれ
sūkṣma, 11, 細密
sūtra, *8, *9, 経典
skandha ⇒ duḥkha-°, dharma-°, puṇya-°
√sphur:
  sphurati, 12v, 包容する
sphuraṇa, 12, 包容
sva-gotra, *7, 自らの種姓
sva-parârtha-pratipatti, 12, 自利と利他

の両正行
svabhāva, 1, 自性, *11, 本性
caturvidha-svabhāva, 1, 四種類を自性とする
sva-śilpa, *6, 自己の技能
svârtha-pratipatti, 12, 自利の正行

HA

hita-sukha-karaṇa, 11v, 利益と安楽をもたらすこと
hitâdhāna, 2v, 利益を与える
hetu, *11, 原因

略号表　　List of Abbreviations

写本

A　= 龍谷大学図書館所蔵大谷探検隊収集梵本写本*

B　= 龍谷大学図書館所蔵大谷探検隊収集梵本写本*

BSP = Śrīṇepālārājakīyavīrapustakālayasthapustakānāṃ Bṛhatsūcīpatram, Bauddhaviṣayakaḥ saptamo bhāgaḥ, khaṇḍa II (Purātatvaprakāśanamālā 38), Kathmandu, 1965.

Nc　= NGMCP, Reel No. B88/4

Ns　= NGMPP, Reel No. A114/1

NGMPP = Nepal-German Manuscript Preservation Project.

*龍谷大学図書館所蔵の梵本写本 A・B については，龍谷大学仏教文化研究所編，龍谷大学善本叢書 14『梵文大乗荘厳経論写本』（法蔵館,1995 年）を参照されたい。

テキスト

AKBh = *Abhidharmakośabhāṣya* of Vasubandhu, Pradhan, Prahlad (ed.), Patna, 1975.

AS (G) = Fragments from the *Abhidharmasamuccaya* of Asaṅga, Journal of the Bombay Branch, Royal Asiatic Society, N.S., 23, 13-38, Gokhale,V.V. (ed.), 1947.

AS (P) = *Abhidharmasamuccaya* of Asaṅga, Pradhan, Pralhad (ed.), Santiniketan, 1950.

ASBh = *Abhidharmasamuccayabhāṣyam*, Tatia, Nathmal (ed.), Patna, 1976.

BBh = *Bodhisattvabhūmi*, Wogihara,Unrai (ed.), Tokyo,1930-1936; rep. 1971.

BBh (D) = *Bodhisattvabhūmi*, Dutt, Nalinaksha (ed.), Patna, 1978.

BBhVy = *Rnal 'byor spyod pa'i sa las byang chub sems dpa'i sa'i rnam par bshes pa, Yogācārabhūmau Bodhisattvabhūmi-vyākhyā*, D No. 4047, P No.5548.

C　= Cone edition of Tibetan Tripiṭaka

D　= Derge edition of Tibetan Tripiṭaka

DBh(K) = 梵文『大方廣佛華嚴經十地品』 *Daśabhūmīśvaro nāma Mahāyānasūtraṃ*, Kondō, Ryūkō (ed.), Tokyo, 1936; rep. Kyoto, 1983.

略号表

DBh(R) = *Daśabhūmikasūtra*, Rahder, Johannes (ed.), Leuven, 1926.

G = Golden Manuscript Tanjur

MAV = *Madhyāntavibhāga-bhāṣya*, Nagao, Gadjin M. (ed.), Tokyo, 1964.

MAVṬ = *Madhyāntavibhāgaṭīkā*, Yamaguchi, Susumu (ed.), Nagoya, 1934; rep. Tokyo, 1966.

MSA = *Mahāyānasūtrālaṃkāra*, Lévi, Sylvain (ed.), Paris, 1907; rep. Kyoto, 1983. ⇒ Le

MSABh ⇒ MSA

MSAṬ = *Theg pa chen po'i mdo sde'i rgyan gyi rgya cher bshad pa*, Asvabhāva's **Mahāyānasūtrālaṃkāraṭīkā*, D No.4029, P No.5530 ⇒ 無性釈

MSg = *Mahāyānasaṃgraha* ⇒ 長尾雅人［1982］&［1987］

N = Narthang edition of Tibetan Tripiṭaka

P = Peking edition of Tibetan Tripiṭaka; 影印北京版西蔵大蔵経, 大谷大学図書館所蔵, 大谷大学監修・西蔵大蔵経研究会編輯, 東京・京都, 1955-1961 年.

Pari = *Sūtrālaṃkāraparicaya* ⇒ 加納和雄 [2020C]（本書所収）

SamBh = *Samāhitā Bhūmiḥ*, Das Kapitel über die meditative Versenkung im Grundteil der Yogācārabhūmi Teil.1, 2, Delhey, Martin (ed.), Wien, 2009.

SAVBh = *mDo sde rgyan gyi 'grel bshad*, Sthiramati's **Sūtrālaṃkāravṛttibhāṣya*, D No.4034, P No.5531 ⇒ 安慧釈

ŚBh = *Śrāvakabhūmi* of Ācārya Asaṅga, Shukla, Karunesha (ed.), K.P Jayaswal Research Institute, Patna, 1973.

Vair = Vairocanarakṣita's **Sūtrālaṃkāravivṛti* ⇒ 加納和雄 [2020A]（本書所収）

世親釈 ⇒ MSABh

安慧釈 ⇒ SAVBh

無性釈 ⇒ MSAṬ

倶舎論： 阿毘達磨倶舎論 大正第 29 巻, No.1558 ⇒ AKBh

解深密経： 大正第 16 巻, No.676 ⇒ SNS

顕揚論： 顕揚聖教論 大正第 31 巻, No.1602

集論： 大乗阿毘達磨集論 大正第 31 巻, No.1605 ⇒ AS

声聞地： 瑜伽師地論本地分中声聞地 大正 30, No.1579 ⇒ ŚBh

略号表

摂大乗論：　大正第 31 巻, No.1594 ⇒ MSg
雑集論：　大乗阿毘達磨雑集論 大正第 31 巻, No.1606 ⇒ ASBh
大正：　大正新脩大蔵経
大乗荘厳経論：　大正第 31 巻, No.1604 ⇒ MSA
中辺分別論：　大正第 31 巻, No.1600 ⇒ MAV
婆沙論：　阿毘達磨大毘婆沙論 大正第 27 巻, No.1545
菩薩地：　瑜伽師地論本地分中菩薩地 大正第 30 巻, No.1579 ⇒ BBh

その他

Chin　= MSABh の漢訳
Index　= Index to the *Mahāyāna-sūtrālaṃkāra*, Nagao, Gadjin M. (ed.), Part I, II. Tokyo: Nippon Gakujutsu Shinhkokai, 1958, 1961.
Le　⇒ MSA
Lf　= *Mahāyāna-sūtrālaṃkāra*, Tome II, Paris: Librairie Honore Champion, 1911 に提示されたレヴィによる訂正.
Mvy　=『翻訳名義大集』(Mahāvyutpatti), 榊亮三郎・西尾京道編, 臨川書店, 1998 年.

略号表

書籍と学術論文

Kano, Kazou

[2008] A Preliminary Report on Newly Identified Text Fragments in Śāradā Script from Zhwa lu Monastery in the Tucci Collection. In: Francesco Sferra (ed.), *Manuscripta Buddhica, Vol. I: Sanskrit Texts from Giuseppe Tucci's Collection*, Part I. Roma: IsIAO.

Nagao, Gadjin M.

[2000] The Bodhisattva's Compassion Described in the Mahāyānasūtrālaṃkāra,*Wisdom, Compassion and the Search for Understanding: The Buddhist Studies Legacy of Gadjin M. Nagao*, Silk, Jonathan A. (ed.), University of Hawai'i Press, Honolulu.

Miyake, Sinichiro

[1998] Comparative Table of the Golden Manuscript Tenjur in dGa'-ldan Monastery with Peking Editin of Tenjur,『真宗総合研究所研究紀要』17.

Shiraishi, Shindo

[1988a] Die Versmaße, welche im Mahāyāna Sūtra Alaṃkāra vorkommen,『白石真道仏教学論文集』.

[1988b] Die Puṣpitâgrā-Strophen mit dem Kommentar im Mahāyāna Sūtra Alaṃkāra,『白石真道仏教学論文集』.

Ye Shaoyong

[2013] 《大乘经庄严论》烈维本中所缺的三首偈颂 Three Verses of the *Mahāyānasūtrālaṃkāra* Missing in Sylvain Lévi's Edition, *Journal of Sino-Western Communications*, Volume 5, Issue 1.

Ye Shaoyong, Li Xuezhu, Kano Kazuo

[2013] Further Folios from the Set of Miscellaneous Texts in Śāradā Palm-leaves from Zha lu Ri phug: A Preliminary Report Based on Photographs Preserved in the CTRC, CEL and IsIAO, *China Tibetology* 20. Revised ed.: Horst Lasic and Xuezhu Li (eds.), *Sanskrit Manuscript from China II. Proceedings of a panel at the 2012 Beijing Seminar on Tibetan Studies, August 1 to 5*. Beijing 2016.

略号表

荒牧典俊

[1974]　『大乗仏典 8　十地経』, 中央公論社.（→ 中央文庫, 2003 年）

[2013]　「『大乗荘厳経論』第 XVII 章の和訳と注解―供養・親近・無量とくに悲無量：序説」, 研究会 [2013] 所収.

上野康弘

[2011]　「蔵訳『荘厳経論安慧釈』における著者問題：安慧作とすることへの若干の疑問」,『印度学仏教学研究』60-1.

上野隆平

[2011]　「『大乗荘厳経論』の仏徳論―MSA.XX-XXI.43-61(Pratiṣṭhādhikāra) 概観(1)―」,『行信学報』24.

[2013]　「『大乗荘厳経論』の仏陀観―菩薩道の基盤 (pratiṣṭhā) たる仏陀に関する考察―」,『南都仏教』97.

[2015]　「『大乗荘厳経論』の仏陀観―pratiṣṭhādhikāra（基盤の章）研究–」,（龍谷大学　学位請求論文）.

岡田英作

[2011]　「瑜伽行派における種姓論の展開に関する一考察―『菩薩地』「種姓品」と『大乗荘厳経論』「種姓品」―」『密教学会報』49.

[2014]　「『大乗荘厳経論』「種姓品」における種姓説―『瑜伽師地論』における種姓説の受容をめぐって―」『仏教史学研究』57-1.

[2015]　『大乗荘厳経論』における種姓の存在根拠―「種姓品」第 2 偈を中心に―」『高野山大学密教文化研究所紀要』28.

小谷信千代

[1980]　「瑜伽師地論の大乗荘厳経論に対する先行性に関して」『日本西蔵学会会報』26.

[2014]　＜書評・紹介＞「往還二廻向論の源流をもとめて―近年発刊された『『大乗荘厳経論』第 XVII 章の和訳と注解―供養・師事・無量とくに悲無量―』の紹介のために」『佛教学セミナー』99.

梶山雄一（監修）

[1994]　『華厳経入法界品　さとりへの遍歴・下』, 中央公論社.

勝又俊教

[1961]　「菩提心展開論の系譜」,『印度学仏教学研究』9-1.

略号表

加納和雄
[2004]　「ゲッティンゲン大学所蔵ラーフラ・サーンクリトヤーヤナ撮影梵文写本 Xc14/1, XC14/57 について」『密教文化』212.
[2014]　「宝性論の展開」, シリーズ大乗仏教 8『如来蔵と仏性』, 春秋社.
[2020A]　「ヴァイローチャナラクシタ作『大乗荘厳経論』注—第 2 章「帰依品」注釈箇所のテクストと試訳—」, 本書所収.
[2020B]　「サッジャナ作『荘厳経論要義』「帰依品」」, 本書所収.
加納和雄, 葉　少勇, 李　学竹
[2020C]　「*Sūtrālaṃkāraparicaya*「帰依品」—要文抜粋—」, 本書所収.
岸　清香
[2014]　「『大乗荘厳経論』第十八章「菩提分品」の研究：初期瑜伽行唯識学派における菩薩行について」（筑波大学　学位請求論文）.
木村誠司
[2002]　「『倶舎論』における svabhāva について」,『駒沢短期大学仏教論集』8.
研究会
[2009]　『『大乗荘厳経論』第 I 章の和訳と注解—大乗の確立—』, 自照社出版, 能仁正顕（編集）・荒牧典俊ほか（執筆）.
[2013]　『『大乗荘厳経論』第 XVII 章の和訳と注解—供養・師事・無量とくに悲無量—』, 自照社出版, 能仁正顕（編集）・荒牧典俊ほか（執筆）.
釋惠敏
[2012]　「梵本《大乗莊嚴經論》之研究　百年簡史與未來展望」,『正觀雜誌』62.
資延恭敏
[1974]　「Sūtrālaṃkāra-Piṇḍārtha（荘厳経論総義）の和訳と研究」,『密教文化』107.
高崎直道
[1989]　『宝性論』インド古典叢書, 講談社.
[1999]　『宝性論・法界無差別論』, 新国訳大蔵経, 論集部 1, 大蔵出版.
千葉隆誓
[2018]　「『大乗荘厳経論』第 1 詩頌の解釈—「意義の解明」(artha-vibhāvanā) について」,『印度学仏教学研究』66-2.

略号表

内藤昭文

[2009A]　『『大乗荘厳経論』「菩提品」の講読—和訳と註解—付・梵蔵漢和対照テキスト』，永田文昌堂.

[2009B]　「MSA の構成と第 IX 章菩提の考察の構造—ウッダーナ（X-k.1）の理解を踏まえて—」，『インド学チベット学研究』13.

[2010]　「MSA 第 IX 章法界清浄の六義の理解—「菩提の考察」の構成と構造を踏まえて—」，『インド学チベット学研究』14.

[2013A]　「『大乗荘厳経論』の構成と第 XVII 章「供養・師事 (親近)・無量の章」の構造」，研究会 [2013] 所収.

[2013B]　「『大乗荘厳経論』の構成と構造—ウッダーナ (MSA, X.1 & XV .1) の理解を踏まえて—」，『龍谷大学佛教文化研究所紀要』52 (「仏教写本の文献学的研究」に所収).

[2017]　「『大乗荘厳経論』「無量の章」講読–第 XVII 章「供養・師事・無量の章」の解読と解説—」，永田文昌堂.

[2020]　「『大乗荘厳経論』の構成と第 II 章—「帰依処とすることの章」の構造—」，本書所収.

中村瑞隆

[1971]　『梵漢対照　究竟一乗宝性論研究』, 山喜房仏書林.

長尾雅人

[1971]　「仏身論をめぐりて」，『哲学研究』521.（→『中観と唯識』岩波書店, 1978 年所収）

[1982]　『摂大乗論 和訳と注解 上』，講談社.

[1987]　『摂大乗論 和訳と注解 下』，講談社.

[1992A]　「中観から唯識へ—『中論』と『中辺分別論』の比較を通して—」，『龍谷大学仏教文化研究所紀要』31.

[1992B]　「仏教の基本的な考え方について」，『真宗教学会誌』4.

[1992C]　「仏教的思索の方向性」，『豊山教学大会紀要』20.

[2003]　「『大乗荘厳経論』の和訳と注解—第一章第一偈から第六偈まで—」，『仏教学研究』58・59.

略号表

[2007A] 長尾ノート(1):『『大乗荘厳経論』和訳と註解―長尾雅人研究ノート(1)』, 長尾文庫.

[2007B] 長尾ノート(2):『『大乗荘厳経論』和訳と註解―長尾雅人研究ノート(2)』, 長尾文庫.

[2009] 長尾ノート(3):『『大乗荘厳経論』和訳と註解―長尾雅人研究ノート(3)』, 長尾文庫.

[2011] 長尾ノート(4):『『大乗荘厳経論』和訳と註解―長尾雅人研究ノート(4)』, 長尾文庫, 上の Index（Part I）を修正し再入力して収録.

[2013] 「『大乗荘厳経論』に説かれた菩薩の悲（序文）」, 研究会 [2013] 所収, 大西薫訳.

生井智紹

[2000] 「如来秘密―三密行との関わりから―」,『高野山大学　密教文化研究所紀要』別冊 2「密教の形成と流伝」.

野沢静証

[1936] 「利他賢造『荘厳経論初二偈解説』に就て」,『宗教研究』13-2.

[1938] 「智吉祥造『荘厳経論総義』に就て」,『仏教研究』2-2.

早島　理

[1973] 「菩薩道の哲学―<大乗荘厳経論>を中心として―」,『南都仏教』30.

[1985] 「人法二無我―瑜伽行唯識学派における―」,『南都仏教』54.

[2006] 「長尾雅人先生の思い出 ―長尾塾 35 年―」,『日本西蔵学会々報』52.

[2013] 「miśra-upamiśra 考」,『佛教学研究』69.

早島 慧

[2010] 「『唯識三十論』における二種の転依」,『印度学仏教学研究』59-1.

藤田祥道

[2008] 「大乗の諸経論に見られる大乗仏説論の系譜―IV.<大乗荘厳経論>：総括と展望―」,『インド学チベット学研究』12.

[2011] 「大乗仏説論の一断面―『大乗荘厳経論』の視点から―」, シリーズ大乗仏教 1『大乗仏教とは何か』, 春秋社.

舟橋尚哉

[1983] 「ネパール諸写本対比による大乗荘厳経論の原典考 ―第一章、第二章、第三章を中心として―」『佛教学セミナー』38, 18-33 頁. (→『ネパール写本対照による大乗荘厳経論の研究』国書刊行会, 1985 年)

略号表

三宅　伸一郎

[1997]　「ガンデン寺所蔵金写テンギュールについて」,『日本西蔵学会々報』41-42.

湯山明

[2014]　「遊余白」,『創価大学・国際仏教学高等研究所・年報』17.

あとがき

ここに『『大乗荘厳経論』第II章の和訳と注解—大乗への帰依—』を出版できたことは，当研究会に関わった一人として大きな慶びである。特に，研究会の運営や編集・出版に関わる諸業務すべてを担った編集者・能仁正顕のご苦労には深くお礼を申し上げたい。

さて，『大乗荘厳経論』研究会・通称「長尾塾」では，先に出版した『大乗荘厳経論』の第XVII章「供養・師事・無量の章」（研究会 [2013]）に続いて，レヴィ版本で第XX-XXI章と表記される最終章（漢訳の「行住品」と「敬仏品」の二品に該当）を解読することになった。それは，メンバーの上野隆平が大学院博士課程の研究テーマにこの章を選んだことによる。まず，「帰敬偈」の形式で仏徳を讃嘆する後半の第43-61偈の解読を2009年11月12日から始め，2010年11月4日に読み終えた。その後，「行（Caryā：実践行）」をテーマとする前半の第1-42偈の解読を11月11日から始め，2013年7月18日に終えている。

その折り参加メンバーで話し合った結果，夏休み明けからは第II章を解読することになった。それは，既刊の第I章（研究会 [2009]）に続き，最初から丹念に解読して行こうという思いで一致したからに他ならない。その一致した背景には，2011年に「長尾ノート(4)」が出版され，全四冊が出揃ったことで『大乗荘厳経論』全体を俯瞰的に見渡せるようになったことがあったように記憶している。その第II章の解読を始めたのは2013年9月26日からであり，無性釈と安慧釈を含めてすべて読み終えたのは2015年7月9日であった。わずか12偈のみの第II章の解読に約二年もの時間を要した大きな理由は以下の二点である。

第一には，サンスクリットテキストに多大な欠損がある点である。そのために，解読の中心にあった荒牧典俊がサンスクリット文への還元を試みた。また，世親釈のチベット訳だけではなく，無性釈と安慧釈の検討にも第XVII章に比べ多くの時間を費やした。第二には，第II章は長尾雅人先生に直接読んでいただいていなかった点である。既刊の第I章と第XVII章は，少なくとも一度，先生に直接ご教授ご教導していただいていた。「長尾ノート」が残されているものの，何度も繰り返し『大乗荘厳経論』と『摂大乗論』などを熟読された先生の深いご見識とご見解を直に聞かせていただいているかいないか，その相違は大きかった。

ともあれ困難多き研究会であったが，一応の解読が2015年の夏に終わったのを承けて，2016 年度中の出版を目指した計画が立てられた。研究会自体は第Ⅱ章に引き続き第Ⅲ章の解読に入ったが，今回も研究会 [2013] の時と同様に，編集者能仁，早島理，内藤昭文の三人で編集会議を立ち上げ，第Ⅱ章の出版に向けた和訳の確定原稿や注解原稿の作成を始めることになった。

研究会において何度も議論し合意した和訳原案があるにもかかわらず，編集会議は研究会 [2013] の時と同様にスムーズには進まなかった。そのような中，編集会議自体を開くことが困難になった。龍谷大学の要職に就いていた能仁は，大学の新たな事業や行事によって時間を奪われた。2016 年度をもって龍大を退職し帰郷予定であった早島理は，大学内外の職務が増え時間に追われるようになった。九州の大分から毎週通っていた内藤は，2017 年 7 月の本願寺派の安居副講師を拝命し，その講本（内藤 [2017]）の作成に多くの時間を割くことになった。このような事情で，当初の出版計画は 2016 年早々に頓挫することになった。

改めて 2017 年秋に三人で話し合い，合宿的な編集会議を断続的に行い，2019 年度内に出版するという新たな計画を立てた。そして，この時から大学院博士課程に在籍する北山祐誓が編集会議に加わり，若い力の参加で編集会議にも活力が生まれた。その計画は，郷里の北海道・後志の自坊に住することになる早島理と大分・中津の自坊に住する内藤が日程を調整して，龍大で集中的な編集会議を行う。京都に居のある能仁と北山は大学の講義や仕事の合間を縫って出来うる限り会議に参加するというものである。ある意味無謀なこの計画は，「第Ⅱ章の出版を「長尾塾」古参の我々の責任で実現しよう」という早島理の提案が機縁になった。

通称「長尾塾」という研究会は，早島理 [2006] に記しているように，長尾先生が京都大学を退官された 1971 年に，荒牧・早島理と共に『摂大乗論（蔵・漢・還梵）』の解読を始めたことにルーツの一つがある。龍大との関係でいえば，確認できる限りでは，先生は 1953 年度から大学院で『廻諍論（蔵）』の講読，その後に『究竟一乗宝性論（蔵）』，宗喀巴の『中論釋（蔵）』と『菩提道次第論（蔵）』，さらに『中辺分別論（梵）』『唯識三十頌（蔵）』『大宝積経迦葉品（梵）』の講読をされ，その任を退かれた 1985 年度には『大乗荘厳経論（梵）』の講読をされていた。その折り，受講生の能仁・藤田祥道・内藤など有志が引き続き『大乗荘厳経論』の研究会の開講をお願いして，龍大版の「長尾塾」が始まった。その直前に『摂大乗論・上巻』（長尾 [1982]）が出版され，『摂大乗論・下巻』（長尾 [1987]）に収める簡易な「索引」の制作を先生のご自宅でお手伝いしていた。そのメンバーの発案で龍大版「長尾塾」は，1986 年秋頃にチベット訳と還元サンスクリットと漢訳四本を対照とした『摂大乗論』の解読に切り替わった。すなわち，ルーツの「長尾塾」への合流である。春休みや夏休みにはほぼ連日の解読を決行するなどして，1992 年に『摂大乗論』全章の解読を終えた。その後，研究会は再び『大乗荘厳経論』の解読に移行した。それとは別に，『摂大乗論』の本格的な「索引」出版に向け，解読で拾い上げた術語の編集作業が長尾先生と能仁・内藤とで行われた。その成果は，1994 年に Part One「蔵→梵→漢」と Part Two「梵→蔵→漢」として出版された。

この「索引」の制作作業には色々な困難と苦労があった。特に出版に関しては長尾先生から，「湯山明先生に大変お世話になった」と聞いている。その湯山先生が，研究会 [2013] についてコメントを書いて下さった。その湯山 [2014] に，

> ･･･前略･･･　しかし，上述のように，その後の研究の進歩は目覚ましく，特に目を惹くのは，いつもながら人文科学での共同研究での京都勢の仕事，就中仏教学で長尾雅人先生一門のいわゆる「長尾塾」の成果には，よくぞ塾生多人数で出せるものと驚愕するばかりである。･･･後略･･･

とある。大変有り難いことであるが，それは「長尾ノート」を通して先生がおられるような雰囲気を研究会参加者全員が共有するからであろう。

その『大乗荘厳経論』の解読は 2002 年頃までは長尾先生が中心であった。その後，先生が体調を崩されご出席できなくなった後も，さらに 2005 年にご往生された後も，荒牧・桂紹隆を中心に解読は継続した。ひとえに先生の学恩のお陰である。現在，古参のメンバーの多くは各自の事情から継続的な参加が難しくなり，先生に直接師事することが叶わなかった若いメンバーが研究会の中心になってきている。

上記の早島理の提案は，通称「長尾塾」の名称がその若いメンバーにとって重荷にならないかという思いからの発案である。それは，能仁も内藤も同じである。そこで，第II章は古参のメンバーの責任で編集出版し，これで一つの区切りとすることにした。そのために，2018 年春から 2019 年秋にかけて最長で三泊四日の合宿的編集会議を十数回行った。新たな白亜館―-立地場所は異なるが，長尾先生の大学院の講義は旧「白亜館」三階の教室であった―-での 9 時から 18 時過ぎまでの集中的な編集会議は，精神的には楽しく慶び多きものであったが，体力的には辛いものがあった。一方，編集会議後に食事を兼ねて一献を傾けることで気力が復活するような感覚があった。それは，往事の「長尾塾」で解読後には必ず先生を囲んでお酒を飲みながら，様々なお話を聞かせていただいた至極の時を彷彿させた。

内藤が 1978 年に『大乗荘厳経論』の講義で初めてお会いした時，長尾先生は 71 歳であった。今回の編集会議中の早島理と同年齢であり，能仁や内藤よりも約 10 歳年上である。知力・体力はもとより集中力・忍耐力・記憶力・持続力のどれに関して

も，今更ながら先生の凄さを感じる。そして，その後の懇切丁寧なご教導があればこそ，今日の我々があり，研究会の姿がある。現在，龍大大宮学舎の一隅で第Ⅳ章「発心品」が解読中であり，読解済みの第Ⅲ章「種姓品」は出版に向けて編集準備が進められている。古参メンバーはサポーターに回り，若いメンバーに「長尾ノート」を道標にした『大乗荘厳経論』研究会を委ねたい。なお，当研究会は『大乗荘厳経論』解読に関心のある方々すべてに開放されているので，有志の方々の積極的な参加を歓迎しお待ちしている。

さて，「長尾ノート」四冊の発刊によって『大乗荘厳経論』全体を俯瞰的かつ総合的に研究できるようになった。「長尾ノート(1)」の「序文」にご令孫の長尾重輝氏が記しているように，「長尾ノート」を読むことで無著・世親（天親）の残した論書に先生が「どのような研究方法で取り組んでいたかが理解できる」のである。すなわち，「長尾ノート」自体が後進の我々にとって文献研究の道標となるのである。そして，「長尾ノート」に残された問題点や課題の解明は後進に託されている。

その託された我々後進の者は，長尾先生の信念と願いを忘れてはならないと思う。「長尾ノート(4)」の「あとがき」に，ご子息の長尾史郎氏が『仏教の源流』や『維摩経を読む』からその思いを記している。「言葉もまたすべて魔性のものである」（註：下線は内藤が付した。以下同様）や「言葉の解釈が直ちに経の真意を明らかにすることにはならない」などの先生の言葉を引用し，翻訳研究において「不当に歪めて解釈していないか」という思いを忘れずに，「より正しいもの（言葉）は何か」を追求しつつ，インド・中国を経て日本へと伝えられた仏典に向い合われた先生の真摯な姿を偲ばれている。

また，「「知」と「信」とがぴったりと重なり合うためには，人生という長いプロセスが必要」であるという先生の言葉を紹介している。ここには，緻密で厳格な研究者・探求者であると同時に仏教徒・念仏者としての長尾先生がいらっしゃる。

さらに，「読むたびに疑問が出てくるんだ」とよくつぶやかれていたことを伝えて下さっている。『維摩経を読む』の冒頭で，「読む」と「聞く」ということに触れられている。そこでは，「読む」ことは文字の国の中国において主になったとし，インドでは声や音を通して「聞く」ことであったとある。すなわち，仏典に残された文字・言葉，文章を「読む」ということは仏・如来の智慧と慈悲を「聞く」ことであり，菩薩の願いを「聞く」ことなのである。長尾先生が好んで何度もお話された「法界等流の聞熏習」のことや，研究会の折りに度々「読むたびに何も分かっていなかったことに気付かされる」と仰っていたことが思い出される。それは，一度読んだだけで何となく分かったつもりになっている我々に，何度も丁寧に読み返すこと，繰り返し「聞・

思」することの重要性を伝えたかったからにちがいない。

上記した『摂大乗論・下巻』所収の「索引」作りは長尾先生のご自宅で行われた。昼過ぎから深夜まで続くことが多く，そのたびに奥様が夕食を用意して下さった。インターホンを通して作業場（座敷）に夕食の準備が調った知らせが届くと，作業を中断して，ご家族が揃う食堂（台所）に向かう。その途中にある仏間で，先生を導師として「讃仏偈」のお勤めをする。その時の先生の「南無阿弥陀仏」の声が我々の耳から消えることはない。そして今は，お浄土から「南無阿弥陀仏」の名号と共に，我々を喚び覚まし続けて下さっている。「長尾ノート(4)」の長尾史郎氏の「あとがき」に「最晩年には，讃仏偈の終章の「我行精進　忍終不悔」のところを口にして，僕には精進は当てはまらないと「忍終不悔」を揮毫していた」とある。

我々からすれば，90 歳を越えてなお，70 年以上もの長きに亘り，『中論』・『中辺分別論』や『大乗荘厳経論』・『摂大乗論』に正面から向き合われていた長尾先生の「精進」には畏敬の念しかない。しかし，「讃仏偈」の「我行精進」の「我」は法蔵菩薩のことである。先生は，自らが凡夫であるという思いから「精進は当てはまらない」といわれているのであろう。一方，「忍終不悔」の「忍」は智慧と不一不二の大慈大悲であると何度も聞かせていただいた。未熟な我々を時には厳しく，時には優しく教導して下さったのは，先生ご自身にとって如来の大悲と師主善知識への知恩報恩の営みであったと痛感させられる。内藤には，長尾 [1992B]13 頁で

> ‥‥前略‥‥絶対否定（内藤註：智慧）を経ることによってのみ，本当の肯定（内藤註：慈悲）があるからです。空性（内藤註：「智慧による否定」の意味に理解）の真っ直中から，仏の大悲は生ずるのです。‥‥後略‥‥

と話されていることが思い出されるからである。

早島理が研究会 [2013] の「あとがき」に，第 I 章に続いて第 XVII 章を選んだ理由について，「故長尾雅人先生が晩年大切に読まれたこのテーマ（内藤註：「無縁の大悲」）を研究会も承継したからに他ならない」と記している。菩薩道とは「慈・悲・喜・捨」による身口意の三業，すなわち日常の行為が智慧と不一不二の大慈大悲によるものへと向上的に展開することであるが，その展開はその菩薩が如来の智慧と不二の大慈大悲を常に蒙り続けているから可能なのである。視点を変えれば，我々凡夫にとって「如来の大慈大悲を慶ぶこと」と「仏陀の智慧によって自らを知らされること」は不一不二なのである。善知識を通して，その智慧と慈悲の結晶である大乗の教法を「聞・思」することが仏教徒としての第一歩となるのである。

今回の第 II 章のテーマは「大乗（仏陀）を帰依処とすること」である。それはまさ

に,「如来の智慧と慈悲を帰依処とすること」である。その具体的なあり方が大乗を誹謗していた世親自身の大乗への回心でもあろう。そこには必ず「仏徳讃歎」がある。『大乗荘厳経論』第I章第14偈に対する「長尾ノート(1)」32頁の注解(4)に,

> Vṛtti（内藤註：安慧釈）：真の友人（内藤註：善知識の意味）が無いというのは,声聞や独覚とのみ交わって菩薩との交わりが無いことである。これら一連の叙述は,［内藤補：大乗の教法に対する］怖畏の理由を四種類に分類しているが,広く修行者の難点を一般的・客観的に述べるというよりも,本書の著者（Asaṅga無著 / Vasubandhu世親；特に後者）が自らの体験を通してその非なりし点を反省するによるとの感が強い。もし筆者（内藤註：世親）の体験が述べられているのであれば,そのことが本書の特色の一つである。

とコメントしている。これについて,研究会[2009]3頁の「はしがき」で,能仁が

> ····前略····著者自身の非を内省する体験がその偈文ないし註釈文の背景にある可能性を指摘する点は,本論書を読み抜かれた先生が書き残しておきたいことの一つであったのではなかろうか。····後略····

と記している。先の長尾先生の「不当に歪めて解釈していないか」という厳しい姿勢は,無著と世親のご苦労と願いに思いを寄せて,まさに如来の智慧と慈悲を帰依処としている姿であろう。だからこそ,「長尾塾」における緻密な梵・蔵・漢のテキストの文献学的解読は,先生ご自身の人生を通した哲学的で宗教的な思索が一体となった講義であった。この点は,『仏教の源流』や『維摩経を読む』の文章にも明確に強く滲み出ている。早島理[2006]は,その雰囲気を

> ····前略····後々まで先生が口にされていた,フィロロジカルな視点と同時にフィロソフィカルな見地を堅持した研究（あるいはフィロロジーに裏付けされたフィロソフィーの研究）を自ら実践されていることを実感した。····後略····

と伝えている。それは,まさに「長尾塾」に参加したすべての者に共通する「実感」であろう。

また,「長尾塾」は仏典解読の時間だけではなく,その後に食事とお酒を囲みながら先生とお話をする時間を合わせた空間,すなわち「サロン」と呼ぶべき雰囲気があった。実際,京都に滞在した国内外の多くの研究者も参加し,貴重な意見を頂く機会が何度もあった——今も同様であるが——。そのような研究会に関わった方々すべてに感

謝しつつ，ご仏前にこの『『大乗荘厳経論』第II章の和訳と注解—大乗への帰依—』の出版報告ができることを慶びたい。

しかし，すでに発刊した第I章（研究会 [2009]）と第XVII章（研究会 [2013]）を含め，この第II章（研究会 [2020]）にも不完全不満足な点はある。今後も，「長尾ノート」に導かれつつ，その注解に残された問題や疑問を一つずつ解明していく営みを若い研究者すべてに託したい。そして，訂正すべき点があれば常に訂正していく営みこそが，「より正しくと念願した」長尾先生の信念と願いを承継することなのである。すなわち，「長尾塾」という通称を継承することよりも，仏典に向き合う真摯な姿勢を承継することが大切なのである。

さて最後になるが，研究会 [2013] に対して，小谷信千代先生が「書評・紹介」を書いて下さった。その小谷 [2014] の中で，第XVII章の説示内容が曇鸞の『往生論註』における「往相・還相の二廻向論」の源流・背景であるという長尾先生の見識を取り上げていただいた。この見識については，研究会 [2013] の「はしがき」で能仁が

> ・・・・前略・・・・　中国の曇鸞大師が用いる往相・還相という仏の廻向の概念に着目された。この往相・還相とは，世親造と伝えられる『浄土論』中に出てくる「大悲心」を註釈する文脈に出てくる言葉である。それを向上・向下の概念に読み替え，インドの文脈にさかのぼることによって，智慧と慈悲を双輪として涅槃に向かう仏教の基本構造を明らかにされた。・・・・後略・・・・

と要約し，「長尾仏教学」という言葉でもって紹介している。詳しくは，長尾 [1992A][1992B][1992C][2013] などを参照してほしい。また，小谷 [2014] では「和訳」や「注解」に関して直接的な言及を遠慮されているが，その第XVII章の説示理解，特に内藤 [2013] について，一つの視点を提示していただいた。有り難いことであり，ここに記してお礼を申し上げたい。小谷先生のご指摘にはいつか応えたいと考えている。

少々長い「あとがき」になったことを，お許し願いたい。末尾となるが，先に刊行された『大乗荘厳経論』第I章と第XVII章の二冊の「和訳と注解」と同様に，この第II章についても，読者諸氏には忌憚のないご意見ご批判をお願いしたい。

2020年3月

内藤 昭文　しるす

執筆者紹介

荒牧典俊（あらまき　のりとし）	京都大学名誉教授
岩本明美（いわもと　あけみ）	鈴木大拙館主任研究員
上野隆平（うえの　りゅうへい）	龍谷大学講師
大西　薫（おおにし　かおる）	龍谷大学講師
加納和雄（かのう　かずお）	駒澤大学准教授
北山祐誓（きたやま　ゆうせい）	龍谷大学世界仏教文化研究センター嘱託研究員
間中　充（けんちゅう　みつる）	龍谷大学世界仏教文化研究センター客員研究員
内藤昭文（ないとう　しょうぶん）	龍谷大学元助教授
能仁正顕（のうにん　まさあき）	龍谷大学教授
乗山　悟（のりやま　さとる）	龍谷大学世界仏教文化研究センター客員研究員
早島　理（はやしま　おさむ）	滋賀医科大学名誉教授
早島　慧（はやしま　さとし）	龍谷大学准教授
藤田祥道（ふじた　よしみち）	龍谷大学世界仏教文化研究センター客員研究員

龍谷大学仏教文化研究叢書 40

『大乗荘厳経論』第Ⅱ章の和訳と注解
——大乗への帰依

2020年5月30日　初版第1刷発行

編　者　能　仁　正　顕
発行者　西　村　明　高
発行所　株式会社　法　藏　館

〒600-8153
京都市下京区正面通烏丸東入
電　話　075(343)0030(編集)
075(343)5656(営業)

印刷・製本　中村印刷株式会社

ISBN 978-4-8318-6386-7　C3015　*Printed in Japan*